盟军行动的目标是德国海军的恩尼格玛加密机。德军用加密机对发送给U型潜艇的无线电报进行加密；潜艇上的通信员用同样的机器、同样的设置，把密电还原成明文。

阿兰·图灵（Alan Turing，1912—1954），英国数学家、逻辑学家，被称为计算机之父、人工智能之父。二战期间，他协助军方破解德国著名的密码系统恩尼格玛，于1945年获政府的最高奖——大英帝国荣誉勋章。图灵在科学、特别在数理逻辑和计算机科学方面的成果，构成了现代计算机技术的基础。战后因为其同性取向被迫接受荷尔蒙治疗，最终选择自杀，年仅41岁。

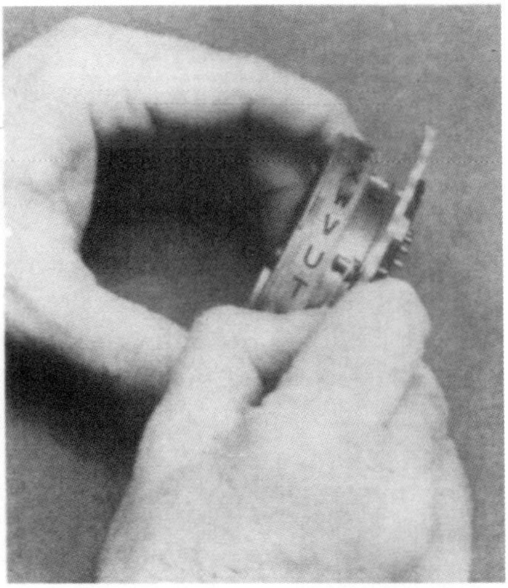

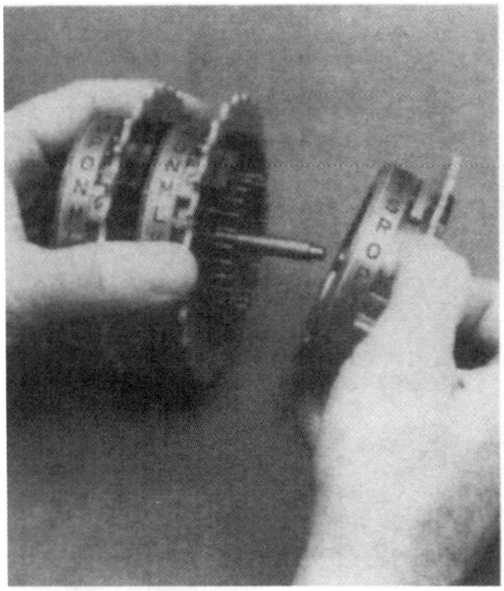

在发送密电之前，德军对恩尼格玛加密机进行设定。

从8个转子中选择3个。密钥列表对哪一天使用哪3个转子进行了明确的规定。

左图：每个转子上的字母环都要转到密钥表指定的位置，再用弹簧片卡住。

右图：现用的3个转子按照密钥表的规定，从左到右安装到转轴上。

下图：安装好的转子正被装入加密机。

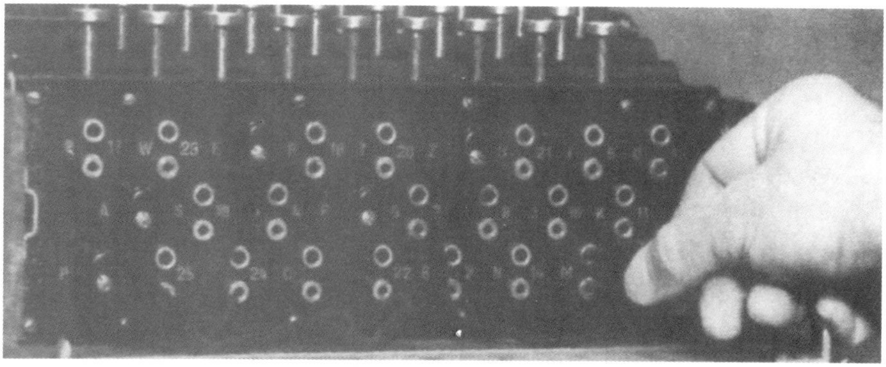

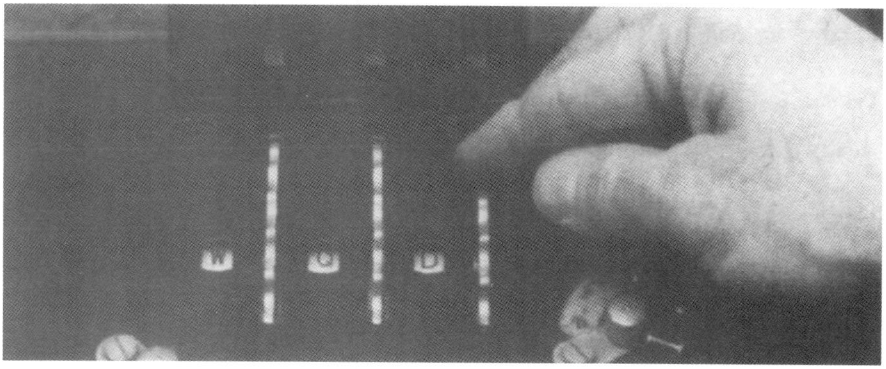

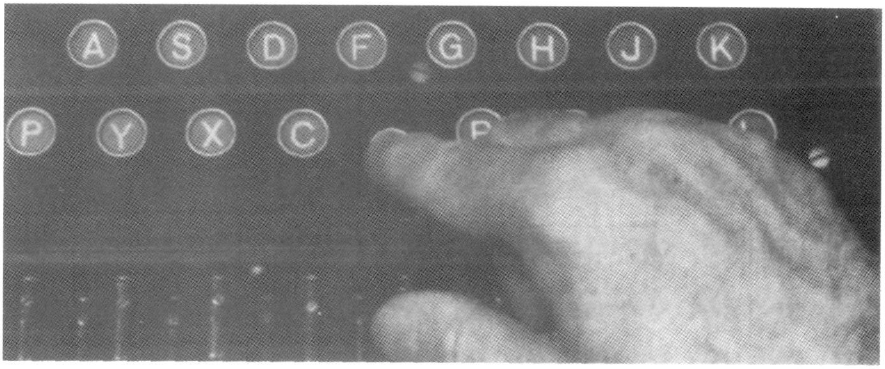

上图：恩尼格玛密码机的正面有一排插线板，操作员要按照密钥表的要求，用几根短线将指定的两个插孔相连。

中图：转动转子，让指定的字母显示在加密机的窗格上。

下图：机器设置完成后，就可以开始加密了。输入明文字母，显示板上亮起的字母就是加密后的字母，需要记录下来。整条信息加密完成后，再通过无线电发送出去，由指挥部发送到U型潜艇，或从潜艇发回指挥部。

1914年8月，“马格德堡”号在奥登斯霍姆岛附近沉没时，俄罗斯水手远远地观察着它的残骸。

亚瑟·谢尔比乌斯，恩尼格玛加密机的发明者。

汉斯－提罗·施密特，泄露恩尼格玛秘密的德国间谍。

迪尔温·诺克斯，在破解恩尼格玛密码上取得了一定的进展。

马里安·雷耶夫斯基，波兰数学家，破解了恩尼格玛的秘密。

U–33潜艇及几位船员。

元首（希特勒）接见U–33潜艇的艇长冯·德莱斯基。

1941年3月，英国突击队突袭了挪威北部的罗弗敦群岛，德军储藏鱼油的油罐燃起熊熊烈焰。

“克雷伯思”号。此图摄于英国突袭罗弗敦群岛之时。英国突击队后来登上该船，并在船上找到了恩尼格玛的密钥和转子。

倒霉的 U–110 潜艇，船上的部分船员，以及结了冰的大炮。

“大斗犬”号海军中尉大卫 · 巴尔姆，他正在登上 U–110 潜艇。

U–110 潜艇的无线电通信员、恩尼格玛密码机操作员海因茨 · 王尔德。

英国密码破译机构的 4 位关键人物。

左上：爱德华·特拉维斯，1942 年以后成为英国密码破译机构负责人。

右上：哈利·辛斯利，负责评估破译后的密电。

左下：休·亚历山大，带领密码分析学家们破译德国海军密码。

右下：戈登·韦尔什曼，他设计的装置加快了密码破译的步伐。

密码破译人员在布莱奇利园的草坪上打圆场棒球。此图的背景为布莱奇利园的主楼。

布莱奇利园的密码破译人员观看圆场棒球比赛。左数第五人（站在后排的）是气象电报的主要负责人乔治·麦克维蒂；站在他左边的是英国政府密码学校（布莱奇利园）的校长丹尼斯顿。

英国驱逐舰“鞑靼人”号靠近德国“劳恩堡”号气象船，登艇小分队在驱逐舰的前甲板集合。

登艇小分队把“劳恩堡”号上所有的文件都收集起来，其中就包含密钥文件。

气象船的船员被蒙上双眼，带到“鞑靼人”号上。

“鞑靼人”号的炮火击沉“劳恩堡”号。

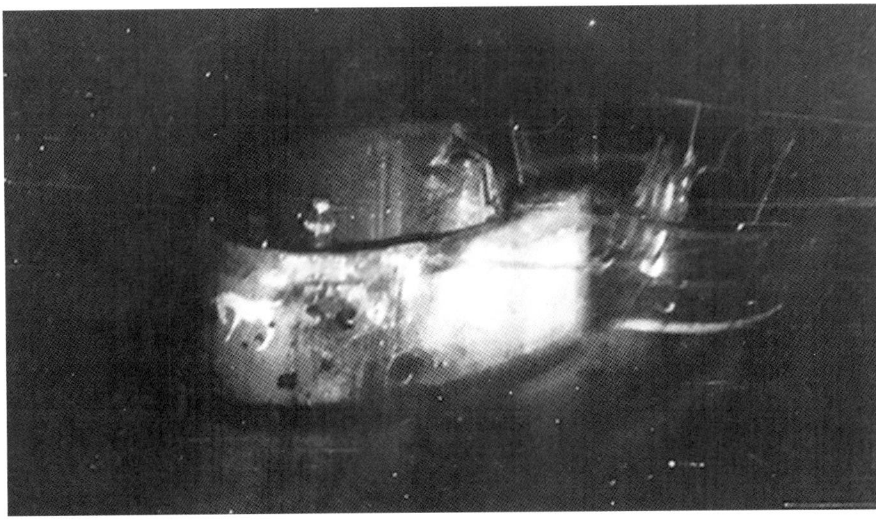

U–559 潜艇的指挥塔浮出水面。“贝塔德”号驱逐舰的探照灯照亮了潜艇上标志性的白驴图案。

安东尼·法松，在从 U–599 潜艇中抢救密码文件时牺牲。

卡尔·邓尼茨，德国 U 型潜艇部队总司令。

在利物浦的西部海域总司令部，大西洋海图占据了整面墙，图上标有运输船队、护航舰队以及U型潜艇的位置。画圈的位置表示盟军潜艇所在的区域，要求猎杀U型潜艇的船只避开。

美国海军的高速密码破译装置，名为“炸弹”，用来测试潜在的恩尼格玛破译方法。

美国海军潜艇追踪室的负责人肯尼斯·诺尔斯中校，这个部门的工作内容很大程度上要依赖恩尼格玛的破译成果。

美国海军 OP–20–GI–2 (A) 部门的部分工作人员。正是他们破译、翻译并分析整理了截获的恩尼格玛密电。图中有：厄米妮·巴特尔梅兹（左一）；棕色头发、正往右看的玛乔莉·博因顿；帽子放在脚边的奈特·麦克马汉；手拿帽子的部门负责人伯纳德·罗德尔；威廉·林赛（前排坐者）；以及林赛身后的威拉德·冯·奥曼·奎因。

德国U型潜艇进行补给时，美国海军一架鱼雷轰炸机投下深水炸弹。补给艇U–117一下子被海浪淹没了。就在U–66准备下潜时，U–117的艇首从水中露了出来。

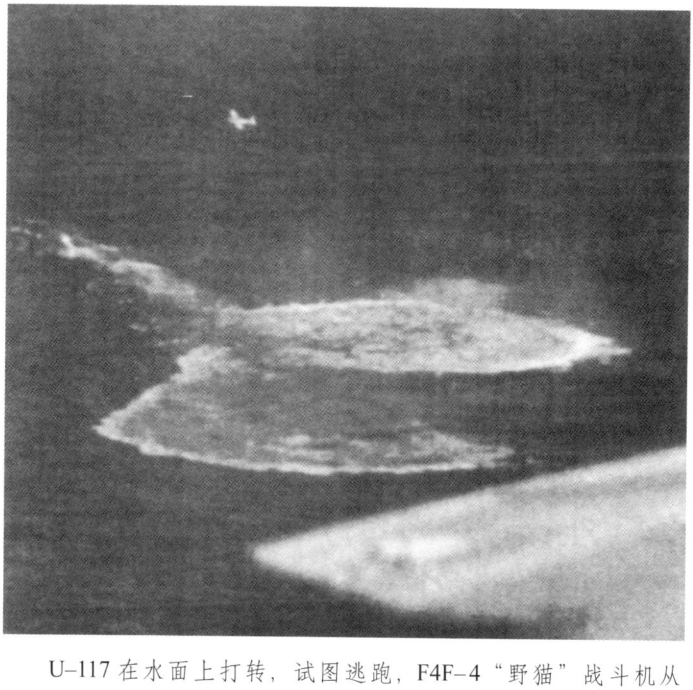

U–117在水面上打转，试图逃跑，F4F–4“野猫”战斗机从“卡德”号航母起飞，发起进攻。

U–117不顾阳光照射，拼命逃跑，一枚深水炸弹刚刚在附近爆炸。仅仅过了几分钟，U–117被击沉了。

大西洋密码战

“捕获”恩尼格玛

SEIZING THE ENIGMA

The Race to Break the German U-Boats Codes, 1939—1943

[美] 戴维 · 卡恩 (David Kahn)◎著

巩丽娟◎译

金城出版社
GOLD WALL PRESS
· 北京 ·

图书在版编目（CIP）数据

大西洋密码战："捕获"恩尼格玛 /（美）卡恩（Kahn, D.）著；巩丽娟译.—北京：金城出版社，2016.3

书名原文：Seizing the Enigma: The Race to Break the German U-Boats Codes, 1939—1943

ISBN 978-7-5155-1308-9

Ⅰ.①大… Ⅱ.①卡…②巩… Ⅲ.①第二次世界大战－海战－史料
Ⅳ.① E195.2

中国版本图书馆 CIP 数据核字（2015）第 266234 号

大西洋密码战
DAXIYANG MIMAZHAN

作　　者	[美] 戴维 · 卡恩
译　　者	巩丽娟
责任编辑	朱策英
开　　本	710 毫米 ×1000 毫米　1/16
印　　张	23
字　　数	377 千字
版　　次	2016 年 6 月第 1 版
印　　次	2016 年 6 月第 1 次印刷
印　　刷	天津旭丰源印刷有限公司
书　　号	ISBN 978-7-5155-1308-9
定　　价	58.00 元

出版发行	金城出版社　北京市朝阳区利泽东二路 3 号　邮编：100102
发 行 部	(010)84254364
编 辑 部	(010)64271423
投稿邮箱	gwpbooks@yahoo.com
总 编 室	(010)64228516
网　　址	http://www.jccb.com.cn
电子邮箱	jinchengchuban@163.com
法律顾问	北京市安理律师事务所　(电话)18911105819

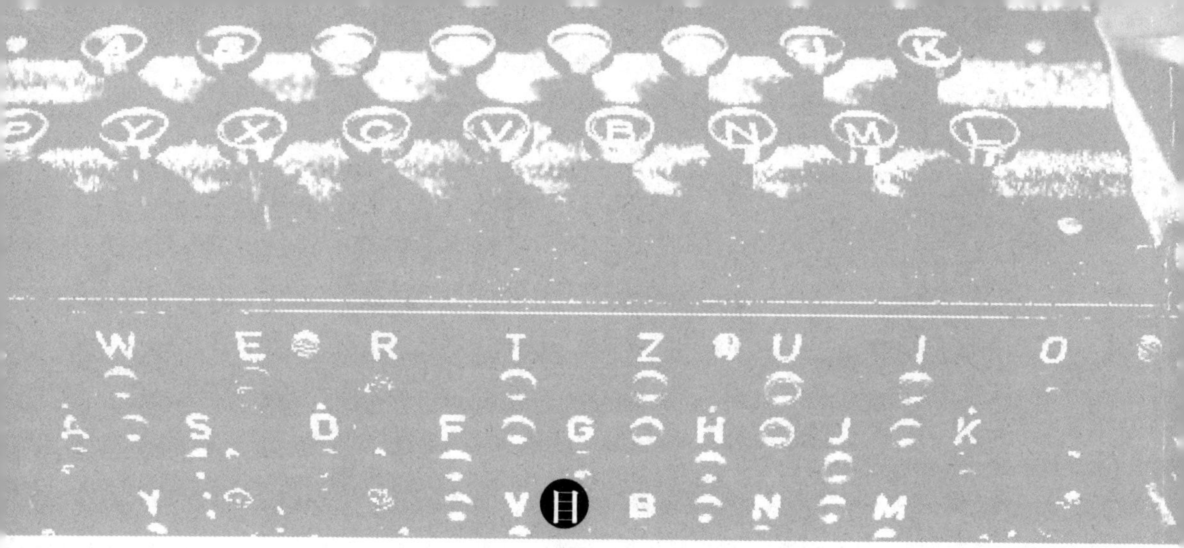

目录

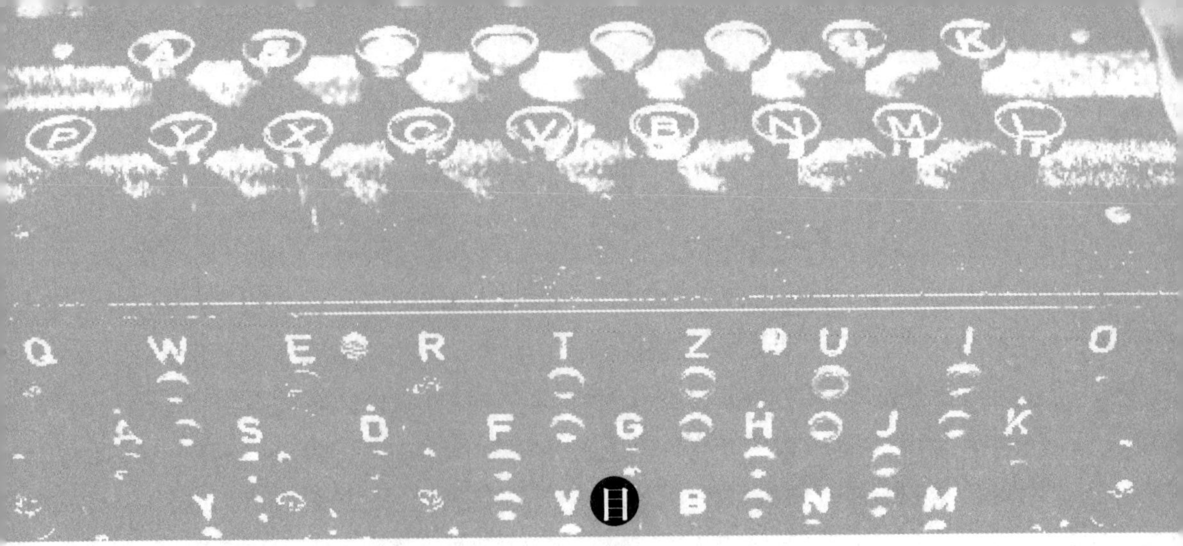

目录

2012 年版前言

英国的坚定决心引导着盟军取得了二战胜利。我们知道，真正关键的是苏联的人力和美国的生产能力。但是，如果没有英国人首先站出来顽强抗击纳粹德国，美苏两国也没有用武之地。后来，这个小岛为英国和美国提供了平台：他们的军队在这里集结，对欧洲大陆发起攻势。英国人民的决心和勇气让这一切成为可能。他们创造了世界历史上的一座高峰；他们的英勇堪比塞莫皮莱[1]中的斯巴达人（不同的是，英国人最后取得了胜利）。

但是，英国人民需要食物来维系生存，工厂需要原料来生产战争物资。英国海外的自治领、殖民地，以及盟国只能由海上通道向英国运送物资。轴心国只要击沉英国运输船，就掐住了英国的咽喉。因此，运输船必须穿过德国 U 型潜艇的封锁。在驱逐舰和轻型巡洋舰并不充足的情况下，英国人要想方设法发现情报、利用情报，使船队远离“狼群”；让 U 型潜艇和船队的情报成为对付敌人自己的一把利剑。

[1] 译注：塞莫皮莱（Thermopylae），又译温泉关，历史上斯巴达人在此顽强抵抗波斯人，斯巴达三百勇士的事迹即发生在这里。

德国潜艇部队司令卡尔·邓尼茨[1]上将利用无线电报指挥U型潜艇相互配合，进攻商船船队。不过，无线电通信有一个明显的弱点：所有人都可以接收到电报。为防止敌人通过无线电窃取情报，U型潜艇指挥部对电报进行了加密。德军使用的是一种将每个字母逐一加密的代码机，名叫“恩尼格玛”。这是当时世界上最先进的加密设备。德国陆军和空军也采用了这种加密机。

不过，20世纪30年代，波兰人非常害怕德国重燃复仇之火，于是依靠数学家，借助间谍的情报，终于复制出了一台恩尼格玛机。那时，英国和法国都还没有进入数学家破译密码的时代。就在二战爆发前夕，波兰人将复制的恩尼格玛机分别送给了法国人和英国人。可惜，加密机没能拯救波兰和法国这两个国家。他们更需要的是强大的国力，而非情报。德国的闪电战迅速击败了波兰和法国，只剩下英国在海岛独自坚守。英国迫切需要掌握德国的动向，他们搜集这一信息的方式之一，就是破译德国的无线电报。为此，英国在布莱奇利园专门设立了密码破译中心。那是一座乡间别墅，靠近伯明翰郡的米尔顿－凯恩斯（Milton Keynes）。密码分析人员就是在那里努力破译德国密电。

最初，破译工作屡受挫折。恩尼格玛的加密系统设计得太完美了。不过，再精确的机器也要靠人来操控。一旦操作不当，必然会出现纰漏。德国空军的恩尼格玛就出现过问题：密码操作员在加密时，首先要选出3个字母，设定好转子的起始字母位置（他们要把这3个字母重复一遍，秘密地发给收报方，以便收报方能够将电报解密）。德军认为，每条密电的设置都是随机的，任何一条电报的设置都是唯一的，对敌人来说非常难以破译。但是，空军密码操作员实际选择字母组合的时候，往往并不使用像“HWX”这样的无规律组合，而是经常使用女朋友的名字，例如“ANN”；还可能用表示脏话或爱国的字母组合；或者他们会使用和前一次类似的一

[1] 译注：卡尔·邓尼茨（Karl Dönitz，1891—1980），纳粹德国海军元帅。在第二次世界大战中先后任潜艇舰队总司令、海军总司令、纳粹德国联邦大总统和武装力量总司令等职。

组，以便简化设置转子的步骤。这样一来，英国密码破译人员需要尝试的次数就会大大减少，破译的难度也随之降低。再加上其他一些有利因素，到 1940 年春，英国已经可以破译德国空军的密电。这帮助英国以少胜多，取得了不列颠之战的胜利。

不久后，年轻的数学天才阿兰·图灵（Alan Turing）发明了一种机器。因为这种机器是从波兰人发明的“炸弹”装置中演进而来的，它也被命名为“炸弹”。“炸弹”机主要用于检验，看英国密码分析人员猜测的明文是否符合拦截的德文密电——如果相符，即可推测出恩尼格玛的转子设置。另一位剑桥大学的数学家戈登·韦尔什曼（Gordon Welchman）发明了斜线板，对图灵的方法进行了补充。有时，密码破译人员可以通过斜线板推测出几条加密信息的密钥，进而破译所有使用该密钥的密电。不过，对于密钥为 3 个字母的空军恩尼格玛而言，即使已经推测出了加密机的设置，想要通过“炸弹”机来找出正确的密钥，也需要几个小时，甚至几天的时间。而且，猜测的明文有时是错误的。因此，虽然掌握了密钥就可以解密所有使用相同设置的密电，但找到该密钥的概率非常低。

对于英国人来说，德国陆军和海军的密电一直是个谜。在选择字母组方面，陆军密码操作员的纪律比空军严格得多。德国海军并不允许密码操作员随意设置转子位置，而是专门列出了可以使用的字母组——这些是真正随机的字母组合，例如“DOK”，然后再用其他不相关的字母作为指示字母。发报的密码操作员根据操作手册（这里不做赘述）加密这些指示字母后，将其写在密电中，发送给收报方。收报方的密码操作员要先将指示字母解密，根据解密后的指示字母组设置恩尼格玛的转子。只有转子设置正确，恩尼格玛才能将一堆乱码变成德语明文。这套系统相当完美，几乎没有给英方任何可乘之机，也不给操作员任何犯错误的机会。对英国密码分析学家而言，纳粹海军的密码简直就是无解之谜。英国人甚至判断不出电报的大致内容，也就推测不出字母框，因而无法用图灵的“炸弹”破译机（后简称“炸弹”机）进行测试。U 型潜艇收到了什么命令、如何向总部报告每一次的成败，这一切英国都无从知晓。

然而，英国要想安身立命，就必须打败U型潜艇——这是关系生死存亡的根本。虽然战场的胜败主要取决于护航战舰、护航飞机以及大规模的运输船，但是，只有掌握U型潜艇的作战计划，知道"狼群"将在哪里集结，盟军的运输船队才能避开危险。到了后期，这些消息还帮助盟军主动击沉U型潜艇。搜集这些信息，靠的就是密码破译。不过，盟军得不到这些消息，密码破译人员对海军的恩尼格玛束手无策。

这时，一个聪明人——剑桥大学的本科学生哈利·辛斯利（Harry Hinsley）想到了一个好主意。在北海上，德国气象船总是单独行动。辛斯利想到，他们可以从气象船上窃取恩尼格玛密钥文件。两次惊险行动后，在地中海，英国军舰的两名皇家海军水兵又从即将沉没的U型潜艇中抢救出了新版的简要气象代码本。虽然潜艇最终沉没，但是代码本被抢救了出来。有了气象代码本，布莱奇利园的密码破译人员可以找到气象电报的字母框，以此为跳板，再破译德国海军恩尼格玛密码。本书讲述了英军捕获德国气象船、帮助英国取得大西洋海战胜利的故事。而这一场大西洋海战的胜利，引领英国走向了二战的胜利。

我们必须对时下流行的观点做一重大修正。电影《U–571》力图再现捕获U–571的场景。这部电影情节跌宕起伏、引人入胜，但是许多情节并不符合史实。首先，电影中描述英国捕获了恩尼格玛机。错！英国人真正捕获的并非加密机，而是密钥文件。这些文件帮助英国破译了德国海军的恩尼格玛，及时指引商船船队绕开了"狼群"的围追堵截。不过，普通观众可能不太容易理解德国海军恩尼格玛繁琐的密钥系统，相比而言，直接描述成捕获加密机就比较简单了。其次，最粗劣、最违背史实的是，电影中称捕获U–571的壮举是由美国人完成的。好莱坞这样编剧，是希望吸引更多美国观众。而实际上，这次行动自始至终都是英国人的胜利。这部电影剥夺了原本属于英国人的荣誉，但是他们的壮举不能被历史遗忘。

捕获恩尼格玛到底是怎样的故事？如果英国人没有破译德国海军的恩尼格玛密电，那么英国会战败吗？不会。虽然我们不能证明与历史相反的结论，但是我认为，即使没有破译密码，英国在1941年依然会像在1940

年一样坚持抵抗。如果是这样，这场战争可能会持续更长时间、夺走更多的生命，或出现更多的艰难险阻。然而无论如何，希特勒都不会胜利。盟军反希特勒的力量已经足够强大。如果成了那样，原子弹可能就不是在广岛上空，而是在柏林爆炸了。捕获恩尼格玛的重大价值在于，它缩短了战争持续的时间，减少了不必要的牺牲。

如英国评论家乔治 · 斯坦纳（George Steiner）所说，在整个密码破译的努力中，捕获的密钥文件发挥了非常重要的作用："看起来，在 1939—1945 年，甚至是整个 20 世纪中，建立布莱奇利园（破译恩尼格玛）似乎是英国取得的最重要成就。这个观点正被越来越多的人所认可。"2011 年 7 月 15 日，英国女王亲访布莱奇利园，向曾经秘密在那里工作、为挽救自由作出巨大贡献的人们致敬。英国从王室的高度，向人们宣告了这些工作的重大意义。

纽约

2012 年 1 月

前　言

本书讲述的，是二战中大西洋海战背后的秘密。书中揭露了引领盟军走向胜利的最重要的深层原因：他们拦截并破译了德国潜艇部队司令卡尔·邓尼茨上将与海上潜艇之间的加密电报。这些电报的破译，让英国和美国的情报部门掌握了德国U型潜艇在海上的位置和动向，帮助盟军指挥船队躲避“狼群”、击沉U型潜艇。这场战斗至关重要——谁赢得了大西洋海战的胜利，谁就赢得了二战。二战是人类历史上最残酷的一场大战，而大西洋海战是这场大战中持续时间最长的一场战斗。在这场战斗中，盟军的舰船不遗余力地将物资运往英国，而德国的潜艇部队却想方设法要切断这条海上生命线。双方的争斗从二战的第一天就已经打响，一直持续到战争的最后一天。我们非常熟悉温斯顿·丘吉尔对这场战役重要性的总结，他的描绘充满了戏剧色彩：

> 大西洋海战贯穿整个二战，是整场战争的主导因素。我们永远不能忘记，无论是陆上、海上还是空中，其他战场上发生的一切，都最终取决于大西洋海战的胜负。每一天，我们都密切关注着大西洋上不断变化的局势，有时充满希望，有时忧虑不安……

> 在接连不断的暴力场面中，有一点最让人焦虑。我们可能会输掉一场战斗，也可能赢得一场战斗；工厂企业可能成功，也可能倒闭；我们可以争夺领土，也可能被迫撤退。归根结底，能支撑我们继续战斗下去，甚至是支撑我们继续生存下来的决定性因素，就是我们对海上安全运输线的控制。这让我们的船只能自由地靠近英国、驶入我们的港口。

德国使用的是一种恩尼格玛加密机，来将电报加密。1974 年，英国皇家空军上校 F. W. 温特伯坦姆在《超级机密》（*The Ultra Secret*）一书中讲述了一些关于布莱奇利园的旧事。但是，与他所述不同的是，德国海军的恩尼格玛不同于空军版本。在战争前两年，英国对海军密码几乎是束手无策的。直到英军从德国气象船上截获了密钥文件，英国密码破译人员才能比较连续地破译出德国海军的恩尼格玛密码。本书详细叙述了英军截获这些文件的过程，首次揭露英军如何利用密钥，取得了大西洋海战的胜利。

与以往讲述恩尼格玛的书籍相比，本书有几点不同之处。本书着重刻画了暗室中的英国密码破译人员，尤其是海军恩尼格玛的破译人员的形象。它用几个具体的案例说明了密码破译在击败德国 U 型潜艇时发挥的作用。书中侧重描绘人物性格，而且尽可能地采用第一手资料，例如历史档案和人物采访。本书向读者展现了，密码战是一场多么激烈的争夺，力图阐述盟军能够取胜的原因，还衡量了密码破译在海战当中发挥的作用。

我相信，本书较为完整地讲述了英国在密码破译方面的失败与成功之处。在很大程度上，这些要归功于一些记述二战期间英国情报的官方资料。这些资料是由哈利·辛斯利爵士等几位作者共同撰写的，共有 3 卷，其内容全部都是一手资料，还包括辛斯利本人在二战中分析整理德国海军密电的经历。在某些方面——如密码分析测试机“炸弹”的线路与机械原理，书中的内容主要来源于采访与重建的模型。书中有技术层面的描述，但主要目的并不在于讲述破译恩尼格玛的技术细节。虽然我希望，这些描述能够为读者提供充足的信息，以便感兴趣的读者得出自己的分析。这些内容看起来有些枯燥无味，但是少了这些内容，读者就无法身临其境、感受到密码分析学家所面临的巨大困难。如果不靠外部力量的帮助，密码分析学家是不可能跨越这道障碍的。这就是本书想要向读者展示的重要内容。

本书中，我尽可能地精确使用密码学领域的术语。因此，我将单词加密——以单词为基础的加密方法（加密后称为密码 [code]）和字母加密——以字母为基础的加密方法（加密后称为代码 [cipher]）[1] 区分开来。但有时为了简洁或者押韵，我会使用"密码"代替"代码"或"密钥"，比如本书英文副标题中的"密码"（code）指的就是"密钥"。

在写作本书的过程中，我得到了许多人的帮助。其中，我首先要感谢汤姆 · 康登（Tom Congdon）。多年来，他对本书的价值深信不疑；他判断敏锐，对文字提出了严格修改意见，使本书更加完善。霍顿 · 米夫林（Houghton Mifflin）出版集团的罗比 · 麦考利（Robie Macauley）认同我的观点，和我签了出版协议。我的代理人马科斯 · 贝克尔（Max Becker）给了我很大的精神支持。霍顿 · 米夫林出版集团的约翰 · 斯特林（John Sterling）以他充沛的精力和过人的才干完成了出版发行工作。出版社的佩格 · 安德森（Peg Anderson）负责文字编辑工作，帮助我压缩、重排文字版式，还提出了修改意见，完成得相当漂亮。

写作的内容上，我也得到了一些人的帮助。面对我接连不断的提问，哈利 · 辛斯利爵士始终耐心地解答。于尔根 · 胡海尔博士（Dr. Jurgen Röhwer）指导我完成了关于大西洋海战的内容。拉尔夫 · 厄斯金（Ralph Erskine）毫无保留地分享了他对德国海军恩尼格玛的专业知识。塞弗尔 · 德福斯博士（Dr. Cipher Deavours）的讲解让密码分析变得明白易懂。在这方面，卡尔 · 埃里森（Carl Ellison）也给了我很大的帮助。克丽斯汀 · 凯利（Christine Kelly）帮我找到了很多退伍的皇家海军军官和士

[1] 编注：所有代码都被区分出来，但统称密码与代码时，文中用密码，如密码系统、密码破译人员等。

兵。我的两位研究员，亚历山大 · 列斯诺夫 – 卡拉瓦格利亚（Alexsander Lesnoff-Caravaglia）和玛丽 · 佩因（Mary Z. Pain）在公共档案馆帮我找到了所需的资料。伊兰 · 伯克纳（Ilan Berkner）多次寻找密电的破解方法。弗朗茨 · 泽林格（Franz Selinger）找到了德军气象船船员的名字和住址。已故的帕特里克 · 比斯利（Patrick Beesly）也为我提供了信息，并给予我鼓励。

这其中还有一些档案保管员和历史学家的帮助。他们是：约翰 · 泰勒（John Taylor）、哈利 · 莱利（Harry Rilley）、蒂姆 · 马利根（Tim Mulligan）、比尔 · 坎利夫（Bill Cunliffe）；国家档案馆的鲍勃 · 沃尔夫（Bob Wolfe）；美国海军作战档案馆的迪恩 · 阿拉德博士（Dean Allard）、伯纳德 · 卡瓦坎特（Bernard Cavalcante）和凯思琳 · 劳埃德（Kathleen Lloyd）；德国联邦档案馆军事分馆的汉斯约瑟夫 · 麦尔霍费尔博士（Dr. Hansjoseph Maierhofer）和曼弗雷德 · 克里格博士（Dr. Manfred Kehrig）；英国国防部海军历史科的大卫 · 布朗（David Brown）。

《华盛顿新闻报》（*Newsday*）的理查德 · 科尼特（Richard Cornett）为本书创作了精准的地图；该报社的鲍勃 · 纽曼（Bob Newman）在艺术设计方面为本书提供了协助。我的手稿字迹十分潦草，难以辨认，感谢凯伦 · 培根（Karen Bacon）和丽塔 · 波泽特（Rita Porzelt）将手稿打印出来。我还要感谢在《华盛顿新闻报》的同事吉姆 · 林恩（Jim Lynn）、佩格 · 菲纽肯（Peg Finucane）、已故的卢 · 兰祖里（Lou Renzulli）、马蒂 · 霍兰德（Marty Hollander）、朱迪 · 本德尔（Judy Bender）、吉姆 · 克鲁尔菲尔德（Jim Klurfeld）、依琳 · 巴斯（Ilene Barth）、马克 · 霍华德（Mark Howard）以及艾琳 · 麦克德莫特（Eileen McDermott），感谢他们的理解和帮助。

我的朋友爱德华 · 米勒（Edward S. Miller）和路易斯 · 克鲁博士（Dr. Louis Kruh）给了我莫大的鼓励。伯尼 · 布克班德（Bernie Bookbinder）给了我巨大的情感支持。泽塔 · 布兰迪斯（Zita Brandes）提供的专业支持也是不能忽视的。为本书提供帮助的人还有：罗伯特 · 格兰特博士（Dr. Robert N. Grant）、亚力克 · 道格拉斯博士（Alec Douglas）、吉尔伯特 · 布洛克（Gilbert Bloch），以及通过访谈和信件为我解答过问题的人们。苏珊娜·卡恩（Susanne Kahn）曾与我愉快地讨论遇到的问题；我们的儿子，奥利弗（Oliver）和迈克尔（Michael）提醒我注意真正重要的东西；我的父亲杰西·卡恩（Jesse Kahn）为我出谋划策。同时，我们都很怀念我的母亲弗洛伦斯·卡恩（Florence Kahn），她在我写作本书期间离开了我们。

我非常感激所有帮助过我的人们。当然，若书中出现了任何错误，都该归罪与我。欢迎广大读者批评指正。

纽约大颈区

1990年10月

第一章

参谋学院的回忆

-1-

春日，北大西洋的海面上泛起微波。德国 U–110 潜艇就潜伏在水下。艇长拿着潜望镜，紧盯着不远处缓缓驶来的英国运输船队。他选中了第二列的 4 艘船，瞄准，潜艇底部射出 1 枚鱼雷；30 秒后，射出第二枚鱼雷；又隔 30 秒，射出第三枚。

鱼雷的目标是北大西洋上缓慢向西的 OB 318 护航船队。船队要驶向美国，为战争中的英国带回一些补给。船队周围有战舰护航，最前排中间的一艘是皇家海军第三护航舰队的“大斗犬”号（Bulldog）驱逐舰。“大斗犬”号的舰长——艾迪森 · 乔 · 贝克 – 克莱斯维尔[1] 今年 40 岁，他满面红光，看上去非常年轻。

正午，贝克 – 克莱斯维尔拿出六分仪[2]，透过浓雾，对着太阳测量船队

[1] 译注：艾迪森 · 乔 · 贝克 – 克莱斯维尔（Addison Joe Baker-Cresswell，1901—1997），英国皇家海军军官。因指挥“大斗犬”号俘虏德国 U–110 潜艇而知名。

[2] 译注：六分仪（sextant），一种用来测量远方两个目标之间夹角的光学仪器。利用六分仪可以测量某一时刻太阳或其他天体与海平线或地平线的夹角，以便迅速得知海船或飞机所在位置的经纬度。

的位置。突然，他看到在右舷领航的商船“埃斯蒙德”号（Esmond）附近蹿起了一股水柱。贝克－克莱斯维尔大吃一惊，他不敢相信自己的眼睛。船队已到达冰岛西南，再有300英里（约483公里）就到格陵兰岛海岸了。距离欧洲大陆如此遥远，怎么会有潜艇攻击？然而怀疑归怀疑，贝克－克莱斯维还是立即把视线转向右舷。他隐约感觉到，鱼雷来了。

-2-

那是1941年5月9日，星期五。时值正午。

英国与纳粹德国开战已有一年半。美国尚未参战。但是，正如总统富兰克林·罗斯福之子詹姆斯所说，美国只是名义上未参战罢了。阿道夫·希特勒的铁蹄已经踏遍波兰、丹麦、挪威、比利时、荷兰，以及法国；只有英国依然坚守。温斯顿·丘吉尔誓死不向纳粹德国低头，毅然决定率领英国人民血战到底。1940年秋，希特勒放弃入侵英国。面对这个莎士比亚笔下的“银色海面上的……权杖之岛”，希特勒决定逼迫他们主动投降。炸弹会摧毁英国的战争工业，摧毁人民的抵抗意志；潜艇则会切断英国的海上生命线，英国人会饿死。

的确，在英伦三岛和北美之间的海上交通线上，德国U型潜艇已经接连击沉了美加两国多艘为英国运输物资的船只，而船队的护航舰队与U型潜艇的战斗也一直在持续。这就是第二次世界大战中唯一一场从头打到尾、贯穿战争始终的战斗——大西洋海战。

如果说大西洋海战是有形的，那么与此同时，一场无形的战斗也在悄然进行。英国的情报破译人员不断拦截德国的无线电信号，试图破译德国海军的密电码。盟军的海军军官们运用他们能够掌握的一切信息，来了解德国U型潜艇的动向，进而调整运输船队的航行路线，打击德国潜艇。虽然密码破译人员不像战场上的军人那样直接面对死亡，然而他们承受的压力是巨大的。U型潜艇使用的代码是德国海军所有密码中最难破译的，英国密码破译人员对它束手无策。他们非常清楚，破译工作不仅决定着战士们的生死存亡，决定着海上舰船的命运，也决定着战争结束的进程。

-3-

跨大西洋运输系统是十分重要的海上运输链。船队为英国带回食品、原料及军用物资，并把一些能够卖钱的货物运到盟国去。OB 318 船队就是 OB 系列编队中典型的一支外运船队——从英国向盟国运输货物。1939 年 9 月 7 日，英国宣战仅 4 天，这支船队就开始从利物浦向外运输货物。“OB”这个编号中的“O”代表向外，而“OB”则是为了区别于从伦敦出发的“OA”编队。“OB”编队平均每月有 4 支船队从英国出发，驶向北美。

1941 年 4 月 25 日，停泊在利物浦默西河河口的众多船只中，有 17 艘已经接到命令，它们将作为 OB 318 船队的核心成员。另有一些停靠在威尔士和苏格兰的船只会在特定的时间、地点与利物浦的船队汇合。出发前一周，各船的船长相互碰面，认识了彼此。船长们还和护航舰队的高级指挥官见了面，解答了指挥官的一些问题。

然而，并非所有接到命令的船只都能按时抵达指定地点——有一艘船只是后来才接到命令，加入船队的。因此，整个 OB 318 船队实际上共有 38 艘船。这 38 艘船只大小不一，既有排量仅为 890 吨的小型商船，也有 10263 吨的客货两用蒸汽船“伊克西翁”号（Ixion）。船队中一些商船满载着黏土、煤炭、白垩、木材、纸浆、苏格兰威士忌等货物；还有 16 艘船是向英国运送补给的，现在没有什么可运回美国的货物。不过为了保证海上行驶安全，船上装满上了沙石来压舱。这个船队的大部分船只将驶往美国或者加拿大，少数则要去往加勒比海沿岸或者南美地区。船上原有的公司标志都用灰漆盖住了。大部分船只尾部装了 4 英寸（约 101.6 毫米）火炮，以及一些轻型的两用武器（一般是低角度武器），用来对付飞机。有些快船时速可达 12.5 节，但是为了照顾最慢的船只，航行速度只能降到 9 节。实际上，行驶过程中还需要保持队形，因此船队的时速只能维持在 8 节左右。

5 月 2 日，星期五。船队的核心成员从利物浦出发。他们沿英国西海岸一路向北，陆续与其他成员汇合。星期日晚上 10:15，船队全体成员来到外赫布里底群岛最北端的路易斯角。在他们的另一边，苏格兰西北端的拉斯角峭壁高耸。从这里，船队进入了波涛澎湃、一望无际的大西洋。现在，船队排成 9 列，每列间隔 500 码（约 457 米），最前面和最尾端间隔约 200 码（约 183 米）。第七护航舰队接过了护航任务，护送它们到冰岛附近海域。

第二天早上，海上晴空万里，暖意融融。船队转而向西行驶，飞机在头顶为它们护航。

-4-

要想躲避德国 U 型潜艇，必须首先掌握潜艇的位置。一般来说，声呐能够检测到半英里（约 800 米）以内的水下潜艇。而在海面上，如果天气晴朗，雷达可以观测到 2—3 英里（约 3.2—4.8 公里）以外的情况。但是，这两种方式都只能粗略地估计潜艇所在的位置，无法精确定位。因此，英国船队和飞机根本没办法及时发现潜艇、更不可能集中火力抵御攻击；能够护航的飞机也少得可怜。即使护航飞机从英占的冰岛起飞，也不能飞得太远。

那时的无线电情报技术还不够精准，主要用于测量信号方向。测向员会转动天线，直到敌人的信号声音最大。就好像我们收听广播时，调节旋钮才能让声音更清晰。测向员把信号来源方向画在地图上。为了测定目标所在的位置，需要使用两根天线从不同的位置进行测量：两条线的交点就是信号源的位置。然而，测量并不完全准确。虽然当时的平均误差约为 25 英里（约 40 公里），但是，当舰船离岸 500—1000 英里（约 805—1609 公里）时，测量的误差有时竟达 60 英里（约 97 公里）。更糟糕的是，测向器并没有安装在船上，因此只能大致测量出 U 型潜艇的位置。这种不精确定位非常危险，不但不能引导船队躲避潜艇，反而可能把船队送到德国潜艇的眼皮底下。而且，当时的测向技术还不能判断潜艇的行进方向。

要想准确掌握潜艇位置，只有一个办法——破译德国海军密电码。英国人的破译能力还远远不够：U 型潜艇的所有无线电通信均通过恩尼格玛加密机进行加密和解密，这种代码几乎不可破译。

恩尼格玛加密机有一种类似键盘的装置，密码操作员要看着键盘打字。当他按下某个字母，电流就会通过一系列转子，将另外一个字母显示在玻璃板上。这些显示的字母就代替原文，构成了代码。德国海军再将这些加密的内容通过无线电信号发送到潜艇上。因此，潜艇上的电报加密人员也必须拥有一台相同的加密机，使用完全相同的设置。这样输入密电，他们才能得到原来输入的德文。

破译恩尼格玛，是英国政府代码及加密学校[1]的主要工作。这个机构曾是外交部的一个分支，取这样的名字纯粹是为了掩人耳目。政府密码学校位于伦敦西北约 50 英里（约 80 公里）外的布莱奇利镇。镇上有一个布莱奇利园，那就是“学校”的大本营。这里的工作人员有上千人，其中包括数学家、语言学家、国际象棋高手以及其他职员，他们不仅要想办法看懂德国海军的恩尼格玛密码，还要看懂空军、陆军、党卫军及其他机构形式多样的恩尼格玛密码，也要解密一些纸笔书写的加密系统。

政府密码学校常常能够破解德国空军的恩尼格玛，以及海军的一些人工密码。因为空军使用的加密方式比海军的简单。工作人员破译了电文后，会立即将其翻译成英文，连同之前搜集的信息一同转给军方。而对于海军的相关情报，例如天气报告、德国货运商船的受损情况、U 型潜艇的出发与返回信息、军队调运的数据等，则通过电传打字机发送给海军情报处（Naval Intelligence Division）的作战情报中心（Operational Intelligence Centre，OIC）。作战情报中心隐藏在海军部大楼后面，位于伦敦市内特拉法加广场附近。那是一栋几乎连窗户都没有的大楼。作战情报中心的职责

[1]　译注：英国政府代码及加密学校（Government Code and Cipher School，缩写为 GC & CS），以下简称政府密码学校。

之一，就是追踪北大西洋上的U型潜艇。这些潜艇专门负责切断英国的运输补给。然而，对指挥U型潜艇的海军代码，布莱奇利园还无法破译。虽然偶尔能够破译个别密电，但是情报还远远不够。到“埃斯蒙德”号商船遭鱼雷击中时，大战已经进行了613天。可在这613天的恩尼格玛密电中，英国人破译出来的不超过70天。而且，大多数的破译是在密电发出多日以后，因此无法有效地帮助英军。有一次，政府密码学校经过一番努力，终于破解了一条U–110潜艇的密电，将之传送给作战情报中心。这时，距离既定的袭击日期仅剩2天。而密电发出的日期是11天前。

-5-

英国运输船被击沉的速度已经超过了英美两国新造舰船的速度，而且沉船的数量每个月都在增加。1941年1月，被德国潜艇击沉的船只总吨位为12.6万吨，而到了4月，则达到24.9万吨。因此，英国国内的食品配给量大幅降低。1941年3月，也就是OB 318船队遭袭前的2个月，英国第四次减少了肉类的配给；到了4月，奶酪也开始实行配给。糖类和黄油的供给量早就受到了限制；新鲜水果和蛋类很快变成了回忆。有人戏称，人们已经开始用胃来思考了。丘吉尔估计，英国每年至少需要3100万吨的非油船[1]进口，才能保证英国人民的健康、确保工厂正常生产，才能养活军队、制造装备，并打败敌人。可按1941年头4个月的供给量计算，年度进口量还不足2800万吨。

密码破译人员明白，如果他们不能破译纳粹德国海军代码、提前掌握U型潜艇动向，英国在大西洋海战中就很可能处于劣势。输掉大西洋海战将给英国致命性打击。要想扭转被动的局面，英国可以建造更多的商船，也可以增加护航舰队的规模。然而，这都需要太长的时间。看来，破译恩尼格玛是唯一快速制胜的战术。海军部正在全力以赴。

[1] 编注：油船（oil tanker），载运散装石油及成品油的液货船，是指建造成为主要在其装货处所装运散装油类（原油或石油产品）的船舶。

其他方面的情报，有时也会为破译提供一些帮助。5 月 5 日，星期一，上午 9:38。也许是收到测向器的警报，海军部西部海域[1] 司令部命令 OB 318 船队离开既定路线，向南行驶，以“躲避 U 型潜艇的威胁”。下午，船队再次接到警报，要求其再稍微向南移一点。第二天，船队继续以缓慢的速度行驶在平静的海面上，飞机在上空盘旋护航。到了下午四五点，一架“桑德兰”型水上飞机在船队头顶盘旋了一会儿，随即离开。现在，船队没有了飞机的保护。这天早上，第三护航舰队的 3 艘轻巡洋舰和 1 艘武装拖网渔船保护着 4 艘商船，从冰岛出发，前去与 OB 318 船队的其他成员汇合。第二天，也就是 5 月 7 日、星期三的早上，几艘驱逐舰从冰岛的雷克雅未克港出发，准备为 OB 318 护航。这些驱逐舰是第三护航舰队的核心力量。它们与船队汇合后，第七护航舰队将结束护航，返回英国。

第三护航舰队司令——乔 · 贝克 – 克莱斯维尔 1901 年 2 月 2 日生于伦敦。那时，全家人几乎都在观看维多利亚女王的葬礼。贝克 – 克莱斯维尔在诺福克郡的格瑞萨姆学校（Gresham’s School）读完中学，便参加了英国海军。这期间，他先后在潜艇、战舰等各式船只上服役。后来，他进入格林尼治的海军参谋学院（Naval Staff College）进修。二战打响时，他正在中东联合策划参谋部（Middle East Joint Planning Staff）服役，而他自己却希望能指挥战舰。有一天，贝克 – 克莱斯维尔到海军部申诉，恰好遇上他的老上司——西部海域总司令珀西 · 诺布尔（Percy Noble）上将。贝克 – 克莱斯维尔向诺布尔上将表达了自己的诉求。诺布尔答道：“交给我吧。”于是，1941 年 1 月，贝克 – 克莱斯维尔被任命为第三护航舰队司令。在他的指挥下，这支舰队迅速成为一支强有力的队伍。

为了在北大西洋上更好地隐蔽，贝克 – 克莱斯维尔尝试使用各种颜色

[1] 译注：西部海域（Western Approaches），指的是英国西面北大西洋上的一片长方形海域。此区域南北两边均从本土的最南点和最北点向西延伸；西边为英国西海岸，东边深入大西洋，大约与西经 30 度平行。这一概念经常用于讨论一战海战以及二战的大西洋海战。

伪装船只。最终他发现，春、夏季节浅紫色的效果最好，而冬天用白色最好。于是，不同季节里，他会将船只漆成不同颜色。在船只顶端的烟囱上，他刷上了黄蓝相间的格子，代表海军旗语中的数字"3"。他还在"大斗犬"号上挂上自己的三角旗。"大斗犬"号已服役了11年，它是一艘1360吨的驱逐舰。为了装载更多的深水炸弹，舰上减少了原有的火炮、鱼雷等武器。

5月7日，星期三。正当贝克－克莱斯维尔带着船队的3艘驱逐舰向南移动时，英国拦截了一条U型潜艇密电。根据德国无线电报的规定，发送U型潜艇密电时，要先发送指定的摩尔斯电码作为前缀。不同的电码代表不同的电报类别，英国虽然读不懂密电内容，但是他们知道，这条密电表示U型潜艇发现了英国船只。英国海军部显然只有一个测向点获得了信号来源，因此只能判断信号的线路方向，而不能确定其具体位置。海军部怀疑，OB 318已被U型潜艇发现。事实上，德国潜艇发现的是位于OB 318以东的另一支船队，二者相距甚远。当天下午3:04。英国海军部将他们的疑虑通报给第三和第七护航舰队，并命令船队向右转舵进行隐蔽，而后继续向西。然而正是这条命令，将OB 318送到了U–94的虎口。U–94与U–110一样，游弋在北纬55度附近（相当于英国北爱尔兰的贝尔法斯特，或加拿大的拉布拉多中部一带）的北大西洋。在这附近的U型潜艇总共有9艘。需要说明的是，纳粹海军并不使用经纬度表示方位，而是用方格海图[1]把世界海洋划分成若干个方格，每个方格用两个字母命名，代表的区域对外界保密。此时，潜艇舰队指挥官、海军少将卡尔·邓尼茨已经派出6艘潜艇进入AK海域。AK海域位于大西洋中部，是许多英国运输船的必经之路。德国潜艇就在这里等待猎物。

OB 318的集合地点在雷克雅未克以南150英里（约241公里）处，就在AK区域内。贝克－克莱斯维尔比预定的时间稍早一些到达了附近海域。他简单查看了周边的环境，发现自己的船队在集合点以北7英里（约11公里）处，比平时更加靠近指定的集合地点，而且提前了15分钟。那

[1] 编注：详细解释见第十六章。

时是下午 4 点左右。不一会儿，漂浮在水面上的 U–94 就发现了从船队烟囱中冒出的烟。

就在第七护航舰队与贝克 – 克莱斯维尔交接之时，U–94 正神不知鬼不觉地向猎物靠近。贝克 – 克莱斯维尔在商船船队的前后都安排了驱逐舰，把自己的“大斗犬”号排在右舷的排头。天气格外好，一位商船船长说，自己活了这么大年纪都不知道，大西洋这么靠北的地方竟然如此风平浪静。傍晚 7 点左右，“大斗犬”号的声呐探测到，前方 200 码（约 183 米）的地方有物体出没，但是信号很快消失了。贝克 – 克莱斯维尔的船向后退了一些，他知道，敌人的 U 型潜艇最喜欢钻进两列商船之间，从潜艇的首尾两端同时发射鱼雷。“大斗犬”号退到了第七、八两列之间，但是一无所获。

事实上，U–94 早已潜入水下，溜进了另外两列之间。7:09—7:11，U–94 从前端依次发射了 3 枚鱼雷，又从尾部发射了 1 枚。尾部的鱼雷没有命中任何目标，而艇首的 3 枚几乎同时击中庞大的“伊克西翁”号蒸汽船，以及重达 5600 吨的挪威籍商船“东方之星”号（Eastern Star）。这两艘船上装载的都是苏格兰威士忌。中弹后，船上瞬间燃起熊熊烈焰，开始下沉。U–94 升到潜望深度来查看战果。就在这时，单桅帆船“罗切斯特”号（Rochester）的瞭望员在平静的海面上发现了潜望镜。几乎同时，“女将”级（Amazon）护卫舰的声呐也探测到了信号。“大斗犬”号投射深水炸弹，发起进攻，U–94 的潜水舵和一些仪表盘被损坏。尽管英国舰队搜寻了许久，德国潜艇还是侥幸逃脱了。“伊克西翁”号和“东方之星”号虽然被击中，不过船员都被救了起来。一些装着 VAT 69 威士忌的大木箱也被打捞上来。最后，这些酒大概是用作医药用品发给船员了。

晚上 11 点，船队重新回到预定航线上。声呐设备持续不断地发出声响，铃声定时响起，提醒舵手急转弯，让船队以“之”字线行驶，迷惑敌人。第二天，星期四。贝克 – 克莱斯维尔又继续搜寻了一天，仍未发现 U–94 的下落。他确信，潜艇已经被赶走了。英国海军部也没有再发出新的警告。

然而，在U型潜艇的大本营，邓尼茨正在策划另一轮行动。他知道，1941年春天，随着护航的驱逐舰数量有所增加，英国已经向西延伸了护航的范围。为此，邓尼茨也向西扩张了潜艇的活动范围，准备等到护航舰队离开后再伺机进攻。他判断，英国护航舰队航行的极限不会超过西经25—30度。在战争最初的18个月里，U型潜艇在西经25度以西击沉的盟军舰船只有8艘。而在随后的两个月里，也就是1941年的3月和4月，它们在这一范围击沉了24艘盟军舰船。此时此刻，5月8日，星期四。他把位于大西洋北部的一些潜艇调到西边，与U–110汇合。U–110此时已抵达冰岛南部海域。艇长是28岁的弗里茨－尤利乌斯·伦普（Fritz-Julius Lemp）上尉。

-6-

伦普是德国最成功的U型潜艇指挥官之一。他长着一张胖嘟嘟的脸，性格活泼开朗。1931年，伦普刚满18岁就加入了德国海军。开战之初，他指挥的是U–30。这是一艘已经下水3年的VIIA级潜艇，而且是德国海军的主力潜艇，性能优越，饱受称赞。

英德开战的第一天，伦普就有所斩获，成了第一个指挥U型潜艇击沉英国船只的艇长。然而，这场大西洋海战的揭幕战带给德国的麻烦，远远大于它带来的利益。因为伦普击中的"雅典娜"号（Athenia）是一艘没有任何武装防备的客轮，而伦普把它当成了武装的辅助巡洋舰。这不仅导致"雅典娜"号上118人丧生，也是对《海牙公约》的公开挑衅。英国认定，德国又开始重演一战时的无限制潜艇战了。因此，英国立即着手采取一切手段应对这次进攻。

伦普指挥U–30号执行过8次巡航。1940年8月，伦普完成了一次无比成功的巡航，饱受嘉奖：他的鱼雷射中了英国"巴勒姆"号（Barham）战列舰、击沉九艘战船（实际击沉了6艘。U型潜艇艇长和战斗机飞行员一样，经常夸大其战功）。然而，邓尼茨十分迁就伦普，授予了他骑士铁十字勋章。

11 月，伦普被任命为 U–110 潜艇的艇长。U–110 潜艇是一艘 IXB 型远程大西洋型潜艇，艇长 252.5 英尺（约 76.5 米），排水量 1051 吨。该潜艇最高航程 12400 英里（约 19964 公里），水面航速 18.2 节，水下 7.3 节。U–110 可携带 22 枚鱼雷，并且可以在半分钟内完成下潜，最大下潜深度 330 英尺（约 100 米）。

U–110 上的水兵大部分是新手，刚刚从各种训练学校中挑选出来。U–30 上原有 3 名军官，伦普带了其中 2 名到新潜艇。唯一没有带来的是潜艇的副指挥，也是伦普的堂兄弟。这位副指挥不太受欢迎，船员们觉得他是个祸星，因为他指挥的船只已经有 2 艘沉没了。U–110 潜艇上共有 4 名军官、15 名军士和 27 位水手，总共 46 人。大家都很喜欢伦普。他思想开明，不在军容军纪上吹毛求疵，很会笼络人心，团结大家。伦普从不摆架子，但是很显然，他就是老大。骑士勋章自然能让他赢得尊敬。艇员们坚信，他们所在的部队是这个国家最重要的力量；而他们的艇长是德国最优秀的指挥官之一。

由于柴油系统故障，U–110 潜艇的首次战斗巡逻推迟到了 1941 年 3 月 9 日。在北大西洋上搜寻目标时，执勤的艇员每 4 小时轮岗一次，机械师每 6 小时一班岗。虽然在休息的 4 个小时，艇员们需要抢时间吃东西、休息，但是，连续几个小时的执勤常常更是枯燥无趣。只有偶尔发现目标，采取突然行动时，才能让他们兴奋一阵。第一次巡航时，U–110 就击沉了 2 艘敌船。伦普采用了经典战术，在暗夜的掩护下悄悄地潜入船队，横在第一和第二列之间，从潜艇首尾两端同时发射鱼雷。然后趁对方还没来得及发现它，就迅速下潜，逃之夭夭。

伦普的一篇巡航日志揭示了他这种不计后果的战斗激情：

1941 年 3 月 16 日，00:22。油船进入 100 米范围内……尾部射击……命中。油船被炸飞了，浓烟四起，火光冲天……油船爆炸，燃起熊熊大火，把夜晚照得如同白昼一般。船队中部，距离油船 3000 米有一艘驱逐舰，潜艇在两者之间，就像暴露在舞台的聚光灯下。驱逐舰破浪而来，潜艇紧急下潜。

紧接着，驱逐舰发射了深水炸弹攻击潜艇。就在这紧急关头，伦普表现出一种大将风范。危险时刻他总会亲自下达命令，就是要让船员们听到，他的声音里丝毫没有任何畏惧。这种从容不迫给年轻的船员们吃了一颗定心丸。U–110 成功脱险。

1 周之后的另一条行船记录，则展现了他的诚实和自信。这一次，潜艇连发了 3 枚鱼雷，都没有命中目标，最后 1 枚甚至仅仅距离目标 500 码（约 457 米）。他下令："一，不要怀疑鱼雷；二，不要愤怒。我命令火炮射击。"然而，慌乱之中，有一名水手竟然忘记打开炮口塞。结果这门 4 英寸（约 101.6 毫米）火炮爆炸，潜艇受到了破坏，无法再迅速下潜。伦普下令返回法国大西洋海港洛里昂进行维修。后来，邓尼茨亲往洛里昂视察，并为好几名船员授予了铁十字勋章。

潜艇在洛里昂维修了两周，艇员们得以稍事休整。4 月 15 日，U–110 再次出发。第二天，邓尼茨通过无线电向 U–110 通报了行动海域。他准备让北大西洋上的 9 艘潜艇集中火力对付英国船队。根据以往的经验，让其中的一艘潜艇指挥行动是行不通的。因为指挥艇有时需要下潜，这就很容易与其他潜艇失去联系。因此，指令必须从邓尼茨在法国的总部发出。这需要他们彼此连续不断地进行无线电通信，而德国海军的联络信息全部都要通过恩尼格玛加密。加密和解密通信信息的重大任务，就落在了每艘潜艇的通信员身上。

U–110 的 4 名通信员中，三等兵海因茨 · 王尔德（Heinz Wilde）年龄最小。他来自波兰西南部城市布莱斯劳，性格直率，待人友好。战争开始之前，王尔德才十几岁，就已经是一名无线电爱好者。1937 年，在他的某个俱乐部会议上，一位德国海军军官说服了不少与会成员参加海军，其中也包括王尔德。1939 年 11 月 1 日，王尔德正式入伍。经过了基本训练，他来到德国与丹麦边界城市弗伦斯堡的海军通信学校。在这里，他深入学习了无线电知识，并认识了恩尼格玛加密机。教官骄傲地宣称，恩尼格玛是世界上最先进的加密机，是不可能被破译的。王尔德认为，正是这种自豪感让许多学员留下一种印象，那就是机器本身是否安全并不那么重要。作为全班最优秀的学员，王尔德被分配到了 U 型潜艇。经过了声呐探测等潜艇专业训练，他最终来到了 U–110 潜艇。

潜艇的无线电室窄得像一个壁橱，王尔德每次要值班 4 小时。他一边从耳机的各种杂音中分辨信号，一边聊天、看书，或者给大家播放唱片。当听到有信号时，他马上停止闲聊，放下书，调低唱片的声音，记录无线电收到的摩尔斯电码。所有的信息都要记录，无论是发给自己潜艇的，还是发给其他潜艇的。记录后他要进行解密，然后将破译后的内容交给艇长。他们要在海图上标出其他潜艇及英国船队的位置。值班时，王尔德能收到的信息并不太多，最多的一次才收到 4 条信息。有的时候，4 个小时的监听下来，他可能什么消息也没有收到。为了最大限度地减少发报次数，避免暴露自己，U 型潜艇收到信息后不必发送回执。大部分信号非常清晰，很少有电文是含糊不清的。为了确保所有重要的密电都发送到位，潜艇指挥总部第一次发出信息后，会每半小时到一小时重复一次。执行任务时，通信员不间断地监听信号。水听器可以传达鱼雷爆炸，或舰船受到攻击等声音的频率和大致方位。但是，王尔德觉得，水听器传来的数据还不够精确。

-7-

4 月 20 日，U–110 抵达爱尔兰以西的指定巡航水域。21 日，邓尼茨通过无线电告诉潜艇，行动地点位于 AL 58 区域。AL 58 是德国海军方格海图上的一处坐标，位于爱尔兰西海岸以西 400 英里（约 644 公里）处。第二天，邓尼茨下令 ：“进攻！ ” 3 天后，伦普击沉了一艘单独行驶、无任何保护的 2500 吨的蒸汽船。28 日，伦普向一艘拖网捕鱼船射击，但未能将其击沉。邓尼茨命令 U–110 在东大西洋上不断调整位置，先向南，又向北，再向西。德军破解的英国密电中可能会包含英国船队的大致位置，邓尼茨大概就是根据这些密电发送的命令。

5月8日，星期四。伦普发现了一艘战舰的桅杆和烟囱冒出的烟。他从战舰的右舷跟上，发现战舰正在为一队缓慢西行的船队护航，船队的行驶速度仅7—8节。于是伦普向总部发送了发现船队的密电。英国海军部拦截到这封密电。英国海军密码破译人员通过测向仪定位了电报发出的位置，并与商船船队的位置进行了比对。格林尼治标准时间晚上7:07。英国海军部警告OB 318，其所在船队已被跟踪。因此，船队左转30度，以躲避U–110。

几乎同时，邓尼茨命令其他U型潜艇报告自己的位置，指挥伦普继续跟踪OB 318，如有机会，立即进攻。OB 318突然转向时，伦普一度失去了船队的信号，但是不久，监听装置又重新检测到了信号。然而，这天晚上月光过于明亮，并不适宜展开行动。伦普决定第二天再发动进攻。而且，第二天还会有两艘U型潜艇抵达附近。当地时间5月9日，星期五凌晨2:16。伦普再次报告了英国船队的位置。邓尼茨命令几艘U型潜艇向船队靠拢。几个小时后，阿达尔伯特·舒尼[1]指挥的U–201进入了伦普的视线。两位指挥官用信号灯沟通之后，决定当天行动，伦普先动手。

早晨，贝克–克莱斯维尔来到"大斗犬"号舰桥，观察它是否处在目标位置。这是"大斗犬"号最后一天为船队护航，它要留出足够的燃油返回冰岛。下午晚些时候，它将离开船队。那时，他们就可以分散开了，船队将行驶在西经34度。轴心国的潜艇还从来没有在欧洲以西这么远的地方击沉过商船。忠诚的船员给他送来早餐，早餐用餐巾卷着，让他感觉不错。一上午过去了，风平浪静，贝克–克莱斯维尔确信不会再有潜艇来犯了。

然而，伦普已经进入了进攻状态。U–110瞄准3艘蒸汽船，在潜望深度，从船队的前方朝右舷斜着发射了3枚鱼雷，距离目标800码（约731米）。正当贝克–克莱斯维尔与商船队长校正船队的正午船位时，他

[1] 译注：阿达尔伯特·舒尼（Adalbert Schnee，1913—1982），第二次世界大战中德国潜艇王牌指挥员之一。

突然看到“埃斯蒙德”号的右舷涌起一股水柱。不一会儿，“本戈尔”号（Bengore）也不幸中弹。船尾几乎竖了起来，甲板上成箱的货物顷刻翻入大海。有见证者说，就好像“小孩子掀翻了玩具盒子”。

贝克－克莱斯维尔从震惊中清醒过来，指挥“大斗犬”号转向右舷，迅速赶到潜艇可能出没的位置。他决心摧毁潜艇。与此同时，第三护航舰队的“南庭霁”号（Aubretia）轻型巡洋舰也加速向右舷驶来——它的声呐也监听到了鱼雷。2 分钟后，“南庭霁”号再次监测到声呐信号，但是很快，信号又消失了。舰长命令关闭引擎，以便增强声呐搜集能力。1 分钟之后，“南庭霁”号发现前方 800 码（约 731 米）处出现潜望镜，正从船队的左舷向右舷移动。巡洋舰加速跟上，同时连续发射深水炸弹。炸弹预定爆炸深度为 100 码（约 91 米）和 225 码（约 206 米）。

U–110 的艇员们清楚地听到了炸弹爆炸的声音。他们本以为有 15 分钟的时间用来下潜并逃离战场，而英国船队回击的速度令他们震惊。但是，炸弹爆炸地点距离潜艇较远，潜艇依然还在战斗状态。几分钟后，一直在潜望镜处观察的伦普命令实施尾部射击，却看到一艘驱逐舰正快速靠近潜艇时。他立刻下令 ：“全速下潜！”所有艇员各就各位，让潜艇加速下潜。

就在“本戈尔”号翻船的瞬间，“南庭霁”号射出的 20 多枚深水炸弹在 150 英尺（约 46 米）和 385 英尺（约 117 米）处爆炸，爆炸点距离 U–110 非常近。潜艇的发动机开关被炸坏，发动机停了下来 ；深度计被炸得粉碎 ；油箱开始漏油 ；潜艇内开始进水，下沉得越来越深。控制中心的操作板一个接一个地被压断，堆在一处。王尔德和其他人一样，觉得末日即将来临。每个人内心都充满了恐惧和无助，然而谁都没有叫喊，也没有哭泣。与此同时，伦普正努力排水，试图让潜艇重新升上水面。突然，潜艇好像被深水炸弹推了一把，大家感到潜艇开始上升。

上浮的潜艇在海面上搅起一阵水波，引起了“南庭霁”号、“大斗犬”号，以及另一艘驱逐舰“百老汇”号（Broadway）的注意。中午 12:35。潜艇突然从看似平静的水面蹿了出来。海水从上面涌入，潜艇在水里打转。艇员们觉察到了这一震动。他们知道，潜艇已经在水面了。大家顿时松了口气。伦普没有向艇内释放压缩空气，而是直接打开了舱口。一阵灰尘喷了出来。伦普命令艇员放下救生筏，撤离潜艇。他还命令他们打开通风口和海水过滤器，让潜艇进水。

贝克－克莱斯维尔看到潜艇浮出水面，怒火涌上心头。这艘潜艇刚才击沉了两艘英国船，现在，潜艇里的这帮恶魔终于落到自己手里了。贝克－克莱斯维尔一边下令火炮射击，一边命令以 12 节航速撞向潜艇。但是，当他看到德国艇员一个一个地从顶部的指挥塔钻出来时，他意识到，德国兵要弃船了。

这时，贝克－克莱斯维尔脑海里突然浮现出一件往事。这是 20 世纪 20 年代中期他在格林尼治的海军参谋学院读书时听来的。这件旧事之所以能让他印象深刻，也许是因为这和他的同学路易斯·蒙巴顿（Louis Mounbatten）上尉的父亲有关。第一次世界大战期间，德国巡洋舰"马格德堡"号（Magdeburg）在波罗的海触礁。俄国海军从舰上"抢救"出德国海军的密码本，交给了当时的英国第一海务大臣兼皇家海军总司令，也就是蒙巴顿的父亲。这本密码本让英国破译了不计其数的德国密电，帮助英国在一战中占尽了先机。

此刻，看着海面上摇摇晃晃的 U–110，贝克－克莱斯维尔暗暗盘算："这艘潜艇会不会也是一艘'马格德堡'号？"想到这，他命令"大斗犬"号减速，不要撞击潜艇。

第二章
“马格德堡”号沉没

-1-

1914 年 8 月 24 日下午，一艘灰色德国战舰驶出东普鲁士梅梅尔港。这是一条不归之路——等待它的是世界密码史上最惨痛的浩劫。这艘战舰就是“马格德堡”号。这艘战舰上有 4 个烟囱，个头比轻型巡洋舰稍小，因此德国人称之为小型巡洋舰。“马格德堡”号是一艘服役仅 3 年的新舰，速度飞快，最高时速可达 27.6 节。舰上有 12 门口径 4 英寸（约 101.6 毫米）的火炮，装备精良。然而，它天生命运多舛，从试水航行开始就不顺利：“马格德堡”号的首次航行推后了好几个月，而且，它还没能按计划参加 1912 年秋季的海军演习。有些设施还没安装到位，人们就宣布它“准备好战斗”了。“马格德堡”这个代号取自柏林西南的历史名城马格德堡市，为此，该市还赞助战舰举行了两天的庆祝活动。然而，由于涡轮故障，“马格德堡”号从未像它的姊妹战舰一样发挥巡洋舰应有的作用，它成了一艘鱼雷试验船。

1913 年的一天，“马格德堡”号驶向非洲西北海岸不远处的加那利群岛，目的是测试位于新曼斯特的海军无线电信号站的频率。舰上的无线电情报官沃尔特·本德（Walther Bender）上尉在那里买了一只小狗，取名叫“舒姆辰”，船上的人都很喜欢它。船后来在德国基尔的那段时间，每次本德上岸过夜，小狗总会在第二天一大早跑下舷梯，望着汽艇从码头向“马格德堡”号靠近。舒姆辰啊，舒姆辰，你怎么知道本德就在汽艇上？

1914年8月，德国同俄、法、英国开战。“马格德堡”号作为波罗的海舰队成员，停止试验，开始执行巡洋舰任务，目标是沙皇俄国。当时，俄罗斯帝国的领土已经扩展至波罗的海东岸。芬兰、爱沙尼亚、拉脱维亚、立陶宛都被俄国收入囊中。第一次执行任务时，“马格德堡”号和另一艘小型巡洋舰“奥格斯堡”号（Augsburg）到拉脱维亚西南部港口城市利耶帕亚（Liepaja）布设水雷。这次任务取得了出乎意料的成功：俄国人看到这两艘小型舰，以为主力舰队必然紧随其后。结果他们自己主动炸毁了弹药库，点燃了煤堆，并破坏了海港入口的舰船。不久，“马格德堡”号和“奥格斯堡”号又两度出击，摧毁了几座灯塔、一个信号站，并在芬兰湾入海口附近布设了水雷。芬兰湾是波罗的海向东延伸的狭长水域，向东直插俄国当时的首都圣彼得堡。

“马格德堡”号和“奥格斯堡”号都隶属于一个刚组建成的小型舰队。8月23日，舰队司令下令集合。“马格德堡”号当时正在但泽港（Danzig）——这一港口那时还属于德国。“马格德堡”号先抵达了位于普鲁士最东端的梅梅尔。梅梅尔紧挨着俄国边界，当地百姓人心惶惶。德军为了安抚民心，要在这里进行火炮演练。第二天下午，“马格德堡”号朝集合地点进发。25日一早，“马格德堡”号在瑞典哥特兰岛最南端的霍伯根灯塔下与“奥格斯堡”号、3艘鱼雷艇、1艘潜艇以及另外3艘战舰汇合。在那里，舰队司令向各舰军官传达了行动计划：趁着夜色悄悄绕过俄国布雷区，一旦见到俄国舰船，立即将之击沉。他们认为，俄军在此处布雷是为了保护芬兰湾的入口。早上8:30。舰队以20节的高速向东北进发。“马格德堡”号的海员怀疑目标区域有俄国武装巡洋舰，这次行动恐怕有去无回。

下午5:00。海面风平浪静，空中稍有些雾气。“马格德堡”号和“奥格斯堡”号的导航图标相隔 1 英里（约 1.6 公里）。但这并无大碍，因为“马格德堡”号应跟随旗舰，与之相距半海里。万一“奥格斯堡”号撞上水雷，“马格德堡”号可以及时躲避。

然而，雾气很快在海面升腾起来，大雾越来越浓。这样的天气在夏天并不稀奇。到了晚上 9 点，夜色已经完全被浓雾笼罩。“马格德堡”号军官站在舰桥，即使举着双筒望远镜，也看不到船尾的瞭望员。“奥格斯堡”号打算沿着俄军布雷区的边缘行进，再向东转入芬兰湾。11:00。“奥格斯堡”号转向东南偏南，二分之一向东方向，并命令“马格德堡”号照做。“马格德堡”号执行了命令，保持 15 节的航速。整个下午，“马格德堡”号一直保持这一速度，以便与“奥格斯堡”号保持适当的距离。舰长理查德·哈贝尼希特（Richard Habenicht）少校派人持续监测了水位深度，从 190 英尺（约 58 米）到 141 英尺（约 43 米），水位不断下降。到了 8 月 26 日 00:30。水深仅为 112 英尺（约 34 米）。

与此同时，无线电室报告收到一条信息。4 分钟后，解密后的信息被送到舰桥：“马格德堡”号须转向东北偏东，二分之一向东方向。接到命令，舵手立即转向。00:37，正当舵手向舰长报告转向完成、航速保持 15 节时，战舰突然撞上了什么，来回撞了五六下，猛地颤抖了一阵，停住了。“马德格堡”号搁浅了。此时，它位于“奥格斯堡”号以南 1 英里（约 1.6 公里）处。在芬兰湾的入口处，有一个狭长的沙岛，即奥登斯霍姆岛，该岛全长 2.5 英里（约 4 公里），地势很低。这次错误导航让“马格德堡”号撞上了奥登斯霍姆岛西北 400 码（约 366 米）外的一处浅滩。

哈贝尼希特立即组织战舰脱离险境。他倒转引擎，尝试各种速度让船后退，并将 337 名船员全部集中到后甲板，把船尾往下压，抬高船头，然后全速后退。他还下令把弹药搬到船尾，然而战舰依然纹丝不动。通常而言，“马格德堡”号船头吃水 16.5 英尺（约 5 米），船尾吃水约 20 英尺（约 6 米）。而此时，船头左舷的水深仅 16 英尺（约 4.9 米），右舷 9 英尺（约 2.7 米）；船尾左舷处水深 13 英尺（约 4 米），右舷 17 英尺（约 5.1 米）。因此必须使它抬高 3—7 英尺（约 0.9—2.1 米）才能移动。然而，波

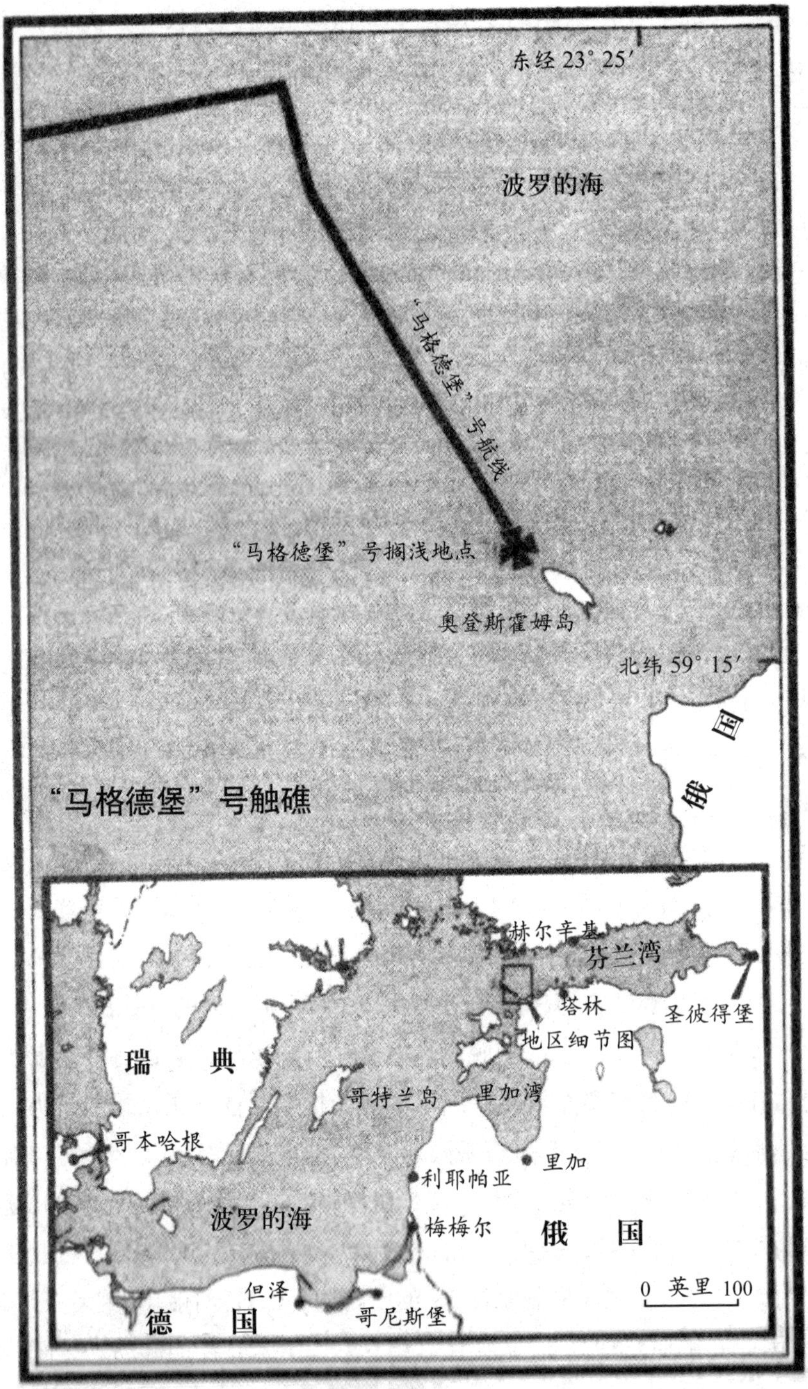
东经 23° 25′
波罗的海
"马格德堡"号航线
"马格德堡"号搁浅地点
奥登斯霍姆岛
北纬 59° 15′
俄国
赫尔辛基
芬兰湾
塔林
圣彼得堡
地区细节图
瑞　典
哥特兰岛
里加湾
哥本哈根
里加
利耶帕亚
波罗的海
梅梅尔
俄　国
0 英里 100
但泽
德　国
哥尼斯堡
"马格德堡"号触礁

罗的海潮起潮落仅几英寸，根本不能指望海水的作用。

哈贝尼希特下令抛弃船锚和锁链，排空饮用水和洗涤水；他用吹灰机把煤吹进海里。除了60箱弹药外，船上全部物品全部堆在舰的一侧。所有能搬动的铁家伙，如布水雷的导轨、舱壁门、前炮塔上的铁门、钢索、上煤设备等，全部被扔到海里。之所以这样做，是因为俄属奥登斯霍姆岛上有一座灯塔和一个信号站。德国人担心，岛上的驻军很可能已经向塔林[1]的上级机构通报了这里的情况。塔林是当时俄国的一个大港，距离搁浅地点仅50英里（约80公里）。哈贝尼希特再次操纵发动机，尝试以不同速度进退，然而“马格德堡”号丝毫不肯挪动半步。

哈贝尼希特担心，巡洋舰上的秘密文件可能会落入俄国人手里。这些秘密文件不仅包括德国布雷位置图、舰船的战斗日志，更重要的，还有德帝国海军密码本和密钥。密钥可以把简单的密码再次加密，这样就有了双重保障。一旦俄国人得到这些文件，就可深入掌握德军的机密。本德负责销毁这些文件，把操舵室的密码本和密钥文件拿到锅炉室，全部烧毁。水手们也把其他的秘密文件拿来烧毁。除此之外，船上还有另一份密钥文件和两份密码本：一份在舰桥上，另一份在无线电室。为了同上级和救援人员联系，这些文件被暂时保存了下来。然而，谁都没有想到，在哈贝尼希特的单间里，有一个上了锁的柜子，这里还藏着一份密码本。显然，哈贝尼希特自己也忘得一干二净。

天将破晓，海床和船下的石头已经依稀可辨。8:30，大雾散去，德国V–26鱼雷艇赶来救援。V–26速度快，马力大，它给“马格德堡”号套上绳索，试图将其牵引出来。然而，“马格德堡”号依然纹丝不动。哈贝尼希特决定搞点破坏：他们向灯塔和信号站开了120多枪。灯塔几乎成了碎片；信号站燃起熊熊烈火。这时，无线电室不断监测到敌人的信号。显然，俄军船队已经出动。眼看在劫难逃，哈贝尼希特连声叹息。然而，为了不让“马格德堡”号白白落入敌手，哈贝尼希特下令烧船。

---

[1] 译注：塔林（Tallinn），现为爱沙尼亚共和国首都。

烧船的命令下达到全船。全体船员将撤离“马格德堡”号，登上前来救援的V–26鱼雷艇。突然，有人大喊一声：“导火线点着啦！”然而，哈贝尼希特并未下令点导火线，一定是有人失手将之点燃了。4分半钟后，巡洋舰就会爆炸！全船一片哗然。第一无线电情报官本德指挥第二无线电情报官奥尔夫（Olff）上尉，将无线电室的密码本和密钥带到V–26上。在奥尔夫的指挥下，无线电二等兵诺伊豪斯（Neuhaus）抓起密码本，三等兵奇纳尔特（Kiehnert）则开始抢救密钥文件。无线电二等兵斯拉特（Szillat）拿到了舰桥上的密码本。大副一时找不到哈贝尼希特，然而时间不等人，于是他命令全体船员到后甲板集合，V–26就在那里等待接他们。他为德皇三呼，令“马格德堡”号和V–26各自放下小船，然后下令“全体人员弃船！”

听到命令，斯拉特把手上的密码本朝船尾扔了出去。按他的说法，密码本掉进一片“黑洞洞”的地方，离船大约15英尺（约4.6米），溅起一片水花，立即沉了下去。斯拉特一跃跳下了船，奇纳尔特拿着密钥，也跟着跳了下去。随后跳船的人撞到了奇纳尔特，等他登上V–26，他发现密钥文件已经不见了。9:10，第一级装药爆炸，“马格德堡”号被炸成两截，船头到第二座烟囱的部分被炸开，大块大块的铁板在空中乱飞。这时，水里仍有20多名船员，他们正向V–26游去。铁块如落雨般落到他们头上。抢救密码本的诺伊豪斯原本也在水里，然而爆炸后，他失踪了。密码本也不知去向。

V–26鱼雷艇从水里救起了大部分船员，其中包括斯拉特和奇纳尔特。为了躲避二次爆炸，鱼雷艇不敢再靠近“马格德堡”号，没有援救未弃船的船员。俄国舰队已经赶来，朝V–26不断开火。其中一枚炮弹横扫8人落水；另一枚击中了鱼雷艇右舷，炸毁了军官室。室内大部分是“马格德堡”号的伤员，所有人全部遇难，无一幸免。而V–26最终还是从俄军的炮火中逃了出来。

哈贝尼希特舰长听到大副为皇帝三呼时，到舰桥露了一面，随后又钻进了船舱，从人们的视线中消失了。船上还有几名未弃船的船员，舰长和他们一起，静静地等待着自己的命运。本德同他的小狗，以及几十名没能登上鱼雷艇的水手们（包括诺伊豪斯），游到了奥登斯霍姆岛，成了俄军俘虏。俄国鱼雷艇“列捷特南·布拉科夫”号（Lejtenant Burakov）放下一艘小船，大副加利宾（Galibin）上尉率领武装士兵靠近“马格德堡”号。船员们没有进行任何抵抗，全部被俄军俘虏。在加利宾眼里，哈贝尼希特舰长是一位“真正的绅士”。他被俘后，把随身的短剑交了出来，而加利宾婉拒了。留在“马格德堡”号和奥登斯霍姆岛上的船员全部被押到一艘巡洋舰上，送到西伯利亚的战俘营。本德身边的小狗被人带走，小家伙从此不知去向了。

在“马格德堡”号上，加利宾降下德国海军的黑白红军旗，升起了沙俄军旗：白色的旗面上，两条浅蓝色的对角线相互交叉。加利宾带着手枪，将“马格德堡”号残骸搜索了一遍。在哈贝尼希特的房间里，他找到一个上了锁的柜子。撬开之后，他发现了埋在最里面的德国海军密码本。“马格德堡”号出事后，全船上下惊慌失措，谁也没有想起这份密码本。搜查一遍后，加利宾将这本密码本连同一沓本德的私人信件，以及其他一些文件带回了“列捷特南·布拉科夫”号上。从此，协约国就掌握了德帝国海军的关键机密，这将引领协约国获悉更多的德国军事机密。

后来，俄军还派潜水员进行了水下搜索。潜水员用强光照射，仔细检查了沉船附近 30 英尺（约 9.1 米）范围内的海床。海床上石头密布。在清澈的海水中，他们找到了斯拉特扔掉的密码本，也找到了爆炸时诺伊豪斯丢失的那一本。这为加利宾的搜查锦上添花。

俄罗斯人知道，英国是海上头号强国。这些德国密码本和密钥文件对英国意义重大。因此，俄国人一五一十地把这些发现告知了自己的英国盟友，并表示，只要英国愿“以最稳妥的方式”派一艘小型战舰，来将这些文件和陪同军官护送回英国，俄国就将把这些资料交给他们。俄军还特意把那份藏在柜子里、完好无损的密码本（序列号 151）交给英国人，自己则留下了浸湿的一份。

把 151 号密码本带回英国的重任落到了 3 名海军军官身上：米

哈伊尔·贝德罗夫（Mikhail A.Bedrov）上校、米哈伊尔·斯米尔诺夫（Mikhail I. Smirnov）中校以及康斯坦丁·贝肯多夫伯爵（Constantine Benckendorff）。贝肯多夫伯爵留着浓密的大胡子。他的父亲是俄罗斯驻英国大使，而他本人则是日俄战争的老兵，见多识广。他曾在伦敦的使馆里当过一年的密码破译员。9月，一个星期日的早晨，贝肯多夫在停泊在塔林的“波尔塔瓦”号（Poltava）战舰上执勤。他一边在后甲板上踱步，一边听着水手们唱俄罗斯东正教弥撒。这时，有人递给他一纸命令，让他马上到旗舰去。到了旗舰，他“又惊又喜地”接到了去伦敦的任务。

在圣彼得堡，他接过了珍贵的密码本。有人已经把密码本装进一个背包，并且在里面缝上了一大块铅块。万一遭遇不测，铅块可以让背包迅速沉入海底。包上还缝有背带。他背着包来到阿尔汉格尔港口，登上俄罗斯志愿军舰队的一艘蒸汽船。这艘船将在摩尔曼斯克附近的亚历山大罗夫斯克港[1]与“特修斯”号（H.M.S. Theseus）巡洋舰汇合。“特修斯”号早在9月初就抵达了港口。但是由于延误，两艘船直到10月1日才从亚历山大罗夫斯克港起航。两艘船穿过挪威最北端，平安无事。一路上仅收到过几次不太明确的U型潜艇警告。10月10日，两船抵达斯卡帕湾（Scapa Flow）。这是苏格兰北部的一大片环形水域，是英国皇家海军最重要的海军基地之一。过了斯卡帕湾，俄罗斯蒸汽船独自驶往英格兰，并于几天之后抵达赫尔港。贝肯多夫下了船，登上火车，经历了漫长的一夜。13日破晓，贝肯多夫终于来到了俄罗斯驻英国使馆。问候过父母，他叫上使馆的海军武官，和他一起去了英国海军部，面见了时任第一海军大臣温斯顿·丘吉尔。他为丘吉尔送上的这份厚礼——德国海军信号密码本（Signalbuch der Kaiserlichen Marine）可谓价值连城，胜过一打法贝热彩蛋[2]。在漫长的情报历史上，这无疑是无比光辉的时刻。

---

[1] 原注：亚历山大罗夫斯克港（Alexandrovsk），现名波利亚尔内（Polyarnyy）。

[2] 译注：法贝热彩蛋（Fabergé Eggs），指俄罗斯著名珠宝首饰工匠彼得·卡尔·法贝热为沙皇制作的类似蛋的作品。“法贝热彩蛋”后来成为奢侈品的代名词，并且被认为是珠宝艺术的经典之作。

-2-

密码本立即被送往英国海军部的密码破译机构。该机构刚刚成立不久，成立的当天恰逢英国参战。虽然在布尔战争（Boer War），以及在印度西北边境处，英国陆军中有人已独立破译过密码，但英国海军从来没有参与过密码分析。对于送来的密码本，他们毫无准备。然而，1914 年 8 月 4 日，当仇恨的战火正式打响，英国皇家海军的无线电台、英国邮局以及马可尼公司就开始搜集来自德国的加密信息，交给海军部情报处。情报处处长奥利弗（H. F. Oliver）少将非常清楚这些信息潜在的意义。要破解这些密码，奥利弗马上想到了一个人：海军训练处处长、他的好朋友阿尔弗雷德·尤因爵士（Sir Alfred Ewing）。尤因爵士是苏格兰人，他个子不高，身材粗壮，经常穿淡紫色、白领子的衬衫，打带圆点花纹的深蓝色领结。尤因爵士曾在乌拉圭从事电报工作，是一位杰出的工程师。大约 1 年前，他还给奥利弗介绍过一种加密装置。在奥利弗看来，尤因“绝顶聪明，是聪明人中的聪明人”。战争刚开始的几个月，所有人都认为训练处可有可无，直到胜利来临才扭转了这个观念。奥利弗告诉尤因，他们拦截的电报无人能懂，请他看看，能否看出其中的门道？尤因接过这些“几乎不可能有用”的东西，当即答应了奥利弗。

为了配合工作，尤因找了周围一些能力突出又小心谨慎的人——达特茅斯和奥斯本的皇家海军学院的教员，尤其是德语教员。8 月份，他们正在放假。第一批志愿者当中，有一位奥斯本皇家海军学院的德语专家，名叫阿拉斯泰尔·丹尼斯顿。丹尼斯顿 33 岁，身材矮小，是个安静的苏格兰人。他曾在巴黎和波恩读书。1908 年，他代表苏格兰曲棍球队出战伦敦奥运会，为英国赢得了一枚铜牌。但是，用丹尼斯顿自己的话说，他和其他人一样，“对密码一无所知”。

在尤因那间狭窄的办公室里，丹尼斯顿和志愿者们不过是把截获的密电分类归档，再从军事信息中把有关德国海军的筛选出来。他们发现，像

POZ、KAY 这类电台呼号以及电台的代号，都和密电文里面提到的名称不一样。但是，他们对于德国海军密电的研究，仍然没有一点进展。

1 个月后，尤因收到了从“马格德堡”号上找到的密码本。然而，这份宝贝一样的文件一开始却没有帮他们完全解开德国的密码。在这份密码本中，有几百页是由 5 位数字、3 个字母及对应的单词组成的纵列 :

63940	OAT	Ohnmacht –ig
63941	OAU	Ohr, Ohren-
63942	OAÜ	Okkupation, Okkupations, -ieren
63943	OAV	Ökonomie, -isch
63944	OAW	Oktant
63945	OAX	Oktober

这就意味着“Oktober”一词可能被加密成“OAX”，也可能被加密成 63945 ；而“OAÜ”的意思是“占领”，或者它的衍生词（而且，相比于数字，德国人更喜欢使用字母加密）。但是，用这种简单对应法破译的信息常常词不达意，表达得非常混乱。英国人只能破解简单的天气预报，以及发给附属船只的信息。为了突破这一难题，尤因叫来了情报处德国分部主任、舰队出纳查尔斯 · 罗特（Charles J. E. Rotter)。罗特曾去过德国多次。现在，他成了尤因的秘书。

不久，尤因又从澳大利亚墨尔本附近一艘德国商船上截获了另一版本的密码本（Handelsschiffsverkehrsbuch，HVB)，以及一份密钥。他们的破译工作终于有了进展。这种密码由 4 个字母组成，而密钥可以用来对密码进行再次加密。也就是说，根据密钥列出的字母对应规则，德国海军密码的 4 个字母可以再加密成另外一组字母。举例而言 : 德语中的“Fregattenkapitpän”（指挥官）一词，加密后变成“RABL”。而按照密钥，代替“R”的字母为“T”；代替“A”的字母为“L”，等等。因此“RABL”经过再次加密变成了“TLIN”。这就是复式加密。

罗特推测，德国人也一定是用这种复式加密法来处理海军信号密码本的。因此，这份密码本里的 3 个字母也许可以转换成另外一组。例如“OAO”也许可以变成“JVJ”。11 月初，在连续截获了几次密电之后，罗特终于破解了复式加密的密钥。这样一来，德国公海舰队（High Seas Fleet）的秘密全部暴露在罗特面前。阿拉斯泰尔 · 丹尼斯顿评论道：“德国人简直比我们还笨！”

这一重大突破顿时让几个英国密码分析人员忙碌起来。很快，他们增加了人手，并且搬到了一个稍大的场地——旧海军部大楼的 40 号房间。从此“40 号房间”就成了英国密码破译机构的代号。

12 月初，这个幸运的机构又迎来了一个重大突破。第三本德帝国海军主要密码本“Verkehrsbuch”到了尤因的办公桌上，不过已经完全浸湿了。当时，德国 S–119 鱼雷艇在某荷兰岛屿附近遇上一名英国中队。艇长把密码本和其他重要文件塞进一个装了铅块的柜子里，扔到了水里。一个半月之后，一艘英国捕鱼船把这份密码本捞了起来，烘干后辗转交到尤因手中。这是一份以 5 位数字为密码的密码本（例如“Kaiser”一词加密为 46786），主要用于舰船军官之间的通信。

拿到新密码本的当天，分析员就发现，它同样使用了复式加密法。就在几天前，英国截获了两份几乎一模一样的海军密电。其中一份完全是根据“马格德堡密码本”（Magdeburg Codebook）进行加密的，因此“40 号房间”的分析员很快破译了密电内容。而另外一份密电中，有一小部分使用了新发现的 5 位数字代码。尤因调侃道：“同一条信息使用两种密码，实在太不明智。就像把两种酒混合到一起喝，早晚会‘醉酒吐真言’。”说得没错，通过马格德堡密码本，分析人员可以找出加密后的“Verkehrsbuch”信息；而根据 5 位数密码本，就可找到基本的代码数字，而后再对照收到的密电，就基本掌握了这种代码的对应规则。

就这样，战争打响还不到 4 个月，英国就看懂了头号对手最隐秘的企图——主要靠破译之外的办法，掌握了德国海军的动向。

德国后来更换了密码。然而，海洋对英国的馈赠并未就此停止。德国似乎没有吸取以往的教训：一些 U 型潜艇在英国附近的浅海沉没后，潜水员又从水中打捞出了新的密码本和复式加密密钥。其中最成功的一位潜水员当属希普莱特·米勒（Shipwright E. C. Miller）。他是一位年轻的潜水教练，面色苍白，个子瘦高，显得很健壮。最令人称赞的是，有些场面十分骇人，其他人都不敢靠近，而米勒却能沉着应对。有一次，一艘德国潜艇在约克郡附近沉没，他下水搜查。潜艇以侧面贴地，米勒找不到入口。于是，他用炸弹炸开了指挥塔顶部。待水流恢复清亮，他看到一个德国船员的人头从炸烂的爆破口漂了出来，就好像在凝视着他。然而，米勒毫不畏惧。他穿着厚重的潜水服，带着圆形头盔爬进潜艇。他的周围挤满了遇难船员的尸体，而他平静地用绳索把遇难者固定好，继续在舱内搜寻。在这个水下坟墓中，米勒艰难地穿过黑暗、狭窄的通道，摸索到船尾，进入军官住的隔间里，终于找到一个保险箱。他又收获了一套新的密码本，以及复式加密的密钥。

-3-

随着战事的蔓延，密码破译的重大意义更是不言而喻。“40 号房间”的工作人员迅速增加。他们当中不少人是剑桥大学的教员，尤因本人也曾是剑桥的机械工程系教授。还有一些人来自剑桥大学的国王学院，尤因也在那里工作过。奇怪的是，尤因雇用的许多密码破译员并非数学家或科学家，而是古典学者和语言学家。其中最成功的破译专家，是一名研究希腊语的学者，名叫阿尔弗雷德·迪尔温·诺克斯（Alfred Dillwyn Knox），人们也常叫他迪尔温。

诺克斯还有 3 个兄弟，他们的父亲是圣公会曼彻斯特主教。他排行第二，早年在伊顿公学读书，正是在那里，诺克斯与后来的经济学家约翰·梅纳德·凯恩斯（John Maynard Keynes）成了非常要好的朋友。中学毕业后，他们一同考入国王学院。在国王学院，有一位叫利顿·斯特拉奇（Lytton Strachey）的同学爱慕他，不过这一同性的追求被诺克斯拒绝了。而这位斯特拉奇先生，就是后来写就《维多利亚名人传》（*Eminent*

Victorians）的英国著名传记作家。

斯特拉奇是这样评价诺克斯的：“要我来说，诺克斯像是有一个奇丑无比的面罩，他想戴就戴，想摘就摘。他的策略是：当你看见他时，他先用美丽来吸引你，诱惑你；正当你上前一步，准备抓住他、亲吻他，或者打了别的主意时，他就立即戴上面罩，吓得你顿时后退。多可怕的恶作剧啊，不是吗？”诺克斯机智诙谐、聪明过人，打油诗随口就来，而且还是桥牌高手。打桥牌时，他总是不按常理出牌，很少输牌。然而，凯恩斯对诺克斯的评价恰恰相反：“迪尔温的脑子比谁都混乱……他工作毫无条理，总是忘记写下最关键的步骤。”

诺克斯身材瘦高，有着宽宽的额头、厚厚的嘴唇，看起来似乎不太强壮。1909 年，他被选为国王学院的教员。有一段时间，他还辅导过后来的首相哈罗德·麦克米伦（Harold Macmillian）。诺克斯的工作，是跟自己的导师整理古希腊非主流剧作家赫罗达斯（Herodas）的一部作品。1889 年，人们在埃及的俄克喜林库斯发现了一卷纸莎草纸，上面抄写的正是赫罗达斯的剧本。诺克斯认为，抄写者“常常需要费尽心思，才能搞明白作品上的一些字母”，这位抄写者“也犯了一些常见的错误”，还“把原作改得不成样子”。诺克斯和他的导师必须推敲出作品的本来面貌。这种精密分析和对文本细节的重新构建，正是密码破译所需要的技巧。1915 年，当 31 岁的诺克斯来到“40 号房间”时，他发现自己非常适合破译密码。

不久，诺克斯在国王学院的一位友人——弗兰克·伯奇也来到“40 号房间”。伯奇毕业于伊顿公学，比诺克斯年轻。有人说他是“一个多面人：他是枯燥无味的历史学家；还过得去的酒友；私下里神神秘秘，当众能侃侃而谈。伯奇还是个天生的演员，他的表演就像那些喜剧大师一样，总有惊世骇俗的元素”。伯奇演得最好的角色，是扮演独眼单臂的古典文学导师。在哑剧表演上，每晚在他自己的房间，伯奇会完完全全地脱离自己，彻底进入角色。他还酷爱游艇。在战争开始时，伯奇参加了英国皇家海军志愿军。他和诺克斯合住在伦敦切尔西区艾迪斯大道 14 号的一栋房子里。伯奇每周都会举行音乐派对，每到这时，诺克斯就会通宵待在“40 号房间”里。伯奇的破译技术没有诺克斯精湛，不过他擅长校对，以及把结果解释给大家。

-4-

“40号房间”是英国海军部最隐秘的存在之一。而且，所有知情人员对外均不承认这一机构的存在。差不多在战争的第一年里，这着实让德国人迷惑不解。因此，无论面对直接的证据还是合理的推断，德军都拒不相信自己的密码已被破译，也不相信自己的通信已经被监听。

在报告“马格德堡”号灾难时，其所在中队的司令避重就轻。他从来没有提起，有本密码本很可能遗失了，只说“不确定密码本的密钥已被销毁”。德国海军人员虽担心，密码有可能已被敌人获取，但他们最终采纳了中队司令的说法，认为“密码本有可能丢失，但不会产生严重后果”。最后，德国海军部仅轻描淡写地下令印发了一份新的密钥。

德皇的弟弟，时任德国波罗的海舰队司令的普鲁士亲王海因里希（Heinrich）还下令展开特殊调查，追查“马格德堡”号秘密文件的下落。然而，这也同样没能引起海军部对密码的彻底检查。开战之前，人们一直认为海因里希亲王无法胜任舰队司令一职。但是，在保护密码安全的过程中，他终于证明了自己顽强的精神和富于创造力的思维。

调查结果引起海因里希亲王的一阵不安：他认为，俄军很可能已经从水下打捞出了一些关于德军海图的文件，而且“同样有可能发现了掉在水里的密钥文件；此外，通过潜水作业，俄军还会从清澈见底的水中捞起密码本”。因此，海因里希提议更换新密码本，并使用机械加密。但他的建议受到了冷落，没有人采纳。1915年3月，人们收到一封被俘德国海军军官发来的信件。信中暗示，英军已经掌握了德军密码。8月，德军俘虏并审讯了当时搜到密码本的关键人物——加利宾上尉。他亲口交代了俄军找到密码本的事实。即使这样，德国海军人员依然对此视而不见。

与此同时，德军意识到，敌人在截获“奥菲莉亚”号（Ophelia）救护船后，很可能得到了“HVB 密码本”，即以 4 个字母代替单词的密码本。事实上，HVB 密码本是在澳大利亚被截获的。但是无论过程怎样，至少德军这一次的结论是正确的。

然而，面对这一切的暗示与推断，德国海军与其他的官僚没什么两样，只做了做表面文章。1914 年 10 月 20 日，海军部更换了新的密钥，而后在 1915 年 1 月 20 日和 3 月 20 日再次更换过两次密钥。可是，他们自始至终都没有更换密码本。

接下来发生的一连串事件，更能向德军证明有人监听了密电。1914 年 12 月，德国海军一支中队轰炸了几个英国海滨城镇后，全速返航。就在返航途中，他们遭遇了英国巡洋舰队的堵截。若不是遇上浓雾和狂风暴雨，该中队恐怕难逃一劫。次年 1 月，另一支船队从北海的港口出发，准备对脱离船队的战舰和货船来一次大扫荡，结果再次遭遇英国巡洋战舰。这一次，德国船队就没那么幸运了。双方以重火炮远程射击，德国一艘主力战舰被击沉、两艘损失惨重。这就是多格滩海战。3 月，德国公海舰队新任司令计划于 16 日向南开进，但是由于天气恶劣，被迫放弃行动。然而，德国潜艇和巡逻船报告，英国一支舰队已于 16 日出海。3 月 29 日，德国舰队再次离开港口，英国舰队也同时起航。4 月中旬，英国大舰队（British Grand Fleet）从斯卡帕湾出发，竟比德军计划的出发时间还要早。而且，大舰队返回斯卡帕湾之时，也恰逢德军返航。随后的 4 月 21 日、5 月 17 日和 5 月 29 日，英德海军又接连几次同时出动。

到这时，德国最高司令部已经非常清楚，英军能够事先掌握德军的一切重大行动。指挥部绞尽脑汁，只想到一种可能——德军内部有人泄密。然而，他们什么都没有查出来。公海舰队司令从一开始就直接否定了英国破译德军密码的可能性。

这一次，官僚主义又占了上风。舰队司令下令，进行复式加密时，旁边不得有士兵在场。他们认为，普通士兵可信度不高，有可能为了钱财泄露密码。他还下令更换了新的密钥，但密码本还始终维持原样。

-5-

究竟是什么让德国人一而再、再而三地对如此确凿的证据置之不理，以至于自我毁灭？又为什么如此懒于更换密码本？其中第一个原因恐怕是：几乎所有人都相信，这套密码牢不可破，他们对这套密码的信任程度高于一切。德国人惯有的自信让事态更加严重：这密码难道不是德国人创造出的吗？第二，密码被破译的严重后果也是海军部参谋不愿意面对的。这样一来，他们就不得不告诉德国军官，海军部在密码战中失败了，可能需要转移；许多计划都要重新制订；战术和组织都要修改。这套密码本厚约 15 厘米，长宽分别约为 38、30 厘米，1913 年才投入使用。废弃这样一套刚刚使用不久的密码本，重新编写、印刷、然后分发到军官手中，这一切将会耗费巨大的人力、物力、财力，几乎是不可能办到的。

除了以上两点，还有一种可能：海军部没有人懂得密码破译有多大威力。事实上，不仅是德国，一战之前，英国也对此一无所知。多年来，密码破译工作从来没有给两国政府带来过什么惊天动地的消息。普法战争和布尔战争中使用过的密码破译方法从未公布过。18 世纪，英国、汉诺威、撒克逊及普鲁士虽有各自的密码破译机构，但这些机构早在 70 多年前就纷纷关门，当时的经验早已被人遗忘。即使他们的同盟国仍有密码破译机构，如同盟国的奥匈帝国，协约国的法国、俄国，然而最初，这些国家绝不愿意同别国分享如此宝贵的资源。战前，德国海军通信员更加关注，该如何应用新的无线电技术将信息发送给同伴。一次次地，他们为通信距离越来越远而欢欣鼓舞，却从来没有意识到，还有第三个人可以接收到信号。当然，德国通信兵偶尔也能听到英国的无线电信号，一开始只是意外，后来就变成了故意窃听。即使这样，德国人依然满脑子想的是传输距离、频率以及呼号，丝毫没有想过，自己的通信内容也会被别人窃听。

似乎是信号的波动让德国人坚信，窃听绝不是一个可靠的情报来源。德军通信操作规定甚至明令禁止，不让通信员们通过窃听敌人的无线电信号来获取情报。

1914年末，西线的战事逐渐变为堑壕战。直到这时，情况才有所转变。人们开始使用战地电话通信。德国第六军的主要无线电站设在法国北部距离前线15英里（约24公里）的鲁贝（Roubaix），那里的通信兵几乎无事可做。因此，上级命令他们监听英国的无线电通信。由于交战双方的陆军都较少使用无线电，因此德国通信兵监听到的大部分内容是海军的通信。大部分拦截的内容都是加密的，其中有一些使用了简单的字母替换加密，很容易被无线电站人员破译。这其中很多信息是扫雷艇发出的，德军将其破解后用来对付英军：当扫雷艇报告某一区域障碍清除，德军马上派U型潜艇重新布雷。有时候，通信兵很快就会再次监听到英国船只被炸毁的消息。

有了这样的成功案例，德国海军决定建立独立的监听站，并且在德国北部的新曼斯特成立了主控制部门。在一片松林里，德军建造了一座150英尺（约47米）的木塔。这座木塔比松树略高，专门用于捕捉英军的无线电信号，送往新成立的监测与密码分析部（Observation and Cryptanalytic Service）。该部门负责人马丁·布劳内（Martin Braune）是德国海军通信情报的创立者和灵魂人物。

这个部门对英国密码系统的分析和破译终于让德国人相信，自己的密码系统并非牢不可破。海军参谋部也逐渐开始完善德国的密码系统：他们缩短了密钥的使用周期，并着手创建一套新的密码系统来取代HVB密码本。然而，这些措施仍不足以满足实际需要。1917年5月1日，一套更加精密的密码系统——通用无线电密码本（Allgemeines Funkspruchbuch，德语简称AFB）终于投入使用。此后不久，德国海军信号密码本，即“马格德堡”号使用的密码本终于被新的密码本所取代。从最初担心密码本丢失的危险，到最后彻底更换密码本，中间拖了3年之久。这不得不说是通信安全史上最严重的失败之一。

史无前例！

第三章

人·机·选择

-1-

1918 年 4 月 15 日，星期一。西线的德军大规模投入进攻。他们决心在美军增援之前彻底打垮法国和英国。《柏林地方报》（*Berlin Lokal Anzeiger*）专版上用醒目的大标题写着“重大胜利”。就在那一天，帝国海军部收到了一封来自柏林希尔德加德大街（Hildegardstrasse）17 号的来信。写信人 39 岁。他写道：

> 我为一种加密机申请了专利，档案号“Sch 52638 IX / 42 n”。目前，该机器的商业开发权由注册工程师理查德·里特尔的公司全权代理。在此冒昧地附上该加密机的详细介绍，也许您会感兴趣。

说到这台加密机，信中写道：

> 这台机器可以避免任何字母的重复性替代规律，即使某个字

母出现上百万次，替代的序列也无规律可循……即使机器落入敌人手里，机器上的密电也不可能被破译，因为要破译它，必须知道预设的密钥。

写这封信的人，就是发明了一套全新密码系统的电气工程师亚瑟·谢尔比乌斯（Arthur Scherbius）。与此同时，在美国、荷兰和瑞典也有人提出了同样的设想。这就是转子的原理。

所谓转子，就是一个带电线的密码转轮。转轮用硬质橡胶、胶木等绝缘材料制成，与冰球差不多大。转子两侧的圆面上有 26 个黄铜材质的触点（通常是 26 个），绕圆周排成一圈。触点通过电线接到另一面的任意一个触点。如果每个触点代表一个字母，那么这个转子就能将每个字母加密，构成一个加密的字母表。例如，当触动明文字母“A”，电流就会通过转子，连接到另外一个字母（假定是“Q”），变成密文。因此，转子内的电线设置就是这台机器的秘密所在。

然而，电子加密实际上并不是什么新鲜事。这台机器之所以与众不同，关键在于它的转子可以旋转！想象一下，在转子两侧安装各安装一个固定的圆盘，一个为输入盘，一个为输出盘。每个圆盘上都带有一圈触点，与中间转子上的字母相对应。谢尔比乌斯的这个机器上，输入盘上的触点与打字键盘上的字母相连；输出盘上的每一个触点连接一个闪光灯泡，灯泡照亮字母，显示在上方的玻璃板上。机器的用电由一块电池提供。

使用转子机加密，只需在键盘上输入明文，并记录玻璃板上依次亮起的字母。这样就完成了加密。按下键盘，电流就会通过输入盘，连接转子一面相应的字母，再穿过转子，连接到输出盘上代表另一个字母的触点，然后点亮闪光灯泡。

如果转子固定不动，那么字母的替换规律就永远不会改变。然而，在这台机器上，每次按下键盘，都会推动转子转动 1 个字母的位置，也就是圆周的 1/26。这样一来，每次输入明文字母，都会因转子位置的变化而连接不同的触点，得到新的对应字母。举例而言，如果1个单词中有双写“R”，那么经过旋转，它们就会被2个不同的字母代替，可能一个变成“Z”，另一个变成“M”。

再举个极端的例子。假设明文中的所有字母都是“A”，那么随着转子的转动，前26个“A”会随机变成不同的字母。然而到了第27个，转子就会回到初始位置，这个字母就会同第一个相同。这样短的周期必然是加密的软肋。但是没关系，只要再插入1个对应序列不同的转子，2个转子紧贴在一起，每当第一个转子转完1圈，第二个转子就旋转1个字母的位置（圆周的1/26），就可以延长重复周期，密码自然就变得复杂了。两个转子不停地旋转，就会制造出多种内部组合方式。第一个转子转了26圈后，第二个转子才转了一整圈（26次）。此时2个转子全部回到起始位置。也就是说，在有2个转子的情况下，前676个字母（26×26=676）的替换是毫无规律可循的。从第677个字母开始，转子才会回到初始位置。（当然，字母表只有26个字母，很多字母在密文中都会重复出现。但如果一份电报内容只有字母“A”，那么从第677个“A”起，替换字母的序列才会开始重复。）

同理，1台加密机可以增加多个转子，每增加1个转子，重复周期都将延长26倍。4个转子的周期是456976次，5个转子则是11881376次。

这么复杂的密码如何解密？解密不仅要使用相同的机器，而且密码操作员还必须知道所有转子的初始位置，也就是密钥。密电的发送者和接收者必须提前确认使用哪一套密钥。每一天的密钥都不相同，因此密钥文件通常是一个列表，规定本月每一天所有转子的起始位置。通信员会把密钥文件分发到各个使用此加密机收发密电的无线电情报站和通信站。除了转子的位置，密钥还可以包含其他信息。例如，转子是活动的，因此加密机里的几个转子可以任意交换位置，密钥就必须指明转子的排列顺序。没有密钥，收信人将无法阅读密电，除非他能破译。

谢尔比乌斯在1918年春介绍给海军部的，就是一台多转子密码样机。他在阐释了转子的原理后，引出了自己的重点：即使敌人得到了加密机，也不可能读懂密电。他写道：

> 转子的排列变幻无穷。就算敌人同时得到了机器、明文和密文，只要他们不知道密钥，就不可能通过对照来得出密钥。因为7个转子会产生60亿种可能的排列组合；13个转子则会产生100万亿种组合。要从这么多种组合方式中找到正确的密钥（即每个转子的起始位置），几乎是不可能的。假设每尝试一种用时半分钟，那么要破译7个转子的密钥，在100台机器24小时同时运转的情况下，也需要5.8年后才能找到正确的密钥。而如果是8个转子，则需要1000台机器用14.5年才能破译。

谢尔比乌斯还写道："除非所有密电全部使用同一套密钥，且密钥永远不变，否则这种破译毫无意义。"一语命中要害。

海军部仔细研究了谢尔比乌斯的机器，发现它"非常安全，不怕落入敌手"。然而，他们并不准备购入，因为"以海军部目前的加密量看，不值得动用机器"。不过，海军部推荐外交部检查一番，看其是否适用于外交通信。一台10个转子的加密机（长宽高分别为30.5厘米、14厘米和12厘米）配上打字机，售价为4000—5000马克（按当时汇率约合1600—2000美元；1991年约为12000—18000美元），8周可以交付使用。谢尔比乌斯还说，如果订购1000台加密机，可以把价钱降到1400—1800马克（1991年，约为5000—6500美元）。

不过，外交部也没有表示丝毫的兴趣。这些虽令谢尔比乌斯失望，但他并没有灰心丧气。因为他对密码漏洞的研究已经近乎痴狂。

-2-

1878年10月20日，谢尔比乌斯出生于法兰克福的一个小商人之家。他毕业于一所理科中学。学校非常重视数学、自然科学与现代语言，毕业生大多进入工程领域深造。1901—1902 年冬，谢尔比乌斯在慕尼黑技术学院学习电力课程。1902 年 5 月 13 日，他被汉诺威技术学院录取，用几个月的时间学习了电气安装、工厂安装等技术。1903 年 3 月，谢尔比乌斯完成了所有课程的学习；第二年他完成了论文《关于间接水轮调节器构造的建议》（*Proposal for the Construction of an Indirect Water Turbine Governor*），获得学位。年仅 25 岁的谢尔比乌斯荣获了工程博士头衔。

毕业后，谢尔比乌斯先后到德国几家主流的电气公司工作，还在一家瑞士大型电气公司工作过。他的第一个发明——应对压力突变的高压驱动电机，也是在瑞士这家公司工作时发明的。1918 年，谢尔比乌斯和注册工程师理查德·里特尔，也就是在给海军部的信中提到的那位工程师，共同创立了谢尔比乌斯与里特尔公司。作为合伙人，谢尔比乌斯继续进行自己的发明、研究并发表了一些文章。例如，他发明了电子枕头、陶瓷加热零件、感应电动机等等；研究了高压直流电与温度感应中存在的问题等等。他写过关于并联补偿器的论文，也写过一份有关合闸线圈中磁感应的研究论文，长达 91 页。谢尔比乌斯也因为感应电动机原理而名垂史册。

大约在一战期间，谢尔比乌斯为密码系统折服。密码学在德语国家和地区并不发达，对此最为完整的记述也要追溯到 1881 年——那已经是 40 多年前，而且还是作者自费出版的。在此之后，德国和奥地利仅有非常少的学术文章和书籍，或偶尔有一些调查文章出现在杂志、小报上。这些小报文章大多是教人如何写秘密情书、防止电话被人窃听等等。除此之外，还有一本商用的关于基本加密规则的小册子，以及一些无线电密文和密码的研究。在德国、奥地利和瑞士，申请专利的加密设备有几十种，但是这些设备的机械系统都是几百年前的老古董了。

或许这时期最重大的活动，就是商业密码表在德国出版。这些大厚本有些是某家公司内部发行的，也有些是用于公开出售的。这种所谓的"密码"主要是用字母代替商业语言及生活语言，例如"不要越界"，可加密成"JIWUL"，主要目的在于节省电报费。然而，这种替代法也确实有一定的秘密性，而且构成方式同不少政府密码的构成相同，名字还叫密码。

因此，人们还是将这种替代法纳入了密码学的范畴。这种密码有些来源于普通语言，有些是新编的，但所有的密码都是“可读”的，因为根据国际电报规则，“可读”的电码比不可读的代码费用要低。

谢尔比乌斯发明的第一台密码装置，就是在保持经济性的同时，增加电报的保密性。他把元、辅音相间排列，保持电码的可读性。第一台使用电流的密码装置，是将输入端电流穿过“多个旋转板，将所有输入导线与输出导线相连，再与转换器相连，使其可以变化”。

这些旋转板就是转子的雏形。这个主意很可能是谢尔比乌斯听音乐会时的突发奇想。据说，谢尔比乌斯非常有音乐天赋，他的很多灵感都来源于音乐。显然，他在听音乐时经常走神。每当他有新鲜的想法，总忍不住在自己的袖子上写写算算，全然不顾正在演奏的音乐。谢尔比乌斯发明的第一个转子是用数字代替单词，可能是以编码的形式。这种方式虽然有保密性，但是失去了可读性。

随后，他又发明了以字母形式加密的第二个转子。1918 年春，他向海军部和外交部提议的，正是这一装置。结果这两个部门都拒绝了他。然而，这并没有打击谢尔比乌斯的信心，他开始挖掘这台机器的商业用途。

谢尔比乌斯和里特尔把加密机的专利权转让给了一家“矿业联合安全公司”。虽然从名字上看，按当时的法律，这应该是一家矿业公司（该公司老板的确从事矿业），但是鉴于该公司已获得荷兰的转子专利，这也暗示此公司创立的本意在于募集风险资本，投入加密机器。1923 年 7 月 9 日，安全公司建立了加密机股份公司（德语 Chiffriermaschinen Aktien-Gesellschaft，即 Cipher Machines Stock Corporation），8 月，新公司在柏林中心地带的施特格利茨大街 2 号开业了。谢尔比乌斯和里特尔都在董事之列。

该公司极力宣传自己的机器，将其命名为恩尼格玛机。他们打印了宣传页，在 1923 年的万国邮政联盟大会上展示了恩尼格玛。随后，不少德国和外国的电气及商业刊物都发表文章介绍了这台机器。很多文章中配以图例来介绍转子，并配上恩尼格玛的照片。当时的恩尼格玛很笨重，足有

100磅（约45千克），高15英寸（约38厘米），右侧有手柄和把手。德意志帝国邮电部已对此进行过测试。

恩尼格玛机有两个型号，一种自带打印机。另一种是简易的“辉光灯恩尼格玛”，即通过辉光灯显示加密字母。这种机器逐渐为人所知，而且成了这家加密机公司唯一生产的型号。辉光灯恩尼格玛更加小巧紧凑，11.4厘米高、27.3厘米长、25.4厘米宽，而重量仅有15磅（约6.8千克）。正面的键盘有3排字母按键，键盘后面还有3排，是用来显示字母的圆形小孔。加密机背面的右侧有一转换开关，可以切换电源和电池。加密机顶部的左侧有4个转子，4个带齿的指轮穿透机器的盖子，盖子上也有小窗口，露出转子侧面的字母。

1918年谢尔比乌斯写信给海军部后，这台加密机先后经过3次重大修改。其中谢尔比乌斯雇用的工程师威利·科恩（Willi Korn）修改过两次，另一次修改由柏林市民保罗·伯恩斯坦（Paul Bernstein）提出。

最初，加密机的转子是固定的，从左到右的顺序不可改变。科恩将转子改成可移动的，这样操作人员就可以任意改变转子的顺序。这也让伯恩斯坦的设想得以付诸实践。伯恩斯坦想在每个转子上安装一个可移动的圆环，刻上字母。这个字母环像轮胎一样包住里面的转子，字母可以随意转动，也可以固定在转子上。此前，转子的位置必须靠字母指示来确定；而这样一来，字母的位置就与转子本身的位置无关了，接收密电者只需知道字母环的位置。因此，这也成为密钥的一部分。伯恩斯坦还把原刻在转子上的凹槽也挪到了圆环上。这个凹槽的作用在于，当右侧的转子转到某个位置后，推动左侧的转子转动一格。这一改变使得转子移动同转子加密相互分离，从而进一步增加了破译难度。

最后，科恩将4个转子中最左侧的一个改为反射器。尽管仍叫作转子，但实际上它并不转动。通过这个转子，电流经另一线路返回前3个转子，而后再点亮加密后的字母。有人称其为“半转子”，因为正常转子两面都有触点，可以构成26对连接。而“半转子”仅在一面有26个触点，只能同面的2个触点相连，因此只有13对。电流再通过前3个转子返回，就可以保证解密时能得到输入的原文字母。例如，明文的字母“A”加密后变成“X”，那么“半转子”就是为了确保输入“X”时，可以得到“A”。有了这个反向装置，加密、解密就无需调换转子位置了，也就无所谓加密模式、解密模式。这就避免了通信员操作失误的可能性。然而，从密码分析的角度来看，这样做也有劣势：一旦获得一份明文，那么破译下一份密文就容易得多。此外，两条线路的存在虽然增加了密码的复杂性，但在这种情况下，一个字母不可能被加密成它本身，这就为破译排除了一些可能性。

1924 年，德国邮局同意用恩尼格玛加密电报与万国邮政联盟大会互致问候。不久，奥地利犯罪学专家齐格弗里德 · 图克尔博士（Dr. Siegfried Türkel）就在一本有关加密机的著作中大篇幅讲述恩尼格玛，详细介绍了各种机器型号，并配以大量图片。图克尔博士还引用了奥地利密码分析专家安德里亚斯 · 斐格尔上校（Colonel Andreas Figl）的褒奖。即便如此，谢尔比乌斯也并未因此大发其财。当时，发明和制造加密机者大有人在，所有人都梦想着靠售卖加密机、保护商人通信秘密来发一笔财。而此时，恩尼格玛的销量并没有比亚历山大 · 冯 · 克里亚、爱德华 · 赫本或阿维德 · 达姆等发明的其他加密机好到哪里去。直到 1924 年底，他的公司仍有未支付的红利。

-3-

局势不断变化，不久就出现了转机。在绿树成荫的兰德维希运河河畔，提尔皮茨弗大街 72—76 号，有一幢砂岩结构的四层大楼。这里，德国海军司令部主管密码的部门正在为海军通信安全问题一筹莫展。1918 年，他们拒绝了谢尔比乌斯的提议。而此时，他们惊恐地发现，在一战期间，英国居然大部分时候都能破译德国海军的密电！

最初让德国产生警觉的线索，来自退休的英国第一海务大臣、海军上将约翰 · 费舍尔爵士（Sir John Fisher）。这个暴脾气将军正是英国“无畏”号（Dreadnought）的缔造者。他在1919年发表自己的回忆录，其中写道：

> 无线电发展得多么迅速！它能让你知道说话人在哪里，然后找到他。所以，德国人不敢开口说话；即使说了，也是满篇的密码。上一次大战中，我们对密码的解释和破译，无疑给海军部带来无上荣耀。在我任职期间，密码的破译不曾有过半点失误。

后来得到的线索说得似乎更真切：1923年，英国皇家海军公开了官方战时史料，其中披露了多次英军靠拦截情报而抢占先机的实例。与此同时，一个富有戏剧性的真实故事，更让英国的情报分析成了万众瞩目的焦点。

同样是1923年，温斯顿·丘吉尔的畅销书、第一次世界大战回忆录《世界危机》（*The World Crisis*）出版了前两卷。一战初期，丘吉尔在曾在海军部担任文职，他以华丽、诗意的笔锋记录了英国成功破译密码的依据。

> 1914年9月初，德国轻型巡洋舰“马格德堡”号在波罗的海失事。几个小时后，俄国打捞人员发现了一名溺死的德国军士。虽然身体已经僵硬，但他仍紧紧地抱着几样东西：海军密码本、旗语通信手册，以及北海、黑尔戈兰湾的方格海图。海图的内容十分精密。9月6日，俄国使馆随员来见我，说他接到彼得格勒（即现在的圣彼得堡）的电报，电报中介绍了事件的详细经过，且俄国海军已利用密码本和通信手册破译了德国海军的部分密电。俄军认为，英国作为海上第一强国，有必要得到这些手册和地图。只要英国派一艘船到亚历山德罗夫港口，俄军会派军官将这些材料护送到英国。听到这些，我们丝毫没有耽搁，立即派船前往亚历山德罗夫。10月下旬的一天下午，

路易斯亲王[1]以及我本人收到了来自我们忠诚盟友的馈赠——海水泡过的珍贵资料。

之后，丘吉尔又绘声绘色地讲了几件生动的往事，讲述了截获的德国密电如何让英国海军如虎添翼。不久，德国海军也公开了海军的官方史料，称“德国海军司令部故意让英国截获并破译自己的密电，不过是挑明了要与英国海军一争高下”。

一时间，德国海军突然发现，仅靠修改密钥是远不能保证通信安全的，他们需要从根本上改革秘密通信系统。必须有一套牢不可破的密码系统，即使落入敌人手里，也不能让敌人知道半个字。也许他们需要的正是一台加密机。早在 6 年前，就有人向海军部推荐过一台机器，声称无论机器在谁手里，信息的安全都可得到保证。当时，海军参谋认为这没有什么用，就拒绝了。然而现在，海军部的眼光已大不相同。他们很可能是在测试了市面上出售的其他机器（例如克里亚的加密机），进行了一番比较之后，才向谢尔比乌斯抛出了橄榄枝。

1925 年，谢尔比乌斯的密码公司开始为海军部制造第一代恩尼格玛加密机。军用与商用的机器有几处不同：第一，军用加密机的键盘和显示区内，字母以字母表顺序排列，而商用键盘的最上面一排以“QWERTY”开头，类似于如今我们的电脑键盘。第二，转子的线路设置不同。尽管军用加密机上只安装 3 个转子，但实际上配备有 5 个转子备用，以提供更多种选择，以及更高的安全性。由于增加了不旋转的反射器，因此只有 3 个带齿的指轮（而不是 4 个）穿透盖子露出来。第三，军用加密机在普通字母表的基础上增加了 ä、ü、ö 3 个德语元音变音字母，使之变成 29 个字母。因为在使用加密机之前，要先用简易替换法进行加密，而简易替换的密码本上包含了 ä、ü、ö 3 个字母。

为了提高新机器的安全性，海军部的措施远不止于加密和增加转子这

[1] 原注：指英国第一海务大臣路易斯·巴顿伯格，后来改名为路易斯·蒙巴顿。

两种。首先要排除的隐忧就是间谍活动。为此，海军部规定，军官以上级别的人员才有权设定转子位置。军官最看重的是荣誉，这或许让他们对金钱和美色多了一层免疫力。

德国密码分析学家认为，要破译恩尼格玛，任何破译者都会想到从“叠加”（superimposition）中去寻求规律——只要有大约30封密电使用了相同的转子，密电中的部分内容就会暴露转子转动的连续性。通信频繁时，这种情况是有可能出现的。为了堵住这一漏洞，避免转子的起始位置相同，海军部规定，每次发报时必须完全改变转子的起始位置。海军部为此还专门印了一本手册，列出了表示转子起始位置的各种字母组合，发报员在加密时可任选一组。但是密电的接收一方如何知道转子的位置？这就要求发报员用一组字母作为“指示字母”，写在密电内。当然，指示字母也必须被加密。海军部列出的字母组合极具任意性，避免密码操作员使用“XXX”或者“LIL”这类有规律的字母组合。

最后，海军部还将密电分类，设定为普通级、军官级和参谋级。级别越高，密码越复杂，掌握密钥的人数越少。

到1926年初，一切准备就绪。谢尔比乌斯的公司交付了相当多的机器供海军上下使用。恩尼格玛被命名为“无线电代码C”（德语Funkschlüssel C，即Radio Cipher C）。1926年2月9日，公司还印制了长达23页的操作说明。说明书内容翔实，不仅涵盖了机器介绍、加密方法、解密方法，还包括如何测试灯泡、如何调试错误等。

-4-

使用了一年，海军部对恩尼格玛的表现非常满意。这吸引了陆军部密码处（德语Chiffrierstelle，即Cipher Center）的关注。1926—1927年，负责密码处的是鲁道夫·施密特少校（Major Rudolf Schmidt）。施密特曾在一战中担任通信官，还为一份有关一战的重要研究撰写了通信方面的内容。他和密码处的密码学专家都认为，恩尼格玛对陆军也会大有帮助，于是他们根据陆军的特点，对加密机做了一番改进：仍旧使用 26 个字母的转子；只用 3 个转子（可能是为了减轻移动作战的负担）；使用标准键盘（即第一排从左向右按“QWERTY”顺序排列）；仅采用一套密钥，每条密电的转子位置由发报员自行设定，不印指示字母册。1928 年 7 月 15 日，恩尼格玛正式进入陆军各部。

那一年，恩尼格玛的售价为每台 600 马克（1991 年约合 900 美元），批量采购有所优惠。然而，谢尔比乌斯的公司仍旧没什么起色，销售量依然不够。公司虽然也售出了一些商用加密机，市场却依然没有形成。其他加密机制造公司的境遇也同样如此。即使到 1929 年底，海、陆两军各自的购买量不过数百台而已。但是对恩尼格玛而言，一切才刚刚开始。

1929 年一个春日，谢尔比乌斯所乘的马车在工厂里行进。突然，马受惊向后一退，马车猛地朝墙上撞去。谢尔比乌斯受了严重的内伤，5 月 13 日就去世了，仅活了 50 岁。然而，他的公司却走出了阴霾。

20 世纪 30 年代中期，公司已经生产了多个型号的加密机。有一段时间，德国陆军还试用过 8 个转子的打印式恩尼格玛。1930 年，陆军订制的机器上增加了一块插线板，这无疑是恩尼格玛最重大的突破。所谓插线板，就是一块带 26 个插孔的板子，它一头连接键盘，一头连接显示区的灯泡。加密与解密时电流都从插线板经过。每个插孔代表一个字母，任意两个插孔之间可以电线相连。这块插线板将相互连接的两个字母再进行简易替换，从而为转子的复式加密增加了一道屏障。举例而言，如果插线板上代表“C”与“R”字母相连接，那么当明文字母“E”被转子加密为“C”时，“C”会再次转换为“R”；同理，当一个字母经过转子加密为“R”，该字母会变成“C”显示出来。在陆军的加密机中，插线板上仅有 6 对字母相互连接，因此有 12 个字母会增加一次简易替换，其余字母依然仅用转子加密。12 个字母足以让加密机增加数十亿个密钥。从理论上说，若想靠逐个尝试来破译密码，尝试的次数也同样增加了数十亿。插线板对恩尼格玛而言无疑是一次伟大的飞跃。

1935 年，希特勒撕毁《凡尔赛条约》，开始大规模扩军。此后，需要加密通信的陆军开始源源不断地购进恩尼格玛。同时，铁路管理局、军事谍报局（阿勃维尔，Abwehr）、帝国保安部[1]等其他机构也开始购买恩尼格玛。

-5-

整军备战的这些年，德国陆军和海军都在不断改良恩尼格玛，完善了自己的秘密通信系统。

海军部时刻保持警惕，追踪着密码领域的一切新动向。1930年夏，海军密码学家对鲁克哈勃博士（Dr. Ruckhaber）设计的加密机做了评估，报告中说："在机械构造方面，这台机器与不怎么成功的克里亚系统有很多相似之处。"机器有时会跳字、少字，导致加密错误；与自带照明系统的机器相比，这台加密机显示出来的字母很难辨认；且更换设置花费的时间比恩尼格玛长。它的密码似乎比较容易破译。因此海军部拒绝了这台加密机。

德国海军[2]也自创了一套密码系统，主要用于特定部门的通信。例如，一些海军武官使用数字复式加密的"A密码"（德语Schlüssel A，即Code A）；以纸笔加密为主的"造船厂代码"（德语Werftschlüssel，即Dockyard Cipher）主要用于造船厂及小型船只的通信。1939年初，海军部重新审定发布了"无线电代码H"（德语Funkschlüssel H，即Radio Cipher H），将不加密的国际无线电报密码（International Radio Telegraph Code）字母两两组合，进行加密。这种密码有两个版本：一个版本装订成灰色，印制了1400册，主要用于商船通信；另一种为红色装帧，印制800册，主要用于战舰和海军邮政通信。二战打响后不久，海军部又制定了"简要气象代码"（德语Wetterkurzschlüssel，即Short Weather Cipher），用最简单的字母组表示气象信息，以便无线电报"以最快的速度发送出去"。

[1] 原注：帝国保安部（Sicherheitsdienst，SD）是党卫军（Schutzstaffelwas，SS）下属的一个情报机构，是纳粹党成立的第一个情报机构。

[2] 原注：1935年改称纳粹德国海军（Kriegsmarine）。

恩尼格玛加密机仍然是海军密码系统的基础，使用范围也最为广泛。但是，海军部并没有因循守旧，而是经常改进加密机。特别值得注意的是，“阿尔萨斯”号（Elsass）战舰的二等通信官埃诺·卢坎上尉（Henno Lucan）曾在一份研究报告中提到，恩尼格玛无论从机器本身还是加密的安全性上，都不能满足现代海军的需要。海军部接受了卢坎的逆耳忠言。几乎同时，陆军部建议海军部采用陆军版本的恩尼格玛：使用 26 个字母的转子，增加简易加密的插线板。后者正是海军加密机所欠缺的。陆军对此给出两个原因：一是增加插线板可增加破译难度；二是使用同一套加密机可大大提高彼此的兼容性，使通信更加顺畅。

1930 年 2 月，德国海军参谋部总司令命令海军监听处（B-Dienst）研究陆军部的建议。海军监听处由一战时的两个密码破译部门合并而来。监听处研究后提出，要决定是否采用陆军的加密机，首要的问题有两个：陆军版本能否满足海军通信的要求？大规模使用同一设置的加密机是否不利于密码安全？

6 月 21 日，监听处对陆军的建议给予了肯定答复。主要原因是“密码的安全性大幅提高”。插线板对密码安全起了至关重要的作用，海军监听处写道，它将字母转换的可能性增加到 20 亿—30 亿个，弥补了因转子字母减少而损失的 5213 个初始位置组合。海军部用了很长时间进行审议，加之机器和转子制造的时间，几年之后，海军上下才更换了新的加密机。1934 年 8 月，海军部终于开始使用陆军版本的恩尼格玛，装配了插线板和新的键盘。不仅如此，海军还采取了进一步的安全措施：他们没有效仿陆军安装 3 个转子，也没有按照惯例使用 5 个转子，而是给每台机器配备了 7 个转子。根据新规——“无线电代码 M”（德语 Funkschlüssel M，即 Radio Cipher M；字母“M”可能是“海军”一词的缩写），1、2、3 号转子用于与陆军通信；4、5 号作为备用；6、7 号用于海军内部通信。1939 年初，海军部再次对密码系统进行完善——召回所有 6、7 号转子，在它们的字母环上增加 1 个凹槽。1—5 号转子，以及后来增加的 8 号转子上只有 1 个凹槽，而 6、7 号转子的字母环上有 2 个凹槽，分别刻在字母 H 和 U 处。当转子某个特定位置与凹槽相遇，其左侧的转子将转动一个字母的位置。当使用 6、7 号转子时，则这 2 个转子旋转 1 周，将推动左侧转子旋转 2 次。虽然从理论上说，这种方式缩短了加密的重复周期，然而这也降低了叠加法破译的可能性。

几个月后，海军部将加密通信分为两个通信网络，分别使用国内、国外海军密钥。这将减少使用同一密钥的密电数量，从而增加破译难度。同时，海军部仍保留普通、军官及参谋 3 级密码：普通密码的密钥使用最多，普通士兵都可使用；军官级密码的转子设置与普通密码相同，只改变了插线板的连线，且发送时须用普通密钥再次加密；参谋级密电则对转子和插线板进行了单独设置。

提高密码安全性的同时，海军也注意改善机器设备及人员的安全性。1930 年 1 月 24 日，德国海军司令部指示 4 个主要单位："要更全面地监控加密机和转子盒（用于存放备用转子），尤其是小型舰船更应如此……对有权限使用加密机的人员进行严密监视是十分必要的。"海军司令部还打算给加密机上锁（就像中尉卢坎提议过的），来代替原有的铅封。

下属各部门按照指令，汇报了各自采取的措施。例如，"黑森"号（Hessen）战舰指挥官报告，已经将加密机"存放在无线电室密码操作台上一个特制的、带锁的格子里……转子盒存放在无线电军官办公室里，配有密码锁"。"西里西亚"号（Schlesien）战舰指挥官威廉 · 卡纳里斯上校则敦促手下使用铅封。"如果一个无权操作加密机的人越过重重安全措施，拿到了箱子的钥匙，绝对让人无从查起，几乎不可能找到作案人。"波罗的海海军基地（Baltic Naval Station）司令也重申，只有军官有权更换、设置转子。

在一份反间谍备忘录中，德国国防部着重强调，操作人员必须可靠。军官会根据这份备忘录，教导士兵们保密的必要性，以及外国情报部门可能造成的危险。1934 年 10 月 15 日的一份备忘录，也包含了一小部分关于恩尼格玛的叙述：

在一次野战演习中，更换场地时，一位未经委任的士官和一位通信兵疏忽大意，将恩尼格玛加密机和一份纸笔加密本落在战场上。抵达新的演习地点后，二人发现有东西丢失，立即返回寻找，然而加密机早已不见了踪影。过了半小时，有平民发现了机器，交到了附近村落的镇长手里。

这两人因疏忽泄露军事秘密，威胁帝国安全而被关押到一座要塞中。

这份备忘录总结了因叛国或泄露军事秘密而被判刑的人数。1933 年共 148 人获刑，而 1934 年仅 1—7 月就有 155 人。数量之多，骇人听闻。

埃贡 · 布莱斯（Egon Bress）的例子就是其中之一。布莱斯是威廉港第四鱼雷艇半舰队（Fourth Torpedo Boat Half-Flotilla）的无线电二等兵，他在生活上的粗心大意引起了人们的怀疑。调查发现，虽然他的信件大部分是在与年轻姑娘们调情，但是他偷偷拍摄了几百张机密文件，其中包括通用无线电密码本（AFB）、几种复式加密以及恩尼格玛加密程序等文件。他在一个药店把这些照片冲印出来，并藏在了一位酒吧女招待家里。1934 年 2 月 16 日，布莱斯被捕。

除了机器安全、人员监视等必要的安全防范，海军司令部还要时时提防外国的密码分析与破译。他们知道，完善的密码系统固然至关重要，然而正确的操作也必不可少，甚至比密码系统本身更重要。1916 年，有一次英国某部竟然用 3 种密码同时发送了同一条信息，让德国新曼斯特的密码破译人员进一步了解了英国密码。这件事也许德国海军密码分析人员并不记得十分清楚，然而德国人充分吸取了其中的经验教训：操作不正确，再好的密码系统也无济于事。因此，密码分析学家始终密切监管着密码的操作。有时他们仅对某些危险操作提出警告。例如，1932 年的无线电通信演习后，密码分析学家警告，某密码通信系统中，关于时间的密电“不应以数字 0 或 5 结束”，且操作人员“没有充分利用不同的表示法来表示位置信息”。有些时候，违规操作受到了处罚。

1932 年 1 月 8 日晚，德国波罗的海海军基地基尔站的通信兵库纳特

(Kunert）正在对电报进行加密。他先根据密码本进行简单加密，再将密码输入恩尼格玛再次加密。这一加密过程通常用 3 列字符表示，每列 20 行：第一列是明文单词；第二列是 4 个字母组成的简易密码；第三列是恩尼格玛加密后的字母组合，同样由 4 个字母组成。根据规定，通信员要将第二列划掉，以免误发。然而库纳特拿起笔，却错误地把第三列字母划掉了。晚上 10:30，库纳特开始发送错误电码。收信的是第二鱼雷艇半舰队旗舰 T–151 号，它当时正在海上执行任务。库纳特发送到第 29 行时才意识到自己犯了错误，于是立即停止发送，并向 T–151 号的一等通信兵施马兰（Schmaland）汇报了情况。

施马兰认为军情紧急，不容耽误，就指示库纳特按照正确的密码重新发送一遍。然而，重新发送刚才的信息，就会让监听者获得恩尼格玛加密前后的对照文本。负责监督的密码学家发现后大为震怒。密码学家表示，"（施马兰的）命令让人完全不能理解"，违反了无线电规则，这是一件"极为荒唐的事"。"白白给了外国密码分析机构一个破译无线电代码 C 的线索。他们已经把 36 个字母的加密序列给了外国密码分析机构，某种情况下，对手将能进一步破解我方代码。"当然，许多密码分析学家后来承认，这一说法有些夸张。为了避免有人再犯同样错误，密码分析学家提出："必须指导所有通信人员……明确了解这些错误，必须知道这些错误将如何危害国家安全。"同时，海军司令部丝毫不敢大意，立即彻底更换了恩尼格玛的密钥。

除了防止盗窃、叛国以及无意间泄密情况的出现，海军部还决心彻底杜绝敌人获取密码文件的一切途径。敌人缴获恩尼格玛本身并不可怕，因为海军部深信，自己已经设置了重重密钥，敌人不可能有时间及时破解出正确的密钥。有一份备忘录中特别提到："在测试密码系统安全性时，已经假定敌人获得了加密机和全部转子。"海军部担心的是，敌人获得加密机时，同时得到了当时的转子设置，以及规定转子起始位置的指示字母册。毕竟德方人员每次发送密电时都会从中选取一个，加密后写在密电中。如果敌人同时得到这几样，至少就可以在这些设置的有效期内读懂密电。

为此，海军部开始用水溶的墨水印刷密码相关文件。这种墨水是红色的，纸张则为粉色，类似于吸墨纸，即使加上厚重的封皮，放在架子上，依然可以吸水。当然，船上随时可能遇到水花、雨滴、凝结等现象，也可能有液体溅到文件上，这些因素都会造成墨水溶解，密码信息就会无法辨认。因此每艘船均配有两套文件，每套文件都要装入防水信封中妥善保存。这种信封并不密封，当文件随船沉入水里时，信封进水，文件内容也就不可辨认了。

最后，万一敌人掌握了破解密码所必需的全部 4 个条件——加密机、当前转子设置表、规定转子起始位置及指示字母的手册，以及加密对照表，海军部还有补救方法——更改转子安装顺序和字母环的位置。这样一来，敌人所掌握的密码文件将全部失效。改变的方法，只需要密码操作员在原有密钥中的转子编号上加 3。例如，密钥要求在最左侧安装 2 号转子，那么操作员就要安装 5 号转子。同时，3 个字母环的位置在原密钥要求的基础上依次移动 4、5、6 个字母的位置。例如，密钥表要求字母环的位置为“KYD”，那么操作员就要将这 3 个字母设定为“ODJ”。按照海军部规定，只要一个提示词，操作员就知道要更改设置。他们使用的第一个提示词是一颗星星的名字：“ALDEBARAN”。海军部允许操作员像这样记录在自己的笔记本上：“Aldebaran，R 3，L 456”。其中“R”意为“转子”；“L”代表“字母”。这一措施对复杂的密码系统做了进一步补充（参见本书附录）。

-6-

因此，二战开始时，帝国海军已经采用了一套相当周密的密码系统。这套系统预先做好了防范，可以避免操作员的懒惰和愚蠢、密码文件被缴获、叛徒出卖，以及叠加导致被破译等一系列可能出现的危险。海军部对自己的加密系统非常满意。1939 年初，海军部还专设了监控中心，监督各部门的无线电通信。监控中心曾提交过一份报告，指出应最大限度地减少电报往来，“因为我们的密码系统并非百分之百安全可靠”。德国海军战争司令部（Naval War Command）同意减少电报数量，但是对“并非百分之百安全可靠”这一结论不以为然。

海军密码系统的安全可靠在一位海军军官脑海里留下了深刻的印象。1918 年时，这位军官曾指挥过 U 型潜艇。他吸取了一战当中 U 型潜艇的一些战术经验，认为这些战术能够发挥潜艇优势，当战争再次来临时，可以掐断英国货物进口的咽喉命脉。一战时，一艘潜艇单枪匹马，并不能成功袭击英国船队。因此他同意一些前辈的观点，认为多艘潜艇协同作战非常必要。具体战术是：发现英国船队时，潜艇要立即向总部报告船队的位置，并对目标进行持续跟踪。U 型潜艇指挥部将汇总己方潜艇和敌人舰队信息，将其他 U 型潜艇调动至船队前方，协同进攻英国船队。这位军官认为，协同战术一旦实施，必定成功。

他知道，要实现协同作战，就不得不打破“隐形武器”的重要规则——无线电静默。然而他认为，潜艇协同作战的效果远大于密码被破译的风险。更重要的是，他相信敌人既不可能破译 U 型潜艇的发现报告，也不可能破译指挥部发给潜艇的密电。因此不可能提前阻止 U 型潜艇进攻。这一切都有赖于海军恩尼格玛加密机的不可破译性。这位军官的“狼群”战术能否成功，关键全在恩尼格玛。这位军官就是卡尔·邓尼茨。

第四章

破译者与间谍

-1-

20 世纪 20—30 年代，破译密码的“魔法”迎来了黄金时期。在巴黎、伦敦、华盛顿、柏林……每个国家的首都，都有这样一个场景：戒备森严的办公室内，密码学家们戴着眼镜，趴在桌前，仔细研究着天书似的乱码。这是他们截获的他国密电，电文大多是 5 个字母一组。他们绞尽脑汁，迟疑地用彩色铅笔在一行行乱码中间写下一些外语单词，写了又擦，擦了又写，不断尝试。他们一点一点地猜出整个电报的内容，内心欢呼雀跃，脸上却不动声色。然后用打字机打出破译好的电文，送到决策者手里。

似乎每个国家都在偷窥他国，每个国家也都在被他人偷窥。法国监听着德国和英国的电报；德国监听着法国、英国和波兰；英国战后的密码监听机构由“40 号房间”发展而来，监听着苏联、法国和美国电报；美国破译了日本电报；意大利破译了英国电报……通常情况下，一个国家只能破译大国的非重要密码，或者是小国的重要密码，很少有人能破译大国重要密码。然而，美国的密码是个例外——它就像一个透明的鱼缸，任何一个有点能力的密码破译专家都能将其内容看得一清二楚。

在上述各国中，很多都设立了专门的密码分析机构，在和平时代潜心研究从战利品中搜到的宝贝。但还有这么一个国家，在一战中从未研究过密码，战后在大国的夹缝中生存，才学到了一些经验。然而它的名声迅速传播开来，成了公认的密码破译强国。它所取得的成就，任何一个大国都无法超越。它就是波兰。

1918 年 11 月，波兰得以重新建国。不久，它先是拒绝了苏联的领土要求，因为苏联所要求的地盘，在 1772 年之前一直是波兰领土。尔后，波兰又贪婪地踏上了苏联领地。两国反复争夺从基辅到华沙之间的土地。波兰密码破译人员就在训练有素的军队中诞生了。密码破译部门的负责人是上尉让·科瓦勒斯基（Jan Kowalewski）。他曾是一位化学工程师，数学考试成绩常常名列前茅。科瓦勒斯基 27 岁，身材高大健壮，英俊潇洒，性格风趣幽默，很受女士们欢迎。1919 年，他在总参谋部时，有一个朋友因结婚要休假两周，于是请求科瓦勒斯基替他工作。这位朋友主要负责翻译拦截的别国电报，并对电报内容进行评估。科瓦勒斯基通晓欧洲多国语言，这项工作难不住他。有一天，有人把一封截获的俄国密电放到了他的办公桌上，他决心弄个明白。不过几天时间，他就破译了这封密电。电报揭示了俄罗斯内战中部分白军与红军交战的动向。这些信息对波兰大有用处。

上级命令科瓦勒斯基组建一个无线电情报部门。虽然他并不想和情报打交道，但他还是这么做了，并且招募了一些数学家和陆军军官，组成一个十几个人的部门。他自己对密码破译工作越来越有激情：有一天，他在海军总部各部门四处奔走，逢人就问他们是否知道一首俄罗斯民歌的歌词。他肯定，这是某种密码的密钥。他的无线电情报部迅速取得了令人瞩目的成就：很多俄罗斯情报在截获的当天就被破译了，其余的密电，大多也都在第二天被破译。

1920 年 8 月，苏联军队兵临华沙。波兰每天破译 400 多封苏联密电，对敌人的排兵布阵、兵力多寡、地理位置以及作战计划了如指掌。例如

8 月 20 日，科瓦勒斯基及部下破译了苏联将军米哈伊尔 · 图哈切夫斯基（Mikhail N. Tukhachevsky）的作战指令，了解了苏军的全盘布局。这些破译的重大信息全部汇集到波兰将军约瑟夫 · 毕苏斯基（Jozef Pilsudski）手中。有了这些信息，他才能将苏军挡在华沙门外，将其赶回苏联，捍卫波兰的自由，也才可以打破共产党踏入柏林、进入欧洲的美梦。这些贡献为科瓦勒斯基赢得了波兰的最高勋章——十字勋章。虽然在不久之后，科瓦勒斯基离开了这个岗位，而他的无线电情报部门——波兰密码局（Biuro Szyfrów，即 Cipher Bureau）却一直保留在了陆军总参谋部的第二分部（情报分部）。

密码局的工作内容之一，就是让波兰在危机四伏的国际环境中走得更为稳妥。虽然它狠狠地打击了苏联，划定了东部边界，然而与大国为邻，事情绝没有这么简单。

不过，更大的麻烦来自西边的德国。德国虽为一战战败国，但是它声称，有一片划分给波兰的领土是德国的。由于被迫“割让”“波兰走廊”[1]，德国人的心中埋下了愤怒的种子。主要原因是波兰走廊隔开了东普鲁士与德国其他领土，为贸易、交通和通信带来无休无止的障碍。一些德国政要强烈要求消灭波兰，这其中不乏历史的阴影。自从 7 个世纪前条顿骑士团建立，德国就一直叫嚣“向东进军”。虽然德军的规模仅为波兰的三分之一，然而德国俨然一副大国姿态。而且，它相信别国也是这样认为的。

面对两个强大的邻国，波兰于 1921 年 2 月与法国签署了军事和政治上的同盟互助协议。如此一来，波兰获得了强有力的支持；而法国则可利用波兰牵制德国，假如德国有所企图，就不得不考虑两线作战的危险。20 世纪整个 20 年代，德国无论如何不肯接受与波兰的划界，对波兰征收高额关税，还无休无止地抛出反对波兰的宣传攻势。因此，波兰一直紧紧地抓住法国这根救命稻草。

---

[1] 译注：波兰走廊（Polish Corridor），指一战后德国割让给波兰的一块狭长地区，也叫“但泽走廊”。

为了保卫国家安全，波兰必须密切注视德国和苏联的一举一动。监视他们的通信往来就是波兰的手段之一。这一重任自然就落在了密码局的肩上。20 世纪 20 年代晚期，弗朗西谢克 · 博科尼（Franciszek Pokorny）接替科瓦勒斯基，继续率领波兰密码专家破译苏联的密码系统。当时，苏联大部分密电都采用纸笔加密或简单替代的加密形式。与此同时，波兰密码局也监视着德国陆军的密电，其加密方式也主要是纸笔加密。直到 1926 年，波兰人发现，德国的密码系统有了变化。

密电中的指示字母原被用于提示接收方，发送方所采用的具体密钥，而在海军密电中，指示字母也发生了变化。字母的频率分布法与旧的密码体系完全不同，以前常见的字母组合一夜之间消失了。1928 年 7 月 15 日，密码局的专家发现，不少德国陆军密电中都有相似的变化。波兰专家猜测，也许这两个部队都使用了加密机。

博科尼把破译新密电的任务交给了 3 位"德国通"：上校马克西米里安 · 辛兹基（Maksymilian Ciężki）、上尉维克托 · 米查洛斯基（Wiktor Michalowski），以及一位文职人员——查斯纳先生（Czajsner）。辛兹基上校还曾参加过一战。破译工作的进展非常缓慢。不过他们发现，德军新密码的密钥指示字母由 6 个字母组成。而且，在同一天的密码中，每封密电的 6 个字母似乎有些规律：例如当第一个字母是 R 时，第四个一定是 M。第一个字母和第四个字母相互关联；第二个和第五个相互关联；第三个和第六个相互关联。密码学家不知道这究竟意味着什么，但是他们确定，这是机器加密的结果。至于如何确定的，我们就不得而知了，也许是间谍透露的消息，也许是截获了通信兵闲聊的信息。而且，当波兰密码学家得知这台加密机器就是恩尼格玛时，他们马上购买了一台商用型恩尼格玛。结果令他们大失所望，商业机型根本不可能破译军方密电。他们从这台机器上也看不出任何门道。而且，每天截获的信息量太少，也无法用叠加法进行破译。此外，想要重新组装加密机也似乎是不可能的。

这就是 1929 年 1 月的情形。博科尼和辛兹基明白，密码学正在发生变化。几百年来，几乎所有的密码系统都是以语言学为基础的。也就是说，密码就是将语言的基本要素——单词、音节、句子等，替换成其他的单词或者数字。因此，密码学家大多都精通语言学。一战时的英国密码学家迪尔温·诺克斯就是一个典型。然而一战后，加密开始变得依赖于机械；现在，军队更是使用了代码机加密。密码进入了以字母（而非单词）为单位的时代，代码机会把单词拆分成一个个字母。单词加密使用的是密码本，而字母加密的代码机更像一个打字机。破解这样的代码主要靠数学及相关知识。运用逻辑分析找到密钥和代码对照表，以及其他破译相关的线索。有时，他们甚至不需要找出明文的任何一个单词。

为了破译恩尼格玛，博科尼和辛兹基开始招募数学人才，尤其是波兹南大学的学生。波兹南位于波兰西部，虽然并不是数学家的集中地，然而再没有比这里合适的地方了：1793 年波兰再次被瓜分后，德国吞并了波兹南，将其改名波森（Posen）。直到 1918 年波兰独立，这个城市才重新成为波兰领土。波兹南大学数学系的学生许多都是本地人，上过德国学校，会说德语。因此，他们不仅掌握必要的数学知识，还具备语言优势，因为这可能对破译有所帮助。教员挑选了一些满足条件的学生，推荐给博科尼和辛兹基。他们邀请这些学生参加一个密码学的课程，其中有 20 多个学生答应了。宣誓保密之后，他们参加了每周一次的晚间培训。授课地点在波兹南大学数学学院，位于由德皇威廉二世仿建的一座中世纪城堡中。授课者除了博科尼、辛兹基，还有一位文职密码学家——安东尼·帕卢斯（Antoni Palluth）。他同时是工程师和无线电爱好者。这些人都来自 200 英里（约 322 公里）以外的华沙。

帕卢斯首先给学生们讲了密码学的基本原理。随后，辛兹基讲了华沙破译过的德国陆军代码。这并不是恩尼格玛，而是一种纸笔加密系统，被称为双重置换。这种代码并不替换字母，而是将明文中的字母打乱，重新组合。密码分析学家的任务就是找到正确的顺序，拼出原文。辛兹基给了学生一封真实的德国电报，让他们试着破译，并提示他们，电报的内容与冬季营地和训练场的露营有关。

过了几个小时，有 3 个学生成功破译了这封双重置换代码，其中一位名叫马里安·雷耶夫斯基（Marian Rejewski）。随着难度的增加，学生们一个接一个地放弃了。雷耶夫斯基也退出了课程。退出的原因倒不是能力不足，或缺乏兴趣，而是因为他已获得波兹南大学的学位，打算到世界一流的哥廷根大学进修精算数学。

这年，雷耶夫斯基23岁。他个子不高，不太引人注意。在哥廷根大学，无论是他的头脑、行为方式还是相貌、性格，都没有给其他波兰数学家留下太深的印象。在大学里，他没有关系密切的朋友，但是他经常沿着一条路走上很长时间。这是另一位波兰数学家亨利·沙尔夫（Henry Schaerf）喜欢散步的一段路。雷耶夫斯基的政治主张似乎是从波兰国家民主党发表在报纸上的文章中学来的，尤其是将犹太人逐出波兰的观点。然而他并不固执，有时也接受相反的主张。在沙尔夫看来，雷耶夫斯基的数学研究工作并不成熟。他觉得雷耶夫斯基没什么特别的，不是什么天才。

1年以来，雷耶夫斯基一直在研究应用数学，尤其是保险精算方面的问题。他想日后到亲戚的保险公司工作。不过，1930年，雷耶夫斯基放暑假回家时，收到了波兹南大学的通知，邀请他担任助教。当时经济一片萧条，就业前景十分渺茫。于是雷耶夫斯基接受了波兹南大学的工作，没有再回哥廷根大学。这时，他忽然想起曾经的密码学习班，很想知道他们的进展。很快，他得知，那两个与他同时破译了双重置换代码的同学正在破译德国密电。他们在波兹南军事指挥所的地下办公室里工作，地点位于圣马丁大街，每周破译12小时。雷耶夫斯基告诉其中一个同学，他也不介意做这份工作。经过面试，雷耶夫斯基被录用了。这段时间里，波兰密码局整合了多个拦截和破译单位，扩大了规模。1931年中期，雷耶夫斯基所在的小组正式成了波兰密码局的前哨。

辛兹基现在是密码局四处（德国处）的负责人。他身材矮胖，是个乐天派。从博科尼把恩尼格玛交给他到现在，他几乎没有取得任何进展。无奈之下，辛兹基找来一个有点名气的透视者。但他的水晶球显然看不出机器的秘密。辛兹基的长远规划看起来很有希望。3个兼职密码破译者让他看到了希望。他给了这3人全职工作的机会，让他们到华沙从事密码分析工作。1932 年 9 月 1 日，雷耶夫斯基和两个刚毕业的年轻的同事——杰尔兹·罗佐基（Jerzy Różycki）和亨里克·佐加尔斯基（Henryk Zygalski）[1] 来到了撒克逊广场（Saxon Square）上的总参谋部大楼——撒克逊宫（Saxon Palace）。他们将在撒克逊宫的一翼工作。

辛兹基认为，他们现在还不能破译恩尼格玛。所以他给这 3 个年轻人的第一个任务，是先去破译一种 4 个字母为一组的魏玛海军密码。这种密码比纸笔加密难度要大，但是比起恩尼格玛，仍然不足为道。3 人还是先从频率分析入手。雷耶夫斯基在精算统计方面的知识派上了用场，因为大部分的分析都要用上数学统计。他们发现，不少密码组都是以“Y”开头的，他们分析这些字母组很可能代表疑问词。而在德语中（同英语一样），疑问词大部分以“W”开头，排在字母表末尾。有一天，正当他们对着密码苦思冥想的时候，突然截获了一条非常简短的电报，只有 6 组字母，开头一组是“YOPY”。很快，他们又截获了一条更加简短的回复，只有 4 组字母。看起来，这两封电报应该是德方无线电操作员在进行练习，关系是一问一答。从第二封电报的长度来看，可能是一个年份，很有可能每组字母代表一个数字。如果是这样，那么第一封的内容可能就是询问某事的发生时间。是某场战役发生的时间？还是某位名人的生日？ 3 人迅速分析这 6 组字母可能代表的含义，他们猜测，最有可能的答案为 :“腓特烈大帝生于何年。”后来证实，他们的猜测是正确的。由此他们分析，回复的电报内容为 : 1712。三位密码分析学家迅速将这一战果应用于实战，很快就破译了这种密电。这 3 人的实习期结束了。

-2-

虽然波兰密码局成立时间不长，经验尚不丰富，但是它所取得的成就可以和世界老牌的密码机构相媲美。这一点着实让人吃惊。法国的军事情

[1] 译注 : 雷耶夫斯基、罗佐基和佐加尔斯基三人并称“波兰三杰”。

报部门早在一战爆发前几十年就建立了，一战期间成功破译德军代码，取得了辉煌的成果。在那些生死攸关的时刻，破译的密电极大地帮助了前线的将军。然而，到 1928 年，法国将陆军密码分析人员缩编为 8 人，导致其密码分析能力骤减。由于缺乏相应的技术，他们在转子加密机面前束手无策。他们只能破译简单加密系统：一种英国密码、德军双重置换代码（也就是雷耶夫斯基等人在密码培训课上破译的那种）和其他几种德军密码系统。对此，法国的密码分析家和他们的上级领导们似乎已经很满意了。回想 1871 年，普法战争失败，法国的反德情绪高涨，他们成了密码领域的先锋。然而，1918 年一战胜利后，法国用《凡尔赛条约》捆住了德国，而且法国军队几乎被公认为世界第一。因此，法国破译密码、获取情报的需要大大降低。这种掉以轻心的态度在马奇诺防线中也能体现出来。

不过，至少有一位法国密码学家对这样的结果表示不满，他就是古斯塔夫·贝特兰（Gustave Bertrand）。1914 年，贝特兰还只是一名普通士兵。1915 年，他在达达尼尔海峡的战斗中受伤。战争结束后，他被分配到位于君士坦丁堡的法军参谋部，进入密码处。

密码学一下子就吸引了贝特兰。20 年代，他先后在各个机构的密码处工作，直到 1929 年被调入陆军总参谋部密码处。法国密码破译进展缓慢，这让贝特兰觉得，机器加密的时代即将来临，这种代码不是单纯依靠密码分析就能破译的，只能想方设法购买或者窃取加密机的原理说明书以及密钥。他建议组建一个部门，专门从叛徒手里收买密码信息；或偷偷进入敌人办公区域，查看相关文件、设备并拍照。1930 年 10 月 30 日，贝特兰（这时已升为上尉）在法国情报局内组建了"D"处——破译与拦截处。该处与独立的密码分析处都隶属于陆军总参谋部下大名鼎鼎的第二局（总参二局），主要负责情报评估。

随后，在将近两年的时间里，"D"处都没有取得什么实质性进展。贝特兰征求了上级同意后，与波兰和捷克斯洛伐克两国的密码局进行了接洽。德国的躁动让这两个国家焦虑不安，而法国与这两个国家都建立了军事同盟关系。同时，法国也同英国的相关机构取得了联系。这几个国家共享拦截的密电和无线电测向结果，但是并没有共享密码分析成果。贝特兰打破了现状。

1931 年夏，巴黎左岸，大学路 75 号，战争部附楼，情报局脏兮兮的办公室里来了一封信。信是从布拉格寄来的，寄信日期是 7 月 1 日。写信人说，他已于 6 月 8 日联系了法国驻德国大使馆，他有一些极重要的文件出售。如果法国感兴趣，请于 10 月 1 日前将回信送到瑞士巴塞尔的考夫霍斯胡同 2 号。逾期不见回信，他将另寻渠道。这个人在信中列出了可以出售的两份文件：德国陆军恩尼格玛加密机操作说明书，以及这台机器的密钥设置说明书。信末署名：汉斯－提罗·施密特（Hans-Thilo Schmidt）。

巴黎方面马上联系了驻柏林大使馆。总参二局驻使馆的联络员莫里斯·德让确认，施密特的确来找过他。德让还补充道，施密特的哥哥是一位陆军中校，两人都在德国国防部工作。这就增加了这封信的真实性，让法国人觉得，这可能不是陷阱。

密码局安排了同施密特的第一次会面。这次会面由一位代号为“星期五”的人出面。他在密码局负责具体事务——例如他可以预定到别人订不到的火车票，但实际上他专门负责招贤纳士以及收买密码。

他化名雷克斯去和施密特见面。不过，他说自己曾叫冯·柯尼希（von Koenig，德语中“国王”的意思）。现在，他身份证上的名字是鲁道夫·莱莫恩，虽然 1871 年 4 月 14 日生于柏林时，父母给他起名是鲁道夫·斯托曼。雷克斯是柏林一个富裕的珠宝商的儿子，喜欢到处游历。为了父亲的生意，他去过法国、意大利、英国、非洲、智利，以及阿根廷。就是在某一次旅行的途中，他遇到了一位法国姑娘。他们结了婚，还改用了女方的姓氏。1900 年，他正式成为法国公民。一战期间，在西班牙，鲁道夫喜欢上了当间谍的感觉。1920 年，他来到巴黎，进入情报部工作。他的主要收入来源，一种是在他那些见不得人的交易中，警察局用保护的形式给予他的收入；另一种是法国政府在海外生意中让渡给他的利益。他的办公室在风雅的巴黎第八区，马德里路 27 号，不过这些活动显然都是在办公室外进行的。

按照施密特给的地址，雷克斯给施密特回了信，约他 11 月 1 日会面。会面地点定在比利时东部小城韦尔维耶的格兰德酒店，这里距离德国边界仅 15 英里（约 24 公里）。这次会面中，雷克斯挖掘了这位潜在间谍的底细。

汉斯－提罗·施密特当年 44 岁，1888 年 5 月 13 日出生于柏林。父亲是鲁道夫·施密特博士，在夏洛顿中学教书；母亲名叫乔安娜。他出生时父亲已经 37 岁。汉斯－提罗是家里的第二个儿子，哥哥名叫鲁道夫，比他大两岁。鲁道夫 20 岁时以候补军官的身份入伍，给家庭带来了无限荣耀。汉斯－提罗在一所预备中学接受了传统教育，进入大学后选择了商科偏化学与技术方向的专业。两兄弟都参加了一战，哥哥在每个通信岗位中都表现出色，获得了铁十字勋章，升为上尉。到战争结束时，鲁道夫已经在第四军总参谋部任职。而弟弟汉斯－提罗获中尉军衔，也获得了一枚铁十字勋章。他还经历过毒气战。

战后，按照《凡尔赛条约》的规定，德国军队只能保留 10 万人。鲁道夫留在了军中，而汉斯－提罗被裁撤。退伍的汉斯－提罗开了一家肥皂厂。然而，战败的德国经济萧条，物价飞涨，工厂不久就关门了。20 世纪 20 年代中期，汉斯－提罗已经结婚并育有两个孩子，日子过得拮据不堪。他走投无路，只好投奔大哥。鲁道夫还没有孩子，兄弟间的深厚情谊让鲁道夫说服了一位信号官，给弟弟谋了一份工作。这位军官掌管陆军代码中心，他之所以要用汉斯－提罗，也许是因为鲁道夫是前任中心主任。事实上，历史在这里开了一个大大的玩笑：德国陆军采用恩尼格玛加密机，正是大哥鲁道夫在任时批准的，而他的亲弟弟此时却要泄露它的秘密！不管怎么说，汉斯－提罗还是被聘用了。他的工作主要是分发代码资料，并负责监督销毁报废的加密机。这份工作他做得还不错。

然而，汉斯－提罗始终心怀怨念，而且这种怨念与日俱增。虽然曾是一战老兵，他的收入却非常微薄。未来似乎毫无希望。他独自住在柏林中心偏西的洛林大街 17 号，房间里只有简单的家具；妻子和孩子被他送回了巴伐利亚州的娘家，那里的花销要便宜得多。这样的窘境与他年少时代的生活相差悬殊，汉斯－提罗颇受打击。毕竟他生在一个富裕的家庭，父母的社会地位也令人羡慕：母亲是男爵之女；父亲是博士，教授级别，而这或许是普通平民在德国能达到的最高地位了。跟大哥相比，他心里更不是滋味。大哥鲁道夫不仅留在了10万人的精锐部队中，还擢升为中校。在两个部队的参谋部工作后，鲁道夫被任命为信号部队总参谋长。汉斯-提罗，与千千万万愤愤不平的德国人一样，也向纳粹党递交了入党申请。不过加入纳粹并没有快速扭转他的境地。在那个时代背景下，许多掌握国家机密的人与他一样囊中羞涩，也经历着失败的困扰，但是大部分人选择了忠于国家。而无论动机如何，汉斯-提罗选择了背叛。

就这样，在韦尔维耶，雷克斯了解了这位施密特的许多信息。他打量着这个德国人，又仔细检查了他带来的文件。他判定，这些资料都是真的，此人的动机也无可怀疑。于是雷克斯让施密特一周以后再去那里会面。

法国情报局现在相信，施密特可以成为他们的间谍。于是遵循惯例，情报局给施密特取了一个代号——HE。看起来似乎这个代号并没有什么特别的意义。在法语里，HE的读音与施密特后来自己起的化名“灰烬”（Ash）非常接近，难道这预示了大部分间谍的最终命运？

11月8日，双方如约再次见面。会面的前一天，雷克斯在贝特兰和情报局摄像师宾茨的陪同下来到了格兰德酒店。贝特兰矮胖结实，有时难以相处。雷克斯为他自己订了一个豪华又时尚的房间，贝特兰和宾茨住在相邻的房间，不过中间隔了一个盥洗室。他们准备把盥洗室当成摄像室。这样一来，拍照的声音就不会传到楼道里。见面的前夜，他们调试好了照相机和便携灯光。8日一早，他们就在房间等待雷克斯的召唤。上午10点，雷克斯通知二人出来。

雷克斯的房间里弥漫着浓浓的雪茄烟味。收音机播放着音乐，这是为了防止有人偷听。雷克斯向贝特兰介绍了施密特。施密特此时手里拿着一杯威士忌，面带微笑，脚跟并拢，朝他鞠了一躬。贝特兰看到，此人穿一身深灰色套装，鞋子后跟有些破损。但是他看起来似乎非常自信，举手投足很有教养。贝特兰此时化名巴萨克，雷克斯也向施密特介绍了这位巴萨克先生。开了几句玩笑之后，贝特兰接过施密特带来的文件，仔细审读着。这里有德国陆军代码中心的组织结构图、一种纸笔加密法及其密钥、一份关于毒气的备忘录——他宣称这是从他哥哥那里得到的，以及最重要的——两份关于恩尼格玛的文件：一份是该加密机的操作说明书，编号H.Dv.g.13；另一份是密钥设置说明书，编号H.Dv.g.14。

贝特兰的喜悦之情溢于言表，这也令施密特非常高兴。雷克斯和贝特兰同意付给施密特10000马克（相当于1991年的27500美元），贝特兰拿着文件，三步并作两步跑到楼上，交给宾茨。两人利用午饭时间拍下了全部文件。大约下午3点钟，贝特兰把文件拿下来，给了施密特。雷克斯正在用蹩脚的德语询问施密特对这次交易是否满意。

"是的，是的，先生们，一切顺利。"施密特答道。

他鞠了个躬，拿了报酬，就离开了。

回到巴黎，贝特兰兴高采烈地向友人巴斯埃尔上校（Colonel Bassières）展示了他的成果。巴斯埃尔上校是法国最出色的密码分析学家之一，在一战破解德国代码时，他的才华得到了充分体现。他虽然有点跛脚，但是为人风趣幽默。巴斯埃尔上校接过文件，发现这里只有概括性的描述。例如，H.Dv.g.13中提到，"在将转子装上转轴时，注意平滑的一面要全部朝向末尾带圆环的一端"。而密钥说明书则提供了具体的描述，对他们更为有用。其中指出，一个完整的密钥应由4个部分组成：第一，转子在机器上的排列顺序，以罗马数字编号，例如III，I，II。第二，转子上字母环的设置，用字母或相应的数字表示，例如B或2。第三，所谓的转子基本设置，即开始加密时透过机器盖子显示的转子上的字母，或对应的数字。第四，插线板上两两交换的6对字母，用字母或对应的数字两两表示，例如A/O或4/15。

然而，施密特提供的文件里面缺少两点至关重要的信息：转子的线路设置，以及每天更换的真实密钥。没有这两部分内容，他们知道再多都无济于事。11月20日，星期五，也就是贝特兰把文件交给巴斯埃尔的两周之后，他来询问上校进展情况。

“从你给的文件里找不出什么有用的信息，”巴斯埃尔答道，“要想复制这台机器，我们还有许多未知之处。”他说的主要是转子内部的线路。“就算可以复制一台，我们也得忙着破译每天的密钥，这根本办不到。”

鉴于法、英两国情报部门往来密切，贝特兰请示上级，把得到的文件与英国分享。他希望英国能从中看出点门道来。23日，星期一，贝特兰带着文件去找英国情报处驻巴黎的代表——威尔弗雷德·邓德代尔（Wilfred Dunderdale）。人们也叫他比尔。3天后，邓德代尔作出回复，但是与巴斯埃尔的如出一辙：这些文件不足以破译恩尼格玛。

没有试过所有方法，贝特兰仍不甘心。他又请示上级，希望请波兰盟友协助。有一本1928年的小册子记述了1920年波兰在密码分析方面取得的成就。贝特兰应该是看了这本册子，了解到波兰盟友在破译方面的能力。上级批准了他的请求，并指派他赶赴华沙。为避免随身携带文件将其丢失或泄密，他把文件的照片装入外交信袋，先寄了出去。1931年12月7日星期一，贝特兰抵达华沙。他先去法国使馆取回了外交信袋。第二天早上9点钟，贝特兰来到了波兰密码局总部的办公室，波兰同行热情地接待了他。此刻，少校格维多·兰格（Gwido Langer）已经接替了博科尼，成为密码局的一把手。他兴高采烈地看着贝特兰带来的文件，仔细研究起来。过了一会，他走出房间，请来了上司斯蒂芬·梅耶（Stefan Mayer）上校，波兰总参谋部情报处的负责人。与他一起进来的还有密码局四处的负责人辛兹基。梅耶大夸贝特兰的壮举，然后请贝特兰给他们48小时，做一下初步研究。

星期四下午4点，贝特兰、兰格和梅耶在梅耶的办公室再度碰面。气氛和缓。波兰人告诉贝特兰，从这份文件来看，德国军用加密机上安装了3个转子，每个转子上有一个可旋转的字母环；反射器在加密的过程中是不转动的。而且，军用恩尼格玛比商用型号多了块插线板。波兰万分感谢法国的慷慨。不过，波兰人不知道转子内部的线路构造、排列次序，也不知道某个时间段内插线板是如何连接的。他们不了解转子上的字母环具体是如何摆放的，因此无法得知每条密文的初始转子位置。但是他们强调，所有这些要素都可以分析出来，只是花费的时间太长。如果贝特兰的线人能提供更多的细节，如果法国得到新的信息后，能够与波兰分享密码分析的具体进展，破译的时间将大大缩短。

听到波兰人的分析，再想到法国的低效，贝特兰非常尴尬。他承认，法国和英国对恩尼格玛的分析加起来还没有兰格知道得多。

而兰格宽慰他说："波兰所面对的形势逼人，不是每个国家都有这样的动力。"就这样，贝特兰离开华沙，双方达成一致，要进行更密切的合作。

第二个周末，也就是 12 月 19 日和 20 日，贝特兰和雷克斯再次抵达韦尔维耶与施密特见面。这时的施密特已经正式加入了纳粹党，党员编号 738736。然而，这仍未阻止施密特继续泄密。这一次，他给法国人带来了当月的每日密钥设置！即使入党也没有减少他与雷克斯会面的热情：1932 年 5 月 8 日、8 月 2—3 日、10 月 19—20 日，施密特先后在韦尔维耶、柏林以及比利时列日（Liège）与贝特兰和雷克斯见了面。密钥是施密特的固定"产品"：他先是提供了 5 月的密钥，随后又提供了 9—10 月和 11—12 月的密钥。除此之外，他还提供了其他机密。贝特兰将所有的密钥都拿到了华沙。

-3-

1929 年，辛兹基雇用了几名数学家来对付恩尼格玛机，现在看到这个问题如此之复杂，他开始考虑增聘数学家们。他从波兹南招来的 3 位数学家至少已经破译了两个密码系统，积累了一些经验。雷耶夫斯基是这 3 个年轻人中年龄最大的，也是能力最强的。于是辛兹基给他安排了一间单独的办公室，就在总参谋部大楼北翼的 3 层，窗外可以俯瞰波兰无名烈士墓。辛兹基把施密特两份文件的照片以及一些过期的密钥给了他。1932 年 10 月，辛兹基又把破解恩尼格玛的最高机密任务交给了雷耶夫斯基。

雷耶夫斯基看了施密特窃取的文件和以前的档案。他还有一个类似于商用恩尼格玛的奇怪的机器：一个 2 英尺（约 0.6 米）见方的架子，中间竖着几根可移动的木柱，用钉子固定好。这台机器用彩色的线代表转子的线路。有了这些工具，雷耶夫斯基捡起了前人未完成的工作：从恩尼格玛密电开头的 6 个字母下手，开始分析。

在同一天的密电中，这 6 个指示字母必定有一种特殊的对应关系。如果第一个指示字母相同，那么第四个字母也一定相同。假设在一条密电中，指示字母的第一个为 R，那么第四个一定是 V。同理，第二个字母与第五个字母对应，第三个字母和第六个对应。雷耶夫斯基从施密特的文件 H.Dv.g.14 中得知，这与德军的加密规则有关。操作员须将 3 个指示字母输入两遍，形如 MGKMGK。（重复的目的是保证传输过程中字母没有弄错。如果 2 组字母不完全一致，那么接收方试验 3 次就可以知道正确的密钥。）这 3 个字母完全是随机的。每次发信时，操作员都要选择一组不重复的字母，以确保每条密电都有单独的密钥。发信方还必须将指示字母告诉接收方，他们当然不可能把密钥明文发送出去，因此其只能以密码的形式写在电文里。

从操作说明上可以看到，操作员必须按照密钥表的规定，连接插线板上的 6 组字母。雷耶夫斯基按当季的密钥规则装好转子；然后设置字母环，让带弹簧的大头钉插入规定的字母孔。接下来，雷耶夫斯基开始按照当日的密钥设置表进行基本设置。他转动转子，把规定字母显示在盖子的窗口处，例如“PDX”。随后他输入“MGKMGK”，假设显示的字母是“OFLWZZ”，那么这 6 个字母就是密电的开头。接着，他转动转子，直到窗口显示出“MGK”来，然后才开始输入正文。这一复杂的过程确保每条密电都有独一无二的密钥，而且就藏在密电中。

在同一天发送的密电中，假设另一通信员选择的字母是 MIH。这样可以推论，既然当天的插线板设置、转子顺序、字母环位置全部相同，转子的起始位置也与刚刚的密电相同。那么即使其他字母不同，两个 M 应该被加密为与之前相同的两个字母，即 O 和 W。雷耶夫斯基正是利用这种第一、第四个字母的关系构建了每组指示字母的对应链。如果在同一天里出现了“RTMGNU”和“GWAIZZ”2个字母组，那么就可以提取出“RG”和“GI”，组成“RGI”，这就构成了一个字母链——至少是字母链的开头部分。他从其他密电中继续提取字母组，直到最后，开头和结尾的字母重合，构成一个字母循环圈。雷耶夫斯基很快发现，无论怎样提取，一个循环圈绝不可能同时包含26个字母。但是，如果能提取出足够多的字母组（大约60个），则可以用几个字母循环圈里来覆盖26个字母。他还发现，覆盖26个的方式只有3种：2个字母循环圈，每组13个字母；6个字母循环圈，分别由10、10、2、2、1、1个字母组成；或由9、9、3、3、1、1个字母组成。

至此，雷耶夫斯基为密码分析开辟了一片崭新的天地。他颠覆了传统的密码分析方式。在此之前，密码分析学家大都依赖频率统计：哪个字母出现的频率最高？明文中哪几个字母最经常出现？等等。历史上唯一的一次转子加密机被破译，是1924年美国人威廉·弗里德曼（William Friedman）重新构造了爱德华·赫本（Edward Hebern）的加密机。他用概率分析法和初等代数做成了这一件事。然而，雷耶夫斯基开创性地使用了高等代数——群论的原理。简单地说，群论的原理可以解释为：如果P和Q均为一种排列，那么排列PQP^{-1}的循环结构与Q数列相同。在恩尼格玛加密过程中，P代表插线板中的被替代字母，P^{-1}表示替代字母；Q代表转子加密的全部字母。雷耶夫斯基从群论中学到，他构造的字母圈只取决于转子设置，而与插线板无关。也就是说，虽然德国人自信插线板能够大大增加安全性，但是至少在密码分析时，这一点可以忽略不计。

字母循环圈产生的原因，来源于最右边，也就是转动最快的转子的替换轨迹（在加密过程中，每输入1个字母，它就会转动1格）。雷耶夫斯基运用这个字母循环圈构造了6个长长的方程式。只要破解了这些方程式，这个转子的线路设置就迎刃而解了。方程式的未知项可不是像$3x$这种简单的形式，而是26个元素的排列。那些元素也就是雷耶夫斯基对机器加密的量化处理。假定一个转子上，输入触点在第12个位置，经过转子内部线路后，从第20个位置输出，那么雷耶夫斯基就把这个触点的加密量化为 8。然而现在，他对所有触点的对应关系都一无所知。

在这 6 个方程式中，每个方程式有 4 个复杂的项构成，其中 3 项是未知的。第一项代表最右边转子的线路设置，量化为 26 个未知数。第二项表示中间、最左边的转子（鉴于最右侧的转子在一个循环的 26 次转动中，左边两个转子点有 21 次是同时静止不动的，所以雷耶夫斯基假设它们是静止的）以及反射器的线路设置。而第三项表示插线板上 6 对字母的替换。（插线板在字母循环圈中可以忽略不计，但在实际解密时必须考虑到它的作用。）雷耶夫斯基假定已知第四项，然而实际上他并不知道。第四项代表加密机键盘上的字母到转子输入盘的线路，而输入盘上的电流又是直接通向最右侧转子的。雷耶夫斯基根据波兰密码局买来的商用恩尼格玛推断，军用加密机键盘上的 QWERT 依次对应转子上的字母表顺序，从左到右、从上到下的字母按排列顺序对应转子上的字母表。也就是说，键盘左上方第一个字母的 Q 对应输入触点的 A，第二个字母 W 对应输入触点的 B，键盘的 E 对应 C，以此类推。这样，雷耶夫斯基终于构建了一组排列，来推测加密时最右边转子的转动方式。

接下来，雷耶夫斯基开始求解。然而未知数太多，实在难以继续。这段时间，辛兹基每天都会到这个僻静的办公室走一趟，看看雷耶夫斯基的进展。辛兹基现在清楚，雷耶夫斯基一个人绝不能够完成这个工作，必须让他借助施密特提供的资料。辛兹基和兰格之所以一直隐瞒施密特文件的存在，可能是不希望波兰的密码分析学家过于依赖法国的赠礼，希望他们能够独立工作。法国对波兰坚持控制波兰走廊一事一直非常冷淡，也并不十分支持波兰在军事力量上超过德国。1932 年 12 月 9 日，也就是雷耶夫斯基着手破译恩尼格玛的 6—8 个星期之后，辛兹基把 9 月和 10 月的每日密钥表交给了雷耶夫斯基。这份密钥表是施密特 8 月份交给雷克斯的，而由贝特兰于 9 月将它带到了华沙。

有了这份密钥表，插线板的连接立即由未知变成了已知，方程式也稍微简化了一些。然而，未知部分仍然十分复杂，雷耶夫斯基继续奋战了几个星期。直到有一天，他突然发现，他的方程式方式可能是错的！也许键盘字母与输入盘的对应并非Q对应A的关系，而是直接一一对应的，键盘上的Q对应的或许正是输入盘上的Q。他立即调整了方程式。他曾写道："第一次尝试就得出了正确的结论。我的笔下好像有一股神力，一点点算出了最右侧转子的线路设置。"

就这样，这位27岁的密码分析学家在恩尼格玛核心部分打开了一个缺口：一个转子的线路设置。12月底，在华沙人打起精神准备迎接圣诞和新年时，他也把破译的第一份成果放在了辛兹基的桌上。

然而成果是十分有限的，他们还有更长的路要走——他们要复制一台恩尼格玛。德军每3个月（每个季度）更换一次转子的顺序，这就意味着在9月和10月，最右侧的转子设置是完全不同的。幸运的是，施密特卖给法国人的是9、10月的密钥——正好跨越3、4两个季度的密钥，都给了法国人。雷耶夫斯基用相同的方式再次破解了最右侧转子的线路设置。在这之后，"破解第三个转子，尤其是破解反射器的线路，实在不是什么困难的事"。接下来的工作进入收尾阶段——排除所有疑点，确认转子的内部线路和转动情况无误。在施密特提供的文件中有一份加密样本，这大大降低了工作难度。

破译了转子内部结构，无疑是雷耶夫斯基独自创造的辉煌成就，他因此成了有史以来最杰出的密码分析学家。能取得这样的成绩，很大程度上要归功于雷耶夫斯基的聪明才智。然而恩尼格玛太过复杂，仅凭数学才能进行单纯的分析，即使是他这样出众的人，也无法将其破译。他需要依赖一些外部信息。雷耶夫斯基本人也承认过这一点：

> 直到今天，我们也无法知道，包含26个未知排列的一套6个方程式中，第三个方程式是否可解。无可否认，重建恩尼格玛转子的内部线路从理论上说是可行的，但是这种破解方式不够完美，太过费时费力……必须在转子设置相同，或者非常接近时获取两天的密电。这样一来，找出转子内部线路就只能靠运气了。除此之外，我们还必须进行大量尝试。我们不知道密码局局长有没有耐心，让

好几名职员工作那么长时间，去完成一件未必成功的事；也不知道局长会不会对恩尼格玛热情不减。所以，我们必须承认，(辛兹基)给我们的情报对破译恩尼格玛至关重要。

问题是，既然法国和英国都得到了施密特的文件，为什么他们无法破译恩尼格玛？

这两国都缺乏有数学才能的密码分析学家。正如将军们还沉浸在上一次战争中一样，1914—1918 年的胜利让英、法两国故步自封。诚然，语言学家主导的密码部门在一战中功勋卓著，20 年代他们依然破译了许多外交密电。例如法国，当时能够破译十来个国家的密电。然而，他们从未发觉密码领域悄然而来的变化，从未想过启用新的人才。英国密码处的领航者——语言学家迪尔温 · 诺克斯一直努力破译德国的恩尼格玛，可惜始终没有成功。如果经验丰富的语言学家都束手无策，那么毫无经验的数学家就能出奇制胜吗？密码部门不能确定。虽然英国一度考虑培养数学专业的大学生作为储备密码分析人才，但这一提议最终被搁置了。反对者担心学生不够谨慎，有可能泄露英国密码破译的进展。当然，英国对德国的密码置之不理，也还可以理解，毕竟英国海军的头号敌人是日本，而非德国。即使希特勒这种极右翼分子高呼复仇，但是他在《我的奋斗》中指出，为拉拢英国，他甘愿“放弃德国舰队”。

说到底，法国和英国缺少的，是远见和决心。不仅在密码破译方面如此，其他方面也有所体现。而波兰却既有远见卓识，又能坚定信念。博科尼和辛兹基能够率先看到数学家的作用，这是非常了不起的。由于波兰迫切渴望知道德国的动向，该国密码分析专家付出了极大的努力。所以，其他国家做不到的，波兰做到了；德国认为不可能的，波兰也做到了。

雷耶夫斯基就像一个魔术师。不过此时，他的工作远远没有结束。魔术才刚刚开始。

第五章
同德国赛跑

-1-

雷耶夫斯基破解了转子线路，使波兰成功复制了恩尼格玛机，破译了部分德国密电。但是，这还不能让波兰人一劳永逸。的确，恩尼格玛的最大优点就在于，即使敌人获得了一模一样的机器，也无法破解它的成果。这也是德军当初选用恩尼格玛的原因。恩尼格玛的密钥数量相当庞大，即便再多的密码分析学家同时进行测试，也不可能试出正确密钥。就算真的试出来，秘密也早已不再是秘密。恩尼格玛代码绝不是花几个小时、几天时间就能破译的，这种破译至少要用若干年，甚至上千年。

谢尔比乌斯通过增加转子数量增加了密钥数目，他试过给恩尼格玛配备 7 个甚至 10 个转子。而德国陆军没有采纳，他们选择了可移动的转子，同时增加了字母环和插线板。这样一来，在排列组合的作用下，密钥数量成倍增加，最多能达到数千万亿。假设有 1000 位密码分析家一起破译，每人都有 1 台缴获的或复制的加密机，假定每人每分钟可以试 4 个密钥，而且昼夜不停地工作，那么他们要花 18 亿年才能试遍所有的密钥！虽然平均说来，破译者试到一半就有可能找到正确的明文，那也需要 9 亿年！

对德国而言，这保密时间可是足够了。

用施密特透露的密钥，雷耶夫斯基复制了恩尼格玛。现在，要利用这个复制品，一个新问题摆在了他的面前：确定每条密电的密钥。这个问题相当棘手，要想迅速破译消息，及时加以利用，一定要找到一条捷径。

理论上说，恩尼格玛的防破译措施设计得非常严密。德国人严密的逻辑，使恩尼格玛更加完美。德国人的自信绝对是有道理的。然而，理论终归是理论。实际使用中，难免有人为因素让完美的系统露出破绽。德国密码操作规则要求，通信员需输入两次密钥，这样，密电中就出现了一些规律，大大减少了盟军密码分析学家的试验次数。如果通信员使用了 ZZZ 这样容易猜测的密钥，那么试验的次数就更是大幅度减少了。再者，通信员拟的明文相当格式化，比较容易猜出来。正如后来人们评论的，这样的失误不是硬件问题，而是软件问题。

雷耶夫斯基认清了这一问题，对全副武装的恩尼格玛机器的这一裂缝——重复的 3 字母密钥及其加密后的 6 个指示字母，反复进行敲击。

这一次，雷耶夫斯基有了帮手。“不能让你一个人面对这么多密电，”辛兹基说，“现在你将继续和大家一起工作。他们负责破解这两个月（即施密特提供密钥的两个月）的文件，你则需要想一想，怎么才能充分利用这些文件。”当时在波兹南与雷耶夫斯基共事，并一起来到波兰密码局的两个同事——亨里克·佐加尔斯基（24 岁）和杰尔兹·罗佐基（23 岁），开始与他共渡难关，一起找寻破解德军每日密钥的办法。

不久，他们拿到了几台恩尼格玛的复制品。这台机器是一家小型的特种无线电公司仿制的，公司的一位董事兼创始人在 1919—1922 年与辛兹基同在军中服役。另一位董事是安东尼·帕卢斯，也就是在波兹南大学给雷耶夫斯基等人授课的讲师之一，他曾在密码局四处担任文职分析员。这个公司叫 AVA 无线电制造公司。该公司 4 个老板都是业余无线电爱好者，有 2 个老板无线电呼号为 TPAV 与 TPVA，这一名称就来源于此。波兰密码局时常会委托这家公司制造一些高精尖设备、机密设备或者非常专业的设备。所以这一次，密码局自然而然地把仿制恩尼格玛的任务交给了他们。他们以波兰陆军几年前购买的一台商用恩尼格玛加密机为基础，参考施密特送来的德国陆军恩尼格玛照片，开始动手制造。

德国陆军起用恩尼格玛之初，许多密码操作员使用过 AAA 或 RXR 这样含有重复字母的密钥，有时操作员还会重复使用同一组密钥，导致那时的密电中时时出现相同的字母组合。利用这一漏洞，波兰人有时可使用传统的叠加法破译部分密电。但这并不能彻底解决问题。德军发现这一漏洞后，立即禁止操作人员使用重复字母。发现叠加法再也不起作用的时候，波兰人就知道，德国人已经改进了密钥规则。

有了仿制的恩尼格玛，再加上助手的帮助，雷耶夫斯基再次把分析重点放到了起始的 6 个指示字母上。如果一天能截获 60—100 封密电，他就可以按照之前的方法，找出几个字母循环圈。利用这些字母循环圈，他构建了一个字母替代表，根据这个表来推断，在转子字母环处于某个特定的位置时，一条密电的密钥的前 2 个字母是否相同。如果相同，那么这种字母环设置就是错误的，可以排除，因为德军明令禁止使用相同的字母。只要能截获足够的密电，他就可以将错误的全部排除，推断出正确的起始字母位置（当然，如果德军通信员违反了规定，雷耶夫斯基就无法破译当日的密码）。

不过，这项工作只能破译转子的起始位置——也就是机器盖子上露出来的 3 个字母。而德国人究竟使用了哪 3 个转子？这 3 个转子是如何排列的？波兰人仍然无从知晓。为此，他们在一张白纸上横向刻出 6 行狭长的横条，看上去就像一道道栅栏，在纸上写出第一个字母循环圈，可以看到下面的每个转子的加密字母表。移动白纸，让纸上的字母与字母表相对照，寻找相同的字母。如果在同一个字母表上能找到 6 对匹配的字母，就可以推断出使用了正确的转子和转子的初始位置正确。这项工作非常枯燥，工作量还很大。通常试验一个转子的一种设置需要约 10 分钟，而每个转子要试验 26 种设置，要试验全部 3 个转子。雷耶夫斯基和助手们要花一整个上午的时间，才能确定最右边的转子是哪一个。

起初，3人要重复上述方法，才能找出中间的转子。但他们很快找到规律，建立了一个目录。这样就可以在几分钟内迅速确定第二个转子（中间的一个）。

接下来，就要判断字母环的位置了。字母环的位置非常关键，因为它上面的凹槽决定了左侧的转子何时移动。要确定字母环的设置，密码分析学家们想出了两种方法。其中之一就是假设密电的正文第一个单词是“An”（意思相当于英文中的“to”），紧接着是“X”（表示空格）。德军约有五分之一的密电是以这3个字母开头的。如果假设恰巧正确，就可以排除大量可能性，推断出最右侧字母环的凹槽位置。左侧2个转子的字母环，就只剩下26×26=676种排列组合。至于不以“AnX”开头的剩下五分之四的密电，他们就要依次试验17576种排列组合。他们不停地拆装、移动转子，有时候手指都磨破了，血沾到设置轮上。

至此，波兰密码分析学家已经确定了3项重要设置：转子顺序、转子设置，以及字母环的设置。现在还剩下最后一项内容有待确定——插线板的6对互换字母。受插线板影响的只有12个字母，因此破译到这一步，德军的密电已经与明文非常接近了。举个例子（此处以英文为例）：一封密电现在可以破译为“slarmlartsdmpaqmd”，密码学家分析后，推断这句话的意思是“sparepartsdelayed”，这样一对比，就发现了相互替代的字母。如此一来，波兰密码学家就破解了当天的全部密钥。当天截获的所有密电都将被一一破译。破译密钥无疑是一项艰苦的工作，枯燥乏味、十分煎熬，但是他们取得了巨大的成功。德国人认为需要9亿年才能被破译的密钥，被波兰人在一天之内完全攻破。

-2-

波兰人奇迹般地攻破了恩尼格玛密钥，许多拦截的德国密电都可一一破译了。工作量骤然增大，让密码分析学家忙得不可开交。波兰每天能拦截几十封德国密电，雷耶夫斯基等人不可能在破译了密钥之后，又马不停蹄地破译当天的密电。因此1933年2月，波兰密码局雇佣了五六个新成员。在他们宣誓保密之后，有人立即教会他们如何使用恩尼格玛进行解密。尔后，他们马上开始了紧张的工作。这些人要使用仿制的加密机，昼夜轮流破译截获的密电。到1934年中期，密码局已经拥有了十多台仿制的恩尼格玛，用以破解密钥、破译密电。

随后的几年里，密码破译工作进展得一直很顺利。令人意外的是，1934年1月，希特勒政府同波兰签订了《德国和波兰互不侵犯和谅解宣言》(*Declaration of Nonagression and Understanding*)。即便如此，密码局仍丝毫不敢懈怠。雷耶夫斯基等人透过窗户，看着外面来访的德国客人，他们看到胖乎乎的德国空军司令赫尔曼·戈林，全身挂着奖章，为波兰无名烈士墓敬献花圈。密码分析家们暗暗高兴，因为戈林还不知道，波兰人掌握了德军的秘密。

紧接着，1935年，希特勒撕毁了《凡尔赛条约》，开始大规模扩军。密电的数量很快暴增。德军密码处非常清楚，如果密钥不变，密码分析学家搜集的密电越多，越容易将密钥破译。因此，从1936年2月1日起，密码处要求各部门每月更换一次转子的排列顺序（原来是每季度更换一次)。这样一来，使用同一密钥的密电就减少了三分之二。当年10月，整军备战导致军中电报数量暴增，于是插线板的连接线从固定的6根调整为随时变化的5—8根。与此同时，转子顺序又从每月一换变为每日一换。

波兰人明白，他们不能再依赖之前的成果了。加密与破译的竞赛时长变得越来越短。历史上，一套密码曾经可以使用几个世纪才被破译；到了近些年，几十年间就会更新换代；而现在，密码的更新周期已经缩短到了几年，甚至几个月。

这时，雷耶夫斯基和他的同事们已经离开华沙，搬到了卡巴奇树林中一座刚建成不久的通信与无线电情报站。这个位于佩雷村以东半英里（约800米)、华沙以南6英里（约9.6公里）的地方，干扰少，方便拦截电报。情报站面积有几百米见方，四面是高高的围墙。站内有两栋砖混结构的建筑，大的是停车场兼仓库，小的是一栋两层的防弹建筑，里面是无线电设施和密码分析员的办公区。周围茂林密布，将这两栋建筑隐蔽起来，空中完全看不到它们的存在。密码分析学家们乘班车往返华沙。每天早晨大约 7 点钟，有一辆深蓝色的班车会在总参谋部不远处的华沙剧院广场等待他们。20 分钟后，他们就可以抵达佩雷中心。

他们面临着巨大的工作量。插线板的变化使密电破译量骤减 40%；转子顺序频繁更换更是让工作量大大增加。要应付这个问题，必须进行更深刻的研究，还要依靠机械自动化。

有时，密码分析学家发现，在同一天的密电中，有德国通信员不约而同地使用了同样的指示字母。密码分析学家推测，出现雷同的原因在于通信员只顾盯着键盘，于是按键盘顺序选了 QWE、RFV 这样的字母组合。面对这样的雷同，密码分析学家根本不用尝试 17576 种组合，只需试验 30—40 次就可以得出结果。

机械自动化可以节省大量时间。AVA 无线电制造公司制造了一种由两套相互连接的恩尼格玛转子组成的机电设备——记转器，大大缩短了检测转子顺序和转子设置的时间。1936—1938 年间，波兰人一直使用记转器来加速破译，直到 1938 年 9 月 15 日，德国人改变了加密方式。不过，当 3 条密电中的指示字母满足某种条件时，雷耶夫斯基迅速找到了一种破解方法。为了加速破译，雷耶夫斯基还设计了一种由 3 对恩尼格玛构成的设备。根据指示字母的关联，他把每一对加密机的转子设置成相互关联的。3 对加密机同时工作：一对用来试验第一、第二条密电的指示字母；一对用来试验第一、第三条密电的；另一对则试验第二、第三条密电的。每一对转子组都包含 17576 种可能性，而雷耶夫斯基要找到对转子的交集，才能揭开密电子的转子设置。但是，这样的测试并不能测出转子的排列顺序，因此接下来，雷耶夫斯基就用 6 台加密机同时寻找转子顺序。

10 月中旬，雷耶夫斯基把他的想法告诉了 AVA 无线电制造公司。不到 1 个月的时间，技工就在帕卢斯的指导下造出了 6 台加密机所需的零部件。在佩雷中心的一间“钟表屋”（大概是因为这间屋子的门后，黑色的帘子上的一个大号钟表），人们将这些零部件组装起来。机器运转得非常好，3 对加密机同时工作，最多 2 个小时即可破译出转子的位置。不过，实际破译时间会更短。当遇到可能的答案，加密机会自动停下来，工作人员则记录下这组密钥，在恩尼格玛的复制品上进行试验。如果能够得出明文，则密钥正确；如果得出乱码，则密钥错误，试验继续。波兰人把雷耶夫斯基发明的这组加密机命名为"炸弹"。至于名字的来历，有可能是人们希望它能像炸弹一样摧毁德国密码系统；也可能是机器会发出像炸弹定时器一样的滴滴声；抑或是讨论的时候罗佐基正在吃一种"炸弹"冰激凌。

雷耶夫斯基的方法有一个弱点：指示字母间的关系很容易因为插线板连线的变化而改变。当德军将插线板的连线由 6 根变为 5—8 根时，破译的效率几乎下降了一半。为此，佐加尔斯基想出了对策。他在一张 2 平方英尺的硬纸板（约 0.18 平方米，以下简称"佐加尔斯基卡片"）上画出 51 × 51 的网格，在第一行和第一列分别写 2 遍字母表（A–Z，A–Y）。当最右侧转子处于特定位置时，每张卡片上会记录下另外 2 个转子位置与指示字母之间的关系。他在适当的交叉点打个孔，然后将 4 张纸对齐，摞在一起，用灯光照射。能显示出灯光的孔就有可能是正确的转子顺序和字母环设置，而且不必要检验插线板的连线方式。这种方法非常有效，只是每张卡片都要打上大约 1000 个孔，而且打孔位置必须精确。3 个转子产生 6 种可能的组合方式，每测试一种需要用 26 张卡片，总共需要 156 张。因此，佐加尔斯基卡片的准备工作要比"炸弹"更加耗时耗力。

然而，功夫不负有心人。1938 年，波兰人破译的恩尼格玛密电数量出现了井喷式增长，达到了历史以来最高水平。在截获的电报中，大部分是由柏林的陆军部发送给东普鲁士的德国第一军区的。东普鲁士与波兰北部接壤。密电的内容涉及人事调任以及军队的构建等。波兰总参情报部德国处的负责人定期汇总拦截的情报，编入给总参谋长的简报中。1938 年初，他们每周截获 20 多封密电，每周做 2—3 次简报。从 6 月开始，简报的频率增加到每天 1 次。

-3-

这些年里，法国人与其王牌间谍频频见面。继 1931—1932 年的 6 次会面之后，施密特与他的法国“客户”秘密接头了 18 次之多，而贝特兰亲自出面的就有 15 次。

对贝特兰来说，每次与施密特会面之前，他都要提前很久做准备。“哎，在巴黎的夜幕中，我乘坐出租车，穿过霓虹灯下的大街小巷，伴随着焦虑的思绪，来到火车北站或者东站。我不顾一切，又能得到什么？‘灰烬’（施密特的化名）从柏林出发时会不会已经被跟踪了？”

每一次会面的情形都不尽相同。1933 年 9 月，贝特兰和另一位法国官员到捷克斯洛伐克附近的滑雪胜地什平德莱鲁夫姆林与施密特接头。出乎意料的是，下火车时，施密特身穿全套的巴伐利亚登山服，头戴一顶窄边登山帽，配一件仿麂皮短裤，背着帆布背包。他穿过树林往山上爬，来到一家酒店。这是一个有 27 间客房的小农舍，位置似乎很偏僻。贝特兰二人都带着枪，上好了膛，一路跟着施密特来到这里。直到见面，法国人才惊喜地发现，帆布背包里装满了秘密文件。

给施密特的酬金都是小面额的德国马克，法国人把钱装在一个小旅行箱里，寄存在柏林的一个火车站，再把寄存凭单邮寄给施密特。收件人的姓名和地址全部是假的，施密特也会用假身份证去火车站取行李。法国人寄存好后，还会把一张明信片寄到施密特家里作为暗号，告诉他可以取了。

从 1934 年起，会面地点几乎全部选在了瑞士。他们大部分是在巴塞尔和伯尔尼见面的，只有 1935 年有一次在哥本哈根，1938 年 8 月有一次在巴黎。抵达巴黎后，施密特从一袋熟食里取出了 8 月和 9 月的密钥文件。在来的火车上，他还特意找到列车员，请他找一个凉爽的地方代为存放。列车员同意了，他也觉得车厢里温度太高，熟食容易变质。交易完成后，施密特提出要去巴黎蒙马特著名的夜店——红磨坊。那里到处都是惊艳的半裸女郎。于是贝特兰和法国情报处的一个年轻人保罗 · 贝越勒陪他一起去了。和一个漂亮女人跳舞时，施密特表现出来的优雅举止令贝越勒倍感惊讶。两个法国人心情也不错，他们离开施密特，喝起了香槟，身边没有别人，只有两个迷人的女子相伴。

过了几天，贝特兰再一次去了华沙。这已经是他第 12 次去送密钥了，然而波兰方面依然毫无进展。其实在 1932 年初，贝特兰心里就已经有了疑云。早在 1931 年，他就把恩尼格玛的操作和加密说明文件给了波兰，同时还给了他们 1 个月的密钥。1932 年，他又去了两次华沙，亲自把 3 个月的密钥交给波兰。然而，就贝特兰所知，这些文件似乎没有创造任何价值。莫非贝特兰提供了假情报？毕竟间谍提供假情报的事情不是没有发生过。

1932 年 10 月 29—30 日，施密特和贝特兰在比利时列日的英格兰大饭店碰面。施密特把一份德军军演的报告和 11、12 月的密钥文件交给贝特兰，并说道："巴萨克先生（贝特兰的化名），以后每隔两三个月，我也许可以给你提供一次单日密钥文件。有了单日密钥，你们破译密电就不用费什么力气了！"

贝特兰没有正面回应，他问施密特，"你确定你给我们的密钥就是目前正在使用的吗？"

雷克斯翻译后，施密特吃了一惊，他皱了皱眉，看了看贝特兰，又看了看雷克斯。

"我可不是骗子，"他回答说，"如果你有这种疑问，那只能说明贵国破译人员不称职。"

在场的其他法国情报人员迅速岔开话题，谈论起这里的美食。然而，贝特兰心里的疑问依然无解。

贝特兰之所以这样问施密特，是因为即使看了施密特的秘密文件，法国密码分析学家仍没能破译恩尼格玛，而波兰人也没有送来任何好消息。但是，波兰密码局似乎对施密特送来的密钥非常感兴趣。兰格和辛兹基对贝特兰非常友好，他们把一些截获的德国电报告诉了贝特兰，1938 年时还邀请他去佩雷中心参观。

不过，波兰人从来不曾告诉贝特兰，他们已经仿造了恩尼格玛，对破译的恩尼格玛密电更是只字不提。波兰人之所以这样小心谨慎，大概是因为德波双方签订了互不侵犯条约，波兰人担心，破译恩尼格玛之事一旦泄露，会导致本国与德国关系紧张。贝特兰大概明白波兰的处境，面对两个复仇心切的大国，波兰压力巨大。他也知道，法国需要波兰这个盟友，在德国背后构成威胁。显然，他的上司也明白这些。况且，把密钥送给波兰，对法国也没有丝毫损失。因此虽然没有成果，贝特兰依旧继续向波兰提供密钥。在这几年总共 81 个月的时间里，法国方面给过波兰密码局 38 个月的密钥。他们还是希望最终能有所收获。

-4-

奇怪的是，这些秘密文件从来没有到过波兰密码分析学家们的手里。在这 5 年的时间里，他们从未见过贝特兰送来的任何一份密钥！

密钥本来可以大大简化破译的难度，提高破译的速度，那么波兰密码局的负责人究竟为什么要故意隐瞒这些文件？唯一合理的解释是，他们要培养密码分析学家们独立工作的能力——即使施密特不再提供情报，被捕、被调离，或者法国被德波互不侵犯条约激怒，不再与波兰共享情报，无论出现什么情况，波兰都可以独立破译密电。的确，没有密钥的帮助，密码分析学家只能破译一部分密电，然而这成就了波兰密码分析学家。而且，当他们确实遇到无法破解的难题时，密码局的上司一定会拿出一些文件，帮助他们。正如前文所述，1932 年，雷耶夫斯基遇到瓶颈，上司终于把施密特第一次送来的密钥文件交给了雷耶夫斯基。事实证明，隐瞒密钥的做法是成功的，甚至有些出乎意料：密码分析学家不仅纯粹依靠分析解决了重建当日密钥的基本问题，跟上了德国更新安全措施的步伐，更重要的是，他们一直在改善破译方法，使破译效率越来越高。

然而，1938 年 12 月 15 日，一夜之间似乎前功尽弃。破译恩尼格玛的方法突然间全部失效。那一天，恩尼格玛密电全部无法破译。波兰人很快了解到，德军增加了 2 个转子。虽然他们每次仍然只安装 3 个转子，然而备选转子变成了5个，而且排列组合方式由6种可能性变成了60种。更糟的是，对于新转子的内部构造，波兰密码分析学家一无所知。

幸运的是，当1938年9月15日，德国陆军通信系统采用新的加密方式时，纳粹党内情报机构——党卫军——并未进行调整。因此波兰人依旧可以使用老办法破解纳粹党内情报系统的转子排列顺序、转子位置、字母环位置以及插线板的连线方式。掌握了这些信息，雷耶夫斯基就可以一步步破解2个新的转子了。1932年，他已经完成过一次类似的破解工作。

由于转子排列组合数量的增加，波兰人面对的任务更加艰巨了。以前，他们只需要6台"炸弹"机即可进行破译，现在则需要60台。制造这些机器的成本是波兰密码局1938—1939全年全部设备预算的15倍！同时，佐加尔斯基卡片的需求量也由原来的156张增加到1560张，而当时波兰密码局总共仅有52张打过孔的卡片。更不幸的是，现在连最后一条退路都已经被切断了——1938年9月28日，施密特被调到了空军总司令戈林的地下电话和无线电通信组织（forschungsamt）。因此，虽然施密特仍靠出卖情报赚钱，但是他再也无法提供恩尼格玛密钥。

突如其来的变化让波兰破译密码的英雄们束手无策。祸不单行，1939年1月1日，德军插线板的连接线增加到了10根！

面对这种形势，波兰总参谋部情报处建议与英、法两国召开联合会议，希望英、法两国能提出一些对策。当时恰在巴黎的贝特兰也正在考虑此事。1939年1月9日—10日（星期一、星期二），三国在法国情报总部碰面。法国情报总部挤在巴黎荣军院（拿破仑之墓就在其中）对面，这是一栋预制建筑，情报总部1932年才搬到这里。出席会议的人员包括贝特兰和法国情报分析学家亨利·布拉克尼埃（Henri Braquenié）上尉；波兰密码局局长兰格和密码局四处处长辛兹基；英国密码破译部门的负责人、也是"40号房间"最早成员之一的阿拉斯泰尔·丹尼斯顿，还有其他两位英国人。会议的气氛很真诚，然而所有人都没有透露有关破译恩尼格玛的进展。英国和法国本来就没有任何进展可言，而波兰代表则缄口不言。上级的指示是，若没有得到有价值的信息作为交换，就不得透露任何成果。最终，会议以悲观的结论收场：

> 事实证明，单纯依靠研究密电来复制恩尼格玛是不可能的。而且，早在德军大规模应用恩尼格玛之前，德国密码专家就已经进行过同样的研究……三国密码分析人员似乎已经陷入僵局，看起来，只有依靠特工才能帮助我们逃离困境。因此，我们设计了一份尽可能简单的技术问卷，交给一位有能力完成任务的特工。

两个月后，德国踏上了捷克斯洛伐克的非德语区。虽然此前希特勒曾在慕尼黑发表讲话，宣称德国只要求得到捷克斯洛伐克的德语区。英国和法国终于明白了德国的野心。3 月 30 日，在法国的附议下，英国向波兰保证，若德国无端挑衅，进攻波兰，英国将提供“全面支持”。6 天后，英国与波兰签订了临时援助条约。4 月 27 日，德国公开批评英波协议，宣布 1934 年德国与波兰签订的互不侵犯条约“无效”。波兰之所以对英法两国隐瞒其已经成功破译恩尼格玛，最重要的原因就是担心德国知道后会撕毁协议，欺凌波兰。现在，最大的担忧不复存在了。

随后，5 月，时局的进展终于促使波兰下定决心，与英法共享破译的成果。这期间发生了两件事：第一，法国与波兰签订秘密协议，向波兰承诺，假如德国入侵波兰，法国将在 15 日后大规模出兵，帮助波兰抵抗德国。同时，英国也在华沙与波兰展开谈判。第二，波兰与德国的紧张关系日益升级，危险一触即发：希特勒的反波兰政策不仅煽动了本国人的情绪，也刺激了波兰境内的德国人；有人从一辆波兰官方车辆中向德国人开枪，造成了轰动；纳粹分子踏入但泽自由市[1]，纳粹宣传部长约瑟夫·戈培尔（Joseph Goebbels）随即公然宣称，任何国家都不能阻拦但泽回归帝国；双方在波兰属西里西亚交火；德国对波兰领土展开轰炸；德

[1] 译注：1919 年德国战败后，《凡尔赛条约》将但泽划定为自由市，由国际管辖。

国飞机在波兰海军基地被击落；德国媒体则不断报道德国人在波兰境内遇袭的事件。

6 月 30 日，在这样的环境下，兰格向巴黎和伦敦发出了电报。他告诉两个盟友，在 1 月的会议之后，波兰取得了一些新进展。他邀请两国再次参加联合会议。这一次，会议在华沙召开。

7 月 24 日，星期一，早晨。贝特兰和布拉克尼埃乘巴黎到莫斯科的夜班北方快车抵达了华沙。英国人的飞机也在华沙降落，丹尼斯顿、诺克斯以及汉弗瑞·桑德威斯（Humphrey Sandwith）中校走出了飞机。桑德威斯负责的部门创立并掌控了皇家海军拦截与测向站。法国人被安排住在波罗尼亚酒店，英国人住进了布里斯托酒店。波兰情报部负责人迈耶、波兰密码局的兰格、辛兹基以及波兰 3 位年轻的密码分析学家陪客人享受了一顿丰盛而轻松的午餐。席间谈的无非是一些不重要的陈词滥调，讽刺的是，他们唯一能用于交流的语言竟然是德语。

随后，一行人去了佩雷中心。兰格先带英国人和法国人简单参观了中心，随后就带他们去了密码破译学家的办公室。在桌子上摆着一些东西，不过上面盖着盖布。等所有人全部到齐，兰格一言不发，径直走到桌前，掀开了盖布，波兰复制的恩尼格玛呈现在众人面前，两国密码译员一眼就认出了它。所有人都惊呆了。

"你们从哪里得到的？"贝特兰问。

"自己制造的。"兰格答道。

英国人仔细观察了其中一台机器，桑德威斯看了兰格一眼，目光里写满了不可思议。兰格告诉他，这些机器是波兰密码分析学家制造的。诺克斯也一直在研究恩尼格玛，因此非常熟悉，问的问题也最多。

他问，从键盘到第一个转子的线路是怎样构成的？对于这个问题，雷耶夫斯基纯粹是靠瞬间的直觉做出判断，他的回答令诺克斯十分沮丧。他没有想到，键盘与第一个转子竟完全是直接原样对应，没有丝毫的改变。他有一种被愚弄了的感觉。这时，丹尼斯顿想要致电英国使馆，让伦敦派几名绘图员和电气技师过来，把机器的结构图画下来，以便回去可以仿制。兰格阻止了他：更好的还在后面。

在另一个办公室里，密码学家们看到了6个高约4英尺（约1.2米）的橱柜，这就是“炸弹”！兰格展示了它的工作原理，雷耶夫斯基则负责解答疑问，毕竟“炸弹”是按照他的构想制造的。佐加尔斯基展示了打孔纸板（佐加尔斯基卡片）的工作原理。这些波兰人讲述了破解密钥的各种方法；提到有一段时间，他们一直用“炸弹”来破解恩尼格玛密钥。正常情况下，2个小时以内就可以找出正确密钥。后来，德国人增加了2个备用转子。现在要想破解密钥，需要的机器将是现在的10倍。然而，波兰已经没有这个能力，英国和法国却拥有更多的资源。分享这些成果，可以让英法两国节省时间，继续进行破译。这也是波兰为与英法共同对付德国威胁所贡献的力量。

英国和法国人都非常高兴，对波兰表示由衷的感激。丹尼斯顿再次想要打电话要求技师，不过兰格告诉他，他们为两国各准备了一台恩尼格玛复制品。丹尼斯顿听后，几乎不敢相信自己的耳朵。这两台机器将由贝特兰在外交保护下运往巴黎，然后再送往英国。星期二，会议在一片感激、震惊与期待的友好气氛中结束了。

几天之后，在前往英国的途中，兰格经过了巴黎。贝特兰和他的上级带他到古典餐厅德鲁昂用了午餐。举起香槟，贝特兰说道：“我们至少欠他一杯香槟！”很快，加密机也被运到了巴黎。人们用最大的外交邮包将其包装并密封起来。英国派来的情报联络官——邓德代尔和他的3个助手，把机器运到了巴黎圣拉扎尔火车站。贝特兰在“黄金箭”港口联运列车上和邓德代尔汇合。那天是8月16日。这一天德军已经整装待发，随时准备进军波兰。潜艇部队司令卡尔·邓尼茨上校也已命令U型潜艇开赴战争海域。

在英国多佛海关，邓德代尔遇上了法国剧作家萨沙·吉特里（Sacha Guitry）和他的妻子，演员伊冯娜·普兰当（Yvonne Printemps）。他们夫妇要去伦敦参加吉特里的新剧首演。邓德代尔见过他们，在巴黎时，他刚好住在这对夫妇对面的房间。这次去伦敦，他们带了很多行李。邓德代尔和吉特里夫妇做了个交易：只要他们假装邓德代尔装机器的大包是自己的，将它带入海关，邓德代尔就想办法让他们免交关税。吉特里夫妇非常配合。这样一来，吉特里夫妇顺利地带着行李通过了海关，邓德代尔逃避了间谍的眼睛，恩尼格玛则从德国特工的眼皮底下顺利进入英国。在伦敦，高峰时间刚过，又一辆"黄金箭"列车缓缓驶入伦敦维多利亚火车站。英国对外情报机构军情六处负责人斯图尔特·孟席斯（Stewart Menzies）上校当时正要出席一个接待会，在途中迎接了邓德代尔，运走了机器。"真是隆重的欢迎。"贝特兰想。

历史仿佛重现了一战中的片段。英国又一次从忠实的盟友手中接过了破译敌人密电的武器。

第六章

英国的失败

-1-

1919年初，英国政府吸取了一战的教训，决定成立一个永久的情报破译机构。时任英国海军第一大臣既关心情报，又关心自己的政治影响力，又部分因为海军信号站拦截的电报最多，为破译部门提供了大量消息源，决心让海军主导这个情报机构。组建之初，海军情报处负责人休·辛克莱上校（Hugh Sinclair）先从海军“40号房间”和陆军军事情报处（M.I.1b）的退役老兵中挖掘人才。其中最值得一提的有两个人：“40号房间”的迪尔温·诺克斯斯和军事情报处的奥利弗·斯特拉奇（Oliver Strachey）。（巧的是，奥利弗·斯特拉奇的弟弟正是大学时追求过诺克斯的利顿·斯特拉奇。）辛克莱任命阿拉斯泰尔·丹尼斯顿负责这个情报机构。丹尼斯顿身材不高，下属都叫他“小个子”。在管理方面，他也许不是最佳人选，有人甚至刻薄地说他“也许更适合去东区[1]管理一个小糖果店”。从另一方面说，丹尼斯顿反对等级制度，在当时死板的等级制度下，这可以很好地保护密码分析学家的个性。丹尼斯顿精于专业，不拘小节，乐于下放权力。

[1] 译注：伦敦东区在历史上被看作伦敦的贫民区。

所有这些优点都让这个十分重要的秘密部门顺利运转。

这个新部门的主要职责在于保护英国政府的通信秘密，以及秘密阅读他国政府的信息。不过，在外交部一位职员的提议下，人们故意给它起了一个误导性的名字——政府密码学校。1919 年 11 月 1 日，该机构正式挂牌。这一机构共有 66 个部员——29 名专家，37 名办事员，其中有 12 人负责编写英国密码。过了 1 年半，肯德尔斯顿的寇松侯爵 [1] 就任英国外交大臣。寇松一直计划控制密码破译工作。有一次，一份关于苏联的破译文件被泄露。而当时新上任的英国海军大臣政治上影响力极弱，对情报工作知之甚少，还非常希望减少开销。利用这一机会，寇松逐渐掌握了密码破译工作。1921 年 4 月，英国外交部掌握了政府密码学校的实际控制权。到了 1922 年 4 月 1 日，外交部正式接管了这一部门。

第二年，备受尊敬的辛克莱由海军情报处处长升任秘密情报局 [2] 局长，秘密代号为 C。外交部同意辛克莱继续主持政府密码学校的工作。起初，政府密码学校坐落在查林十字火车站背后；后来搬到偏远的肯辛顿宫附近。1925 年，辛克莱上任之后不久，就把它迁到了百老汇大楼（Broadway Building）的三四层。秘密情报局也在这栋楼里。这座混凝土大楼总共 10 层，位于伦敦百老汇大街 54 号，靠近威斯敏斯特大教堂。外交部就在几百米外，海军部也离得不远。要知道，密码破译人员平均每天要往返外交部八次。1935 年，政府密码学校共有 90 人，包括 30 位密码破译学家。到了 1939 年中期，这里已经扩充到 200 人，有 33 位密码破译学家。此外，另有 140—240 名工作人员负责拦截外国电报。因此，截至 1939 年，英国政府内从事密码破译工作的人数将近 500 人，工资支出约每年 10 万英镑（约合 1991 年的 300 万美元）。

除了人员配置，监测站也要军方自行建造。经济萧条使得各个部门必须相互协作：陆军部主要负责拦截中东的信息；海军部负责远东信息；空

[1] 译注：寇松侯爵（Earl Curzon of Kedleston，1859—1925），英国政治家。

[2] 编注：秘密情报局（Secret Intelligence Service，SIS）即军情六处，主要负责搜集国外情报。与（英国）政府通信总部、军情五处并称为英国三大情报机构。

军部则负责在英国本土的监听。拦截的信号、流量分析以及密码分析学家都需要集中协作，有效阻止了每个部门各自为战，保证了所有信息能汇集到政府密码学校。

与其他政府机构一样，政府密码学校也在不断完善自己的组织结构。1924 年初，“40 号房间”的重量级人物之一，律师出身的威廉·克拉克（William F. Clarke）正在法国尼斯附近度假。克拉克外号“诺比”，情绪激动易怒，最大的兴趣就是分析海军密电。他休假期间，政府密码学校的一位高级助理自杀，需要有人来填补职位空缺。丹尼斯顿提拔了一位战前的好友，而此人在“40 号房间”曾是克拉克的下属。在克拉克眼里，这个人的表现虽说还算不错，却称不上非常出众。为此，克拉克暴跳如雷。休假回来后，丹尼斯顿告诉克拉克，辛克莱之所以没有选他，是因为他忙于海军方面的事务，而且还要给海军军官讲授密码学知识，让军官们吸取一战的教训。克拉克表示强烈反对，并说如果海军方面的事务阻碍他升职，他宁愿放弃这些缠人的事务。克拉克的抗议让丹尼斯顿感到为难，因为除了克拉克，谁也不能接替他在海军方面的工作。结果，辛克莱请克拉克到家里共进午餐，这让克拉克倍感意外。事后他回忆道：

> 从来没有一个助理能有这种荣幸。辛克莱这个主人非常周到，让我感到非常荣幸，而且我是那晚唯一的客人。很快，他就告诉我，他之所以邀请我来吃饭，是因为他很想听听我的想法。我直言不讳地表达了自己的观点，并且强调海军密码破译工作的重要性，以及专门组建海军密码破译团队的紧迫性。辛克莱一向善于倾听，这一次他也听得很认真，并不时问一些问题。他说，他会仔细考虑这个问题。这次午餐后不久，我就听丹尼斯顿说，政府已经决定设立海军密码破译处，而且由我任领导，我很快得到任命。1924 年年中，海军处组建完成。

海军处的职责就是专门攻击各国的海军密码系统，而政府密码学校则主要破译外交方面的密码。1930年，针对陆军密码的陆军处成立；1936年，空军处成立。

政府密码学校里最重要的密码分析学家当然要属诺克斯。1920年，诺克斯娶了"40号房间"的助理奥丽芙·罗丹。1年后，他卖掉了大西部铁路的大部分股票，在伦敦西北郊的海威科姆附近买了一栋房子。房子周围是一片约40英亩（约16公顷）的树林，室内阴冷、潮湿，不过通风不错。诺克斯每天要乘火车上下班，和他的股票经纪人邻居一样。他会利用火车上的时间研究古希腊剧作家赫罗达斯的作品，虽然只有莎草纸的影印件。1922年，诺克斯编辑修复的哑剧作品及其英文翻译由剑桥大学出版社出版，他以前的古典文学导师为这些作品做注。这本书共有465页，每一页都有密密麻麻的批注，大部分是希腊或拉丁语词汇。凭借这本书以及在古典文学领域的其他贡献，诺克斯收到了英国利兹大学的聘书，邀请他任希腊语教授。然而，诺克斯谢绝了利兹大学的邀请。或许他也感到非常遗憾。

对于郊区的邻居们，诺克斯有些不屑一顾。通奸行为在那里如此普遍，令他大惑不解。似乎每个女人都差不多，没有哪一个与众不同。不过，诺克斯仍然和她们一起打网球，只是打出去的球几乎不可能被接到。赫罗达斯的作品完成后，诺克斯就改骑摩托车上班。1931年，他出了一次车祸，导致腿部骨折，还留下了轻微的跛脚。就在这段时间，诺克斯工作上接连受打击。他渴望重回剑桥大学，然而妻子劝阻了他。妻子提醒，他们要教育儿子，而且他的工作对国家非常重要。诺克斯继续在百老汇大楼混乱的办公室工作，却并不按照外交部的正常工作时间上下班：他每天早上很早就开始工作，下午4点钟就离开办公室，十分依赖黑咖啡和巧克力。

在那些辉煌的年月，诺克斯和同事们曾取得很大的成就。在斯特拉奇和克拉克的协助下，诺克斯集中精力破译美国密电。美国的密电对英国非常重要，不过大部分密码都不难破解。即使有的密码有些难度，例如一战后开始使用的复式加密法，诺克斯也没有费太多的时间。此后，他还成功破译了匈牙利的密码。有一位前沙皇时期的密码分析学家，在尼古拉二世[1]被推翻之前，精于破译苏联共产党密码。这位分析学家名叫费特林(E. C. Fetterlein)。他个子高挑，身材壮实，食指带着一枚红宝石戒指。那是对他辉煌成就的奖赏。1927 年，由于政治原因，他故意泄露了截获的电报，之前的工作成果顿时化为乌有。除此之外，政府密码学校还破解了法国、意大利、日本和西班牙等多个国家的密电。他们每周能够破译 60—80 封拦截的密电，每封密电都会有一个 6 位数字的编码。

-2-

对于政府密码学校而言，只有一个国家的密码牢不可破，那就是德国。不过这也无所谓。曾经强大的敌人已经彻底被打倒，军事上还受到严格限制。英国海军部丝毫没把德国放在眼里，他们更关注的是美国和日本的动向。如今，技术上的难题让英国密码分析人员更不愿意触碰德国密码。德国外交部使用的是一次一密代码本，这种代码无论从理论上还是实践上都几乎无法破译；陆军的无线电通信在不列颠群岛上很难拦截；而且德国当时几乎没有海军，也就没有需要破译的海军密电。到了 1924 年，魏玛共和国的国家海军仍然使用着通用无线电密码本。虽然“40 号房间”早已破译了这种密电，但和平时期的电报用语与战争时期差别巨大，因此有些电报仍然很难破译。

后来的几年，德国海军一步步恢复。英国发现，德国海军用机器加密的方式取代了原来通用的无线电密码本。这让政府密码学校备受打击，最终甚至放弃了对德国密电的拦截。此后的十年里，英国对德国国家海军的无线电通信完全置之不理。因此，他们错过了德国海军密码一步步的变化。虽然或许每一次修正都可以跟得上，但是经历了一次次完善，恩尼格玛成了英国人再也无法跨过的障碍。而波兰人却一直未曾放弃，他们了解

[1] 译注：尼古拉二世（Nicholas II，1868—1918 年）。1894—1917 年在位，是俄罗斯帝国末代皇帝。

每一次密钥变化的过程。政府密码学校海军处的5个人将破译重点放到了法国、意大利、日本、苏联和美国的海军通信。

1936年7月，西班牙内战爆发。弗朗西斯科·佛朗哥（Francisco Franco）不满西班牙共和国政府的统治，在马德里发动叛乱。几天后，意大利和德国的法西斯势力开始向佛朗哥输送武器装备，之后还派军队进入西班牙境内。随着内战规模扩大，地中海上来来往往的运兵船、战舰、商船等越来越密集；各种往来通信也愈加频繁，其中大部分信息来自意大利。意大利海军的主要密码早已被英国政府密码学校破解。而这一原因，正如丹尼斯顿所说，很大程度上是由于"可爱的意大利人总喜欢把日报上的长篇社论写入密电"。1935年，墨索里尼的军队入侵埃塞俄比亚，危及大英帝国在中东的壁垒——印度。掌握意大利海军密码意味着，英国可以随时掌握意大利舰船的动向。此刻，局势变得相当危急。在英国就墨索里尼的侵略行为表示反对后，后者开始公然宣称地中海为"我们的海"，企图把它变成意大利的内湖。正当墨索里尼入侵阿比西尼亚[1]，对英国控制的埃及构成威胁时，西班牙内战也对英国在直布罗陀海峡的利益构成了威胁。英国意识到，这是自1798年以来，英国第一次面临被挤出地中海的危险。

这种背景下，政府密码学校发现，意大利海军引进了一种加密机器。很快，他们判定这是一台商用恩尼格玛机。诺克斯等人开始破译这种密码。商用型恩尼格玛及其内部的转子构造，都已完全被英国人掌握，无需重新破解。现在唯一需要破解的，就是每天更换的单日密钥。而且，相比军用版本，商用加密机上没有额外的插线板，因此问题简单了很多。诺克斯的破译方法，很多试图破译恩尼格玛的人都接触过，即小木棒法。这种方法就是在一小节木棒上缠上纸条，再把恩尼格玛转子上的字母表写在纸条上。

用这种方法，诺克斯先通过一些信息破解当日密钥，再把密钥应用到其他密电中，破译当天的所有密电。随后，他用同样的方法开始破译佛朗

---

[1] 译注：阿比西尼亚（Abyssinia）是埃塞俄比亚的旧称。

哥军队和驻西德军的密电。他们使用的同样是商用型恩尼格玛。1937 年，诺克斯成功破译了他们的密码。

德国海军部分兵力进驻地中海，导致无线电通信往来日益频繁。再加上有了商用型恩尼格玛的成功经验，诺克斯似乎看到了破译海军恩尼格玛的希望。英国政府密码学校希望先破译较低级的德国密码，达到一定水平，获得长的字母框后再破译恩尼格玛。然而，鉴于人手不足，机器设备匮乏，英国一直没能破译恩尼格玛。诺克斯知道，军用恩尼格玛比商用型多了一个插线板，但是他的破译工作到此陷入停滞，再也没有取得更大进展。

-3-

随着国际局势日益紧张，英国皇家海军大力发展了自己的情报系统。1935 年墨索里尼入侵埃塞俄比亚后，海军参谋部副参谋长威廉 · 詹姆斯上将（William James）开始担心：海军情报处能否应对突发的紧急事件？他并没有把握。西班牙内战期间，共和派占领区遭到外国军队的封锁，英国对这些国家的海军情报，尤其是潜艇的动向知之甚少，这让詹姆斯更加忧虑。在一战的最后两年，詹姆斯曾任“40 号房间”（实际编制为海军情报处 25 组）的负责人。他知道，正是因为皇家海军情报处与行动处缺乏协作，德国公海舰队才能在日德兰海战时顺利逃脱。为了避免再次失误，詹姆斯提议在情报处中成立一个直接为行动服务的单位。海军情报处处长考虑到了行动组。行动组在海军情报处中并不起眼，他准备扩大这个小组，让它为海军行动处服务。它的职责是搜集一切作战情报并进行评估，把舰艇部队需要的信息发给他们。情报处处长任命海军少校诺曼 · 丹宁（Norman Denning）扩建原来的行动组。丹宁当时 30 多岁，长着一张圆脸，是部队军需官。

到 1937 年 6 月，核心人员已经确定。这个行动单位的第一个任务是追踪意大利潜艇动向。早期的行动经验为这个单位处理通信情报奠定了基本规则。之前，墨索里尼将两艘意大利潜艇交给了佛朗哥，政府密码学校截获并破译了发给这两艘意大利潜艇的密电，将密电主旨发给这个新成立的行动组。其中说，任何企图突破封锁的商船都要在西班牙领海之外被击沉。在当时的政治局势下，这条密电让人难以理解。外交部对其内容提出了质疑。经过调查，原来，由于密电的表达比较模糊，评估人员在提取主旨时加上了自己的观点。从那以后，所有提供给海军部的密电都仅提供破译后的原文，不再提取主旨。

1939 年 2 月，这个行动组正式变成了作战情报中心，即海军情报处 8 组。而就在 2 个月前，德国宣布要与英国的潜艇吨位持平。海军情报处任命约翰 · 克莱顿（John W. Clayton）少将为作战情报中心负责人。克莱顿外号"乔克"，曾经是"40 号房间"的值班员，冷静持重，被认为永远不会慌乱。作战情报中心下设 4 个组：意大利与日本密电组；潜艇组；测向组；海面船只及外联组。最后 1 组由丹宁负责。为了保证中心与政府密码学校之间的联系，后者的海军处还派了 1 个小组进驻中心，由桑德斯中校（Commander M. G. Saunders）领导。不过，密电的拦截与测向站不归作战情报中心管辖，而是由信号部门和情报部门的联合小组 DSD/NID 9 管辖，负责人是汉弗瑞 · 桑德威斯中校。在桑德威斯和丹宁的催促下，英国增加了拦截站。丹宁看到了国际形势的进展，让人在中心挂了一幅柏林地图，提醒他时刻从德国人的视角来看问题。1937 年，政府密码学校的海军处也开始研究德国海军通信，这是自 1928 年以来英国第一次认真对待德国密电。1938 年 5 月，在辛克莱的建议下，海军处增设了德国小组。组内设军官和办事员各 1 名，不单独设密码分析学家。

作战情报中心成立后，辛克莱意识到，密码分析至关重要，密码分析学家需要一个安静、保密的环境。而且，一旦大战爆发，密码分析部门很可能要扩大规模。因此，辛克莱想办法买下了布莱奇利园，供政府密码学校使用。庄园就在布莱奇利镇上，小镇位于伦敦西北 50 英里（约 80 公里）处，是一个铁路枢纽。布莱奇利园内有一座维多利亚式宅邸，是股票经纪人赫伯特 · 利昂（Herbert S. Leon）于 19 世纪 70 年代扩建的。庄园旁边还有大片大片的园林景观。

鉴于庄园无法容纳 100 多人，政府密码学校就在旁边修建了临时的尖顶棚屋。棚屋只有一层，建得又长又窄，非常简陋。1939 年 7 月，辛克莱命令政府密码学校全部搬入布莱奇利园。就在几个月前，英国向波兰承诺，一旦波兰遭德国入侵，英国必然提供援助；就在几周之前，希特勒和墨索里尼正式成立轴心集团；而就在几天前，苏联刚刚拒绝了与英法联手对抗德国的橄榄枝。从此，布莱奇利园就成了政府密码学校的代名词。

迪尔温·诺克斯的办公室在一栋砖结构的方形小屋里，这里曾是仆人们聚集的地方。在这里，诺克斯利用波兰人赠予的加密机复制品，潜心研究着恩尼格玛。虽然这座高峰不再遥不可及，然而要想破译恩尼格玛，尤其是海军版本的恩尼格玛，仍然困难重重。海军加密机的密钥系统十分复杂，且海军的操作非常谨慎，导致英国几乎找不到任何可以破译的线索。

几星期后，德波紧张局势进一步升级，德国战舰“石勒苏益格－荷尔斯泰因”号（Schleswig-Holstein）进入了但泽。据称，它的到来是为了参加“马格德堡”号失事 25 周年的纪念活动。“马格德堡”号上遇难者的遗体就埋在但泽。1939 年 9 月 1 日清晨，“石勒苏益格－荷尔斯泰因”号试验了船上 11 英寸（约 280 毫米）的大炮，朝 400 码（约 366 米）外的波兰军备库发射了炮弹。凌晨 4:48，在没有任何警告的情况下，德军打响了第二次世界大战的第一枪。波兰军备库的木质房屋立即燃起熊熊烈火。几乎同时，在百英里开外的德波边境，希特勒的军队踏入了波兰领地。英国的承诺正式生效。2 天之后，英国，这个靠制海权而生的国家，连头号大敌的海军密码都没有掌握，就匆匆忙忙卷入了战争。

第七章
幽　灵

-1-

希特勒入侵波兰后，迅速向首都推进。5 天之后，德军距离华沙仅不到 40 英里（约 64 公里）。密码分析学家再无用武之地，波兰统帅部决定撤退。密码破译员们烧毁了一些文件，把仿制的加密机、“炸弹”机，以及打孔的佐加尔斯基卡片打包装进大木箱。9 月 5 日夜，他们关上了办公室大门，赶赴维尔纳火车站。直到第二天晚上，撤离的列车才开动起来。他们目的地是位于华沙东部的布列斯特。可是这段 125 英里（约 201 公里）的路程，火车行驶了 3 天才到。在那里，雷耶夫斯基、罗佐基和佐加尔斯基一行人乘汽车继续向南。此行路途非常艰辛，破译机器已经被损毁，3 人先是跟着一辆移动测向车（辛兹基少校和他的家人也在其中），随后又换了一辆小轿车。雷耶夫斯基总是撞到车顶上的电池，非常不舒服。他们就这样行驶了 6 天，淋过雨水，绕过弯路，还要疯狂地寻找汽油。兰格上校也在其中。最终，他们抵达了边境城市库蒂的一座小村庄。波兰有一段狭长的领土深入到中立国罗马尼亚，这座小村庄就位于这段狭长地带的尽头。切列莫什河（Cheremosh River）将两国隔开。平时，村里仅有

400 人左右，而现在，这里聚集了大批士兵、外交人员、政府官员以及各种汽车和马车。所有人都挤在桥边，焦急地等待渡河。9 月 17 日夜，波兰密码破译员们终于到了对岸。

罗马尼亚当局对军方人员处处设限，但是并不拦截平民。3 位密码分析学家顺利乘火车抵达了布加勒斯特。在法国使馆，他们提了贝特兰的名字，于是迅速获得了到法国的签证。自从听说这 3 人抵达了罗马尼亚，贝特兰每天都在寻找他们。很快，他们又换了几次火车，经过南斯拉夫和意大利，进入了法国境内。10 月 1 日，雷耶夫斯基等人以及其他十几位波兰密码局工作人员都抵达了巴黎，有些是乘特殊的飞机，有些则是乘坐东方快车。

5 天后，波兰最后一批军队投降了德国。这一失败印证了情报界的一条基本法则：情报不同于枪炮、道德，它是战争中的次要因素。波兰密码破译的一切努力，一系列的英雄成就，对抵御外敌没有丝毫帮助。只有手握力量，做个强国，情报才能发挥效用。

法国就是一个强国。至少人们把它当作一个强国。10 月 20 日，在贝特兰的领导下，15 位波兰密码局工作人员在异国他乡重启对德战斗。贝特兰现任法国总参谋部五局检验处（Section d'Examen）的负责人。该部门是战时的情报部，负责无线电信号拦截、通信分析以及密码分析。贝特兰征用了维尼奥勒城堡（Château de Vignolles）作为办公地兼宿舍。这里位于巴黎东北部 25 英里（约 40 公里）外的格雷斯阿曼维利耶镇，这栋 3 层的大别墅，外加周围的附楼，被人们称为指挥中心。有几十位法国密码分析学家和工作人员，以及波兰和西班牙的密码分析学家。贝特兰将波兰人归为“Z”组，编入驻法波兰军队。7 名西班牙共和国的密码分析学家组成“D”组，被纳入外国军团。指挥中心还有一位英国联络官，肯尼斯·麦克法兰（Kenneth Macfarlane）上尉。麦克法兰上尉面色红润，大家都叫他“粉面先生”。为方便与布莱奇利园随时交流，他安装了与英国接通的电传打字机。每到中午，指挥中心的人都聚在一起吃午餐。他们来自不同国家，有不同口味、不同性格，争吵在所难免。不过，无论怎么不愉快，通常一切都可以在酒吧化解。

雷耶夫斯基等人重新开始了工作。1938 年 12 月 15 日，德国升级了恩尼格玛加密系统，波兰人为此研究了好几周，但始终没有找到破解之道。不过，1939 年 12 月底，借助英国政府密码学校准确的 1560 张佐加尔斯基卡片，布鲁诺指挥中心破解了 10 月 28 日的德国陆军密钥。几星期后，他们又破解了 1940 年 1 月 6 日的一个空军密钥。这两次成功表明，纳粹国防军并没有增加新的加密措施，盟军密码分析学家们暂时还没有遇到新的阻碍。

-2-

与此同时，英国密码分析取得了两项重大突破，在破译恩尼格玛方面已经处于领先地位。他们之所以能取得重大突破，最主要的原因就在于英国政府密码学校在观念上的转变。

20 世纪 30 年代末期，英国政府密码学校的领头人阿拉斯泰尔 · 丹尼斯顿，终于意识到波兰人 10 年前就知道了的问题：机器加密的时代需要数学家。所以 1938 年夏末，就在英国首相内维尔 · 张伯伦（Neville Chambelain）频繁飞往柏林与希特勒和谈时，英国密码破译机构相继举办了一系列培训课程，目标人群以数学家为主。这一举动为与世隔绝的通信情报界注入了新鲜血液，其中就包括名垂青史的伟大数学家——阿兰 · 图灵。

图灵是一位奇才、天才。那年他只有 27 岁，身材高挑，显得很健壮。他的头发呈深棕色，脸颊内凹，眼窝深陷，眼睛是蓝色的。平日里，图灵的衣服经常皱皱巴巴的，没有熨烫过。他经常自己抠破指甲的边缘，说话有些口吃，所以经常保持沉默，很少跟别人有眼神交流，似乎总是默默溜进门。图灵经常参加长跑比赛。而在加入布莱奇利园之前，他已经取得了两项重要研究成果。

1912 年，图灵出生在伦敦，父亲是英国驻印度官员。在他 1 岁时，母亲也去了印度，把小图灵和哥哥交由一名退伍陆军上校照管。上校夫妇住在英国南部海边。虽然在谢伯恩公立学校中表现平平，但图灵最终以优异的成绩获得了剑桥大学国王学院的数学奖学金。毕业时，22 岁的图灵受到学院认可，得到了留校的机会，成为 46 名教师中的一员。这也让他继续进行自己的数学研究。

当时的数学研究正处于动荡时期。就在几年前（1931 年），捷克数学家库尔特 · 哥德尔（Kurt Gödel）提出：在某些自指陈述中，总会出现矛盾，使这个命题无法判定；数学理论将永远是不完备的。1936 年，24 岁的图灵发表了一篇论文，进一步发展了哥德尔的理论。他首先设想了一种装置，让它可以在一条纸带上向左向右无限移动。纸带上面是一个接一个的小方格，方格内标有符号。假设 0 表示空白，1 表示有符号。这种装置可以改变也可以不改变纸带上的符号。图灵证明，这样一个装置可以对任何可计算的问题进行计算。不过后来他发现，即使这样一台装置，也无法判定一个问题是否有解。

这篇论文引起一片轰动，至少有两个重大影响值得一提：其一，图灵证明了可判定性问题是不可解的。可判定性问题是数学理论中的一个基本的问题，主要目的是判定一个命题是否有解。其二，后来人们发现，他设计的机器很适合作为通用计算机，人称“通用图灵机”（universal Turing machine）。从另一个角度来说，图灵就是现代计算机之父。

在普林斯顿大学，一位美国数学家也对可判定性问题做了一番研究。因此 1936—1938 学年，图灵来到普林斯顿大学，攻读博士学位。图灵从小就对密码非常感兴趣，在普林斯顿求学期间，他也经常与同学讨论代码问题。“最通用的代码或密码是什么？”对这个问题，图灵宣称自己已经找到了答案。如果他在国王学院时就谈论密码问题，他可能早就被选入“40 号房间”了。因为“40 号房间”成员有些仍在国王学院任教，即便不再任教，也与学院保持着密切联系。由于对他的认可，英国密码分析机构向图灵发出邀请，请他到百老汇大楼参加为期 1—2 周的密码培训课程。虽然来参加的学员很多都是数学家，不过也有几位语言学家，包括德语学者。百老汇大楼里的培训内容不仅仅是授课，还有些其他活动。当魅力十足的奥利弗 · 斯特拉奇带领这些年轻人到旅行者绅士俱乐部吃高档午餐时，一位学员突然意识到，这个培训的目的与其说是讲授密码知识，不如说是为政府密码学校寻觅人才。

在慕尼黑会议之前的一段时间，战争的恐慌笼罩着英国。1938 年 9 月，首相张伯伦赶往德国，与希特勒签订《慕尼黑协定》，并宣布他"带回了一代人的和平"。但是，1938 年圣诞节前后，政府密码学校仍通知图灵等人到伦敦参加第二次密码培训。此后，每隔几周，图灵都要去一次政府密码学校，很有可能就是去协助诺克斯破解恩尼格玛。

1939 年 2 月，政府密码学校发广告为"信号计算机"招募人才。前来应聘的人当中，有一位牛津大学数学系毕业生，名叫彼得 · 特温（Peter Twinn）。虽然面试时他们一直在谈论工作内容，可特温听后依然对此一无所知。不过机会难得，特温还是决定接受这份工作。最后，特温与另一位数学家德莱顿（J. C. T. Dryden）被录用了。1939 年 2 月中旬，两人来到百老汇大楼报到。8 月，政府密码学校搬进布莱奇利园，特温成了密码分析员，与诺克斯并肩战斗。

9 月 3 日，在剑桥大学的宿舍里，图灵听着广播里张伯伦的声音。英国曾给希特勒下达了最后通牒，要求德国从波兰撤军，然而希特勒根本没有将其放在眼里。这就意味着英国与德国即将开战。第二天，图灵来到布莱奇利园，与诺克斯、特温和一位剑桥大学的数学家约翰 · 杰弗里斯（John R. F. Jeffreys）一起，向恩尼格玛发起挑战。图灵发现，破解恩尼格玛密钥靠的常常是灵光一现的点子，而不是数学。其实，特温和杰弗里斯也早就意识到这一点。不过可以肯定的是，这些好点子都是数学家想出来的。至少从这个角度来看，丹尼斯顿的信念是正确的。

1939 年晚期，图灵为布莱奇利园带来了一项重大突破，是关于波兰"炸弹"机测试密钥原理的。7 月，波兰密码局曾向诺克斯展示过"炸弹"机。而详细的技术资料直到 8 月 16 日才抵达伦敦。仅过了 3 个星期，图灵就来到布莱切利园。他对电子机械设备很有研究。虽然图灵大部分时间是在从事理论研究，但是在机械设备上，他的操作能力很强。有一次，图灵自制了电子倍增器（用于他本人发明的一套加密系统），还制作了继电器并连接好内部线路。后来，他又设计了一个用于研究质数的装置，里面的齿轮都是他自己动手切割打磨的。

依靠排除自相矛盾的结果，图灵取得了一些重大成果。他曾写道，如果可判定性问题有解，“那么必定有一套通用的（机械）方法，来判定 $U_n(M)$ 是否可证。根据引理 1 和引理 2，可推断存在一种方法来判定 M 是否可以显示为 0，结果证明不可以。因此，可判定性问题无解”。图灵准备把这个思路用在破译恩尼格玛上。

他发现，波兰人发明的机器判定密钥方法，用数学术语讲，就是求解：加密后的密钥是否与未知的基本设置相匹配，而不产生矛盾。基本设置正是波兰人希望知道的。波兰发明的“炸弹”机，就是依靠排除数千个自相矛盾的选项，从而筛选出少数不矛盾的选项，用拦截的密电测试这些选项，看这样的设置能否得出德语的明文。图灵在这一方法的基础上又迈出了一大步。

密码分析的一项基本技术，是猜测可能出现的词语。密码分析员猜测，在密文的原文中，可能存在某一固定的词或短语。比如若有某个部队遇袭，那么其发出的密电中可能就会用“敌人”或者“进攻”。以此为突破口，分析人员就有可能破译整个密电，甚至分析出当前密码系统使用的密钥。波兰人在发明“炸弹”机之前，也在有限范围内尝试过这种方法。在确定转子字母环的位置时，为减少试验次数，他们假定德军的密电以“An”（即英文的“to”）开头，紧接着是表示空格的“X”。图灵换了个角度，赋予这种假定法更大的威力：他先推测密电中几个词的意思（不只是头几个字母“AnX”），然后通过试验来判断是否有转子设置可以得出这样的明文。换句话说，他在寻找密钥的道路上迈进了一大步：波兰人加速破解密钥的方式，是从已知的和设想的密钥之间寻找不相矛盾的联系，而图灵则上升到了从设想的明文和设想的密钥之间寻找不矛盾的联系。

图灵发明的“炸弹”机，为丰富多样的恩尼格玛复制品增加了测试记录器，也就是一组由 26 个继电器组成的装置。这 26 个继电器的位置相当于恩尼格玛中字母加密后亮起的灯泡，在转子连续转动时，工作人员要记录下 26 个继电器上的电压变化。倘若出现以下两种情况，就说明分析员设想的明文与当时的转子设置不矛盾：26 个继电器都有电；或 25 个有电。此时，转子位置有可能是正确的，工作人员会用恩尼格玛复制品对这组密钥进行试验，看是否可以得出明文，如果不能，那么他们就要重复刚才的测试过程。

要进行这样的测试，首先需要密码分析学家进行合理猜测，假设密电中会出现某个明文单词。他们把这种猜测出来的明文词句叫作"字母框"(crib)。测向、德军通信员间的闲聊、服务信息、拦截的明文、对简单系统的破译、截获的文件、对俘虏的审讯，以及对用其他方法破译过的密电进行分析等，都可以成为合理猜测的依据。举个例子：假如密码分析学家得知，纳粹空军总部每天下午 4 点都要给侦查部发送电报，他们就可以推断出，4 点左右截获的电报可能以空军侦查将军（Dem General der Aufklaerungsflieger）开头；海军通信前哨每天必须向中央无线电信号站报告所处位置的信号强弱；而陆军则经常发出"无事可报"(Nichts zu melden）这样的电报。

接下来，密码分析人员会把猜测的词语同密电中的字母一一对应，找到了一个循环圈：也就是说，猜测的明文与密电中的各个字母可以相互联系，最终回到起始字母，形成一个封闭的字母圈。例如：

d e m g e n e r a l
W T E D L R O P G M

这里可以看到，上面一行的 m 可对应下面一行中的 E，而上面的一个 e 又可以对应到下面的 L，最后，上面的 l 对应到下面的 M，回到第一个字母。这样就形成了一个字母循环圈"M E L M"。这时候，"炸弹"机设为原始位置：使用 1、2、3 号转子，机器盖上显示的字母为"A A A"组合（字母环的位置忽略不计，而且密码分析员希望在输入这组字母框时，中间转子的位置没有变动）。同样，插线板的位置与顺序也是一个未知数。

接下来，通电。“炸弹”机上有一个装置，相当于恩尼格玛的插线板。字母圈里的第一个字母（M）被简单替换后，电流经过对应的触点，进入“炸弹”的转子、反射器，返回，再穿过转子。紧接着，电流进入下一组转子。我们看到，在“demgeneral”和它对应的密文中，“M E L M”构成了字母圈，而明文里的“m”和“e”相差两个字母的位置，因此，人们在测试到“E–L”这组密文字母时，第二组转子上的最右侧转子要转动两个字母的位置。同理，电流流经第三组转子，循环后回到第一组“M”的位置。

如此循环一圈后，电流通过测试记录器。我们假设试验的转子位置恰巧正确，插线板的连线也完全正确，那么电流经过所有转子之后，会连接到在测试记录器上的某一个点——这是符合正确设置的条件之一。在这种情况下，继电器在机电控制下，会中断“炸弹”机的电源，破译机自动停止。密码分析员则记录下此时的转子设置，在恩尼格玛的复制品上进行试验，看密文能否显示出德语明文。当然，由于插线板的作用，这时候显示出来的还不是真正的明文，有些字母还是被替换过的。不过，密码分析学家仍足以据此判断这种转子设置是否正确。他们将设法得出正确明文。

然而还有另一种情况，就是转子的设置错误。电流通过第一组转子，得到一个错误的字母，无法构成明密字母循环圈。于是电流经过第二组转子，再得到另一个不同的字母，仍无法形成一个封闭字母圈，只能继续进入第三组转子。字母框有多少字母，就要放置多少个转子。电流持续进入了多组转子，直到把字母框的全部字母都测试一遍。因此，26 组继电器都有电流，记录器的 26 个对应点也就都通了电。这样不构成“炸弹”断电的条件，“炸弹”机就会一直运行，直到达到相应条件。最后我们假设，最后终于找到了正确的转子设置，但插线板的连接依然错误。这种情况下，和转子设置错误一样，电流将通过测试记录器的多个对应点，而无法通过正确的被替代字母处。也就是说只有一个点没有电流，也符合密码分析学家所说的“不矛盾”情况。“炸弹”机也会中止运转。

相比于波兰人的办法，图灵的发明有两点优势：第一，密码分析学家不必再从当日密钥中寻找特殊条件，即特定位置出现的重复字母。第二，这种方法可以借助已提取的大量素材。从中寻找规律，提高了密电破译的几率，破译的密电大大增多。

不过，人们没想到，这个方法还蕴藏着巨大的潜能。戈登·韦尔什曼[1]——另一位来自剑桥大学的数学家无意中开发出了这种潜能。韦尔什曼34岁，会下国际象棋，但水平并不高；也打网球，球技亦不怎么样。他身高中等，体格健壮，一头波浪式的卷发，红光满面，相貌十分英俊。不过，他衣着简朴，思想保守，朋友们甚至觉得他是个“严肃的老顽固，没什么幽默感”。韦尔什曼靠着数学奖学金完成了剑桥大学三一学院的学业。1928年毕业后，韦尔什曼开始在剑桥大学的西德尼·苏塞克斯学院教授数学，主讲代数几何。

和图灵一样，韦尔什曼也参加了密码学的培训课程，并在大战爆发后加入了布莱奇利园。丹尼斯顿派他跟随诺克斯研究恩尼格玛。很快，韦尔什曼发现诺克斯并不喜欢自己。不过他也很快意识到，这里的大部分人，诺克斯都不喜欢。过了几个星期，韦尔什曼被分到埃尔默斯学校，交予了另一项任务。在那里，韦尔什曼要研究截获的德国陆军密电，只不过这里研究的主要是电文内容以外的东西，例如：发报频率、电台呼号、密电的指示字母、签名、地址。他要通过这些外部信息，从发现的规律中推理出一切可能有用的信息。为了方便工作，有人给他准备了一大堆已破译的恩尼格玛密码。

韦尔什曼很快察觉，通信模式显示出了德国陆军的组织结构：“电台呼号来的真真切切。一些部队中，各级别的将帅有时必须相互通信，其中就暴露了这些部队的一些信息。不同的密钥……可以体现不同的指挥结构。”在整理这些内容后，他独创了一门情报搜集方式——通信分析。

[1] 译注：戈登·韦尔什曼（Gordon Welchman，1906—1985），英国数学家，二战期间密码破译学家，作家。

他发现，德国电报中有很多典型的格式文本，比如地址、开头语，甚至有时整篇电报都是格式文本！他想，这些文本是否可以作为图灵提出的字母框使用？他在图灵的基础上设计了一种更为高效的方法，来确定有效密钥。而且他很快发现，正如雷耶夫斯基等波兰密码分析学家所言，密电的指示字母中存在大量相同的格式，以及一些共通的特点。因此，他提议使用穿孔的纸片，帮助排除错误的可能性，尽快破解正确的转子顺序和字母环的设置。他实际上改进了佐加尔斯基卡片。只是韦尔什曼有所不知，政府密码学校已经采纳了佐加尔斯基的奇思妙想，并以材料准备组负责人约翰·杰弗里斯（John Jeffreys）的名字命名了这种卡片，叫作杰弗里斯硬纸板。

事实上，韦尔什曼曾独自搞懂了有关恩尼格玛的两个重大问题，以及一个无线电情报的基本问题，因而他注定不会总是走别人的路。大战爆发将近 3 个月时，他的聪明才智发挥了作用，使图灵的“炸弹”机如虎添翼，大大加快了恩尼格玛的破译进程。

恩尼格玛的加密和解密是可逆的，韦尔什曼正是利用了这个特点。假设明文 r 被加密成 p，那么在同一种转子设置和插线板设置下，明文的 p 就会被加密成 r。利用这个原理，韦尔什曼把字母框里不构成字母循环圈的字母试验了一遍。他在一块木板上画出了一个 676 格的字母排列表——横坐标（最上面 1 行）和纵坐标（最左边 1 列）均为 26 个字母。横纵坐标相交的地方就是一个触点。然后用电线连接横纵坐标相反的两个点。例如，坐标为（D，F）与（F，D）的点相连（由于连线均为斜线，下文简称“斜线板”）。以此类推，676 个点全部照此方法相互连接。那么，在一个字母框中，当明文 p 对应密文 r 点时，斜线板会自动通过转子阵列发出一个密文 p 和明文 r 的电压。这样，分析人员可以排除错误选项，减少“炸弹”机因误判而停止的情况。

图灵完成“炸弹”机的设计后，政府密码学校的副校长爱德华·特拉维斯（Edward Travis）中校开始与英国制表机公司商谈制造事宜。该公司的代表是哈罗德·基恩（Harold Keen），他为人友善、非常健谈，是美国国际商业机器公司的常客。有一次，在白金汉宫的白鹿酒馆，彼得·特温向基恩简单描述了图灵的理念，总结说，他们需要的是一种类似40台恩尼格玛排成一列的机器。很快，基恩又抓住了韦尔什曼的想法，并把其设计的斜线板装入了英国版的"炸弹"机中。新的机器约有一人高，宽约4英尺（约1.2米），下面有4条腿支撑，还配有转轮，方便移动。每台"炸弹"机相当于包含12台恩尼格玛（不过有两种特殊的型号，其组成部分相当于10台恩尼格玛），此外还装有1块斜线板。从正面看，"炸弹"有6组卧式矩形组成，每组前后2台，每台装有3个带线的转轮，每个大约5英寸（约12.7厘米）。这些转轮是模仿恩尼格玛的转轮设计的，唯一不同的是，电流并不穿过转轮，而是通过转轮表面。也就是说，电流从外圈的触点连接到内圈的触点，这些触点全部分布在"炸弹"机的正面。3个纵向的转轮为1组，代表1台恩尼格玛。同恩尼格玛一样，这3个转轮可以更换，也可以调换顺序。这样，5台"炸弹"机就可以一次性试验恩尼格玛上60种转子排列的可能性了。而且，"炸弹"上的转轮也同样可以转动，每输入1个字母后，就可转动1个字母的位置。不过，字母环的情况尚不明了，因此它和真正的转子仍有些不符。"炸弹"机就会"认为"，某些精确的叠加是"不可能的"。

"炸弹"的内部就是机械动力装置。这些装置会分别推动最上层、中层和最下层的转子。"炸弹"的背面可以打开，所有的电路都从这里进入，就构成了斜线板的框架。基恩设计的另外两台机器样品，部分灵感来源于打孔卡片的机器。事实证明，这两台机器应用起来非常灵活。这要归功于基恩长期以来准备打孔卡片设备，积累了丰富经验。他知道，这种机器经常有意想不到的用途。

就这样，第一台图灵"炸弹"机于1940年8月8日在布莱奇利园11号棚屋组装完成，命名为"阿涅斯"（AGNES）。德国有一种密码破译的分类机，而这台机器是一种更高级机器的原型。

-3-

政府密码学校正在迅速扩张。这个机构如幽灵般存在，默默发挥着它的魔力。它的组织结构反映了敌人不同的密码系统。由于需求、使用目的各不相同，每种密码系统各有特点。因此，政府密码学校分设海军处、陆军处、空军处、外交处等，其中海军部专门负责处理外国海军电报，其他各处亦如此。后来，海军处和空军处分别发展为两个部分：密码分析组专门破译密码；情报组专门负责从破译后的密电中提取有用信息。很快，这些小组的正式名称逐渐被人忽略，人们更熟悉的是他们所在的棚屋编号。

图灵领导的海军处密码分析组，就在 8 号棚屋。屋内的桌椅都是木头的，十分简陋。他们每天的大部分时间都用来寻找字母框，提取字母循环圈，然后在“炸弹”上进行测试。他们不停地做运算、画表格、打印字母表，很少有人说话。偶尔有人开口，也是用很保守的方式表达一下自己的情绪。隔壁的 4 号棚屋是海军处情报组的办公室。分析人员把破译的情报翻译成英文，然后加一些批注。3 号棚屋里是陆军处和空军处的密码分析学家，主要负责破译拦截的陆军和空军密电。6 号棚屋则负责分析破译的陆军和空军电文。

图灵和韦尔什曼的突破把诺克斯这个语言学家远远甩在了后面。后者继续在自己的小屋里破译一种没有安装插线板的恩尼格玛。这种机型主要为意大利海军和德国军事谍报局（阿勃维尔）——纳粹德国最高指挥部的间谍机构——所使用。诺克斯带领的人不多，他们破译的密电被命名为“诺克斯情报”（Intelligence Service Knox，ISK）。

随着机构的扩大，一些当时离开“40 号房间”的旧成员被重新召集回来，填补高级岗位的空缺。他们放弃自己的平民工作，来到布莱奇利园。奈杰尔 · 德 · 格雷（Nigel de Grey）就是其中之一。他曾破译齐默曼电报(Zimmermann Telegram)，在一战中推进了美国参战的步伐。格雷不高，勉强接近 5 英尺（约 1.52 米），常穿一条浅黄褐色的裤子。这时的他已经是一家报社的副总裁。1939 年，圆脸的弗兰克 · 爱德考克（Frank Adcock）也来到了这里，他是国王学院的古典文学学者，守口如瓶，很会讲笑话，讲完之后喜欢昂着头，等着别人发笑。另一位回归的是 49 岁的弗兰克 · 伯奇，他将要负责海军处。伯奇也毕业于剑桥大学国王学院。1921—1928 年，他在剑桥大学教授历史。他有一种与生俱来的表现力，把历史讲得格外生动。后来，伯奇放弃了教书，来到伦敦从事表演工作，而且他自己也导演过一些戏剧。他身材中等，两眼距离很近，面部表情非常丰富。伯奇是个优秀的喜剧演员，也是个不错的伴侣——不工作时，他是个相当有意思的人。

不过，有些人认为，伯奇并不是个成功的领导。他的领导方式和普鲁士人很像，严格刻板，在布莱奇利园可不太招人喜欢。他从不会鼓励别人。如果有人在分析时遇上了难题，他会立即跑过来质问："出了什么问题？"而且，伯奇看人并不准确，会有所偏爱。他知道，由于战时保密的需要，自己可能无法获封骑士，所以只好在权力上大做文章。他喜欢弄出点成果来，向海军部邀功。有一次，他严肃告诫自己部下："谁都不许把这件事告诉 3 号棚屋（陆军和海军密码分析人员）。"伯奇总是冷酷无情、厚此薄彼，因而没什么朋友。不过，面对一个最终多达 200 人的部门，他虽然不是最好的领导，但也有和善的一面。有一次，诺克斯手下一个年轻的女助手新婚第三天，伯奇把她带到了操作室。人们在大西洋海图上指出她丈夫的船队的位置，但接下来又马上把一个 U 型潜艇的标志摆在旁边。这时候，伯奇伸出手搂了搂这个姑娘，说："海军会倾其全力。"

除了格雷和伯奇，职位比他们稍低的人物，例如每个棚屋的负责人，则大多是新人。有一些是通过国王学院的关系进来的，例如图灵。休 · 亚历山大上校（Colonel Hugh O'Donel Alexander）也是一位绝顶出色的数学家，精力非常旺盛。他曾夺得英国少年国际象棋冠军。进入国王学院后，亚历山大以优异的成绩获得了一等荣誉，但是没能获得格外出色的星级奖励，这让他有些失望。他把这归因于自己花了太多时间下国际象棋，这很可能是对的：进入大学的第一年，他就夺得了国际象棋大赛冠军，以后几年里也只有一年没捧得冠军奖杯。最终他没能成功留任国王学院，而是去了温彻斯特教授数学——那是英国最好的公立学校之一。亚历山大的妻子是澳大利亚人，有段时间住在巴黎。她四海为家，有点像波西米亚人。不久之后，在妻子的强烈要求下，亚历山大在伦敦一家高档男装店谋了一份工作。这家商店的老板也是伦敦国际象棋中心的老板，对国际象棋非常着迷。在朋友们看来，这次换工作十分荒谬。大战爆发的时候，亚历山大正代表英国国际象棋队在布宜诺斯艾利斯比赛。一想到伦敦火光冲天的景象，他就立即返回了英国。1940 年初，他来到布莱奇利园，被安排到 8 号棚屋，在图灵的带领下开始破译海军情报。

他的才能很快就显现出来。人们发现，他是一个不可多得的人才。当时的一位同事在回忆他的才智时说："聪明人我见多了，但亚历山大是我那时见过的最聪明的人。"亚历山大不仅聪明，精力也非常充沛；他活跃、健谈而且充满热情。他的性格似乎有不少矛盾之处：虽然他经常独自一人埋头研究数学问题，却依然很善于处理人际关系；他展现出了出众的组织和管理能力，然而一点都不在意自己的形象——他的桌子上经常乱七八糟，外表经常邋邋遢遢，头发乱蓬蓬的；而尽管球类运动不是他的强项，他打乒乓球时显得笨手笨脚，但他从不丢球。就这样，他成了图灵最得力的助手。

亚历山大最好的朋友，名叫斯图尔特·米尔纳－巴瑞（Stuart Milner-Barry）。他是英国《泰晤士报》记者，负责国际象棋类版块。不仅如此，米尔纳－巴瑞比亚历山大更早获得了少年国际象棋冠军；在剑桥大学，两人还曾同台对弈；在布宜诺斯艾利斯参加比赛时，两人也是队友。当米尔纳－巴瑞来到布莱奇利园，看到亚历山大时，高兴的神色溢于言表。不过，推荐米尔纳－巴瑞来布莱奇利园并不是这位老友，而是韦尔什曼。这二人是同一年进入剑桥大学三一学院的同学，后来都居住在剑桥，经常一起打网球。大战爆发后，韦尔什曼想到，米尔纳－巴瑞这个象棋高手一定是个密码分析高手，于是将他招募进来。很快，米尔纳－巴瑞也开始为密码学校招纳新人。他开着蓝色的奥斯丁 7 型汽车，载着他们往返于布莱奇利园。

至于其他工作人员，进入布莱奇利园很大程度上就是靠运气和未知的了——例如莱昂纳多·福斯特（Leonard Forster）。福斯特上中学时因为更喜欢德语老师，不太喜欢法语老师，所以后来一直学习日耳曼语系，并在剑桥大学获得了学位。毕业后，他在德语区工作了 4 年，才回到剑桥大学教书。1939 年 3 月的一天，有人通知福斯特到百老汇大楼参加一个简短的说明会，而他始终不知道是谁邀请了他。总之，他参加了政府密码学校主导的密码培训课程。那年春夏，他几次来到伦敦，帮助密码分析学家破译一种两个字母的德国密电。大战一爆发，他立即来到布莱奇利园，和这里所有的密码分析人员一样，成了一名不为人知的伟大战士。

-4-

然而，尽管布莱奇利园人才济济，尽管图灵和韦尔什曼取得了重大突破，尽管他们也初步掌握了空军恩尼格玛，但是面对纳粹海军的恩尼格玛，布莱奇利园却依旧束手无策。不过，战争有时候就是这么充满戏剧色彩：看似陷入绝境之时，援兵也许会从天而降。

第八章

转　子

1939 年秋，二战打响不久，海因茨 · 罗特曼（Heinz Rottmann）上尉就被召入 U 型潜艇舰队。他是个野心勃勃的海军军官，那时他年仅 25 岁，身形干瘦，精力充沛。召他入伍的不是别人，正是卡尔 · 邓尼茨。几年前，邓尼茨曾是“埃姆登”号（Emden）巡洋舰舰长，而罗特曼当时恰在“埃姆登”号接受军官训练。现在，邓尼茨已经是 U 型潜艇舰队总指挥。他给了罗特曼两个选择：U–33 和 U–34。罗特曼选择了 U–33——这是一艘服役了 3 年的 VIIA 级潜艇，艇长汉斯 · 冯 · 德莱斯基（Hans von Dresky）是他在“埃姆登”号的旧相识，而且他也喜欢 U–33 的编号。

事实上，在罗特曼加入之前，U–33 已经执行过 1 次任务了：当邓尼茨下令“立即对英国发起战斗”后，它向海上进发，抵达海上指定地点巡航，准备激战一场。这次行动中，U–33 击沉了 3 艘敌船。行动结束后，它停泊在德国北部的威廉港，受到元首本人的亲自登艇视察。这可以说是 U 型潜艇可享受的最高荣誉了。罗特曼参加了 U–33 的第二次巡航：他们布下水雷，还击沉了一些拖网捕渔船。这次任务后，这艘重 700 吨，长 212 英尺（约 65 米）的潜艇就被送回了基尔的造船厂进行彻底检修，更换了受损的柴油机。

1940年2月初，U–33终于可以再次启航。此时的威廉港早已冰冻三尺。4日凌晨2点左右，水手和码头工人正忙着装载粮食和弹药，突然，没有任何征兆，潜艇向左舷倾斜了15度，船头迅速下沉。海水和冰块顺着鱼雷发射管直灌船头。一名海员马上跑到控制区，引爆所有压载舱，以避免更大的危险。潜艇工程师弗雷德里希·席林少校（Friedrich Schilling）登上潜艇。经过检查，他认为潜艇只是出了点小问题，不足为患。到了早上，他向德莱斯基汇报了这次事故，德莱斯基下令按原计划出发。

早上8点，邓尼茨来到码头，为U–33送行。在普通报纸读者、纪录片观看者眼里，潜艇不过是字母U加几个数字，不论什么型号似乎都差不多，甚至有些纳粹海军军官也这样认为。但是，对于邓尼茨来说，每一个编号都能让他想起该舰的指挥官、军官，甚至所有的船员。在他眼里，每艘潜艇都是一个有血有肉的个体，有自己的性格、特点和气质。邓尼茨很清楚，他不仅要做正确的行动决策，知道在什么地方集中火力、取得最大成效；更重要的是，他要鼓舞所有船员，让他们在执行危险任务的时候为他竭尽全力、达成目标。所以，每次潜艇出海，他都会亲自到港口送行，再迎接他们归来。U–33的艇员们没有忘记，在那个寒冷的早上，邓尼茨亲自来到码头，祝他们行动成功。

在U–33上的42名艇员中，只有4名新成员，其他人大多都是经常出海的老海员。1936年潜艇下水时，他们中的很多人就分在一起，并肩作战至今。正因为一起面对过战斗的紧张和恐惧，这些人才成为了一个真正的团队。随着时间的积累，艇员们终于走出了幽闭恐惧症的困扰，习惯了长期密闭的水下生活。除了艇长德莱斯基，大家的士气都不错。前者身材高大，高鼻梁，没什么胡须，主持的前两次行动都很成功。不过，德莱斯基似乎并不是个能鼓舞人心的领导者。他讲话不多，十分严肃，过于内省，还缺少干劲，缺乏激情；而他的船员则个个年轻气盛，因此德莱斯基很难获得他们的敬重。此外，他希望在某次执行任务时能击沉一艘英国的巨型远洋客轮，比如"玛丽女王"号（Queen Mary）、"伊丽莎白女王"号

(Queen Elizabeth)，或其他皇家海军的主力舰。4 个月前，君特 · 普里恩[1]就在英国斯卡帕湾击沉了“皇家橡树”号（Royal Oak)。德莱斯基觉得，只要他做得够好，他也可以像普里恩一样。他的指挥始终处于命运的摆布之下，而船员们似乎嗅到了这一点。

U–33 离开港口时遭遇到重重阻碍，艇员们的心情愈发沉重。潜艇好几次被沉重的浮冰推回来。直到有一艘破冰船和货船在前开路，U–33 才终于成功冲破重重浮冰。这是一个不祥的开端。

进入北海，海面风高浪急，波涛汹涌。艇员们终于发现了潜艇倾斜的原因。潜艇上有两处漏洞可能会进水：一个出现在船头的鱼雷发射管上，约有拇指大小；另外一个在铜管上，不知怎么出现了一个钻孔，约有四分之一英寸（约 6 毫米)。船员们临时用木楔和橡胶堵住了漏水孔，一直航行到黑尔戈兰岛（Heligoland)。这是北海上的一个德国海岛，岸边有峭壁环绕。岛上建有一个海军站。由于海上起了浓雾，U–33 便在岛上停留了数日。他们修补了漏水的地方，但是并没有完全修好。出海时本来就有不祥的预兆，这下他们更紧张了。谁都不会忘记，第一次巡航的时候，他们曾花了 3 天时间趴在船底修理柴油机。

2 月 7 日，星期三。天气寒冷。下午 4:30，一艘拖船把 U–33 拖到海面上，第三次巡航终于要开始了。在一片漆黑的海面上，U–33 以 12—15 节的速度向前移动；尽管它仍航行在德国布雷区，然而当天光渐亮，它还是警惕地潜入海底。这片广阔雷区保护着德国北部港口，阻挡着英国皇家海军。当夜幕降临，它就浮出水面，朝着西北方向前进。发动机轰鸣着，它已经达到最大功率的 85%。有一次，潜艇航行到苏格兰东部，瞭望员突然看见几艘驱逐舰迎面而来，他几乎可以肯定那是英国的驱逐舰！顿时，他的心脏提到嗓子眼，心跳都要停止了。好在潜艇还算隐蔽，没有被英国军舰发现，才能继续悄悄地行进。沿着苏格兰海岸，U–33 一路蜿蜒向北，穿过奥克尼群岛和设得兰群岛中间的费尔岛航道。其中有三四次，瞭望员

[1] 译注：君特 · 普里恩（Günther Prien，1908—1941)，纳粹海军最成功的潜艇指挥官之一。因击沉英国“皇家橡树”号而成为德国家喻户晓的战争英雄。

发现飞机并发出警报，但潜艇都没被发现。

2月11日，星期天。早上，U–33船头朝南，来到北海海峡的入口。这里是北爱尔兰和苏格兰的分界线，聚集着大量船舶。有的灯火通明，有的熄灭了灯光。灯塔照亮了大片海域。由于纬度偏高，且正值冬季，大约到了上午9点，天色才渐渐亮了起来。德莱斯基命令下潜，U–33潜入了200英尺（约61米）的海底。他准备等到天黑再出水，以最快的速度行进，尽可能地逼近克莱德湾入口。这里是英国最繁忙的一个河口，也是英国最重要的造船基地。到了那里，它将继续昼伏夜出，布下U–33携带的所有水雷，然后赶在黎明之前回到广阔的大西洋。

潜艇里寒冷、潮湿。暖气本来就不够暖和，再加上电力紧缺，暖气几乎从来不开。说话的时候，船员们都能看到自己呼出的气体立即凝结，落在舱壁上。不过，船员们穿的还算暖和。他们的鞋底是厚厚的软木；内衣也非常厚重；皮夹克和裤子的松紧口紧紧裹住手腕和脚踝，来维持身体的热量。

这一个白天似乎无比漫长。为了避免发出太多声音，他们几乎什么都不干。天色渐沉，沉闷的白天终于要画上句号。德莱斯基决定开始实施计划。在这黑暗笼罩的海面上，能见度不过半英里（约800米）左右。2月12日，凌晨2点左右，U–33穿过一片巨大的阴影区。阴影上方大概是一艘停泊的重型巡洋舰。舰上的瞭望员并没有发现潜艇。在甲板下面，工程师席林检查了机械设备。看起来，一切都在井然有序地运行着：电池保持161伏特，温度30摄氏度，酸度34毫米。4:00，他爬到指挥塔上。德莱斯基告诉他，他们刚才从一艘重型巡洋舰的阴影里划了过去。然后半开玩笑地说，就在刚刚，一艘驱逐舰正快速朝他们驶来。

实际上，德莱斯基看到的并不是驱逐舰，而是一艘扫雷舰。这是英国皇家海军舰队的"拾穗者"号（H.M.S. Gleaner），它负责在15英里（约24公里）宽的克莱德湾入口执行夜间巡航任务。"拾穗者"号的舰长是英国皇家海军少校、水道测量家休·普莱斯（Hugh P. Price）。他指挥这艘扫雷艇监视着这片25英寻[1]（约46米）深的海域。他带领舰船沿着一个直角三角形航行，其中一个顶点位于岩石密布的艾尔萨－克雷格岛附近。小岛从海面拔地而起，形成一座1100英尺（约335米）高的圆锥形山峰。凌晨2:50，扫雷舰沿三角形海域的正南边航行。突然，水听器中传来强烈的声响。水手报告，声音来自于扫雷舰的右舷船头。执勤军官立即架好4英寸（约101.6毫米）火炮和深水炸弹，调整角度，对准目标，报告了普莱斯。这时，目标已移至左舷船头2英里（约3.2公里）处。

舰桥上，普莱斯也从水听器中听到了强烈的声音——“咚、咚、咚”，大约每秒两声。他调转船头，对准噪声来源方向，提速到16节。3:16，声音范围略微扩大，但之后又慢慢变小。普莱斯调整方位，准备好探照灯。

U–33上，席林看过水面舰船的阴影，就和德莱斯基钻进了潜艇。潜艇里响起“准备潜水”的命令，U–33迅速下潜。普莱斯看见目标迅速向船尾移动，马上打开了探照灯。他看到一些白色的东西——很可能是潜艇搅出的水花，但眨眼间，这些东西就完全不见了踪迹。

这时，潜艇还没有完全遁入海里，他们看到了普莱斯的探照灯。潜艇入水后，艇员们仍能听见头顶上那艘扫雷舰的声音——船员从右舷船尾走到左舷船头，脚步声清清楚楚。普莱斯知道自己正从目标正上方通过，但深水炸弹必须设定投掷路径，不能任意投放。德莱斯基命令潜艇下潜到125英尺（约38米）。“拾穗者”号一直在潜艇周围盘旋。3:53，“拾穗者”号再次探测到U–33的信号。潜艇刚下潜到80英尺（约24米），“拾穗者”号就发射了4枚深水炸弹。爆炸点深度约150英尺（约46米），距离U–33非常近。

U–33随之一震。艇内照明瞬间熄灭。艇员们立即抱头，躲避突如其来的灾难。应急照明开启，然而爆炸产生的烟尘太厚，几乎完全遮住了灯光。不过，没有人尖叫；没有人哭泣；没有人尿裤子。前几次的战斗经历

[1] 译注：测量水深的长度单位。

已经让他们变得坚强勇敢，战友间的情谊让他们撑过苦难。艇员们陆续报告了各部分的受损情况：船舵和水平舵指示器失效；深度指示器全部失灵；两个部位开始漏水；右电机闪着火花；船尾的电器控制板被烧；陀螺罗盘倒了过来；焊缝也开裂了。所幸，整体损失还不算严重。艇员们开始更换破碎的灯泡。德莱斯基命令全体艇员穿戴好逃生装置，并下令"保持绝对安静。迅速潜到海底！"U–33 沉到海底。艇员们脱下鞋子，只用耳语低声交流。

爆炸的冲击使"拾穗者"号暂时断电，失去了潜艇的信号。为了继续追踪目标，普莱斯操纵战舰在水面上绕"8"字行驶。由于船体左右摇摆，装弹有些费劲。4:12，普莱斯再次发射深水炸弹。U–33 上，备用的机器零件从固定支架上甩了出来；灯泡再次熄灭。两侧的柴油废气开始泄漏。德莱斯基问席林该怎么办，席林回答，从水下溜走。席林启动水泵，试图把水从压载舱中排出，以增加浮力。然而，德莱斯基发现这样一来噪音太大，就命令他们立即停止。但是，潜艇此时承受着重达两吨的下沉力，仅靠螺旋桨根本不可能浮起来。

4:40，"拾穗者"号靠近潜艇，又一次发起了攻击。席林再一次启动水泵。显然，他觉得事已至此，也没有什么可怕的了。而德莱斯基又一次制止了他。5 颗深水炸弹再次震颤了 U–33，艇员们却神色镇定。鱼雷室里，第二值班员约翰内斯·贝克尔上尉啜了一口啤酒。"进水了！"艇尾传来紧急报告。罗特曼跑过去检查。柴油室内，机械师们坐在设备上，这样双脚就不会那么冷。罗特曼进来的时候，他们紧盯着他的脸，试图从他脸上看出潜艇内的状况。罗特曼一脸平静，不想吓着他们。其实他不必担心，很多人都和机械师恩斯特·马萨奈克的感觉一样："别担心，一切都会过去的。"罗特曼告诉大家，只不过是两个内部水槽间的连接管被扯断而已，舱底进了点儿水。

德莱斯基命令席林把潜艇上浮。在海底侥幸等待，只能等来一次接着一次的攻击。然而升起来又能怎么样？舵手说，逃跑已经不可能了，唯一能做的就是保住艇员。席林指出，海水自身的流速约为 6 节，在这样狭窄的浅滩里，潜行是极其困难的。德莱斯基同意他们的说法。最终他们决定，最好的办法是浮出海面后逃走。他命令第一值班员准备好水雷，第二值班员——贝克尔准备好要销毁的秘密文件。

最机密的物品就是恩尼格玛了。贝克尔非常清楚，转子是加密机的核心。只要没有转子，加密机对敌人就毫无价值。他取出机器内的 3 个转子，又从木盒子中找出另外 5 个，分别交给了罗特曼、卡尔 · 维也特上尉（Karl Vietor）和机械师一等兵弗里茨 · 孔普夫（Fritz Kumpf）。贝克尔告诫 3 人，一旦离开潜艇，立即把转子扔到海里。与此同时，所有艇员都尽可能地多穿衣服，为弃艇入水做好准备，以免冰冷的海水直接接触皮肤，把人冻僵。罗特曼在内衣外面穿上套头衫、制服裤子、衣裤相连的工作服、皮夹克、皮裤、毛裤，并穿戴好了逃生装备。

他们开始试图让潜艇上浮。他们用完了三分之二的压缩空气，德莱斯基下令采用非常规手段：把其中一个鱼雷舱的水全吹出去，下令“浮出水面！”“所有鱼雷舱充气！”

过了一会儿，U–33 浮出了水面。5:22，潜艇被“拾穗者”号探照灯发现。但这时，碳弧灯突然震碎，探照灯熄灭了，潜艇又消失在黑暗中。普莱斯马上更换了 10 英寸（约 250 毫米）的信号灯，再次发现了潜艇。“拾穗者”号的 4 英寸（约 101.6 毫米）火炮连续发射了 5 组，并向潜艇猛冲过来。德莱斯基爬到指挥塔顶，他发现这艘英国扫雷舰离潜艇竟然只有几百米远。“弃船！炸毁！报告指挥站！”他对潜艇内大喊。席林回答说柴油发动机还在运行，然而德莱斯基丝毫不予理睬，又重复了一遍弃船的命令。等到所有艇员都从舱内爬出，席林打开主感应挡板，听见保险丝断裂的声音，这意味着船底穿孔的工作正在进行；他接着打开 1 号和 2 号鱼雷发射管的通风口，2 号通风口只能打开一半，有人从上面叫他。他爬上指挥塔，向德莱斯基报告了下面的情况。德莱斯基进入潜艇，试图打开 2 号通风口，依然徒劳，只得又爬上指挥塔。席林来到船尾的控制室，打开船外的排气阀，一股强大的水流冲进来，没过脚背。席林这才放心地走了出去，他看到，主控制室的主排气阀已经淹没在水里了。

水面上，普莱斯看见U–33的艇员一个接一个地潜艇里跳出来，举手投降。看到这一场景，他使劲全力满舵右转，操纵引擎全速倒退。终于，“拾穗者”号平行地停在了U–33旁边，相距约200码（约183米）。突然，潜艇指挥塔上喷出一股火花。显然，爆炸引发了一些信号火箭，还引爆了一些小型弹药。而重型弹药早已被海水淹没。水手们刚刚离开潜艇，船头就沉没了，倾斜40度。

待潜艇尾部完全淹没在茫茫大海，德莱斯基率水手为U–33三呼。此时，时针指向凌晨5:30。

海水冰冷刺骨，海面波涛汹涌，暗夜漫漫无边。罗特曼从口袋里掏出恩尼格玛的3个转子，扔进水里。维也特也扔掉了他手上的2个。德莱斯基命令大家“尽可能地围在一起”。席林和一大群艇员一起游在水里，大家总是问他，他们到底能不能获救。时间一点点过去，他不停地告诉大家，“救援马上就到，坚持住，坚持游动。”可以想象，随着时间的推移，越来越多的人沉了下去，浮着的越来越少。同时，“拾穗者”号放下救生船，慢慢朝幸存者中间开过来。就在席林也将要失去知觉时，他突然看见不远处出现了探照灯，紧接着是一艘船和一条马尼拉麻绳。席林刚刚抓住麻绳，就昏了过去。他们已经在水里挣扎了近2个小时。能保护他们的，只有一层又一层的衣服。“拾穗者”号和其他救生船共救起4名军官和17名艇员。德莱斯基未能生还，他的尸体已不知去向。生命就这样走到了尽头。

罗特曼被一名切割工人救起，带上了“拾穗者”号。他晕了过去，后来在一个盛满热水的浴缸里渐渐苏醒。看护他的是个留着大胡子的英国皇家海军少尉，见他醒来，给了他裤子和鞋子。少尉用德语和他交谈，罗特曼请求见见他的同伴，他想知道谁还活着。少尉把他带到一个房间，一群人坐在甲板上，盖着毯子，还在瑟瑟发抖。孔普夫也在其中（贝克尔曾给了他3个转子，交代他弃船时务必扔进大海）。他一看见罗特曼，立即叫道："上尉！"孔普夫试图站起来，以示尊敬。罗特曼把手放在他肩上，示意他不要动。

“上尉，”孔普夫继续说道，“我忘了把那转子扔掉。”罗特曼走到舱壁，孔普夫的皮裤挂在那里。他想找到那几个转子，然后神不知鬼不觉地扔掉。他把整条裤子从上到下摸了个遍，攥了又攥，什么都没有。带着内部线路的密码轮已经落入了英国人的口袋。

第九章

国旗飘扬，君主在上

-1-

孔普夫皮裤里的3个转子，已经被几个警觉的英国水手拿走，送到了布莱奇利园。其中两个转子——6号和7号，是英国人还未破译的纳粹海军转子。虽然从理论上说，这几个转子的内部线路可能已经更改，但是得到它们已经大大提高8号棚屋的工作效率。随后的另一次海战中，8号转子也落入了英军手中。现在，布莱奇利园已经获得了纳粹海军的全套转子。而且，1940年6月，他们还从U–13潜艇上缴获了海军恩尼格玛的使用手册。然而即便如此，破译德国海军密电仍不是一件容易的事。不要说破译全部密电，布莱奇利园就连“经常”破译都做不到。不幸的是，德国派来袭击英国船队的U型潜艇，却变得愈发密集。

如恩尼格玛的使用手册所述，德国纳粹海军的加密系统已经针对空军加密系统的弱点做了改进。空军的恩尼格玛漏洞颇多，布莱奇利园从来不缺聪明人，他们早已抓住这些弱点，好好利用了一番。他们创造了不少栩栩如生的“行话”来指代德国人的漏洞：“螃蟹”指的是2个转子同时转动；“龙虾”则指3个转子一起转动；而当他们推测的字母框和密电文在同一个位置出现了同一个字母时（如“der”和“DBV”中的“D”），他们称为“撞车”。这本应是恩尼格玛加密中不可能出现的情况。然而一些恩尼格玛操作员对操作规则视而不见，于是，分析德国空军恩尼格玛的工作人员自造了 cillies 一词，特指一些恩尼格玛操作员的蠢事。至于“cillies”的来源，可能是某个密码操作员把女朋友的名字用作了密钥，也可能是“蠢货”（sillies）的谐音。有时，操作员在选择密钥时，会由着性子随便在键盘上输入一组，例如 QWE 或者 NBV 这类相邻的字母组、女朋友名字的前 3 个字母，或者 1 个粗俗下流的词。还有一些操作员为了偷懒，竟然直接用前一条信息加密后的转子位置作为密钥。一旦这一条密电被破译，那么密码分析学家只要数一数前一条信息有多少个字母，据此把转子倒拨相应的位置，前一条密电的密钥就立即一览无余了。其他的愚蠢错误还有很多，例如近似，或者形如“JABJAB”，直接以这种错误第一次出现时的形态来命名。

除此之外，还有一条捷径，叫作“赫里韦尔小窍门”。约翰·赫里韦尔（John Herivel）是剑桥大学的学生，在三一学院学习数学，被戈登·韦尔什曼招了进来。赫里韦尔对物理非常着迷，更迷恋于物理学家进行伟大发现的过程。他也想用这种方法来解密恩尼格玛。每天晚上回到寓所，他就翘起双脚，开始思考如何破解恩尼格玛。1940 年 2 月的一天，他突然灵光一现。他想，假设恩尼格玛操作员偷懒：在设置密钥的时候，用拇指顶住转子，捏住字母环的卡子上的弹簧，把字母环转到特定的密钥字母，然后松开弹簧，固定住字母环，把转子插入转轴。剩下的 2 个转子也同样如此。这组转子放入加密机后，3 个密钥字母仍然会朝向操作员，而且和盖子上显示的字母距离不会太远。这样，偷懒的操作员就不会再转动转子了，他会直接用这几个字母作为本条密电的密钥。

如果密码分析学家认为德国密码操作员的确是这样操作的，那么他们要逐个试验的字母环设置数量就大大减少了。同事们觉得这个想法妙极了，但是这个想法长期停留在假设层面上。直到 5 月 10 日，德军进攻法国，它才真正开始发挥效力。由于通信量猛增，德国密码操作员压力巨大，不可能完全按规定操作。那天，赫里韦尔一进办公室，就看见大家围在大卫·雷斯（David Rees）周围。他们用赫里韦尔的小窍门破解了纳粹德国空军的恩尼格玛。韦尔什曼对他说道："人们会记住你的！"

德军的加密程序有两个特点，大大方便了布莱奇利园。空军从来不会连续两天把同一转子放在相同的位置上（偶尔也有例外，那就是在周期性更换密钥的时候）。知道了这一点，就可以大大降低"炸弹"机的试验次数。另外，德国人从来不在插线板上把2个连续的字母相连，也就是说"A"和"B"绝不可能相互代替。英国人在"炸弹"机上增加了一个"CSKO"电路，意为"排除相邻字母相互插接"（consecutive stecker knock-out）。

讽刺的是，恩尼格玛的一个"巧妙设计"也为密码破译提供了帮助。我们知道，在每个转子的字母环上都有1个凹槽，每当到凹槽特定的位置，其左侧的转子就会转动1个字母的位置。而德军规定，1—5号转子的凹槽位置不得相互重合。假设在加密过程中，当1号转子的字母环转到R时（前一个位置是Q），推动左侧的转子转动；2号转子的字母环位于F时推动旁边的转子；3号为W；4号为K；5号为A。德国人认为，这样可以打乱规律。从某种程度上说，这个想法非常正确。但是，英国密码分析学家很快想到，当他们发现转子移动了一格，如果知道这时它右边转子的字母环位置，就可以判断右边是几号转子。（这个例子耐人寻味，真是聪明反被聪明误啊。如果所有的凹槽都在同一个字母处，那么密码破译学家就不能轻易地辨认出转子的准确位置了。显然，纳粹德国海军也意识到了这个漏洞，他们在设置6、7、8号转子时就把凹槽改在了统一的位置。）这些不同的移动点太重要了，布莱奇利园的人提出了一句口号来铭记。虽然这句话没有任何实际意义，但是它深深地印在了这个君主制国家的每个守护者的心中："国旗飘扬，君主在上"[1]。

到1940年5月22日，凭借以上各类"花招"，加上英国人对密钥

[1] 编注：Royal Flags Wave Kings Above，各单词的首字母为R、F、W、K、A，即1—5号转子的凹槽位置。

和字母框的标准化分析，自此，布莱奇利园终于掌握了纳粹德国空军恩尼格玛的一般密钥。英国密码学校称之为“红色文件”（RED），源于戈登·韦尔什曼刚开始掌管拦截的密电时，用红色铅笔标出了可破译的信息和一些其他数据。3 号棚屋的士气一天天高涨，空军恩尼格玛成了英国人的手下败将。剑桥大学毕业的代数几何学家丹尼斯·巴贝奇（Dennis Babbage）当时也在布莱奇利园（据他本人所知，他跟 19 世纪的“计算机之父”查尔斯·巴贝奇 [Charles Barbbage] 没有任何关系）。他个子很高，说话很慢。对于巴贝奇来说，当时的情景令他永远难以忘怀 ：“那天的天气非常好，然而整个世界似乎崩溃了——法国濒于沦陷，英国也随时面临着敌人的入侵。而我们对恩尼格玛的研究首次出现了重大突破。这多么让人振奋！”

-2-

很长时间以来，英国已经很少需要波兰的帮助了。事实上，在 1939 年 12 月—1940 年 6 月的假战争 [1] 期间，英国凭借更强大的资源，已经破译了 83% 的密电。布鲁诺指挥中心和布莱奇利园，共计破解了 100 多天使用的 100 多条密钥，破译了数千条密电，帮助盟军提前掌握了德军行动计划。例如，6 月 13 日的一条密电写道 ：“关于 1940 年 6 月 14 日第二空中舰队的指示 ：1940 年 6 月 14 日第四军在塞纳河上空向西南发动袭击。左翼在沙特尔 [2]……”

不过，密码破译的成功，并不能直接带来军事上的胜利。从波兰的例子就可以看到，从情报走向胜利，还需要一股强大的力量。由于种种原因，法国也缺乏这种力量。6 月 14 日，巴黎陷落。从那天开始，布鲁诺指挥中心也不复存在。波兰人和西班牙人撤到阿尔及利亚西北部的奥兰市，

[1]　译注 ：假战争（Phony War），指纳粹德国 1939 年攻占了波兰至 1940 年春天进攻挪威、丹麦之前的沉寂期间。

[2]　译注 ：沙特尔（Chartres），巴黎西南 71 公里外的一座小城市。

尔后又撤到阿尔及尔南部的考巴，最后回到了法国未被占领的地区。法国南部的罗马古城乌泽城外有一座福泽斯城堡，波兰人在那儿和法国的密码分析学家汇合了。在贝特兰的领导下，他们重新组成了密码破译机构，来对付恩尼格玛，并用无线电信号把密钥发送给英国人（还非常巧妙地用恩尼格玛进行了加密）。

不知为什么，他们在这里工作了两年，没有受到任何干扰。1942 年 11 月，德国占领了整个法国。大部分密码破译学家逃走了，但是仍有一些关键人物留在了欧洲被占领区。雷克斯就是其中之一（他曾经和施密特接头）。德国反情报机构掌握了雷克斯的背景，对他进行了审问。雷克斯经不住德国人的审问，把施密特供了出来。他交代了施密特的身份和出卖情报的活动。毫无疑问，施密特也被捕了。一番审讯之后，1943 年 7 月，施密特被执行枪决。幸好两人都对波兰密码局一无所知，更不知道波兰密码局取得的重大成就，所以此事没有殃及波兰密码局。雷克斯还供认了自己和贝特兰的联系。结果，在巴黎那座白色、圆顶的圣心教堂里，德国人逮捕了贝特兰。他们试图将贝特兰策反为双面间谍，替德国人办事。他们交给贝特兰一些任务，其中之一就让他查出英国人到底破译了哪些德国密电。不过，贝特兰中途逃跑了，历经艰难险阻最终来到了英国。辛兹基和兰格试图逃往西班牙，不幸的是，两人在穿越法西边境时被捕。德国人掌握了他们战前的工作，因此，他们被讯问的重点是波兰密码破译的情况，尤其是破译机器加密的情况。他们猜测，审讯他们的人是德国密码专家，于是坚持说恩尼格玛在战前就已经相当复杂，他们根本无从下手。（也许这正是审讯者想听到的结果。）在波兰，长期担任密码局秘书的人也遭到讯问，但是他只粗浅地交代了一些书记员的工作。AVA 无线电制造公司的技术人员、佩雷村的工作人员等人也都没有供出波兰密码破译学家。因此，破译恩尼格玛的秘密暂时安全了。

那些成功逃脱的密码分析学家一路惊心动魄，终于在 1943 年抵达了英国——除了罗佐基（Różycki）。他乘坐的"拉莫西埃"号（Lamoricière）途中遭风暴而沉船。罗佐基溺水身亡。波兰专家们智慧的果实让英国同行受益匪浅，然而英国却总是以另一种方式回报他们——排挤。英国人从不让雷耶夫斯基和他的伙伴们接触恩尼格玛，而把他们分配到一个由波兰流亡势力组成的信号公司。在那里，他们只负责破译一些简单低级的密码。对英国人来说，这实在不是什么光荣之举。

从 1940 年 5 月到战争结束，布莱奇利园借助“红色文件”进行破译始终没有遇到什么障碍。从技术上说，由于两种密码的密钥截然不同，“红色文件”对破译海军恩尼格玛并无帮助。但是从心理上说，“红色文件”的破译鼓舞了政府密码学校的海军处。既然纳粹德国的空军密电可以攻破，那么或许海军密电也是可以破译的。英国人迫切渴望早日破译恩尼格玛。德国 U 型潜艇越来越多，英国越来越多的船只被击沉。随着德国密码的面纱一点点揭开，布莱奇利园的人正一步步实现着他们的愿望。

-3-

1940 年 4 月 26 日清晨，狂风大作。英国驱逐舰“阿罗”号（Arrow）正在返回英国的途中。它刚刚把一批战士和物资运送到挪威，帮助挪威抗击德国入侵者。6:50，舰艇刚开出 3 个小时，正行驶在挪威中部奥勒松港西北 60 英里（约 97 公里）处。这时，瞭望员发现 1 艘拖网捕鱼船正从南边慢慢逼近。该船悬挂着荷兰国旗，船身漆着代表荷兰的颜色并有“荷兰”字样。在“阿罗”号的命令下，这艘荷兰捕鱼船停了下来，但是并没有回答“阿罗”号的旗语。尽管海面风高浪急，“阿罗”号船长仍决定到荷兰船上一探究竟。这艘船现在位于“阿罗”号左舷，两船相距约 300 码（约 274 米）。“阿罗”号刚要放下小船，拖网捕鱼船突然开足马力，转向右舷，全速前进，并换上纳粹德国海军军旗，向驱逐舰发起撞击。“阿罗”号左舷的发动机舱被撞出一个洞，洞的位置就在吃水线上方 4 英尺（约 1.2 米）左右。随后，捕鱼船船员跳进海里，“阿罗”号发射了 61 枚炮弹，其中 8 枚命中拖网捕鱼船。不过，最后还是“伯明翰”号（Birmingham）

巡洋舰出动，以更强大火力的火炮 4 组齐发，才击沉了这艘拖网捕鱼船。

"伯明翰"号汇报了击沉敌船的情况后，上级指示它检查附近是否还有其他船只。"伯明翰"号回复，看起来拖网捕鱼船只是负责布设水雷。不过，它仍遵照指令搜寻了周边水域。到这时，"格里芬"号（Griffin）和"地狱"号（Acheron）驱逐舰也加入了"伯明翰"号和"阿罗"号的队伍。9:55，"格里芬"号和"地狱"号分列"阿罗"号两侧，距其 4 英里（约 6.4 公里）。各舰以 15 节的速度朝西南方向开进。大约 10:15，"阿罗"号发现 1 艘疑似拖网捕鱼船。它命令"格里芬"号仔细查看。

"格里芬"号以 25 节的速度靠近这一舰船，所有船员进入备战状态。这艘船和几个小时前遇到的拖网捕鱼船一样，也挂着荷兰国旗，漆着红、白、浅蓝相间的条纹。船身上标着"极地"号（Polares），及"荷兰"字样。船尾印有荷兰港口城市艾默伊登的注册号。捕鱼船收到英国舰队的命令，停了下来。虽然船上明显有两个鱼雷发射管，但它没有做任何反抗。"格里芬"号派出一支武装搜查分队，乘捕鲸船靠近它。正当他们在狂风巨浪中挣扎时，拖网捕鱼船的船员把两个帆布包扔进了大海。其中一个很快就沉没了，而另外一个仍漂在海面上。搜查分队一发现这是一艘德国船，就立刻派押解船员抢夺漂浮的帆布包。这时，帆布包离驱逐舰已经非常近，但是舰员还是够不到它。眼看帆布包即将沉没，押解船员中的火炮手福尔德（Foord）带着引缆绳果断跳到海里，抓住了帆布包。人们刚要把他从波涛汹涌的海里拉上来的时候，引缆绳却突然断了，福尔德沉到海里。当他再次浮起来，手里仍紧紧抓着帆布包。船员又抛给他一条缆绳，他用一只手抓住缆绳，挣扎了一下没有抓住，再次沉下。终于，他成功地在胳膊底下打了一个结，被船员拉回船上。他抢救出了这个帆布包。挂着荷兰国旗的拖网捕鱼船也被俘虏，拖在驱逐舰后面。实际上，这是一艘伪装成拖网捕鱼船的战舰，重 394 吨，其实是"朱利叶斯 · 皮肯帕克"号（Julius Pickenpack），9 年前制造于德国汉堡。

事实证明，帆布包里装的果然是重要的德国文件。其中一些文件透露了恩尼格玛在 4 月 23、24、25 以及 26 日的密钥！除此之外，还有一些其他密码的加密表。这些文件立即被送往布莱奇利园。福尔德的勇气和警觉，帮助布莱奇利园在破译海军恩尼格玛的道路上迈出了第一步。5月份，这些文件帮助8号棚屋破译了4月份6个单日的海军恩尼格玛密电。这次的成功让海军处对纳粹德国海军的信号组织有了进一步了解。然而，迟到的电报既没有对海军作战起到任何帮助，也没能帮助英国进一步突破恩尼格玛。

-4-

如此看来，纳粹德国海军的恩尼格玛确实牢不可破。因此8号棚屋暂时把研究的重点放在了一些看起来比较简单的密码上，希望至少能研究出一些成果。有些密码系统的特征很像是纸笔加密——单纯依靠字母替代表、笔和纸来进行的加密。有一种密码几乎立刻破解了——无线电代码H，这种代码主要用于德国海军控制的商船通信。这是一种双字母代码，在战争爆发的头1个月，就被布拉福德博士（Dr. W. H. Bruford）迅速攻破。布拉福德博士是一位德语教授，曾在“40号房间”学习过密码破译。不过，无线电代码H很少包含重要信息。但当1940年4月，英国人基本已经可以无障碍地破译无线电代码H时，海军处把布拉福德2个助手破译的一份电文送到了海军部。之所以这么做，主要是为了让海军部知道政府密码学校海军处的破译能力。电文中说，一艘中等吨位的货船将驶向瑞典的乌克瑟勒松。虽然并没有包含什么惊天动地的内容，但这件事还是引起了一阵轰动。至少它的破译，缓解了海军部高层的悲观主义情绪——他们不相信密码分析学家能及时破译德国海军的密电，并为作战提供及时的情报。当然，这次破译也不可能驱散所有的疑云。又过了几个月，不仅恩尼格玛没有破译，而且又出现了一种新的纸笔密码——造船厂代码。这种级别稍高的密码也让密码分析学家们一筹莫展。政府密码学校校长丹尼斯顿悲伤地对伯奇说：“你知道的，德国人没打算让你看懂这玩意儿，我也觉着你永远都不能看懂。”

造船厂代码和无线电代码 H 一样，也是把明文字母两两一组，替换成密文字母组。不同的是，造船厂代码共有 20 份字母替代表，每两个月更换一次。后来，德国人曾把替代表增加到 30 份，每月更换一次。这种密码体系以 5 个字母为一组，很容易和 4 个字母一组的恩尼格玛区别开来。丹尼斯顿的悲观论调说了没多久，英国就捕获了一份文件，其内容恰好能对应某份造船厂代码，这相当于为密码分析学家们提供了现成的“字母框”，让海军处纸笔密码组第一次破译了造船厂代码。经过对字母的频率分析，以及对部分内容的推测，他们陆续破译了更多的造船厂代码。事实证明，这种密电不仅仅是造船厂的密电。它不仅用于造船厂与相关船只、站点之间，还用于其他小型舰船之间的通信，例如巡逻舰及其辅助舰艇。在政府密码学校，7 位密码分析学家夜以继日地进行着破译，其中最优秀的是露丝 · 布里格斯女士（Ruth Briggs）。密码破译学家们负责从双字母替换表中提取对应的字母，同时还有 7 名女助理帮助他们在密码表中填上对应的字母。从某种程度上说，条顿民族的刻板帮助了密码破译学家：按照造船厂代码的操作要求，密电的明文必须以一个填充词结尾，并给出了“水桶”（Wassereimer）、“电话”（Fernsprecher）、“衣柜”（Kleiderschrank）等例子。而有些年轻的通信兵在操作时根本不加更改，直接使用了以上词汇，偶尔会换成“玫瑰园”（Rosengarten）一词。有时，德国人会把相同的密电同时发送给多艘舰船，多数情况下会以恩尼格玛加密。而对于那些没有配备恩尼格玛的船只，则以造船厂代码加密。因此，布莱奇利园的密码分析学家发现，破译了造船厂代码就等于为恩尼格玛提供了明文字母框。在布莱奇利园形形色色的“行话”里，这种漏洞被戏称为“亲吻”（Kiss）。

海军处还利用了另外一种无线电情报分析方式——通信分析，即对德国海军的通信本身及通信数量进行研究。它从测向和密电的外围信息（如地址、无线电频率等）入手，掌握德国的通信组织结构和常规活动。任何偏离常规的动向，密码分析学家们都会着重研究。这些现象的背后可能是一些非常规的活动。同时，戈登 · 韦尔什曼也对德国陆军做了相似的研究。

密码分析学家可以用自己的语言清楚地描述敌人的意图，而通信分析几乎完全依赖推断。例如，某个长期不动的无线电线路突然活跃起来，是意味着使用该线路的分队准备出击，抑或只是出现了一些纪律问题？要找到答案，可以通过密电的优先级别和长度来判断。但是，这些推断非常主观，缺乏坚实的证据，所以很难让人完全信服。

出于这个原因，海军处把通信分析的任务交给了一个新招来的年轻人。这个年轻人头发略长，喜欢穿灯芯绒裤子，也没有什么政治立场。进入海军处时他还没有毕业，还只是个大学生。

这位大学生就是弗朗西斯·哈利·辛斯利（Francis Harry Hinsley），人们都叫他哈利。当时，丹尼斯顿给牛津和剑桥大学大约10个学院的院长写了信，请他们每位推荐六七位最优秀的学生为战争服务。哈利就是在这个时候被招募进来的。丹尼斯顿意识到，政府密码学校不仅需要数学家和语言学家，还需要一些年轻的通才。辛斯利成长在英格兰中部小城沃尔索尔，位于伯明翰西北8英里（约13公里）。中学毕业后，他被剑桥大学圣约翰学院历史系录取并获得奖学金。之所以选择剑桥大学和历史专业，是因为他在沃尔索尔的玛丽女王文法学校的校长，就是圣·约翰学院的历史学家。到1939年，辛斯利已经在剑桥大学学习了2年，在文学学士第一阶段的考试中达到了一等荣誉级别。这年10月的一个上午，他接到通知，让他到圣约翰学院第三院参加面试。面试官有丹尼斯顿，还有政府密码学校的另外2位官员。

“我们看到，你经常出国。”一个面试官说。的确，1937—1939年的暑假，辛斯利都待在德国，和他的笔友一起学习德语。有段时间他还住在科布伦茨的一个德国人家里。丹尼斯顿等人没有问辛斯利是不是马克思主义者，没有怀疑他的背景，也没有深入盘问。他们只是问辛斯利愿不愿意应征入伍，为政府服务。选择辛斯利只不过是因为他看起来不错，而且得到院长推荐。靠老同学推荐来选人，有时候是非常失败的，例如对金·菲尔比（Kim Philby）、盖伊·伯吉斯（Guy Burges）、唐纳德·麦克莱恩

(Donald Maclean) 以及安东尼·布伦特 (Anthony Blunt) [1] 的面试。直到录用后，英国人才发现他们是共产党。这一次面试倒是非常成功。辛斯利和其他 20 多位牛津、剑桥大学的学生通过了面试。辛斯利进了外交部，年薪只有 150 英镑。没有人告诉他以后具体要做什么，只要求他在某一天到伦敦尤斯顿火车站，接受进一步指示。

到了那一天早上，他在吃早餐时把去尤斯顿火车站的指示告诉了圣约翰学院的中世纪史老师。这位老师其实也是政府密码学校雇员，他知道辛斯利会被送到同样的地方，所以开车把他送了过去。在布莱奇利园，辛斯利知道了自己的工作内容。此时，空军处和海军处都需要人手，而辛斯利选择了海军处。接着就有人带他见了海军处处长弗兰克 · 伯奇。

那时，海军处刚刚开始搜集信息。伯奇给了辛斯利一些截获的密电列表，让他看看能找出什么信息。这些列表列出了每条密电的详细信息，包括发件人和收信人的电台呼号、地址、发报时间、无线电频率、拦截时间以及电文中的密码组数量。辛斯利仔细阅读并对比了这些列表。还查看了截获的德国通信员之间的唠叨、因为错误而请求重发的业务电报，以及发报机的测向调试，都为辛斯利提供了不少德国海军无线电信号的信息。据此，他逐渐摸清了陆上固定发报机的位置；也追踪到了舰船上移动发报机的位置；了解了哪些发报站经常互相通信；还大致掌握了电报的一般长度，以及每条线路之间的通信量。这种看起来很机械的工作，辛斯利做得有声有色。通过这些结论，他和海军处的其他工作人员逐渐对纳粹德国海军信号系统有了大致了解，对纳粹德国的海军组织结构也能窥出一二。接着，他们识别出了多艘船只的电台呼号。海军处希望最终能够提前预警敌人对己方构成威胁的活动。鉴于辛斯利最熟悉德国海军系统，海军处就指定他向海军部汇报潜在的威胁。

然而，海军部作战情报中心对辛斯利等人的推断毫无兴趣。1940 年 4 月 7 日，辛斯利在电话中向海军部报告，他们监听到丹麦以西和波罗的海

[1] 编注：这几个人加上约翰 · 凯恩克罗斯 (John Cairncross)，是被苏联派到英国的五个间谍，被称为"剑桥五人帮"。

出口附近海域出现德国海军的无线电信号。自开战以来，这种信号从未出现过。这是政府密码学校第一次提供重大海军情报，然而作战情报中心根本没将其当回事。情报中心主任克莱顿是个保守派，副主任是丹宁，这两人都没有见过辛斯利。但从电话里，他们听得出来，辛斯利不过是个小毛孩子。而且，他只不过是个文职人员，完全不懂海军事务，所以他们根本不相信辛斯利。另外，克莱顿和丹宁从没用过通信分析，也不相信这种办法能得到什么重大情报。2 天后，事实证明，这些无线电信号来源于德国战舰和运兵船，而这些舰船正开往丹麦和挪威——也就是德国正在入侵的两个国家。这完全印证了辛斯利的分析。然而即使这样，作战情报中心对辛斯利的报告仍然置之不理。直到 2 个月后，一场大灾难降临，其态度才终于有所转变。

盟军在法国前线濒临崩溃，英国决定调回驻扎在挪威的兵力。事到如今，盟军已经无法阻挡德国入侵了。不过，直到 5 月底，双方的交火依然非常激烈。在挪威北部的纳尔维克，德国驻军遭到围困，德国派出 3 艘巡洋舰前往支援。为了向德国海军司令部报告这次突围，挪威海岸被占领区出现了大量通信信号。英国人监听到了这些信号，辛斯利立即报告给作战情报中心。报告如下："通过对德国无线电通信的研究……从波罗的海到（丹麦与挪威之间的海峡），可能会出现敌船活动，规模和类型未知。"然而，作战情报中心对此没有采取任何行动。6 月 4 日，一支德国小型舰队起航，其中包括"格奈泽瑙"号（Gneisenau）、"沙恩霍斯特"号（Scharnhorst）、"希佩海军上将"号（Admiral Hipper），以及 6 艘补给船。6 月 7 日，星期五。辛斯利警告作战情报中心，德国人可能即将开始采取进攻行动。作战情报中心收到了这份警告，却再一次选择了无视，海军部没有向海上的船只发出任何警示。

第二天，在两艘驱逐舰的护卫下，英国"光荣"号（Glorious）航空母舰驶向斯卡帕湾。船上载有从挪威营救出来的人员和飞机。"光荣"号最初造于 1916 年，当时是一艘巡洋舰，1930 年才被改造成航空母舰。舰长盖伊 · 多伊利 – 休斯上校（Guy D'Oyly-Hughes）英勇无畏、精力充沛，这点毋庸置疑。但是他欠缺领导力，弄得船上士气低落。航母上当时共有7架飓风战机和10架“角斗士”双翼战机。这是航空母舰有史以来第一次承载飓风战机。这些战斗机都是在一次激烈的营救行动中停上来的。海运战机这一举动非常冒险，但是，英国无时无刻不面临着德国的空袭，这些飞机和机组人员太重要了。即使冒险，也要把他们都带回英国。

那一天，天气晴朗，温暖和煦，视野清晰。海面风平浪静，偶尔有些长长的波浪，从西北方向渐渐涌来。船上，人们懒懒散散地聊天。一名飞行员谈到，鱼雷上的弹头都被卸掉了，一名鱼雷教官微笑着说，弹头还没有完全卸下来。懒散让他们放松了警惕。“光荣”号上没有雷达，多伊利－休斯也没有在船上安排空中监视哨，更没有派人巡航。下午，航母以17节的速度按“之”字形前进，平均角度为250度。

突然，航母的右舷猛地涌起4道水柱。原来，在“沙恩霍斯特”号的前桅楼上，有一位眼神敏锐的见习军官，看到了28英里（约45公里）外的航母喷出的烟雾。“沙恩霍斯特”号和“格奈泽瑙”号追踪过去，他们认出来，这艘航母就是“光荣”号。4:32，“沙恩霍斯特”号的前炮塔开炮：11英寸（约280毫米）火炮直指“光荣”号。

“第一组炮打到距右舷20码（约18米）的地方，”一名英国飞行员说，“远远望去，地平线升起两缕青烟。我想，太棒了！我应该到舰桥上看看真正的海军作战。我刚踏上飞行甲板，第二组炮就在船上炸开了，把我上来走的梯子炸毁了！飞行甲板上留下一个可怕的、巨大的洞。”

德国舰船装备了一流的光学测距仪和火炮。炮弹一枚又一枚地打到“光荣”号和它周围的驱逐舰上。炮弹打到飞机库，点燃了飞机，死伤不断。一名装配工被燃烧着黑烟的炮弹壳击中胸腔，倒在甲板上，临死前不断地呼喊着：“我的妻子，我的孩子！”舰桥也被炮弹击中，多伊利－休斯和船上几名船员丧命，只有舰桥下戴头盔的操作员幸免于难。舰桥被炸毁，他也完全暴露在外。在他身边，领航员被炸成了两半。炮弹一枚接一枚，不断轰炸着航母。遍地都是尸体，惨不忍睹。

“光荣”号已经向右舷倾斜了15—20度，大火从船头蔓延到船尾，已经无法控制。指挥官下令弃船。傍晚 6:10，巨大的海浪和泡沫将它吞噬，2 艘驱逐舰也沉入了海底。活下来的船员虽然侥幸躲过了炮弹，却依然要在水中拼命挣扎。慌乱的呼救中，有人大喊“妈妈”、“上帝”。3 艘舰船共计 1519 人在这场灾难中死亡或失踪，其中包括英国迫切需要的空军。只有 39 人幸存下来。

这场灾难给了作战情报中心一个惨痛的教训。他们终于意识到，假如当初认真听取辛斯利的建议，命令海军部发出警告，要求所部留意周围的德国舰船，英国也许就不会遭受如此巨大的损失。克莱顿和丹宁把辛斯利带到海军部。在纳粹德国空袭伦敦时，他在那儿待了 3 个星期，熟悉了作战情报中心工作人员，也让人们认识了他。辛斯利终于赢得了大家的信任。

1941 年 1 月底，政府密码学校的通信分析显示，大批德国军舰准备驶出波罗的海。与此同时，外交使团的一份报告证实，丹麦水域确实发现了巡洋舰。这一次，海军部开始采取行动：本土舰队主力部队驻守斯卡帕湾附近，随时准备拦截并摧毁德国战舰。然而，德国战舰巧妙地避开了皇家海军，在随后的 2 个月内击沉了 20 余艘英国舰船。但是，这次不是政府密码学校的错，也不是作战情报中心的失误。

密码破译员和情报机构之间的关系日趋紧密，作战情报中心设立了管理助理岗位，监督海军情报部在无线电情报方面采取的行动。这个岗位由上校贾斯珀 · 海恩斯（Jasper Haines）担任，他银灰色的头发，身材高大，非常英俊。海恩斯上校的工作地点主要在作战情报中心，定期会到布莱奇利园办事。然而，因为他实在太过俊秀，政府密码学校海军处的许多年轻女性都将他的到访当成一次偶遇的机会，常抱怨上级不能找点理由让海恩斯多逗留一会儿。总之，海恩斯的工作促进了伦敦和布莱奇利园之间的日常联系。

-5-

直到现在，德国海军的恩尼格玛密电仍然无法破译。考虑到这种机器几乎不可破解，英国开始想方法获取密钥。1940 年夏天，人们开始讨论获取密钥的办法，但一直没有形成明确的方案。第一个比较清晰的提案来自海军情报处处长助理——伊恩 · 弗莱明。他本是一个文职人员，极富想象力。当时的弗莱明默默无闻，后来，他创造出世界著名的超级间谍 007 詹姆斯 · 邦德这一闻名于世的形象。1940 年 9 月 12 日，弗莱明在一份给上级的报告中写道：

海军情报处处长：

建议我军通过以下方式获得战利品：

从空军部挑选一架德国轰炸机。

挑选一个精英五人小组，其中包括一名飞行员、一名无线电操作员，以及德语说得很流利的人。让他们穿上德国空军制服，并配上带血的绷带作为伪装。

用明文发出呼救信号，然后让飞机在英吉利海峡上空坠毁。

被救后，一登上救生艇，就开枪射杀德国船员，扔到海里，并把救生艇带回英国港口。

为了增加捕获大、小扫雷艇的几率，获得更多的战利品，最好在英吉利海峡中部坠落。在这漫长、危险的战争中，德国人很可能也会采取这种方式。

克莱顿对这个提议表示支持，于是弗莱明制订了更为详细的计划。轰炸机应该在黎明前起飞，因为这时，对伦敦的空袭可能恰好结束。它要寻找一艘独自航行的小型扫雷艇，然后关闭一侧引擎，放出烟雾，急速下降，平着落到水里。弗莱明列出了需要的人员和物资清单，其中包括一名"强壮、单身、会游泳"的飞行员。万一传出风声，说有德国船被俘至英国港口，弗莱明提前编好了故事："一群鲁莽的年轻人觉得战争太无聊，就搞了一场恶作剧，去德国溜达一圈。他们偷来了飞机和装备，但回来时很可能惹上了麻烦。"

在布莱奇利园，海军处处长弗兰克·伯奇也觉得这个计划"非常巧妙"。伯奇之所以喜欢这个主意，其中一部分原因就在于，即使计划失败，也不会泄露英国密码分析的成果。对此，他写了一份长达3页的关于"英吉利海峡德国海军行动"备忘录。

弗莱明的计划最终得到通过，代号为"无情行动"(Operation Ruthless)。弗莱明聚齐了需要的人才，组建起了团队。海军情报处处长、海军少将约翰·戈弗雷（John H. Godfrey），从空军部要来了一架双引擎的"海因克尔3号"轰炸机。这架轰炸机在福斯湾的一次空袭中被击中，迫降在爱丁堡附近的荒原上，幸好受损并不严重。经过英国人一番修理后，飞机可以重新起飞了。负责评估被俘敌机的威尔逊上校驾机，把它开到了伦敦西南部、位于范堡罗的皇家航空研究院。

几个月之后，几名海军情报官员找到威尔逊，向他描述了"无情行动"计划，并解释说，此次行动的目的不是密码文件，而是秘密的无线电通信设备。他们还保证，这个计划设计得非常精密，他们会调用喷火式战斗机假装袭击这架。丘吉尔也已经表示赞同；参与行动的飞行员会获得奖章。但威尔逊指出，秋季海面情况恶劣，"海因克尔3号"的有机玻璃机头为全丙烯酸材质，如此迫降必然摧毁机头，导致飞机迅速沉入大海，机组人员必将身负重伤。试问这些飞行员在受到巨大冲击后，全身已经湿透，冻得瑟瑟发抖，怎么可能从救生小艇上跳起来，威胁并擒获救援船的船员？因此，他本人拒绝参与这项任务。他宁愿打一场有准备的战斗，也不愿意为了虚无缥缈的维多利亚十字勋章（英国最高荣誉勋章）冒生命危险。

威尔逊的回答让情报官员感到失望。但是他们仍然没有放弃努力。他们登报招募自杀性任务的志愿者时，一名备受相思煎熬的飞行员志愿加入。同时，威尔逊加固了"海因克尔3号"的机头，并且想了个办法，向排气装置内滴油，引起引擎起火。凡是飞行员能做到的，他们都做到了。10月，弗莱明到多佛，准备伺机而动。然而，机会迟迟不肯到来。空中侦察发现，夜间航行的德国船只没有合适的；无线电侦察也同样一无所获。16日，多佛司令部宣布推迟"无情行动"，但建议人们尝试从朴茨茅斯起飞。4天后，伯奇写道：

> 2天前，图灵和特温来找我，就像两个被戏弄了的殡仪师，为"无情行动"的取消烦闷不已。某些重要部件的缺失让他们压力巨大。当局是否意识到……最新截获的恩尼格玛根本无法破译，甚至连最近一段时间的都不可能破译……即使有一丝希望，也可以说极其渺茫。

弗莱明回复说，他们已经充分认识到密电的重要性，"无情行动"不会就此停止。海军只是在等待时机。可是计划一直未能实施，最终不了了之。

因此，海军恩尼格玛依然威胁着英国，密码分析学家们的压力越来越大。1940年11月4日，丘吉尔对众议院说道，"最近U型潜艇不断在大西洋沿岸岛屿附近出没，击沉我舰船"，"这比闪电战的空袭危害更大"。同月，英国停止了进口香蕉；次月，政府下令减少肉类的配额。面对海军恩尼格玛，密码分析学家们束手无策，没人能破解U型潜艇密电，也就无法让运送补给的船只免受潜艇袭击。

整个1940年，8号棚屋没有任何重大突破，因而面对的压力与日俱增。尽管如此，这个团队并没有陷入灰心失望的情绪中，反而更加努力。到了1941年初，似乎出现了转机：破译恩尼格玛的新线索出现了，这是一条非常诱人的线索，而且非常有用。

第十章
“克雷伯思”号抽屉里的秘密

-1-

这个故事的主角，是一位蓝眼睛的男爵——“索马里人”号（Somali）驱逐舰的信号官马歇尔·乔治·克利瑟罗·沃明顿上尉（Marshall George Clitheroe Warmington）。沃明顿从小在白金汉郡的大米森登村长大，父亲和祖父都是伦敦的律师。他就读的查特豪斯公学是英国最好的学校之一。年轻的沃明顿曾想当骑兵，但是这个想法被他父亲否决了。于是 1928 年，沃明顿参加了海军，进入英国皇家海军“幽冥”号（Erebus）训练船。“幽冥”号实际上是一艘浅水重炮舰，一战后被改装成了训练船。在他看来，这艘船被命名为“幽冥”号一点儿都不为过，船里简直就是人间地狱。这些日后的军官每天都窝在军械室里工作、吃饭、睡觉，那里的空间十分狭小，他们根本站不起身来。淋浴喷出来的水不是太烫就是太凉，站在下面的人要么被烫伤，要么被冰水浇头。虽然“幽冥”号就停泊在德文波特，他们每周却只能上岸两次，每次必须在晚上 7:30 之前回来。船上肮脏不堪，不过也不算过分。据沃明顿后来回忆，当时全英国海军的舰船都是如此。

这次训练之后，沃明顿参观了地中海及英国本土舰队；在格林尼治和朴茨茅斯进行学习；然后在红海顶着炎炎烈日巡航了数月。在红海，他们所在的舰船有“彭赞斯”号（Penzance）和“黑斯廷斯”号（Hastings）。这两艘船本来的任务是制止阿拉伯奴隶贸易，然而它们从未真正这样做过，因为运奴船总能绕过它们。这两艘船的真正目的是出访各国港口，彰显大英帝国的军威。因此，他们从红海口附近的亚丁湾出发，去了地中海中部的马耳他，途经沙特阿拉伯在红海的吉达港口、苏丹港，深入亚喀巴湾，穿过英属和法属索马里兰。整个航程单调乏味，他们要在舰桥上连续执勤 4 小时，中间只有射击训练或者乘摩托艇钓鱼作为消遣。1935 年 8 月，沃明顿的父亲去世，他继承了父亲的爵位，成了沃明顿家的第三代男爵。男爵只是世袭爵位中最低的一等，被人尊称为“阁下”。不过同级之间是不用这样称呼的。而且在海军军中，所有的军官都只用姓氏称呼对方。

同年 12 月，沃明顿返回朴茨茅斯学习 1 年。学习的内容主要是通信，或者按照皇家海军的说法，学习信号。沃明顿对这一领域颇有兴趣，然而这些课程“非常难学”。每天，他们要进行 2 次摩尔斯电码训练，努力达到每分钟至少发送 25 词的标准。除此之外，还要学习旗语、无线电技术、操纵舰船的通信，掌握各种密码和代码。随后几年，沃明顿进入潜艇舰队担任信号官。二战爆发后，他被调入某参谋部，当希特勒的闪电战迅速打垮了法国，他所在的部队协助了狼狈的英军从敦刻尔克撤退。在这之后，他被分到“索马里人”号上，这让他非常满意。

“索马里人”号是当时英国皇家海军最新、最大的驱逐舰之一。此前的驱逐舰大多小而敏捷，装配有先进的鱼雷。然而，意大利和日本相继建造了大型快速驱逐舰，并装配重炮，德国很有可能紧随其后。因此，英国海军部决定设计建造与之相匹配的驱逐舰。新的驱逐舰是老舰的 1.5 倍，装配的火炮是老舰的 1 倍，但是鱼雷减半。这无疑是个革命性的设计，有人评价说这不像大型驱逐舰，倒像是一艘小型巡洋舰。设计草图提交给海军部审核时，一位海军大臣认为它的主干太过笔直。他在主干下面画了一条略带弧度的线。这一加在船头的“高傲的弧线”让新的设计脱颖而出，它们被命名为“部族”级。之所以定名为部族级，是因为这个级别的驱逐舰均以大英帝国各地的部族命名，例如“祖鲁人”号（Zulu）、“阿善堤人”号（Ashanti）、“锡克人”号（Sikh）、“哥萨克人”号（Cossack）、“鞑靼人”号（Tartar）、“毛利人”号（Maori），等等。

1936 年，6 艘“部族”级舰艇的龙骨基本建造完毕。舰艇排水量为 1959 吨，装配 8 门 4.7 英寸（约 119.38 毫米）的火炮，炮弹重 50 磅（约 22.7 千克），射程 10 英里（约 16 公里）。同时，船上还载有 4 枚鱼雷，但这几艘战舰都不是装甲舰。它们的航速很快，比 35 节略高，战时人员编制 220 人。其中有几艘单独领导小型舰队，因此为指挥官和军官准备了多余的舱室。“索马里人”号就是其中之一。

“索马里人”号这个名字来源于非洲之角[1]的含米特牧民和渔民。1938 年 8 月，“索马里人”号正式完工。这是英国本土舰队的第一艘“部族”级驱逐舰。其他几艘造成之后，“索马里人”号的舰长担任了本土舰队第六驱逐舰舰队的队长。皇家海军内部称为“D”队长。二战开战仅 2 小时，“索马里人”号就捕获了德国汉堡的“汉娜伯格”号（Hannah Böge），该船刚从加拿大运来纸浆。这是皇家海军舰队捕获的第一艘战舰。后来，该舰参加了挪威海域的一些行动，例如沃明顿加入前，“索马里人”号刚参加了纳尔维克轰炸行动。

1940—1941 年冬天的一段时间，沃明顿练习了操作火炮、使用水下探测器，后者主要用来监测潜艇和定位潜艇。他还进行了反潜艇演习。有时，当有英国重型战舰在海上搜索潜在的德国入侵者或商船时，“索马里人”号就充当掩护。舰桥两边的瞭望员都举着 8×41 的双目望远镜，监视着遥远的地平线。他们每两人一组，每人监测 5 分钟。1 小时后，换另两组，继续监测。那段时间，能见度总是不太好。如果以 5 天为一周期，那么一个周期里，能见度超过 10 英里（约 16 公里）的恐怕总共超不过 5 个小时。大部分时间里，浓雾笼罩着海面，能见度只有 1 英里（约 1.6 公

[1] 译注：非洲之角（Horn of Africa），非洲东北部的索马里半岛，因其形状被人称为“非洲之角”。

里），甚至有时候连 1 英里都不到。紧张的情绪，北大西洋上的寒冷，四个小时的瞭望，以及潮湿，所有这些都让他们疲惫不堪。偶尔，在少有的好天气里，海上风平浪静，月光如洗，瞭望员们就可以极目远眺，看到海天相接之处。

到了 1941 年初，"索马里人"号接到新命令，停止了令人厌倦的例行训练和北海上的扫雷活动。它将率领其他 4 艘部族级驱逐舰和 2 艘运兵舰开赴被德国占领的挪威，执行突击行动。

-2-

这次突击有几个具体目标：其一，摧毁（鲱鱼和鳕鱼的）鱼油工厂。据说，这些鱼油制造厂向德国输送了大量重要的营养素，尤其是维生素 A。其二，通过行动完善各军种在两栖作战中的相互配合。其他的目标包括：逮捕为德国效力的挪威内奸，俘虏德国驻军，以及帮助那些愿与流亡伦敦的挪威政府一同奋斗的挪威人撤离。此外，这次突袭还有一个重要目的，就是制造威胁，让德国人觉得在挪威沿海各处都有遭袭的可能，从而牵制大批德军。英国高层可能还有一个心愿——打一次胜仗，给英军鼓鼓气。当英国只能以一己之力独自面对踏遍欧洲的纳粹军队时，唯一能做的进攻也只有突袭了。最后，如果这次行动能缴获任何机密文件，英国都会非常高兴。

2 月下旬，英国开始为突袭行动做准备。海军总司令是克利福德·卡斯隆（Clifford Caslon）上校，他同时担任"索马里人"号舰长，以及皇家海军第六驱逐舰队的司令。卡斯隆上校做事非常高效，与其说他是海员，不如说他更像一位参谋官。他的耳朵可以转动，军官们很快发现，当他的耳朵平平地贴着脑袋时，那一定是司令生气了。然而，在沃明顿看来，卡斯隆上校还是非常温厚的。

"索马里人"号以及其他 4 艘备战舰船停泊在斯卡帕湾海军基地，等待着突袭的命令。2 月 22 日午后不久，一支由 500 人组成的特遣队抵达了海军基地，其中有许多工程师及挪威志愿军。接下来的 1 个星期里，海陆两军的军官又仔细研究作战计划，对每一分钟都做了周密的部署。沃明顿主要负责舰艇对陆地的通信保障，教船员们使用突击队的无线电设备。登陆艇的部队和船员必须互相认识。执行突袭的驱逐舰和运兵船现在的代号为“叛军”（REBEL）。准备工作完成后，舰队出发了。3 月 1 日，星期六的 00:01，它们穿过反潜水雷及近海的封锁，驶向北方。

目标：罗弗敦群岛。这片群岛位于挪威海岸向东转弯处，脱离欧洲的最北端，进入了北极圈内。这些岛屿自北向南组成一个岛链，与峭壁林立的海岸有一定的角度，形成了维斯特峡湾，形状像是倒“V”字形。渔村和鱼油工厂就分散在峡湾的顶点处。在最西南角的一个岛屿附近，就是挪威西海岸打着旋的大漩涡了。在 19 世纪的美国诗人埃德加·爱伦·坡笔下，这个大漩涡“波光粼粼，形成一道深黑色的水洞”。虽然不是传说中那种要命的巨大漩涡，但是它的威力也足以使附近的舰船心惊胆战。的确，狂风卷着巨大的水浪，使罗弗敦群岛附近的水域非常危险，难以通行。

“叛军”突击队在法罗群岛增加了补给后，继续前行。周一凌晨 1:30，他们已来到斯卡帕湾以北 600 英里（约 965 公里）处的某地。该地代号为“P”点。在这里，突击队转向正东，继续向“Q”点行驶。Q 点位于维斯特峡湾河口处，距离 P 点 320 英里（约 515 公里）。这会儿只有一点微风，海面非常平静；天气阴沉沉的，云层压得很低。这种天气对行动十分有利。一阵阵小雪更增加了德军侦察的难度，每日例行监测天气的德国飞机没有发现船队的存在。云层偶尔透出一点缝隙，正好帮助船队进行天文定位，辅助无线电测向。无线电信号主要来自停靠在 Q 点附近的英国皇家海军潜艇“太阳鱼”号（Sunfish）。3 月 4 日的零点过几分，突击队抵达 Q 点。船队随即转向东北，逆西峡湾而上。4 日凌晨 4:30，突击队抵达了倒“V”字西侧的 C 点。天色渐渐亮了起来，15 分钟后，瞭望员已经能看到海岸线了。此时稍有微风，海面平静，气温 20 摄氏度出头。

就在前一天早上，1 架德国气象监测飞机报告，称在挪威中部附近的海域发现一队向北行驶的巡洋舰，以及5艘驱逐舰。当时，突击队所在的位置就在德国飞机报告的位置以北200英里（约322公里）处。纳粹海军上将波拉尔·科斯特（Polar Coast）命令所有海岸观测站、巡逻船及战舰“加强警惕”，然而，他却没有下令熄灭沿海的导航灯。

凌晨5:30—6:00。皇家海军舰艇分别到达了指定的3个突袭点。“索马里人”号带一艘驱逐舰和一艘运兵船继续向第四个指定地点航行。那是突袭点中处于最东北的一个港口。斯科拉文小岛的海岸是一片山丘，高约921英尺（约281米）。船队从小岛右侧经过，在山丘的掩蔽下，悄悄驶过岛屿。直到这时，借着朦胧的夜光，岛上的瞭望员才发现了英国船队。德军马上拉响警报，纳尔维克海上防卫区司令收到警报；海岸炮兵收到警报；驻守德军要求空军派出轰炸机；一支正要出海的扫雷队也停了下来；沿海的导航灯直到这时才熄灭。发现其他驱逐舰的消息陆续传来。罗弗敦群岛上主要港口——斯沃尔韦尔的队长发报告称：“港口发现驱逐舰，我方准备撤离。”但是，他最终还是成了英军俘虏，而纳粹空军自始至终都没有出现。

英国皇家海军运兵船上，突击队员们准备就绪，爬上登陆艇。他们计划于6:45登陆。时针指向6:10，卡斯隆确认“索马里人”号和另一艘驱逐舰护卫的运兵船抵达了指定登陆点，随后，他调转船头，指挥“索马里人”号向南，去查看其他突袭地点的情况。他们要再次经过这个1英里长（约1.6公里）的斯科拉文小岛，只不过这次，岛在船的右舷。只要一过了这个岛，卡斯隆就可以仔细查看斯沃尔韦尔方向的广阔海域了。6:20，他看到一艘由捕鲸船改造的巡逻艇从斯沃尔韦尔方向朝他开过来。这艘捕鲸船的船头装了小型机枪，而船尾则装了重型机枪。他意识到，这是“克雷伯思”号（Krebs）。“克雷伯思”在挪威语中是“小虾”的意思，而在德语中意为“螃蟹”。船由汉斯·卡普芬格（Hans Kpfinger）上尉指挥。平时，“克雷伯思”号的主要任务，可能是防止挪威人从罗弗敦群岛逃往设得兰群岛。因为一旦逃到设得兰群岛，他们就可以脱离被占领区，加入反抗德国的阵营中。不过此时，在警报的召唤下，“克雷伯思”号驶出了港口，勇敢地面对来犯的舰船，即使敌人的兵力强于自己数倍也在所不辞。

卡斯隆瞄准了小船。等到两船距离不到 2 英里（约 3.2 公里）时，他下令开火。第一发炮弹射得稍高，没打中。紧接着，按照沃明顿的说法，“克雷伯思”号小船“拼尽了全力”回击英国军舰。然而接连 3 轮，它都没有击中“索马里人”号船身。不过，其中 1 发炮弹恰好射中了前桅杆上飘扬的军旗。这下激怒了卡斯隆，他下令连发 3 枚炮弹，几乎置捕鲸船于死地：其中 1 枚引爆了“克雷伯思”号的备用弹药库，1 枚摧毁了操舵室，还有 1 发击中锅炉房。小船顿时浓烟四起，看来已经失去了控制，幸存者纷纷跳入水中。见状，“索马里人”号停止轰炸，驶向了小船，准备救人。

“索马里人”号的副舰长、副指挥是皇家海军上尉亨利 · 斯图尔特 – 蒙特斯（Henry A. Stuart-Menteth）。1940 年挪威战役时，他所在的“猎人”号（Hunter）驱逐舰被击沉。斯图尔特 – 蒙特斯当时腿上受伤，德军将他从海上救起时，他已经失去意识。醒来时，他发现自己到了医院，但完全不知道自己身在何处。不过，希特勒的画像很快让他明白过来。无论如何，对于德国人的救命之情，他一直心存感激。另外，面对英国的进攻，德军一度撤离纳尔维克，而没有把他一同带走，这也让他非常庆幸。而此时，德国人正在维斯特峡湾冰冷的海水里挣扎，他看到其中一人挣扎得尤其厉害。眼前的景象让他想到了自己，“他们也曾救过我”。英国人朝捕鲸船的一侧抛下了救生网。斯图尔特 – 蒙特斯爬上救生网，把那个人救了起来。

“克雷伯思”号触碰到一个岩石小岛，搁浅了。这个小岛位于斯科拉文岛南侧，名叫弗莱萨岛，海拔很低，且比较平坦。“索马里人”号不再管它，转向离开。这时，一个受伤的锅炉工爬上了“克雷伯思”号甲板，进入轮机舱，烧毁了一些机密文件和加密材料。他看到 2 名受伤的初级军官以及 2 名水手躺在甲板上，然而他却无法帮助他们。最后他自己跳上了弗莱萨小岛。

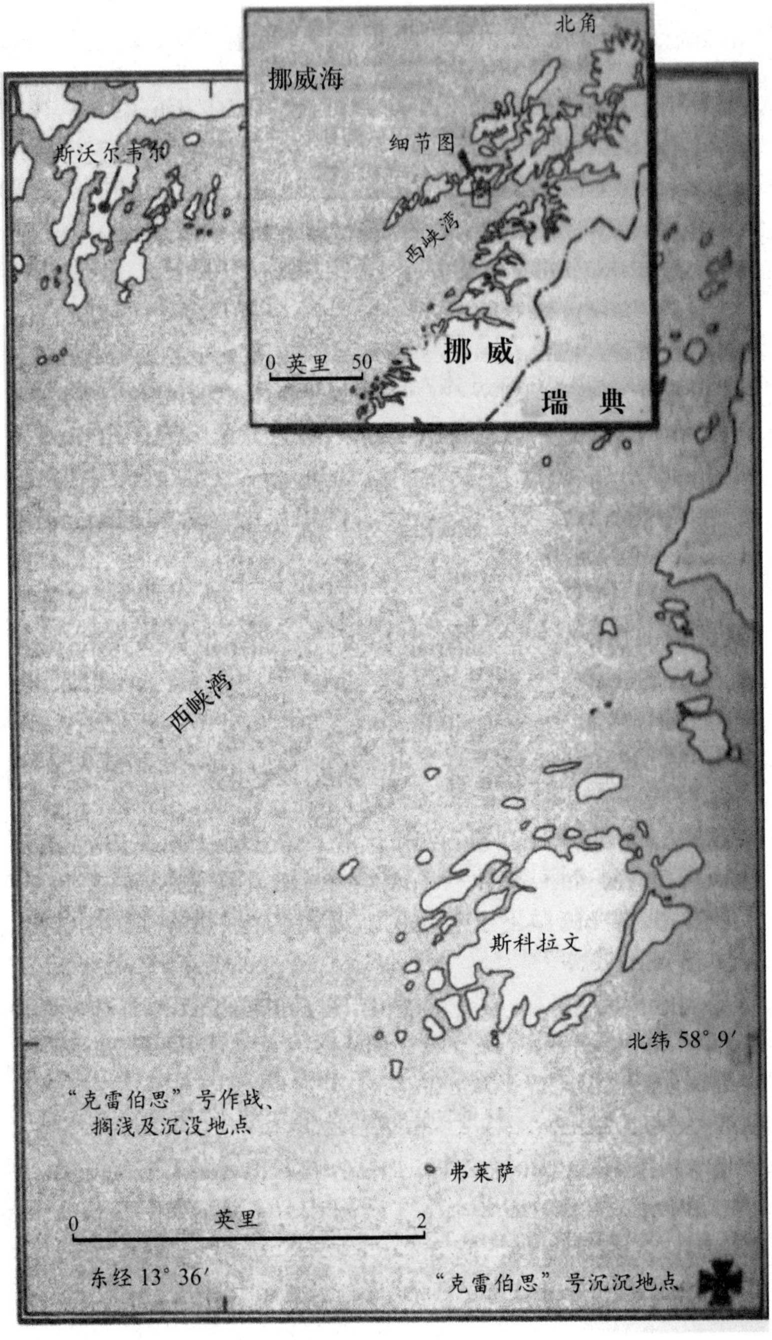
北角
挪威海
细节图
西峡湾
0 英里 50
挪威
瑞典
斯沃尔韦尔
西峡湾
斯科拉文
北纬 58° 9′
"克雷伯思"号作战、
搁浅及沉没地点
弗莱萨
0 英里 2
东经 13° 36′
"克雷伯思"号沉沉地点

7:10，卡斯隆允许使用无线电进行通信。在此之前，沃明顿已经做好了充分的准备，因此无线电设备非常好用。卡斯隆很快联系上了其他4组登陆部队，他们均已成功登岸，开始执行各自的任务，几乎没有遇上什么抵抗。他们摧毁了罗弗敦群岛的鱼油炼油厂和莫勒药用炼油厂，纵火烧了储油罐和煤油罐。挪威清澈的蓝天顿时浓烟滚滚。与此同时，其他的驱逐舰正忙于击沉德国船只，俘虏德国大兵。

每年2—4月，都会有大量鳕鱼涌入西峡湾。在这段时间，数千名渔民会来到峡湾内的各个小岛。就在英军突袭的这个周二早晨，渔民出海时还不知道英国人的行动目标。当人们发现英军的打击目标是德军而不是自己时，他们欢呼雀跃。在各港口附近，数百艘小渔船星星点点地漂在水上，挥舞着挪威旗帜。

“索马里人”号在最南边的一个港口停留了一会儿，观察行动的进展，随后它调转船头，返回斯沃尔韦尔港。经过弗莱萨岛时，它发现“克雷伯思”号重新浮起来了，向峡湾中心处漂去，船上依然蔓延着火光。“索马里人”号靠近时，发现船上升起了白旗。

这个时候，沃明顿正在舰桥上。他想，“克雷伯思”号上也许还有一些有用的文件。而且，这绝对是个千载难逢的好机会，可以登上敌船。不过他知道，卡斯隆害怕救船会拖整个行动的后腿，于是沃明顿提出了一个让他动容的理由：登上“克雷伯思”号，营救被困的水手。卡斯隆同意了。

为了节省时间，也为了能最大限度地保持自由行动，卡斯隆决定不放“索马里人”号的小船，也不让“索马里人”号靠近，而是叫来了突击队里的挪威语翻译——伦纳德·哈珀–高（Leonard M. Harper-Gow）少尉。哈珀–高身材高大，参加过苏格兰埃尔郡义勇骑兵队。他曾在挪威待过几个夏天，并学会了挪威语。这次行动没有安排他登岸，让他十分郁闷。鉴于无线电沟通非常顺畅，他最好还是在海上移动，不要登岛。他在甲板上招呼了一艘渔船，向船长说明了目的。船长同意按他说的去做。9:10，沃明顿、哈珀–高，以及阿斯利特（A. R. Aslett）少校乘船朝“克雷伯思”

号而去。

"克雷伯思"号的一些地方还在闷烧。在烧焦的驾驶舱中，他们找到四五具遗体，其中一具，是倒在舵轮旁的卡普芬格船长。甲板上，5名水手蜷缩着，2人受了重伤，1人的胳膊被大面积烧伤，还有1人被撞了头部。

阿斯利特掏出佩枪，沃明顿也拿出了自己的比利时手枪（海军还没有统一标准的佩枪）。不过这5个水手都没有抵抗。沃明顿把手枪放回了粗呢大衣里，快速地把周围检查了一遍。没有通信本，没有密码本，也没有加密设备。显然，早在轮机舱被"索马里人"号击中之前，他们就已经销毁了这些东西。沃明顿找到了一副望远镜，塞进了自己的口袋；哈珀－高拿了船长的帽子；有些人还顺手牵走了测距仪。"克雷伯思"号的下层仍在燃烧，没人能进入轮机舱和船首舱。但是在船长的单间里，沃明顿发现了一张纳粹海军的方格海图，这是一张欧洲部分水域的海图，上面标明了从冰岛到挪威的水域编码。除此之外，他还找到了一些私人物品和不少文件，其中有些看起来像是保密的。沃明顿把找到的物品通通卷走。其他两个英国人也不例外，把所有文件全部收了起来。他们又把抽屉翻了一遍，这时，沃明顿发现，有个抽屉上了锁。

"既然锁起来了，"沃明顿心想，"那一定有什么重要的东西！"

他掏出手枪，模仿电影的情节，把锁打碎。他上好膛，把枪对准锁子，然后看向一旁，扣动了扳机，锁子炸成碎片。沃明顿打开抽屉，里面有个木盒。盒子大小约为9×5×3英寸（约22.8×12.7×7.6厘米）。打开一看，里面是2个冰球大小的黑色圆盘，保存得完好无损。圆盘上有带电的触点，绕圆周1圈，刻着字母；边缘突出，呈锯齿形。沃明顿从没见过这样的东西——英国皇家海军依然在用密码本，他对恩尼格玛加密机更是一无所知。但是，他认得出来，这东西一定与加密有关。他盖上盒子，又在房间里看了一圈。

这会儿，他已经没时间去检查无线电室，他们在"克雷伯思"号上待了45分钟。"索马里人"号马上要发出信号，要求他们返回。卡斯隆可能担心遭到空袭。3 位英国军官把 5 名俘虏抬上挪威渔船，沃明顿把找到的方格海图和其他文件交给阿斯利特，自己留下了装有转子的木盒。渔船把他们送回“索马里人”号，他们给了渔民一些香烟和食物作为奖励。沃明顿把盒子交给卡斯隆，卡斯隆扫了一眼转子，立即就明白了。他直接把木盒拿到了舰桥下面的应急舱。在驱逐舰上，舰长只要不在舰桥上，通常都会在这里。卡斯隆的安全意识很强，从此以后，沃明顿就再也没见过这个盒子。阿斯利特也把 3 人搜集到的文件交给了卡斯隆。

岸上的行动仍在继续。“索马里人”号现在准备击沉“克雷伯思”号，然而这并不是一件容易的事。因为要抵御海面的浮冰，捕鲸船通常都建得非常结实。“索马里人”号两次在它旁边投掷了深水炸弹，炸弹的威力使驱逐舰上的餐具都飞了起来，“克雷伯思”号却纹丝不动。“索马里人”号又发射了舷炮，“克雷伯思”号晃动了几下，依然没有下沉。最终还是火炮起了作用。10:30，“克雷伯思”号沉没；船上原有的 24 名船员中，有 18 位的遗体一同沉入了海底。

这段时间里，突击队员们也重新回到了船上。他们总共击沉了 10 艘舰船，摧毁了 18 个鱼粉和鱼油工厂，总共将 80 万加仑的鱼油付之一炬。他们还俘虏了 12 名卖国贼，213 名德国维修人员、平民、警察和商船船员。有 1 艘挪威籍拖网捕鱼船逃到了法罗群岛。13:30，英国各驱逐舰和运兵船集合，按照日间巡航顺序，以最快速度沿维斯特峡湾返回。在他们袭击过的地方，留下浓厚的烟幕。下午 4:00，卡斯隆通过无线电向海军部报告了行动成功的消息。不过，对于截获的转子和秘密文件，卡斯隆只字未提。

事实证明，沃明顿他们截获的文件里，包含了整个 2 月份的密钥文件：内部设置、外部设置以及插线板设置，一应俱全。回到斯卡帕湾后，卡斯隆把所有这些文件交给了海军情报负责人，从那里，这些文件被转交到了布莱奇利园。

第十一章
“亲吻”漏洞

-1-

尽管沃明顿上尉经历了一番曲折才找到了转子，然而 8 号棚屋在这之前就已经拿到了转子，因此沃明顿对破译工作的帮助不大。真正有用的是 2 月份的密钥文件，文件编号为 1566，指示字母设置“HAU”。3 月 12 日，星期三，阿兰 · 图灵收到文件后，立即开始破译工作。

破译的电报量立即飞速增长。3 月 12 日，布莱奇利园海军处给作战情报中心发送了 10 条破译电报；而到 13 日，海军处发送了 34 条。在接下来的 1 周时间里，几乎每天破译的数量都保持在同一水平，甚至更高。因为 2 月份的一些德国本土水域的密电也很快被破译了。随后，日破译量稍有降低。不过，不到 5 周的时间里，8 号棚屋就全部破译了整个 2 月份本土水域的密电。这些破译的密电为密码分析学家进一步破译提供了帮助：4 月 22 日—5 月 26 日，他们破译了 4 月份德国海军所有的恩尼格玛密电。到了 5 月份，英国仍然可以破译大部分的恩尼格玛密电，破译的时间比发送的时间仅晚 1 周而已。破译的电报虽然对海战没有什么立竿见影的影响，但是对其他方面仍有很大的帮助。而且，既然德国海军恩尼格玛是可以破译的，政府密码学校便开始招纳更多的密码分析学家一起攻克难关。

图灵找来了自己的好友肖恩·威利（Shaun Wylie）。他和威利是在普林斯顿认识的，2人都获得了数学博士学位。8号棚屋的另一位成员这样评价威利：“他有异常精确的逻辑思维。他对任何事情的理解，都很透彻……肖恩是个近乎完美的绅士，从来不发脾气，除非是故意为之；他还是一个相当好的倾听者，从不打断别人的谈话。我相信，即使有人说战争已经结束了，他也不会打断。”威利还是国际曲棍球手，也是一流的教师。后来，他当上了布莱奇利园戏剧俱乐部的主席。有一次，在当地徒手格斗比赛中，他还赢了本土民兵[1]。但他从不炫耀这些成就。

说这话的人名叫欧文·约翰·古德（Irving John Good），他来布莱奇利园的时间比威利晚6个月。古德身材不高，却很精壮，是剑桥大学的数学家。他本名伊西多尔·雅各布·古达克（Isidor Jacob Gudak），父亲在伦敦开了一家小店。在剑桥大学时，他不仅获得过赫赫有名的史密斯数学奖，而且已经在自己的领域从事博士后研究了。不过，他并不甘心从事非战争的工作。有一天，剑桥大学就业办公室通知他去参加面试。去面试的路上，一个朋友建议他把围巾放到大衣里面，不要露在外面，否则看起来像个本科生。围巾或许有一些帮助，不过更重要的是，布莱奇利园的3个面试官中，有一位是和他一起下过国际象棋的休·亚历山大。古德一直怀疑，他能被选中是不是因为象棋下得好。他到布莱奇利报到的时候，亚历山大到火车站迎接了他。他们一路走到布莱奇利园，亚历山大给古德讲了恩尼格玛的一些故事。亚历山大讲得感人至深，让古德终生难忘。他意识到这份工作将对战争意义重大，这让他高兴又激动。

来到8号棚屋，古德的第一个任务就是阅读一份介绍恩尼格玛，以及密码分析学家如何破译它的文件。这份文件写得非常潦草，加之技术含量高，因此十分难懂。他立刻问图灵，“我们到底是怎样掌握转子线路的？”而图灵正坐在一张桌边和朋友琼·克拉克（Joan Clarke）谈话。他简单地

[1] 译注：本土民兵（Home Guard），1940—1957年间为保卫英国本土而组织的非正规作战部队，又译为地方军。

答道："或许是靠波兰人。"

"或许是偷偷窃取的？"古德试探性问道。

"差不多吧。"图灵敷衍道。古德意识到，他不应该再问问题了。

政府密码学校非常明智——当然也可能是出于绝望，招募了一些女性密码破译家和工作人员。希拉里·布雷特–史密斯（Hilary Brett-Smith）就是其中一位。二战前，布雷特–史密斯在牛津的几所学校教过古英语。学生觉得这门课无聊，而她却津津乐道地给他们讲解为什么"foot"（脚）的复数是"feet"，而"book"（书）的复数不是"beek"。她希望用这种方法改变学生对这门课的态度。布雷特–史密斯四处寻找和战争相关的工作。敦刻尔克大撤退后，有一天，一位老朋友要她速来布莱奇利园工作。这个老朋友是布雷特–史密斯在一所私立文法学校——牛津龙小学认识的数学家，现在就在布莱奇利园工作。虽然老朋友对工作的内容守口如瓶，不过想到外交部的薪水比陆军部高，也很体面，布雷特–史密斯就接受了邀请。"希拉里"这个名字比较中性，财务人员有时候以为她是男性，就按男性职员的标准给她发了薪水。她被录用以后，因为语言学的背景，人们以为要让她制作专业技术名词和术语的外文卡片。结果她被安排在了8号棚屋，与图灵、特温，以及国际象棋大师哈利·戈隆贝克（Harry Golombek）共事。

另一位出色的女性密码分析学家当属梅维斯·利弗（Mavis Lever）。她天生就对密码有着敏锐的直觉。利弗来到布莱奇利园时只有18岁，之所以被录用，是因为她在伦敦大学学过德语。利弗被分到诺克斯的小屋，有人非常简单地跟她打了招呼："你好！我们正在拆机器！你有笔吗？""嗯，给你。"有一次，一个6位字母的密码"STGOCH"难住了密码分析学家，如果说是"St. Goch"，可是渊博的学者们翻遍了所有的地名词典、宗教名录也找不到"St. Goch"这样的圣人或地点；是利弗首先发现，这个密码不代表"St. Goch"，也不是打错了的法国地名"St. Roch"，而是"Santiago, Chile"（圣地亚哥，智利）的缩写。还有一次，他们截获了一封意大利的恩尼格玛密电，也是利弗发现了其中的蹊跷：她盯了一会儿，突然发现整篇密电没有一个“l”。他们知道，恩尼格玛的特点就是加密后的字母一定不是原来的字母本身，所以，这个电报明文通篇没有别的，全部都是“l”！利弗就用这个密电破解了密钥。利弗所在的团队破译了意大利海军恩尼格玛，帮助英国皇家海军在马塔潘角战胜了意大利舰队，夺取了对东地中海的控制权。获胜后，海军情报负责人戈弗雷少将拨通了布莱奇利园海军处的电话，要和诺克斯通话。诺克斯当时在家，戈弗雷于是留言说：“告诉杜利（诺克斯的昵称）我们在地中海打了个大胜仗，这完全归功于他和手下的姑娘们。”

当然，取得这么高的成就的女性毕竟是少数。大多数女职员从事的都是最基本的工作，诸如打字员、装订员；或是等密码分析学家找到密钥后，进行解码工作。大部分女性都是贵族小姐，有些还是妙龄少女，有些已经进入社交界。她们想为战争尽一点微薄之力。若不是战争，她们可能根本不会出来工作。而她们喜欢工作。虽然很枯燥，但她们并没有什么抱怨。姑娘们的保密意识很强，从不对外人提起自己的工作，即使密友也不例外。有一天，国王来到布莱奇利园，见到了女儿伊丽莎白公主的朋友。于是国王问她在这里做什么，她答道：“我不能告诉您，先生。”她和其他姑娘们一样，非常认真地履行着自己的责任。

-2-

这会儿的布莱奇利园，虽然人手还没达到最多，但每个人都精神饱满。所有工作人员，无论老人还是新人，都被分配住在附近十几公里范围内的小酒馆或者农舍里。哈利·辛斯利和两个牛津剑桥的毕业生住在一起，分享农舍的一半，另一半住着农夫和他的妻子以及清扫佣人，负责为他们打扫卫生。布莱奇利园向北 3 英里（约 4.8 公里）处的有个申利布鲁克恩德村，阿兰·图灵就住在村庄的王冠酒馆里，每天骑自行车往返。其余 1000 多名工作人员，大多乘坐班车。为了接送所有的人员，班车每天要往返 3 趟。吃饭时，大家就一起在混乱的大厅里进餐。因为不是军队，所以没有严格的上下级服从关系；大家很少穿制服。对于他们来说，高级别不过意味着多些工资、认可度高些而已，对人与人的关系几乎没什么影响。他们知道，战争工作决定不了他们的未来。那个时代，普通人是很少留胡子的，然而在布莱奇利园，留胡子的大有人在。这些人全部是一群怪人。就像有人说过的："在这里工作，不一定非要疯狂，但是疯狂确实有利于工作！"

天气好的时候，人们就在草坪上散散步，打打网球、棒球、槌球等。临时被分配到这里的记者马尔科姆·马格里奇（Malcolm Muggeridge），观察大家游戏时评论道：

> 跟他们严肃的工作比起来，游戏本应是轻松的。不过这些学者似乎把认真的精神带到了游戏里。他们有时候会热烈讨论游戏的某个部分，好像他们讨论的不是游戏，而是自由意志、决定论[1]，或者宇宙到底是起源于大爆炸，还是起源于逐渐演化这种重大问题似的。说话的间隙，他们摇着脑袋，大口地喘着气，（然后可能会说），"我认为我的更可靠"，或者"我敢断定，不怕你们反驳，我的右脚已经……"

晚上，不值夜班的人可以到布莱奇利园的休闲俱乐部喝喝咖啡，看看报纸，听听收音机；那里像图书馆一样安静。俱乐部有戏剧小组、音乐团，或桥牌、国际象棋、舞蹈，以及羽毛球、剑术等的活动场地。每个小组或团体成员都才华横溢，时不时上演戏剧、滑稽剧、音乐会，甚至是歌剧，充满了浪漫的气息。马格里奇写道："这里的女性也很专注。她们当中有的是绅士的爱人，漂亮的脸上带着严肃的神情，她们专注地爱着，或者因为爱而专注着。这要视她们的性情或情况的紧急程度而定。有的女性自己就是学术派，她们灰头土脸，不修边幅，头发蓬乱，说话语无伦次。"

---

[1] 译注：决定论（determinism），又称拉普拉斯信条，是一种认为自然界和人类社会普遍存在客观规律和因果联系的理论和学说。

很多女性在这里遇到了她们的另一半。希拉里 · 布雷特 – 史密斯搬进了哈利 · 辛斯利所住农舍的另一半，结果发现辛斯利需要一个女人，至少他的袜子穿破了，得有人给他买新的。后来两人结了婚。这样的例子当时随处可见。

8 号棚屋的密码分析学家们分成 2 组。1 组在一间长方形房间里工作，房里有 3 张木桌，2 把椅子，还有 1 个文件架，上面放着大张的白纸。这些白纸都是牛津北部小镇班伯里生产的，所以，密码学家们把这个小屋里用纸破译的过程叫作“班伯里模式”（banburismus）。在这里进行密码破译工作，没有任何字母框可以借助。

这些白纸又大又厚，从上到下大约 10 英寸（约 25 厘米）长。每张纸上都印着几十列字母，每一列都按“A–Z”的顺序排列。纸张的宽度从 2 英尺（约 0.6 米）至 5 英尺（约 1.5 米）不等，较窄的纸张用于破译较短的德国电报。8 号小屋的年轻女性都要从“红色表格”做起，也就是记录在粉色纸张上的电报。她们在大白纸的字母纵列上标出密电中的每个字母（例如在第一个纵列标出密电中的第一个字母，以此类推），并在标记的字母上打孔。每条截获的密电在纸上要标记两遍。然后，用同样的方法标记下一条密电。接着，她们把一张打过孔的纸铺到深色桌面上，上面再放上另一张打孔的纸，把第一排的字母对齐。如果打孔的地方有重叠，桌面的颜色就会透过圆孔显现出来。她们清点好重合的字母数量，再把上面的纸向右移动一格，再次记录下重合点的个数。移到最右边之后，再把上面的一层纸一格一格地向左移动，直到所有的位置全部统计完成，列入表格。

这些重合的点很少只是巧合。大多数情况下，两份密电比对后，统计的位置都是这样。然而，很多重合点都表示两条密电加密时是相同转子，并且转子的字母位置也是相同的。如果密电够长，且有几条密电出现重大重合，那么根据重合点的数量，以及最右边的转子推动中间转子转动的原理，运用数据统计，就可以推测出最右侧的转子在什么位置推动了中间转子旋转，也就是重合终止的点。因此有些时候，转子的字母环位置也就能推断出来。鉴于 1—5 号转子都在字母环特定的位置有凹槽。例如 1 号转子的 R 处；2 号转子在 F 处，等等（见第十章），从字母环的起始位置开始数，就可以找到凹槽的位置，进而判定转子的号码。（当然，对于 6—8 号转子，这种方法就不适用了，因为德国海军把这几个转子的凹槽都统一刻在了 H 和 U 的位置。）判断出最右边的转子，就可以大大减少“炸弹”机需尝试的次数，少占用“炸弹”机的宝贵时间，提高破译速度。

统计学上判断重合终止点的方式采用了 18 世纪英国数学家托马斯 · 贝叶斯（Thomas Bayes）的发明。图灵进一步发展贝氏计算法，发明了计算所需的计量单位。基于密码分析过程的术语，图灵定义了“班”（ban）这个单位，表示一定的信息量使得某种假设有 10 倍的可信度。而“十分之一班”则是“这种证据可信度最小，人们几乎不会察觉”。由此，十分之一班成了布莱奇利园的又一个术语。后来人们又提出了十分之一班的一半（half decbans）——“HDBs”，也叫“hudubs”。这是为了方便统计长电报中的重复。有人称之为“现代科学的源泉”。

休 · 亚历山大最善于应用“班伯里模式”。他对重合字母、重合终止以及字母环位置的感觉比其他人都要灵敏。当然，其他人也有做得出色的时候：有一次，古德发现了一个 22 个字母的重复，让其他人羡慕不已。古德非常喜欢这项工作。在思考字母链、字母表以及概率时，他的神情就和下国际象棋一样专注。这些问题的困难程度让他必须专注，但是又不至于难得让他想放弃。毕竟他的任务至关重要，让他有足够的动力去攻克难关。

大多数时候“班伯里模式”棚屋非常安静。人们不怎么相互交谈，不过工作环境很是宜人。大家相处得非常融洽，很少吵架。为了不让上一班岗的同事超时工作，接班的人都会提前 10—15 分钟到岗；而交接的人会告诉他已经找到的字母链，以便下一班人迅速跟进，尤其是在识别字母环位置时。密码分析学家移动带有字母循环圈的纸带，检查是否有匹配的或者是看起来有用的信息。鉴于恩尼格玛的明文和密文是可逆的，如果一个字母表或字母链产生相同的字母，也就是他们所谓的“撞车”，他们会将之否定。他们会仔细检查每一张“班伯里模式”打孔纸。但奇怪的是，他们很少看拦截的电报原文。

-3-

如果能找到字母框，密码分析学家们就不需要使用“班伯里模式”了。8 号棚屋的另一个小组，就专门负责破解这样的密电。他们把一个字母框对应到某个密电上，从中推导出字母链，得出能用于“炸弹”机的起始字母（又称为“菜单”），并得出密钥后再进行测试，看能否将其破译为明文。这项技术需要有一定的语言学背景。在这个小组里，有曾受过良好的古典教育，后来才成为数学家的威利；还有古英语专家布雷特－史密斯。

有时，德军会用不同的密码系统发送相同的内容。如果其中一种是恩尼格玛，而另一种是布莱奇利园能够破译的，那么后一种密码的破译就为恩尼格玛提供了可用的字母框，也就是英国密码分析学家们所说的“亲吻”。1941 年初期，大多数字母框都来源于不同密码的“亲吻”。负责非恩尼格玛海军密电的 4 号棚屋已经可以实时破译造船厂代码。造船厂代码传递的一类重要信息，就是报告在已扫清海域发现的新雷。这类情报必须送达所有经过该水域的舰船。不过，有些辅助船只、小型巡逻船以及扫雷艇只有造船厂代码，而作战 U 型潜艇只配备恩尼格玛加密机，因此同样的信息一定会有两种版本。一般来说，这两种形式的密电所使用的明文完全相同，因为草拟电报稿的人不了解这层危险；而操作员也不在乎，或者不愿意修改措辞。每当 4 号棚屋的密码分析学家——例如克里斯托弗 · 莫里斯（Christopher Morris）发现破译的造船厂代码有可能作为字母框时，他就会将其送到隔壁的 8 号棚屋。8 号棚屋的破译者将拿着它寻找潜在的恩尼格玛密电。匹配成功的概率着实不算低。

这项技术太宝贵了。有时候，英国人需要密电“亲吻”的时候，会故意派人在德军刚刚扫过的水域重新布雷。不久，他们就能截获一批同样的电报，称某某航道某时至某时关闭。这其中既有容易破译的造船厂代码，也有天书般的恩尼格玛。英国人把这一招叫作“栽培”(gardening)。

例如有一次，英国海军部给航空部发送电报，称“急需特别种植柳树”。2 天后，英国人收到了德国“最迅速”的应对电报。大概是在造船厂代码的帮助下，布莱奇利园用不到 3 天就破译了德军的这条密电：“BF 2927、2928 方格[1]（布列塔尼北海岸附近海域）有雷，暂时关闭。”

-4-

尽管有“亲吻”漏洞破译技术，密电的破译情况仍旧时好时坏。1941 年 4 月 30 日，布莱奇利园将 18 条破译的密电电传到海军部作战情报中心：其中有 11 条一般密电，7 条 U 型潜艇密电。这是 1 周以来其首次向作战情报中心传送破译密电，而其中最新的一条也是 12 天前的。

密电的匮乏，意味着作战情报中心的潜艇追踪室只能依靠无线电测向来定位德国潜艇。无线电测向部的领导是退役的海军少校彼得·坎普。20 世纪 20 年代晚期，坎普在一次潜艇行动中失去了一条腿。大战再次临近时，他应招加入了情报部门。负责为他搜集数据的是 8 个无线电测向站：从苏格兰的设得兰、威克、库珀到英格兰的斯卡伯勒、温彻斯特、莱德、兰兹角，还有直布罗陀海峡；后来又增加了切姆斯福德，以及冰岛和亚速尔群岛的测向站。所有测向站均有线路与斯卡伯勒站相连。斯卡伯勒是英国最老的电报拦截站，位于英格兰东海岸的中部。每当斯卡伯勒监听到 U 型潜艇的无线电报，都会通过陆上通信线，也就是电话座机来通知其他无线电信号站进行测向。各站把测向结果汇报给坎普的部门，这些结果占了潜艇追踪室四分之一的空间。

为了避免在海图上不停地画了又擦，坎普用了一个精巧的装置。他在一块倾斜的板上贴上英国和北大西洋海图。板子框架上标有经纬度，可以显示测向站测得的信号方位。在海图上，坎普在每个测向站的位置都打

[1] 译注：此处应指纳粹海军的方格海图。

了孔，穿入一根黑色的细绳。绳子一头是大头针，一头挂着类似砝码的重物。每当测向站收到无线电信号，坎普或者值班员就会根据信号来源方向拉出细绳，把大头针插到这个测向站在该方向能监听到的最远的点。线的长度是根据实际距离按比例缩放的。从其他信号站测得的方位也是如此。几根绳子的相交点就代表信号源的位置。这就是一次定位。

每一次测向都有一定的误差，因此定位也必然存在误差。误差的严重程度取决于很多因素，例如海上的冷锋、电暴、无线电测向站的接地装置、测向站的天气情况、电离层高度，以及测向员的经验。情况好的时候，误差不超过 3 个经纬度。一般来说，如果有 6 个测向站同时测得信号方位，他们对潜艇的定位可以精确到 25 英里（约 40 公里）范围内。这种情况下，坎普就会向附近的护航舰队发出预警信号，提醒他们危险可能临近。

作战情报中心收到的情报中，有很大一部分是来自坎普的无线电测向部。然而就在这时，作战情报中心下属的潜艇追踪室经历了重大的人事变动。潜艇追踪室的第一负责人原是军饷发放总管欧内斯特 · 斯林（Ernest W. C. Thring）。早在第一次世界大战时，斯林就在当时的“40 号房间”负责潜艇的追踪定位工作了。他始终秉持谨慎和怀疑的态度，这对情报的精准是非常关键的。每当收到 U 型潜艇被击沉的消息，大家总是欢欣鼓舞，然而斯林却总是非常冷静。据他身边的人说，“他总是疑心很重，无论是燃油泄漏还是漂浮的尸体，似乎都不能让他相信有潜艇被击沉了。在别人看来是证据确凿，他最多就是极不情愿地说一句‘有可能’。”

鉴于大西洋海战一直没有重大突破，他的保守主义态度渐渐引起了人们的反对。在斯林看来，推测潜艇的移动方向太危险了。更关键的是，那时的斯林已经 60 多岁了，他觉得英国、德国都不可能使出什么新花样，用的都是前几次战争的招数；他对同事非常苛刻，而且上了年纪，身体也一天不如一天。1941 年 1 月，助理接替了他的位置。

这次人事变动可以说是史无前例——特林的助理并非职业军官出身。此人只有 37 岁，是一位高级辩护律师，还被任命为皇家海军志愿后备队临时司令。一向保守的皇家海军竟然任命一位文职人员担任如此要职，这还真是史无前例。之所以任命他，必然有他们的道理。

从 1939 年 8 月起，这位文职人员——罗杰 · 韦恩（Rodger Winn）就开始担任特林的助理。韦恩中等身材，体型壮硕；不过由于小时候患过小儿麻痹症，他脊柱略显畸形，还有些跛脚。他一直梦想加入海军，然而这种病断送了他的雄心壮志。即使在潜艇追踪室，他也要经常用手撑着桌边，以减轻腿部的压力。韦恩非常勤奋，对待情报一丝不苟；他和同事相处得不错，大概是因为他很有幽默感，加上律师的经历让他有很多故事可讲。他精力充沛，不能容忍懒惰和糊涂。在对待证据的态度上，他和特林一样，坚决不肯降低自己的标准。不过，他至少愿意预测潜艇的行踪。在韦恩看来，即使预测的正确率比平均水平高百分之一，对拯救盟军的生命和舰船也是有益的，还可以帮助盟军击沉更多敌人的潜艇。

韦恩接手后不久，作战情报中心就从海军部的地下二层搬进了所谓的"城堡"里——一个现代化的混凝土防空洞，就在海军部后面。潜艇追踪室正好在圆顶的庇护之下。一张 7 平方英尺（约 0.6 平方米）的大桌占据了房间的大部分空间，被头上的灯光照得清清楚楚。桌子上铺着北大西洋海图，上面星星点点地用大头针和各种记号标注了盟军船队和德国 U 型潜艇的位置。墙上也贴着图表，记录盟军被击沉和新造舰船的情况。旁边还有张桌子，上面铺着德国海军的方格海图。德军把广阔的海洋分割成一个个大的长方形，再分成小格，并将每格编上编号。各方情报汇集到这里，其中有空中和海面上的发现报告、航空拍摄、沉船报告、特工报告，测向等。当然最重要的来源莫过于 8 号棚屋破译的德军密电。韦恩和他的 6 名助手负责核实各方发来的数据，判断海上 U 型潜艇的数量和位置，还要尽可能地辨识潜艇的身份信息。所有这些信息都是为了生成 U 型潜艇标绘图。

这是一项无比细致的工作。有些信息表面上看来是相互矛盾的，需要他们拨开重重迷雾，找出真相；有些信息是零散的，也要他们将之整合到一起。有时，他们还要找到以前关于某个潜艇，或者某个相似情景的记录，和手中的信息做对比。韦恩等人必须详细掌握盟军船队和德国U型潜艇的一切细节，并需要掌握情报的来源，知道在什么情况下来应用这些信息，然后给出行动建议。

当时的西部海域总司令是海军上将马科斯·霍顿爵士（Sir Max Horton）。霍顿爵士性格张扬、脾气暴躁，负责大西洋海战的大部分指挥工作。刚上任不久，他就在反潜艇战争委员会的一次会议上公开指责韦恩对潜艇的研究不足。韦恩答道，如果您能给我半个小时的时间，我可以把所有能搜集到的情报给您过目。当霍顿来到韦恩的办公室，摆在他眼前的是一大摞各种各样的情报。“这些都是您要看的，”韦恩接着说道，“而您的总参谋部正在利物浦焦急地等待着。”霍顿仔细研究了一会儿，转向韦恩，承认他不熟悉这些。然后他笑着伸出手，对韦恩说：“还是交给你吧。再见，罗杰！”从此再也没找过韦恩的麻烦。

韦恩虽然为作战单位与反潜艇战争部门提供信息，但是他联系最多的，还是贸易部门的船队动向处（Movement Section）。他们和韦恩的办公室只隔了一条走廊，主要负责为船队设定路线，并掌握船队的动向。船队动向处的头儿是理查德·霍尔（Richard A. Hall）中校，他父亲是一战中著名的海军情报负责人。而且，霍尔和韦恩一样，对海上的事情有着非常敏锐的判断。有位军官曾评论霍尔和韦恩说：“如果这两个人不再争论，那我们就要输了。”

-5-

1941年春，密电破译的数量少、周期长，作战情报中心了解U型潜艇位置和动向的唯一途径，就是舰船或飞机偶尔在海上发现他们，或是运输船队切实遭遇U型潜艇袭击。虽然潜艇追踪室能比较准确地计算出海上巡航的U型潜艇数量，然而究竟邓尼茨打算将它们派去哪里，他们无从知晓；无线电测向也无能为力。因此，他们只能靠推测来指引船队躲避“狼群”。另外，1941年1—4月，U型潜艇的数量还增加了三分之一。

在一次全国电台演讲中，丘吉尔表达了他的担心。他首先向造船工人、码头工人、扫雷艇和商船的水手致敬，“他们不顾天气恶劣，冒着生命危险，尽职尽责地护卫祖国安全”。“不过，每当想到敌人击沉一艘舰船是多么轻而易举，而为了建造和保护一艘船，我们却必须消耗巨大；想到我们时刻有超过 2000 艘舰船在海上执行任务，其中三四百艘处于危险海域；想到我们在近东地区有大量军队需要维护和增援；想到我们在海上的交通；想到这些，你还会怀疑大西洋海战是争取战争胜利的关键因素吗？”

受到丘吉尔的激励，面对越来越大的沉船数量，而无线电测向又不够精准，密码破译亟待加强。辛斯利留着长头发，虽然本科还没毕业，但是要论分析 8 号棚屋的破译结果，他俨然已是一位专家。这时，他想到了一个主意。

第十二章

奇袭捕鱼船

-1-

德国迫切需要气象信息。这样，他们才能闪电空袭英国，展开大规模的空中轰炸，让英国屈服，并计划入侵该国。然而，天气的趋势是自西向东的，德国地理位置处于劣势。为了预测英国及欧洲大陆的天气情况，德国气象人员必须深入北大西洋。但是，北大西洋长期以来一直是英国海军的地盘。

德军占领丹麦和挪威之后，1940 年 4 月，首先派出 3 架飞机深入大西洋侦测气象。不久，侦察的飞机变成了一支气象侦察队。然而，飞机再多，也不能像气象船或气象站一样重复提供定点的天气情况。飞机虽然可以报告海上某一地点——例如 300 英里（约 483 公里）外，5000 英尺（约 1574 米）高空的气压、气温、湿度和风力，但是，这些报告终究不能代替每日两次、不同高度的定点报告。这些定点报告包含的信息还包括各种天气下的水温和海面情况，而且有的监测地点深入大西洋，是德国飞机无法达到的。更重要的是，飞机监测的气象信息往往有失精准——有时候，飞行员估测海上微风的方法，只不过是用机头的机枪开一枪，看看吹向哪边。

1940年夏，不列颠之战（Battle of Britain）打得相当激烈，德军开始用舰船进行气象监测。7月23日，"阿道夫·维能"号（Adolf Vinnen）被派往冰岛以北；3周后，德军派"辛里奇·弗雷泽"号（Hinrich Freese）接替它。9月14日，"萨克森"号（Sachsen）被派往格陵兰岛，这艘船的指挥官是一位经验丰富的捕鲸人——奥托·克劳尔（Otto Kraul）上校。英国刚刚关闭了德军格陵兰岛上的2个气象站，德国准备让"萨克森"号取代英国气象站的位置。

德军对气象信息的需求日益迫切。德国海战参谋部（Naval War Staff）宣称，为了"海狮行动"（Operation Sealion）这次入侵英国的行动，"非常有必要增加气象报告的数量"，而且，浮标气象站、U型潜艇以及捕鱼船都要提供气象信息。U型潜艇指挥部提出抗议，表示潜艇不应用于这种辅助任务，只该用于执行他们的第一要务——击沉敌船。海战参谋部驳回了此项异议，U型潜艇必须按规定发送气象报告。

然而，U型潜艇发送的气象报告并不理想。第一，U型潜艇只能从他们的作战区域发送气象报告，而不能从天气变化的源头——大西洋西部和北部进行监测。第二，U型潜艇不可能从同一地点发送定时报告。虽然"海狮行动"后来推迟了，但是德军对于气象信息的需求依然只增不减：海面舰队要袭击英国的海上舰船，也必须掌握气象信息。

1940年11月中旬，德国气象船陷入了极度紧缺中。事实证明，原有的3艘气象船根本不能满足需求。更严重的是，用于北大西洋的4艘气象报告船中，有2艘已被击沉：10月24日凌晨1:10，位于德占挪威海岸的斯塔特海角上的信号站发出报告，称海上发现加农炮的火光和探照灯光。据幸存者说，"阿道夫·维能"号已被英国潜艇击沉。11月16日，"辛里奇·弗雷泽"号（Hinrich Freese）正在北极圈内的扬马延岛上，要去岛上的德国气象站，却疯狂地发出呼救电报："我船正遭敌船追击。"随后，德军再也没有收到过"辛里奇·弗雷泽"号的任何信息，就算命令它回复，也毫无回应。德国海军断定它已失踪。随后，"萨克森"号也遭遇了一场事故，不得不进行修理。这下，北大西洋北部只剩下1艘德国气象船孤军奋战了。

面对巨大的压力，11 月 23 日，德军找来 4 艘渔船充当气象船。为满足捕鱼需要，渔船一般要在海上航行 3 周时间左右，改装后的渔船可以在海上执勤更长时间。这其中有一艘船龄 14 年的蒸汽船，长 139 英尺（约 42 米），名为“慕尼黑”号（Müchen）。“慕尼黑”这个名字，来源于德国巴伐利亚州首府慕尼黑市，那是个生机勃勃的城市。“慕尼黑”号在改装时，需要安装额外的水箱、备用燃料舱，腾出一些空间存放备用食品，还要多加三四个人的位置，以及无线电设备。“萨克森”号就是个很好的模板：船上配有 1 台 150 瓦的发射机、1 台 40 瓦的便携式发射机、2 台便携式接收机、1 台全景接收机[1]，以及 1 台广播收音机。“慕尼黑”号被送到不来梅港的泽贝克造船厂，改装估计需要 6 周的时间。船的砂压载舱被改成了浇筑混凝土。一开始，海洋工程师觉得船体需要加固，以便应对冰冻的情况。但是克劳尔认为，鉴于“慕尼黑”号不打算进入冰封的河口，因此没有必要进行这样的加固。这样也可以减少改装所需的时间。

德国海军最高司令部特别指出，气象船不是战舰，而只是纳粹海军训练的辅助船只。因此，原来的船上平民船员都留了下来。不过，有些职能例如气象监测、无线通信等需要新的人手，于是招来了一些海军官兵。他们不用穿制服，只是在遇到敌船时需要戴上“德意志国防军”[2]的袖标。尽管这些气象船是非作战性的，然而在“阿道夫 · 维能”号和“辛里奇 · 弗雷泽”号被击沉后，海军还是默许了海军北方集团司令部（Naval Group Command North）的提议：在气象船配备武装，用以自卫。由于时间仓促，海上急需新的气象船只，因此“慕尼黑”号改装时仅安装了 1 门机关炮。同时，新的船只上都配有加密系统，用来把气象监测的数据发回德国。

[1]　译注：全景接收机（Panoramic Receiver），搜索、截获、分析和监视短波通信信号，使操作员能够了解空中电磁信号的分布情况和活动全貌，为系统提供重要的情报信息。

[2]　译注：德意志国防军（Deutsche Wehrmacht），1935—1945 年间纳粹德国的正式军事力量的称呼。德意志国防军由陆军、空军和海军组成。

简要气象代码是气象船经常使用的代码之一。这种代码本是1940年10月份编制的，共有21页，印在水溶性的粉色纸张上，使用的墨水也是遇水即溶的。册子的大部分内容是表格，每个图表都是一个字母与某种气象情况相对照。这种替换可以将密电传输的时间从几分钟减少为几秒钟，不仅能减轻无线电通信网络的拥堵，还能降低信号被敌人截获，或者被无线电测向发现的几率。船上的监测员获得气象数据后，将各类数据转换成字母，再按照指定的顺序依次列出来（参见附录），最后，再附上两个字母的本船编号。按照规定，从气象监测到密电发出，间隔不应超过1小时。

德军知道，英国气象密码学家很快就会猜出这些密电的含义。这不就等于自己把重要的信息拱手送给了英国人吗？为了杜绝这种隐患，也为了保护整体的代码安全，德军决定把这些字母用恩尼格玛进行加密。因此，每艘气象船都配备了恩尼格玛加密机，以及附带的操作手册与密钥文件。后者中包含一整个月的机器设置表。德国海军各单位统一采用这份表格，每天，操作员都要根据规定调整机器设置。根据出发的日期和巡航的时间，气象船有时候还会携带两三个月的机器设置表。机器设置表具体规定了恩尼格玛当天使用的转子，及其从左到右的排列顺序；每个转子上字母环的位置；3个转子各自的设置；以及插线板的设置。同时，双字母替代表和指示字母表也是密钥文件的一部分。指示字母表列出的是由3个字母组成的密钥，用于每次发送密电之前。在设定好的加密机上敲出这组指示字母，通过加密得到的新一组字母就是这条密电的密钥。也就是说，对于气象船以外的舰船，操作员要把转子依次调整到这组新字母的位置，才开始发报。

气象密电省略了这一步骤。在简要气象代码本上，有26组由3个字母组成的指示字母，可以直接用于发送密电。这26组分别用26个字母进行编号。例如，A组代表"EDM"，等等。在设定好转子顺序以及字母环的前提下，加密员从中选择一组——假定他选择Q组，然后直接调整转子，让Q组的3个字母依次显示在恩尼格玛的机盖上。设置完毕后，他输入气象信息加密而成的字母组合，加上本船的编号。我们随便举一个例子：假设气象信息组成的字母是“MZNFPED”，本船的编号是“MR”，那么经过恩尼格玛加密，假设这一串字母变成“TVUOIGMVX”。接着，加密员在这一串字母前加上“Q”，代表所使用的指示字母，再加上前缀“WW”，表示简要气象信息。加密的过程就完成了。下一步，无线电通信员（有时和加密员就是同一个人）要在15—20秒的时间内，用指定的频率将其发送出去。但是，这封密电不指定任何接收人。无论哪个无线电信号站接到密电，都要回复收到。如果发报的船只15分钟内没有收到任何信号站的回复，船上的通信员就要换另一个频率重新发送该密电。对于冰岛南部的气象船而言，最主要的接收站是德国诺尔代希（Norddeich）的无线电站；而对冰岛北部的气象船，主要的接收站则是荷兰古维克（Kootwijk）的无线电站。不过，他们也经常收到其他信号站的回复确认。无线电信号站收到后，先用恩尼格玛进行第一步解密，变成简要气象代码，再加上一个时间序号，发送到海军气象中心。气象中心收到简要气象代码后再次解密，就得到了原始的气象数据。

-2-

影响欧洲天气的重要因素之一，就是极锋，也就是南部温暖潮湿的气团与北极寒冷干燥气团的交界面；另一个重要因素，则是北大西洋暖流，即墨西哥湾暖流向北的延续。为了观测极锋和北大西洋暖流的位置和走向，德国人选择了两个最佳观测区：一个位于冰岛以东300英里（约483公里）外，位置比冰岛略微靠北一点，大致相当于方格海图上AE 39的区域，边长约54英里（约87公里）。另一个区域选在挪威海上，大约相当于方格海图AB 72的位置，也就是冰岛东北方向550英里（约885公里）外的一片水域，南部边界约到北纬71度。这条纬线也穿过了欧洲最北端的北角（North Cape）。气象船要在这两个区域连续监测3—5周，不包括往返的时间。例如“科堡”号（Coburg），出发的时间是1941年2月10

日，直到3月28日才回来。而另一艘船"奥斯特马克"号（Ostmark）于4月2日出发，直到5月6日回到港口。

"奥斯特马克"号巡航期间，"慕尼黑"号接到任务，准备启程前去接替"奥斯特马克"号。这是"慕尼黑"号的第二次巡航，也是它第二次前往AE 39区域接替"奥斯特马克"号。它的第一次巡航是在2月中旬—3月中旬，在冰冷的大西洋里煎熬了1个月左右。这一次的条件要比上次好。5月1日，星期四，在夕阳的掩映下，"慕尼黑"号从挪威中部坚固的特隆赫姆港（Trondheim）出发了。特隆赫姆有座大教堂，曾经是历代国王加冕的地方。天色越来越暗，船沿宽阔的峡湾缓慢地行进着。它距离河口还有40英里（约64公里），然后还要穿过海岸边一连串的小岛，再行驶30英里（约48公里）才能进入广阔的大洋。

"慕尼黑"号的船员总共有二十来人，有些是原来作为渔船时候的水手、驾驶员；有些则是在渔船改装之后分配来的海军，负责监测气象、发送无线电报或者操作武器。这其中有一位年轻的气象监测员，名叫弗里茨·雷布莱恩（Fritz Rebelein），他显然是从威廉港的营房里随机拉出来参加气象监测训练的。还有一位是被征召入伍的海因里希·威格斯霍夫（Heinrich Wiggeshof）。威格斯霍夫还不到20岁，和平年代曾是业余无线电爱好者。他曾被送到弗伦斯堡的海军通信学校学习，一毕业就被分配到"慕尼黑"号，第一次出海执行任务，就是在"慕尼黑"号上。这两个年轻人都经历了第一次巡航，然而这一次，雷布莱恩有一种不祥的预感，他觉得此去怕是有去无回了。

一进入冰岛东部的指定区域，雷布莱恩和其他监测员就开始执行每日两次的例行监测。他们先把监测结果加密成简要气象代码，然后交给一位无线电操作员。气象船与其他大西洋上的船只一样，都携带5月份的本土水域密码及密钥。考虑到接班的气象船有可能晚到，或可能发生意外情况而延长在海上巡航的时间，超过原计划的25天，"慕尼黑"号还携带了6月的密钥文件。

-3-

关心气象船的不只是德国人。从“克雷伯思”号上截获的文件曾帮助英国人破译了德国海军恩尼格玛，而这些文件里就有一些气象船发来的密电，还有“克雷伯思”号回复收到的记录。从这些密电中总能得知气象船往返气象站的动向。

在布莱奇利园的4号棚屋，辛斯利在他小小的办公室里阅读着这些破解的电文。辛斯利一直在分析密码分析家们的破译结果，尤其是具体行动（而不是战术）的趋势和信息。1941年春日的一天，一个想法在他脑海里“一闪而过”，他突然意识到一个熟视无睹的事实：气象船发送的电报也是用恩尼格玛加密的。辛斯利问自己，德国人会蠢到让一艘孤立无援、毫无防备的气象船配备加密机以及整套的密钥文件吗？这可是整个海军系统通用的密码系统啊。紧接着，他觉得结论显而易见：“我的好上帝，肯定是这样！”他又想到，如果气象船长时间在海上巡航，船上一定有好几个月的密钥文件。伊恩·弗莱明曾提出过用引诱航空救生艇的计划，不过最终未能实施。而也许是受到伊恩·弗莱明的启发，也许是因为有了“克雷伯思”号的成功经验，总之，辛斯利萌生了从气象船上寻找密钥文件的想法。

想到这个主意，年轻的辛斯利找到克莱夫·罗尼斯（Clive Loehnis）一起讨论。罗尼斯是布莱奇利园与海军部的联络官，与海军部作战情报中心的联系尤为密切。辛斯利的想法让作战情报中心为之一振，不过他们立刻又想到了其中的风险：一旦气象船发出信号，报告了敌人登船的消息，那么德军很可能立即更换密钥，说不定还会更换转子的线路设置，甚至废弃恩尼格玛，换成其他的加密系统。从另一方面来说，布莱奇利园和作战情报中心也发现，虽然已经有两艘德国气象船被英国舰船击沉，但是德军似乎一点也不担心密钥落入敌手。恩尼格玛和当前的密钥仍在正常使用。看来德军的信心还会继续膨胀下去。这两个部门都认为，为了破译恩尼格玛，这个险值得一冒。就算最终没有找到有关密码的文件，他们至少也可以再摧毁德国的一个气象监测来源。再者说来，辛斯利知道，德国在北大西洋的气象监测站应该同时有两艘气象船，这就使成功发现密钥文件、摧毁气象船的概率增加了一倍。

这让情报人员不由得为之所动。有了以上论证，他们向作战情报中心负责无线电情报的副主任海恩斯（Haines）上校作了汇报。这一类行动通常都要先经过海恩斯。行动的必要性和成功的可能性说服了海恩斯，他随后与海军部的作战军官进行了商讨。最终海军部认为，这样一次夺取密码的行动虽然有些冒险，但也不是没有可能成功。

大概是在本土行动处处长拉尔夫·爱德华兹（Ralph Edwards）上校的监督下，海恩斯策划了这次行动。他确定了行动的兵力、时间以及最佳路线和角度。1941 年 4 月 26 日，搜集整理了各方信息后，辛斯利完成了 3 页关于德军气象船的报告。上面清楚地阐明了气象船孤立无援的地位。海恩斯仔细研究了这份报告。可能是从后来截获电报中，英国人还了解到，"慕尼黑"号将于 5 月 1 日启程，前往冰岛以东的 AE 39 区域接替"奥斯特马克"号。

从同一情报来源里，英国人还了解到，在另一最佳气象监测区——AB 72 区域，也有 1 艘气象船。这艘船有可能是"萨克森"号，辛斯利对它有所了解。爱德华兹提出，英国应安排 7 艘舰船在这个方格里搜索。AE 39 南北延伸约一个纬度，也就是大约 69 英里（约 111 公里）；而 2 艘船能够互相看见的距离约为 10 英里（约 16 公里），因此要想在这片区域里展开拉网式搜索，7 艘舰船差不多足够了。据他估计，只要有 1 艘战舰追上目标，其他舰船快速跟上，就可以捕获没什么武装的气象船。

-4-

事情就这么决定了。爱德华兹从本土舰队派出 3 艘巡洋舰、4 艘驱逐舰执行这次任务。行动指挥是海军中将兰斯洛特·霍兰德（Lancelot E. Holland）。霍兰德是英国海军第 18 巡洋舰中队队长，是个射击专家。他身材瘦小，头发偏白，长得非常有特点。而且霍兰德雄心勃勃，被公认为有才干的高级指挥官之一。他所在的旗舰是“爱丁堡”号（Edinburgh）巡洋舰，另外2艘分别是“伯明翰”号和“曼彻斯特”号（Manchester）。后两艘巡洋舰都装有12门6英寸（约152毫米）舰炮，航速可达30多节。海恩斯也在“爱丁堡”号上。他清楚密码分析学家们最需要的是什么，一旦捕获气象船，海恩斯将负责上船搜寻密码文件。

4艘驱逐舰分别是“内斯特”号（Nestor），以及3艘大型、快速且久经考验的部族级驱逐舰——“爱斯基摩人”号（Eskimo）、“贝多因人”号（Bedouin），以及“索马里人”号。就在2个月之前，这3艘“部族”级驱逐舰刚刚参加了空袭罗弗敦群岛的行动。那一次，“索马里人”号还击沉了德国“克雷伯思”号，缴获了恩尼格玛的转子和密钥。这次，驱逐舰、巡洋舰以及本土舰队的其他舰船组成一支战略力量。在斯卡帕湾，一切准备就绪，水手们急切地用力拖着锚链。

5月5日，星期一，7艘舰船起锚。驱逐舰和巡洋舰兵分两路，约定第二天早上在法罗群岛北侧汇合。那日下午，他们还举行了一场战斗演习，由“曼彻斯特”号充当敌方一艘袖珍战列舰，“内斯特”号则要放出烟幕，掩护其撤离。那天的大部分时间里，他们都在装作掩护法罗群岛西侧的布雷舰。5月7日凌晨3 :00，舰队调整航向，将原本向北西北方向调整成向东南方行驶。这是为了掩盖行动的目的，以免被那天早晨的德国气象飞机发现。6 :00，舰队再一次调整方向，转向北偏东，驶向搜索的起始点。午后不久，船队抵达了指定地点。中午12 :55，霍兰德命令舰队向东。八分钟后，他让各舰自北向南依次排开，两艘船间隔约10英里（约16公里）。现在，船队在AE 39方格稍偏西的位置。此时两船之间的能见距离只有7—8英里（约11.2—12.8公里），相互联系有点困难。不过，这也让舰队能够更加靠近气象船而不被发现。

连续2个半小时，船队一直保持17节的航速。接着，霍兰德命令各舰船提速到20节。天空已经放晴，微风吹过，海面泛起微波，不过还算平静。气温一直在零度上下。太阳慢慢向海面倾斜。下午4 :00，“伯明翰”

号巡洋舰派出一架飞机，在上空观察。无论飞行员，还是船上的瞭望员，此刻都瞪大了眼睛，寻找着捕鱼船的烟雾，寻找远方有没有桅杆的影子。在"索马里人"号上，军医洛尔上尉（Dr. M. G. Low）回到军官室，一边看《乡绅》杂志，一边等待命令。

刚过 5 点，突然，"爱丁堡"号上有人发现，"爱丁堡"号右舷船首和"索马里人"号中间有烟雾出现。几乎同时，站在"索马里人"号舰桥上的沃明顿上尉也发现了烟雾。上一次，就是沃明顿在"克雷伯思"号上用手枪撬开了抽屉。战斗警报拉响。洛尔扔下杂志，跑到甲板上。他也看到了阵阵烟雾。远处，气象船慢慢出现在视野里。"索马里人"号开足马力，以 32 节的最高航速追击气象船。

此时此刻，在"慕尼黑"号气象船上，无线电通信员威格斯霍夫正在发送气象报告。突然，他听见有人大喊："地平线上有桅顶！"气象船立刻加速，船员们乱作一团。未受命的无线电士官进入无线电室，抓起恩尼格玛和正在使用的密钥文件，装进一个灌了铅的帆布袋子里，急急忙忙地将其扔进海里。雷布莱恩从底下拿上来的文件和机器，也被塞进了帆布袋。5:28，威格斯霍夫在 7769 千赫用明码发出电报："遭到追击。"

这时，"慕尼黑"号放出浓浓的白色烟幕，在烟幕后面来回躲闪。"索马里人"号上，洛尔对那艘气象船和船员们深深地感到同情。突然之间看到敌人的舰队步步逼近，他们一定非常痛苦。

当"索马里人"号距离气象船仅有 3 英里（约 4.8 公里）时，"索马里人"号开炮，"爱斯基摩人"号紧随其后也开了炮。"索马里人"装备的是 4.7 英寸（约 119.38 毫米）的火炮；而"慕尼黑"号只有机关炮，因而没有回击。英国舰队的火炮都没有打中船身，只让隆隆的炮声围绕着它，爆炸引起的水柱在船边冲天而起。英国人达到了预期的目标：气象船的船员们已经开始弃船，登上两艘逃生的小船。然而，不是所有的人都登上了小船，有的救生艇无法入水。威格斯霍夫发完警报，立即又穿上一条裤子，跳入水中。还有一些人留在甲板上。

德国船员们没有试图沉船。一部分原因是当时用混凝土灌注压载舱的时候，一些海水阀被封死了。“爱丁堡”号上的人们还以为“慕尼黑”号尾部开始下沉了，但事实证明这不过是错觉。“索马里人”号立即组织好了登艇人员：副指挥沃明顿、已经升任中校的亨利·斯图尔特–蒙特斯，以及两名水手。它以最快的速度靠近气象船，然后猛地一个急停，和气象船保持平行。登艇小队拿着左轮手枪，从驱逐舰跳到气象船的甲板上。跳落船上时，其中一名水手枪走火了，打到自己的脚趾。斯图尔特–蒙特斯原来担心德国人在船上设了炸弹，现在看来，他多虑了。整个船体保持完好。

沃明顿进入无线电室，捡起几片纸，但是没发现什么有用的。显然，德国人已经把所有重要文件抛入大海了。海恩斯带着“爱丁堡”号的押解船员，也登上了气象船。他似乎很清楚自己要找什么，知道有些文件并不在无线电室，而是被单独放在军官的隔间里。所以他根本没去无线电室，一上船，就消失在船的深处，似乎在特地寻找什么。不一会儿，他就从底层上来，手里拿着文件。他好像是找着了。

与此同时，“爱丁堡”号和“索马里人”号正在抢救落水的德军船员。卡斯隆上校大声问下面的洛尔：“这艘船名字叫什么？”洛尔会说德语，他将其翻译给德国人。“‘慕尼黑’号。”有人答道。在这35华氏度（不到2摄氏度）的刺骨冰水里，威格斯霍夫早就失去了知觉。等他再醒来的时候，就感到一个英国水手打了他一巴掌，然后问他要不要茶或者咖啡。他点点头。威格斯霍夫从来不喝茶，不过肯定是他点头的时候不对，那人回来时，给了他一杯冒着热气的茶。

大约过了20分钟，登艇小队回到了“索马里人”号上。押解船员留在气象船上。到傍晚6:45，距离英国人第一次发现烟雾，已经过了1个半小时。“慕尼黑”号正在“索马里人”号的护送下，开赴一个英国港口。同时，海恩斯换到“内斯特”号上。11:45，这艘驱逐舰接到命令，要护送他和那些珍贵的文件回到斯卡帕湾。

5月10日，星期六，海恩斯回到布莱奇利园。他找到彼得·特温，把简要气象代码、6月份本土水域恩尼格玛的内部、外部设置交给了他。用霍兰德的话说，这些文件平淡无奇。然而，看似不起眼的种子里蕴藏着巨大的力量。

-5-

带着重要文件的气象船可能被敌人拦截，对于这一点，德国人似乎从不担心。威格斯霍夫慌慌张张地报告了被追击的情况后，曾被要求报告位置。然而“慕尼黑”号再也没有回复。2 天后，德国海战司令部断定“慕尼黑”号失踪。英国在官方发布的公报中故意误导德国：“一艘在北大西洋巡逻的舰船遇到了武装的德国捕鱼船‘慕尼黑’号。双方交火，‘慕尼黑’号船员弃船并将船只沉没。船员随后被救起，成为俘虏。”德国人也相信了这一说法。尽管德国海军在不少战斗日志中看到这种记录，然而没有任何文件提到秘密文件可能落入敌手。海军也没有下令更换代码。

难道德军真的不担心吗？怎么能一点防范措施都没有呢？首先，前几艘气象船的沉没并没有导致什么悲惨后果；其次，希特勒正准备与苏联拉开一场关于意识形态的战争，时间仅剩下不到 7 周。海军北方集团司令部要调整好自己的角色。他们要趁开战前，在波罗的海布下数千颗水雷；同时要监控苏联战舰的动向。此外，他们还得护送从芬兰运出镍矿的运输船；防御空袭（例如发生在罗弗敦群岛的那种）；护送 U 型潜艇出发。这一切都是为了让挪威成为希特勒所称的“命运之地”。违抗元首可不是什么明智之举。最后一点，最高司令部还有更大的忧虑。就在“慕尼黑”号被捕获之前 3 周，希特勒和海军元帅埃里希 · 雷德尔（Erich Raeder）还在讨论，美国一直是潜艇战的一大障碍。而且，日本准备进攻英国位于新加坡的亚洲最重要海军基地，也引发了新话题。

面对这么多高层次的战略性问题，一个小小的捕鱼船很容易被人忽略。它只不过是北大西洋海图上的众多小点之一，做的也只是辅助性的工作。在这场战争里，每天都有舰船沉没，每天都有大批人员牺牲。面对这些，“慕尼黑”号的命运似乎显得微不足道。不管出于什么原因，总之，纳粹海军忽略了“慕尼黑”号的失踪。这是一个错误。

第十三章
参谋学院的那段回忆

-1-

“慕尼黑”号被俘虏 2 天之后，在冰岛的另一侧，弗里茨 – 尤利乌斯 · 伦普的 U–110 潜艇遭遇乔 · 贝克 – 克莱斯维尔指挥的第三护卫队攻击，被迫浮出水面。就在 U–110 上浮的时候，贝克 – 克莱斯维尔命令他的“大斗犬”号向潜艇开炮。随后，他下令让“大斗犬”号转向左舷，加速到 12 节，准备撞击潜艇。

此时，在潜艇里，伦普命令所有船员穿戴好潜水服，准备弃船。大家都没有恐慌，船上井然有序；没有推挤，没有争先恐后地涌出潜艇。年轻的通信员海因茨 · 王尔德一时竟忘了自己的潜水服在无线电室，等他想起来，才机械地走过去，将之拿出来穿戴好。他的大脑似乎已经停滞了。就在刚刚，一颗深水炸弹在离他们不远的地方爆炸。他以为他们要命丧海底了。恐惧深深地侵蚀着王尔德。他戴上帽子，却忘了带照相机。伦普打开指挥塔的舱门，另一个人打开了前舱门。第一个人从指挥塔爬了出去。

贝克 – 克莱斯维尔突然想起了从“马格德堡”号发现的密码本。他紧急命令“大斗犬”号全速后退、立即停止炮火打击。

后退的命令显然比停止炮火的命令更容易执行。几百码后，“大斗犬”号停了下来。但让枪炮停止射击实在有些困难。4.7 英寸（约 119.38 毫米）的重型火炮和 3 英寸（约 76.2 毫米）的机关炮确实停止了射击。但是，从贝克－克莱斯维尔的背后传来了一阵“刺耳的噪音”——有一名军官动用了里维斯潜艇炮。这位军官显然早有此意。当德国兵从潜艇指挥塔和前舱门钻出来时，英国水手大概是害怕他们发射前甲板上的加农炮，所以继续用小型炮进行打击。其他英国战舰围在 U–110 周遭，也在朝潜艇开炮。炮火打中了几个德国兵。已经靠近加农炮的士兵被打散了，有的跌进了水里。大海里，依稀可见几个大兵。有的还在挣扎；有的试图使用武器，然而浸了水的武器已经无法使用了；而有的已经一动不动了。正在这时，另一艘驱逐舰，“百老汇”号，迅速驶向潜艇，准备撞击。这样一来，它将在不知情的情况下打乱贝克－克莱斯维尔寻找密码本的想法。贝克－克莱斯维尔抓起扩音器，大喊：“不要靠近！”不过“百老汇”号听见了吗？他又命令信号员给驱逐舰发送信息，但它看得见吗？它还能停得下来吗？

潜艇里，还没有钻出来的水手听见了隆隆炮声。他们感觉到，或者说有人告诉他们，第一批上去的水手中了枪。潜艇里的人们刚才还急着钻出去，然而现在，他们好像被泼了一头冷水。舱内静得出奇。王尔德不知道到底还应不应该出去。就在“百老汇”号全速撞向潜艇时，伦普大喊：“出舱！快走！驱逐舰要撞我们！”

王尔德知道，一旦面临被俘的危险，就必须销毁船上的秘密文件，包括密码文件。可一切都发生得太突然：前一刻，他们还面临潜艇下沉的危险，后一刻却又出人意料地迅速上升，没有人来得及销毁加密机。密钥文件的墨水虽是水溶的，但他们也没能及时把文件抛进水里。王尔德的 3 个上司既没有把加密机和文件扔进海里，也没有用其他方式将其销毁。而且，王尔德被灌输的思想是，恩尼格玛从加密原理上是无懈可击的，敌人就算得到了加密机，也不可能将其破解。对死亡的恐惧感仍然笼罩着他们，王尔德无法冷静地做出反应。此时此刻，他听到了船长的呼喊，想到数千吨的铁家伙即将把他们撞成碎片，又一股更强的恐惧感向他袭来。销毁加密机的事一下子被抛到了九霄云外。

王尔德顺着指挥塔里的梯子向上爬，来到外面的舰桥。他听到伦普大声下令“跳船”，立即从 15 英尺（约 4.6 米）高的潜艇跳进了大西洋。跳下去的瞬间，他想到的不是水有多么冰凉刺骨，也不是那种湿漉漉的感觉，他只觉得海水这种绿松石似的颜色简直太美了。继续下降时，王尔德打开了潜水服上的氧气瓶，让身体慢慢浮上来。帽子漂到了一旁，虽然惊魂未定，王尔德还是下意识地把帽子捡回来，戴在了头上。这时，他看到其他人结伴游着，于是跟上同伴们。潜艇上的厨师说：“我要游到驱逐舰那里。”几个人强打起精神，唱起了歌：“生命中一切都会结束。”在船上的时候，王尔德曾一遍遍地在广播里播放这首歌。

与此同时，“百老汇”号依然在加速驶向潜艇。不过，它并不是要撞击过去，而是打算向潜艇下发射 2 枚深水炸弹。这些炸弹已经设定好，会在水下 100 英尺（约 30.5 米）的深度爆炸。这样，潜艇将无法下潜，艇内的人员只得被迫弃船。然而，“百老汇”号 4 英寸（约 101.6 毫米）的火炮火力威猛，潜艇的玻璃窗受到强烈震击，炸得满是裂痕，不再透明。“百老汇”号的船长没有意识到，他的动作像是撞击。他扔下深水炸弹，直到最后一刻才撤退。潜艇由于左侧速度减慢，尾部朝驱逐舰摆了过来。“百老汇”号从潜艇旁边经过时，U 型潜艇的潜水舵削开了它左前侧的油管。泄漏的油立刻流入海水中。

贝克–克莱斯维尔下过停火的命令后，船速降了下来。此刻，“大斗犬”号距离潜艇仅 100 码（约 91.4 米）。贝克–克莱斯维尔正等待时机，准备登上潜艇。在此之前，从没有人想到过登上 U 型潜艇的计划，更不要提相关的训练了。

“立即组织登艇小分队，”贝克–克莱斯维尔对他的副官约翰·艾特肯（John Aitken）说道，“让巴尔姆中尉负责。”

贝克–克莱斯维尔指的是大卫·巴尔姆（David E. Balme）。他出身于海军世家，按照家族的传统参加了海军。巴尔姆参军时只有 20 岁，眨着眼睛，看上去一脸调皮的样子。据说，在岸上时，他很能讨女生喜欢。巴尔姆毕业于达特茅斯海军学校，尔后跟随舰队到地中海参加训练。二战爆发后，他被安排到一艘驱逐舰任候补军官。巴尔姆喜欢海军生活，愿意承担责任。于是，1941 年 2 月，他加入了"大斗犬"号。

有人招呼巴尔姆："嘿，中尉！走吧！"他则先来到舰桥。

贝克－克莱斯维尔指示："你的工作是保护好所有的文件——重要文件、密码文件、图表，所有能看到的文件！"巴尔姆随身携带一把大口径左轮手枪。不过他觉得，这把枪虽然对敌人很有杀伤力，对自己也很危险。其他八位士兵有的拿着来复枪、左轮手枪，也有人手持手榴弹或戴着防毒面具（防止电池中的有毒氯元素进入水中）等。一艘 27 英尺（约 8.2 米）长、5 支桨的捕鲸船从"大斗犬"号的左舷放下。那一天是 1941 年 5 月 9 日，星期五，时间为中午 12:45。

"大斗犬"号停在潜艇的上风处，小船逆流而上，一阵大浪迎面袭来。如果绕潜艇一圈，从顺风的方向登艇，会更加安全。然而时间不等人，巴尔姆决定从逆风的方向直接登艇。突然，贝克－克莱斯维尔看到似乎有两个人接近了潜艇前端的机枪。他当机立断，下令用潜艇炮射击，看起来那两个人倒下了。眨眼间，U–110 的船员全部跳入水中，或是跌落水中。"百老汇"号和"南庭霁"号轻型巡洋舰负责搭救落水者，并迅速把他们转移到底层，不让他们知道外面的事。

接近潜艇的途中，巴尔姆的捕鲸船没有遭到任何袭击，因此，他更加确定潜艇里应该没有人了。他看到指挥塔上到处是弹孔，都是"大斗犬"号上机关枪的杰作。头桨手率先跳上了潜艇，巴尔姆和其他人员紧随其后，登上湿滑的船上。突然，一阵大浪打来，把他们的捕鲸船卷到了潜艇上，困在指挥塔和铁护栏之间，被海浪拍成了碎片。巴尔姆完全没有登艇经验，而且一只手还拿着武器，因而对他来说，下到潜水艇的指挥塔里无异于自杀。所以，他擎着左轮手枪，其他人也扛着笨重的武器，在这狭窄的地方小心地保持着身体平衡，不让自己手里的武器走火伤人。

巴尔姆向上爬到指挥塔腰部，从右舷的一个舱门钻了进去。他看到脚下的舱门是关闭的，是不是舱内还有人？这艘潜艇看起来像是被放弃了，但如果舱门是关闭的，也许还有人留在船上。否则都要弃艇了，谁还会小心翼翼地关上舱门呢？既然弃艇，艇长不是更应把舱门打开，让水尽快淹没潜艇吗？巴尔姆谨慎地旋转舱门，松开卡子，等着弹簧门慢慢打开。指挥塔下面空无一人，不过最底部还有一个类似的舱门，也是紧闭着。同样的疑问再度浮上巴尔姆心头，德国人真的弃艇了吗？万一有埋伏，万一那扇门下面的控制室里有人射击，他根本来不及还击。一个念头一闪而过：他可以扔个手榴弹进去。然而，这就完全违背了他们登艇的初衷：他是来执行任务的。所以，他顺着梯子爬了下去，打开了第二扇舱门。

巴尔姆心里非常害怕，感觉自己处在危险的边缘，毫无还手之力。他顺着梯子向下爬，进入了控制室。里面的灯全部亮着，除了嘶嘶的空气声和远处深水炸弹的隆隆声外，没有任何声音。指挥室的前后舱门都是开的；指挥塔上的一大块碎片掉在了桌子上。看来，控制室是已经废弃了。不过，德国人会不会埋伏在周围什么地方，等着他们上钩？他们会不会设好了定时炸弹？深水炸弹会不会瞬间让他们命丧海底？是不是海水正从某个地方渗入？

然而，什么事都没有发生，潜艇上确实一个德国人都没有。巴尔姆示意其他人进入潜艇。眼前的一切说明，确实没有埋伏，也没有氯气泄漏。他们这才放下武器、摘下防毒面具，开始仔细检查。

显然，德国人弃艇的时候非常匆忙。无线电室的桌子上还摆着一盘没吃完的虾；到处散落着书本、设备等。初步搜查用了 5 分钟。巴尔姆命令手下士兵把有用的文件和装置全部收起来。他让信号员威廉·波洛克（William Pollock）用旗语发出信号，表明这艘潜艇已经被遗弃、适于海上航行，可以牵引；还说他正在搜集船上的装置。巴尔姆下令，除了明显的娱乐性图书，他们要把艇上的书本全部搜集起来。所以，除了航行日志、信号本，以及画了黑线标明布雷区中已经扫清航道的图表，这其中还有一些普通的导航信息。登艇队员靠组成人链，把这些资料运出了潜艇。

此刻，贝克－克莱斯维尔在“大斗犬”号上注视着这一切，心情异常紧张。他害怕有人不小心把这些珍贵的资料掉到水里。实际上，他是冒着违抗命令的风险派人登艇的。护航舰队司令的“首要目标，是保证运输船安全并按时抵达指定地点，不得以任何理由推脱该责任”。当他看到二等水兵克劳德·威尔曼（Claude Wileman）抱着一大摞文件颤颤巍巍地从指挥塔钻出来时，他的心几乎提到了嗓子眼。一阵海浪打来，潜艇随之一震，威尔曼猛地快走几步，抓住护栏，然后继续挪动。一阵大浪一度淹没了他，不过他还是浮了出来，虽然呛了水，所幸没有受伤，而且依旧抱着文件。其他人也都小心地在狭窄、湿滑的潜艇上面挪动，没有弄丢一张文件。出发时用的捕鲸船已经被海浪打得粉碎，因此“百老汇”号又派了一艘机动捕鲸船前来接应。

同时，登艇小分队的电报员艾伦·朗（Allen O. Long）进入了无线电室。他看到，除了通信日志，这里还有账本和一些信件。显然，无线电室同时还是潜艇的办公室。另外，他还看到2台高频发射机、2台接收机：1台是德律风根[1]，1台是民用广播接收机。艾伦·朗记下仪器的设置。在他看来，这些机器没有想象中的那么复杂，而且比英国皇家海军的装置设计得更加简洁。在无线电室，朗还发现了一台类似打字机的装置。这台装置还连着潜艇上的电源，而不是自带的电池。看起来，就在弃艇的前一刻，这台机器还在使用中。朗按了几个按钮，结果出人意料：当他按下字母“a”时，显示板上出现的并不是这个字母。所以，这绝不仅仅是一个造型奇特的键盘。巴尔姆也仔细查看了这个装置，虽然没有立刻联想到加密机，但是他意识到这个设备应该是有用的。它被钉在了桌子上，朗徒手拧掉了螺丝，把机器递给了战友。他们一个接一个地，把这台设备传到机动捕鲸船上，再和搜集的文件一起运到“大斗犬”号上。

捕鲸船往返了2次，才把潜艇内的文件全部转移出来。看到文件上的水溶性墨水几乎没有受损，只有很小一部分文字被溶解，贝克－克莱斯维尔非常高兴。除了文件，巴尔姆还搜出了6个六分仪，质量比海军部发

[1] 译注：德律风根（Telefunken），德国无线电设备的知名公司。

给自己的好得多；以及 10 台顶级蔡司双筒望远镜。不过他只上交了 9 台，自己留下了 1 台。巴尔姆发现，这是他见过的最好的双筒望远镜。

原计划几分钟完成的搜查，现在已经开始以小时计算了。巴尔姆仍在寻找什么。在军官的私人物品里，他找到了一些钱夹、纸条、照相机和录像机。在无线电室，他看到了印刷精致的抬头信纸、信封、通俗读物、纸牌、骰子，还有一些“寻常艺术研究品”。

德国潜艇给巴尔姆留下了深刻的印象。在他看来，U 型潜艇“无论是整体实力、设备配置还是内部结构，都很新颖、很精密……整洁无暇。军官室是木质陈设，所有的橱柜都有编号，对应不同的钥匙……控制室里储藏着大量的罐头火腿、腌制牛肉，以及好几箱土豆；还有啤酒、雪茄、普雷厄尔香烟（包装上写着德语）这样的奢侈品……厨房特别棒……”

在潜艇外面，“南庭霁”号和“百老汇”号救起落水的德国兵；“大斗犬”号派出工程师，检查德国这艘 U 型潜艇是否适合海上牵引，同时解决左舷发动机转速缓慢的问题。工程师检验后得出结论，潜艇仍旧可以漂浮；他试着把可能是中央变阻器的按钮调到关闭状态，然而转轴并未停下来；按钮的其他设置同样不起作用。过了一会儿，他感到潜艇尾部下沉的幅度更大了。

贝克–克莱斯维尔此刻正在向指挥部汇报。他报告说，自己捕获了一艘 U 型潜艇，潜艇似乎已经开始进水；然而，护航舰队中没有人看得懂德语，没办法修理；最后，他表示正准备将潜艇拖回斯卡帕湾。登艇小分队这时仍在 U–110 上，就在他准备发送电报时，他收到消息，称运输船队中有两艘船遭到了鱼雷攻击。由于能见度越来越差，这两艘船已经不在“大斗犬”号的视线范围内了。第三护航舰队中一直跟随护卫的舰艇回击了发射鱼雷的德国潜艇。很快，“南庭霁”号和“百老汇”号监听到了潜艇的声波，开始投掷深水炸弹。随后，“大斗犬”号自己的瞭望员喊道，他们看到了潜艇的潜望镜。贝克–克莱斯维尔松开了牵引的潜艇，开始寻找新的目标。然而他什么都没有找到。

刺激的争斗逐渐消退，“大斗犬”号继续牵引德国潜艇。可能由于左舷的发动机转速过慢，潜艇似乎一直向右舷偏转。这虽然是个麻烦，但是并不妨碍“大斗犬”号把速度提到 4 节。贝克－克莱斯维尔命令登艇小分队关紧潜艇的所有防水舱口和舱门，并立刻回船。6:30，所有人全部回归。牵引的速度提到了 6 节。然而，到了第二天早晨 7:00，海面刮起了时速 30 英里（约 48 公里）的强风，风向为正西略偏南。“大斗犬”此时正向东北方向航行，而海面波涛汹涌，它完全无法控制前进的方向。因此，贝克－克莱斯维尔下令让潜艇以适当的状态顺风推进，绷紧拖航钢索。上午 11 点时，突然，本来就尾部下沉的 U–110 潜艇下沉得更快了，船头几乎要竖起来。贝克－克莱斯维尔令人用斧子砍断钢索，潜艇沉入水下。

对贝克－克莱斯维尔来说，这一刻是他绝对不想看到的。他迫切想要把战利品拖回英国港口。他觉得，U–110 经历了这么多次袭击，应该还能坚持一下，抵达 400 英里（约 644 公里）外的冰岛，再到斯卡帕湾。不过，看到从潜艇运出来的两大箱文件在自己的单间里保存完好，贝克－克莱斯维尔的心情稍微平静了一些。在这么多的书本和文件中，他觉得德国海军的方格海图是最有价值的。他把恩尼格玛当作“加密打字机”，所以面对失去潜艇的失望，他还安慰自己道：“至少我还得到了加密机。”找到二战中的“马格德堡”号，这不正是自己所期待的吗？

-2-

抵达斯卡帕湾后，贝克－克莱斯维尔的满足感再次升级。布莱奇利园派了两个人来检验他的战利品。他们带了一个手提箱，准备把最重要的东西带回去。看到这么多的资料，两个人简直惊呆了，而且，这些资料价值连城，他们更是欣喜若狂。其中一位满足地盯着巴尔姆，说：“我从来没奢望我们能得到任何资料。”虽然要带着原件飞回英国，但是为了避免飞机在半路坠毁，他们先把一些重要文件烘干，用相机拍了下来。因为要带的文件太多，他们找人定制了特殊的箱子。5 月 13 日，他们给 8 号棚屋带回了大量不可思议的密码宝藏——密钥表。其中不仅包含士兵级密钥表，更包括军官级的密钥表、军官级和参谋级密电的加密过程，以及指示字母本。其中一份是代码为“小河”（BACH）的指示字母本，用来对指示字母进行双字母替代。此外，还有简要无线电信号本，以及提示词说明。也就是说，万一加密机最初设定的密码遭到泄露，或有泄露的危险，相关人员可以根据提示词的说明来更换加密机的设置。

U–110 潜艇的这些资料，再加上“慕尼黑”号上的发现，显示出了重大意义。5 月 21 日，也就是 6 月的密钥还没有派上用场，4 号棚屋就已经开始向作战情报中心输送破译密电，从截获到发送，平均仅需 11 天。到了 5 月 28 日，这一时间缩短到 34 个小时。随后的 3 天，英国没有破译任何密电。到了 6 月，截获的密钥开始投入使用，从截获到破译之间的时间再次缩短。6 月 1 日 00:18，一条截获的密电被送到 8 号棚屋，破译再送到 4 号棚屋翻译。凌晨 4:58，翻译好的电报送达作战情报中心。整个 6 月，除了极少数情况外，密电从截获到发送至作战情报中心，平均仅需 6 个小时。在“慕尼黑”号和 U–110 的帮助下，英国人几乎与德国电报的收件人同时看到德国密电。

然而，这样的好事又能持续多久呢？

第十四章
“这些都是垃圾？”

-1-

捕获“慕尼黑”号和U–110号潜艇——前者是精心策划，后者是意外收获——都取得了很大成功。但即便如此，海军处的需求依然没有得到满足。缴获的密钥用完时，密码分析学家又会陷入延误48小时的境地。实际上，这种捷径从未让他们感到兴奋。他们要在“炸弹”机上测试所有的字母框，而破译机又奇缺无比。但是，密码分析学家必须掌握最新动态。哈利 · 辛斯利不得不承认，他们需要再策划一次俘虏行动，类似对“慕尼黑”号所做的。

德国有几艘气象船会在海上独自航行，辛斯利搜索了它们的巡航规律和所处位置。他认定“劳恩堡”号（Lauenburg）是最适合的目标。6月19日，辛斯利写道，“劳恩堡”号是5月27—28日夜间从挪威中部的特隆赫姆港离开的，准备接替“萨克森”号。后者已经在海上连续监测了6个星期。“之前的巡航规律显示，‘劳恩堡’号应该会在海上巡航到6月底。”辛斯利写道，“鉴于气象船携带的密钥可用期限通常会超过巡航时间……此船是5月底出发的，那么很可能船上携带着6—7月的密钥。”

根据截获的气象报告，“劳恩堡”号的巡航海域在挪威海东北，北纬

72 度、西经 1—4 度之间，即德国方格海图上的 AB 72 位置，比“慕尼黑”号的巡航海域更远。德国其他的气象船此前在这里巡航。

在德军没有攻陷英国之前，德国对大西洋气象信息的需求只增不减。为此，纳粹海军不断地将拖网捕鱼船改装成移动气象监控台。“劳恩堡”号就是其中较新的一艘：船身长 136 英尺（约 41 米），重 344 吨，是一艘电机驱动的渔船，船龄仅 3 年。“劳恩堡”是一个荣耀的名字，它曾是一个古公国的都城：从汉堡出发，沿易北河逆流而上 30 英里（约 48 公里），就可以抵达这里。

“劳恩堡”号的船长是亨里希·格瓦尔德（Henrich Gewald）。编入海军后，船长继续由他担任。格瓦尔德已经 58 岁，身材臃肿，反应有些迟钝，平时少言寡语。他一直住在维斯特拉霍德芬的东弗里斯兰村，此地处在平坦的大沼泽，靠近荷兰边境。这里的人们经常送自己的儿子出海谋生。格瓦尔德讲着一口低地德语方言，有些词和高地德语区别很大，跟英语倒有些接近。比如，德语词那里（高地为 dass，低地为 dat [近英语 that]）、船（高地为 schiff、低地为 schipp [近英语 ship]），或大（高地为 gross，低地为 grot [近英语 great、big]）都是这样。

格瓦尔德子承父业，当上了捕鱼船的船长。1926 年，亚德里安·摩尔随格瓦尔德的“多特蒙德”号出海，随后在一本关于渔业的书中提到了格瓦尔德，后者因此出了一点小名。格瓦尔德非常善于向北远航，乘风破浪，绕过冰山，航海技术超群。靠近极地的种种特殊情况对他来说似乎都不是问题。他还参加过一战，有海战经验。因此，“劳恩堡”号改装后，海军部决定让格瓦尔德继续担任船长。

在他的 22 名船员中，有从海军调来的 3 名低阶军官和 3 名水手。其中一个水手名叫格奥尔格·克拉曼（Georg Klarman），大约 20 岁，负责操作船上 37 毫米口径的火炮。其他海军水手也各司其职，负责操作火炮、无线电，或进行气象监测等等。而那些非海军出身的船员大都和船长一样，以前都在捕鱼船上工作。24 岁的面包师库尔特·布劳恩（Kurt Braun）来自东普鲁士沿海城市弗劳恩堡，在加入“劳恩堡”号之前，也曾在好几条渔船做过事。虽然没有什么共同的经历能将大家凝聚在一起，但是船员们的精神状态都还不错。

以上就是"劳恩堡"号的整体情况。5 月 25 日（而不是辛斯利估计的 27 号），"劳恩堡"号从特隆赫姆港出发，没几天就到达了指定监测地点。这是"劳恩堡"号的第一次巡航，不过它很快就适应了每日的工作。船员执行例行任务；布劳恩每天给大家准备现烤的面包；瞭望员警惕地观察着冰山、敌船以及其他潜在的危险。气象员则每天两次发送气象报告，一次是早上 6:00—6:40 之间；一次是下午 2:10—2:20 之间。报告发送到荷兰中部的古维克无线电站。英国时间 5 月 27 日[1] 早上 6:41，"劳恩堡"号通过 12040 千赫发送了第一条气象报告摘要。按照规定，摘要正文加了"WW"前缀。下午 2:11，相同的频率、相同的前缀，"劳恩堡"号发送了当天第二条报告。此后连续 3 天，气象报告的发送时间都完全一样，一分不差。

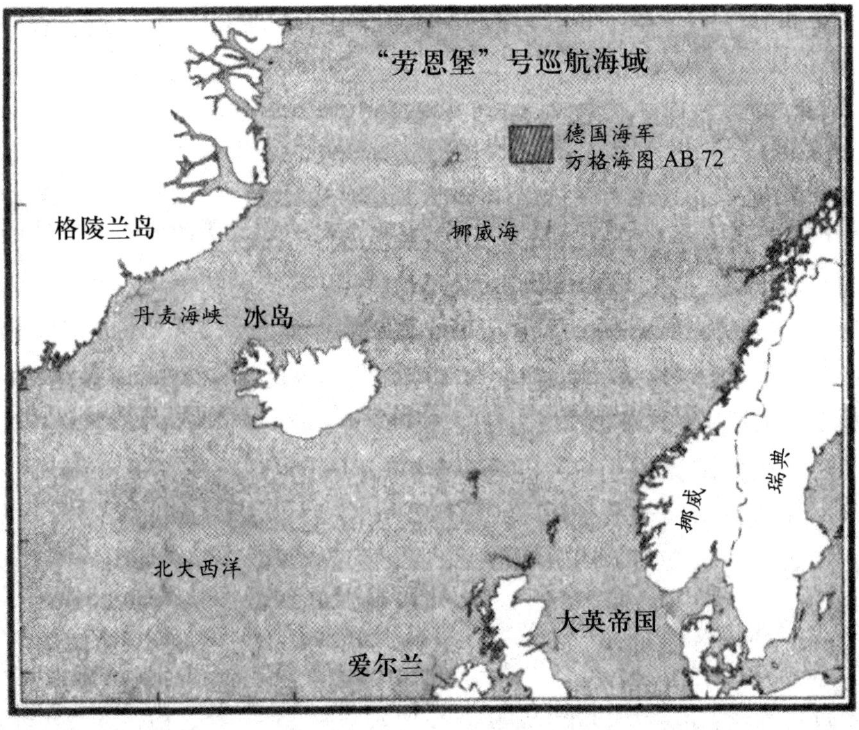

[1] 译注：此处原文为 6 月 27 日。根据上下文，译者推测此处应为 5 月 27 日。

格瓦尔德船长适时调整着“劳恩堡”号的方位。6月6—19日，船沿北纬72度向西移动到西经1—4度之间，偶尔也会向北移动到北纬73度附近。此处已经是北极圈以北300英里（约483公里）了。夏至将近，这里已经进入了极昼。太阳24小时不停地在船周围来回移动，只偶尔没入北方。有时，海水被碎冰、冰山裂块甚至是整座冰山覆盖；有时，瞭望员向西边和北边望去，可以看到永久冰盖的边缘——一条在地平线上闪闪发亮的白线。当然，船员们也并不是一直在工作。休息的时候，有人去捕猎海豹；有人在读从陆上带来的闲书；也有人看偷偷地在枕头底下藏着的色情明信片。

-2-

6月19日的备忘录中，辛斯利暗示将“劳恩堡”号作为下一次行动的目标，以获取德军密钥文件。可能是通过联络官海恩斯上校，该文件被送到了海军部。这一想法迅速通过了计划与行动处的正常程序。很快，上级指示，海军需成立一支突击队，登陆“劳恩堡”号，获取船上的密钥文件。为确保不漏掉目标船只上的每一份重要文件，也为了不但要找出有利于破译密电，还要找到留有他用的文件，布莱奇利园派一名部员加入突击队。那个人就是皇家海军志愿后备队的阿隆·培根（Allon Bacon）上尉。

培根是海军情报处8G处成员。该处主要负责布莱奇利园与海军部之间的联络，而培根的主要工作，就是整理从敌方捕获的文件。他曾在伦敦金融区工作，和8G处处长马尔科姆·桑德斯（Malcolm Saunders）的关系不错。培根自己拥有一艘游艇，二战前，他和桑德斯曾驾驶游艇开赴德国基尔。他们还带着几位皇家海军的无线电通信员，让他们藏在船舱内部，截获了不少纳粹海军的通信。英国密码分析学家因而得以深入地破解某些加密系统。培根身材瘦高，深色头发，长着一张圆脸，相貌英俊。他会一点德语，懂一些航海知识，和海军军官们相处的也不错。正是由于工作的特殊性，再加上他聪明智慧、足智多谋，布莱奇利园选中了他参加“劳恩堡”号行动。

英国本土舰队司令把这次任务交给了第十巡洋舰中队司令海军少将伯勒（H. M. Burrough）。伯勒少将的战舰是“尼日利亚”号（Nigeria）。为了俘虏“劳恩堡”号，上级又增派了1艘巡洋舰和3艘驱逐舰交给伯勒。这3艘驱逐舰中，有2艘是威猛的部族级——“鞑靼人”号和“贝多因人”号，另外1艘是“朱庇特”号（Jupiter），比部族级更新。后者正是培根所搭乘的战舰。可惜，那艘巡洋舰与另一舰船相撞，不得不返回海军基地。所以，参与这次行动的只有“尼日利亚”号和这3艘驱逐舰。他们都停泊在斯卡帕湾。伯勒与驱逐舰的舰长碰了面，商定了行动计划的整个过程和登艇细节。6月25日，星期三，晚上10:00，他们清理了斯卡帕湾的反潜艇炸弹，起航向西北方向进发，前往法罗群岛。

在斯卡尔菲奥德，几艘舰艇加满了油。同时，各舰的军官及登艇指挥官进行了最后一次讨论。周四晚上9:30，伯勒指挥舰队进入北大西洋。能见度正在迅速下降。他们以21节的航速向北行驶，从英国在法罗群岛和冰岛之间布置的最大雷区东边穿过。他们本打算向西、向北抵达德国渔船的所在地，然而靠近扬马延岛时，由于大雾和浮冰警报，舰队不得不掉头向南、向东。根据报告，渔船的位置应在北纬73度，西经4度，即扬马延岛东北约300英里（约483公里）处。舰队围着岛屿行驶，准备向北，出其不意地扑向毫无防备的猎物。

-3-

“鞑靼人”号的舰长，莱昂内尔·斯基普维斯（Lionel P. Skipwith）中校是1940年初来到船上的。30多岁的斯基普维斯中校指挥驱逐舰的经验非常丰富，“鞑靼人”号已经是他指挥的第七艘舰艇了。斯基普维斯是个人主义者，闲暇时，他把装饰周边当成一种乐趣。他把自己的隔间的木制品漆成淡黄色，甲板漆成淡绿色。相对于外面整个舰艇大面积的灰黑色，这种淡绿色让人神清气爽。除了染色，他还是个能工巧匠——他曾经亲手做了一个木质的“鞑靼人”号模型。斯基普维斯非常憎恨德国人。有时，袭击德国U型潜艇的过程中，如果潜艇浮上水面，他就会举起一根手指，示意炮手“消灭一个德国兵”，以示袭击成功。

不过，斯基普维斯舰长还是非常讲道理的。有一次，他警告枪炮军士长，有炮兵夜间划火柴。军士长解释说，晚上太冷了，他们只好借抽烟来暖和一下。于是，斯基普维斯同意他们在桶里放一种火绳，代替火柴来点烟。这种火绳8个小时只燃烧1码（约0.9米）。也许就是这些细微之举；也许正是因为他不刻板、温暖人心，才能让部下非常喜欢这位舰长。那位枪炮军士长也是一位经验丰富的职业水手，在他看来，斯基普维斯是他跟过最好的舰长。

斯基普维斯的船被称为“幸运的鞑靼人”号，因为他们总能奇迹般地躲避各种灾难。德国入侵挪威时发动过多次空袭，英国很多舰船都不幸沉没或受损，而“鞑靼人”号却毫发无损。1年后，英国战舰遭德国“俾斯麦”号（Bismarck）追击，“鞑靼人”号幸运地逃脱，而同行的另一艘英国战舰却被纳粹空军击沉。不过，大部分时间内，幸运的“鞑靼人”号都和本土舰队的其他战舰一样，驻扎在斯卡帕湾，阻挡企图进入大西洋的德国海军。斯卡帕湾条件非常恶劣，大风不停地吹，船只经常拖动船锚。冬天长时间不见阳光，而夏天夜晚太短。在岸上，船员们除了散步，钓鱼，去酒吧喝酒，也没什么其他的事情可做。其他舰船抵达时，船上的军官有时就登船会会老朋友。偶尔，岸上也会放电影。有一次，斯基普维斯提到，他已经有100天没上岸了。这时，一个年轻军官莽撞地说，自己的记录已超过斯基普维斯，已经有101天了。第二天，也许这位年轻的军官意识到，面对长官，谨慎行事胜过逞匹夫之勇，所以主动放弃了自己的记录，到港口附近的一个小岛上走了20分钟。

也有时候，“鞑靼人”号会一连几个月在外巡航。“基本上就是反复往返于凶险的海面上”，一位军官说，他们得“在露天的舰桥上忍受着一阵阵狂风”。那样的工作“简直无聊透顶，让人备受煎熬”。很快，“鞑靼人”号就创造了两项纪录：它是二战中第一个海上连续执勤达到200天的驱逐舰；也是开战以来，第一艘航行超 10 万海里的舰船。虽然这给船员带来了一丝安慰，但是它几乎没有任何作用。其中一位船员认为：

> 你们不知道那是怎样一种工作，那种冰冷、潮湿及种种恶劣的状况，你们根本想象不到。有时，你每每从吊床跳上下来，就跳进了水里。水深几乎要没过膝盖。那时候，你会感觉又冷又湿又累。同时还有饥饿、恐惧、生病。你经常被船晃得到处乱撞，有时候，你一连几个星期都不能站直。太可怕了，你会想："下次我再也不要回来了。"然而当你休假，当你在家时，你又会想念你的同伴。这时你会想，"我不能让他们失望"，于是你又回来了。

所以，突袭"劳恩堡"号是对常规行动的一种改变。为此，有位军官说："能干一件具体的事也是一种解脱，大家都很期待。"然而，没有人知道突袭对象，也不知道行动的机密目标。他们只知道，这次行动是要追踪一艘捕鱼船。

6 月 28 日，星期日，凌晨 2:40，突击小分队的 4 艘舰船绕过扬马延岛，转向正北。又过了几个小时，舰队转向东北偏东。11:15，旗舰"尼日利亚"号对近程武器进行了测试；"鞑靼人"号则测试了防空机关炮。

与此同时，伯勒少将重新审视了一遍突袭计划。他本来打算按照"慕尼黑"号的成功模式，自西向东横扫海面。但是，岸上大雾凝重，眼前又有冰山，如这样执行原计划，舰队就必须在浓雾中穿过冰山。所以，伯勒决定因地制宜，改为自南向北进行突袭，使左舷靠近海岸。中午 12:08，他命令 4 艘舰艇以"尼日利亚"号为基准，自西向东分散，排成一排。其顺序依次为："朱庇特"号、"尼日利亚"号、"贝多因人"号及"鞑靼人"号。2 艘战舰需分散开来，之间距离或为视野的极限，或为声呐可探测的极限，取二者之间更远的距离。行驶中，各舰船要随天气情况随时调整位置，大雾浓重时，需向"尼日利亚"号靠拢，而视野清晰时向外分散。舰队在规定的时间内各自搜索。如在规定时间内，各舰均未发现捕鱼船，那么“尼日利亚”号将重新制定航向，重新设定速度，进行新一轮搜索。伯勒指示，一旦发现捕鱼船，不得使用高爆炸弹，要设置炸弹在目标上方爆炸——既要迫使船员弃船，又不得损坏船上那些英国苦苦寻找的珍贵文件。“鞑靼人”号的枪炮军士长托马斯·凯利（Thomas R. Kelly）是个技艺精湛的炮手，他身材精瘦，不过很结实。斯基普维斯告诉他：“朝目标船只开炮，但不要射中它。”凯利满不在乎地答道：“老天，那也太容易了。”

各舰的登艇小分队准备就绪，整装待发。所有人都配备了腰带和手枪，并为此经过了专门的训练。“鞑靼人”号的登艇小分队有十来个人，这些人以前都是商船水手，身材健壮，擅长搏斗。一名军官担任指挥，凯利则担任副指挥。

下午 1:50，“尼日利亚”号转向正北，其余驱逐舰紧随其后。2:02，“尼日利亚”号发出信号，指示各舰“按照原定命令”，转为“方向 000（正北），以航速 18 节”搜索。第一轮搜索将持续到 9:30。2:15，4 艘舰艇依次排开，两舰保持视线可及的最远距离，大约 6—7 英里（约 9.6—11.2 公里）。搜索开始了。

在“鞑靼人”号上，斯基普维斯在舰桥和瞭望台上安排了瞭望员。这时，他告诉船员们：“我们要搜寻的是一艘德国气象船。它负责给轰炸机提供信息。那些轰炸机的目标也许就是你们的家，所以都打起精神，仔细盯着。”舰炮控制官亨利·德雷尔（Henry Durrell）上尉曾是一名商船指挥官，他拿出一英镑，奖励给第一个发现敌船的人。德雷尔自己也守在桅杆高处的控制塔，盯着测距仪，所以很有希望赢了自己的赌局。

这时的阳光非常微弱，海面平静，几乎没什么风。吕多维克·肯尼迪（Ludovic Kennedy）中尉简直不敢相信，北极圈内的阳光竟如此明亮，水面竟如此波光粼粼。他觉得，这里不同于任何地方。天空似乎像冰一样清澈。雾气从西边飘过来，模糊了视线；大片的冰山挡住了搜索的视线。

下午 4:11，“贝多因人”号的无线电测向捕捉到来自北偏东方向的信号。该信号来自一艘捕鱼船。显然，它丝毫不知道有人在监视着它。英国舰队继续向北行驶，瞭望员举着大型望远镜，在四分之一圆周的最大限度内来回巡视。他们盯着地平线最远方，寻找着捕鱼船桅杆的最高点。胳膊举酸了，眼睛看累了，可他们一刻都不敢放松。5:08，海军部发出通告，在苏格兰圣安德鲁斯以西约 10 英里（约 16 公里）的库珀测向站发现，正北方向有捕鱼船的信号传来。由于库珀测向站正好位于西经 3 度线上，而"劳恩堡"号在库珀测向站的正北方，这就是说，捕鱼船并没有在原来预计的西经 4 度，而在 3 度。不过，鉴于库珀测向站远在 760 英里（约 1223 公里）之外，而船队所处的北纬 73 度已经接近北极，西经 3 度和 4 度的距离在这里仅有 17.6 海里（约 32.6 公里）。伯勒认为，这有可能是测向的误差，而且误差值属于正常范围，所以他并没有改变航向。

2 小时后，傍晚 6:50，太阳落到西偏南方，已贴近地平线。也许是由于西边起了雾，"尼日利亚"号突然右转，转向正东方向。很快，"鞑靼人"号也调整了方向，跟上"尼日利亚"号。就在这时，一等兵阿尔古德（Allgood）突然喊道："冰山后面有东西，长官！"阿尔古德外号"矮子"，主要工作是负责瞄准敌人的控制塔。瞭望员紧紧盯着前方，一团深色的、带桅杆的物体从一座冰山后面浮了出来。此时是 6:59。该物体就在正前方偏左一点点，目测距离约 10 英里（约 16 公里）。

很快，英国人确定，这就是他们要找的气象船。"劳恩堡"号此时的位置在北纬 73 度向北 2 英里（约 3.2 公里）、西经 4 度以东约 13 英里（约 21 公里）。位于舰队最东边的"鞑靼人"号第一个发现了它。

"鞑靼人"号的船员有序地从防卫位置进入战斗位置。斯基普维斯下令全速前进。在操舵室，左舷和右舷的舵手通过机舱传令钟不断传回命令。加速后，船体晃动的更厉害了，船尾甩着白浪。"鞑靼人"号飞速向前冲去。7 分钟后，它发出信号："前方 358 度处可能有两艘捕鱼船。"与此同时，"贝多因人"号也开足马力，全速向前。"鞑靼人"发出信号两分钟后，"贝多因人"号也发现了猎物。两艘舰艇争先恐后地朝捕鱼船开去。

"劳恩堡"号的无线电操作员早发现了强烈的信号。信号如此强烈，一定是附近的舰船发出的。船员们有一种不祥的预感。借助测向装置，操作员可能也定位了信号的来源方位。克拉曼和布劳恩正在甲板上，突然，瞭望员拉响警报：南边的冰山后面有一根战舰的桅杆！格瓦尔德船长立即下令掉头向北，以12节左右的速度全速前进。然而，英国舰队的速度比它快得多。

“鞑靼人”号上，枪炮军士长凯利准备按照斯基普维斯的命令，朝敌船开炮，但是要确保不损害它。凯利在舰艇前部的两个4.7英寸（约119.38毫米）口径的炮筒内装上高纬度适用的炮弹，爆炸后其中的黑色粉末会造成烟雾。他计算了距离和时间，使炸弹在捕鱼船上方75英尺（约23米）的地方爆炸。该炸弹的206保险丝是当时的最新型号，有一个类似时钟的倒计时器。凯利计算了从发射到发生爆破的时间，把炸弹设定好。

驱逐舰很快确定了“劳恩堡”号的航线。7:01，“贝多因人”号发出信号，“捕鱼船方位：正北。”2分钟后，“贝多因人”号开炮；又过了1分钟，“鞑靼人”号开炮。

与此同时，“鞑靼人”号的通信兵一直监听着“劳恩堡”号常用的频道——12040千赫。他听到“劳恩堡”号在国际电台发出信号CT，表示“不要跟踪”。倒不是英国人有意留意，然而，信号几乎是戛然而止了。“尼日利亚”号开始用口径6英寸（约152毫米）的舰炮发起进攻。所有炮弹都在“劳恩堡”号上方、前方或者两侧爆炸，距离船身50—100码（约46—91米），而“劳恩堡”号正在疯狂地逃离英国舰队的追击。“鞑靼人”号已经离它越来越近。

“劳恩堡”号的船员看到3艘灰色的舰船正急速驶来，船尾泛起白浪，炮火不停地发射。船员中引起一阵恐慌。有些人意识到，英国人并非真的要击沉他们，这些打击不是真的——只是个警告。起初，船员们认为应该抵抗，于是拿出用油纸包裹的小型武器，其中大多数是半自动手枪。但这个念头没能持续多久，他们最终还是觉得敌我力量太过悬殊，把武器丢在了桌子上。“劳恩堡”的甲板上也装配了武器，武力不强大，因而船员们也没有以此进行还击——小心即大勇。

格瓦尔德带领几乎全部船员爬上救生艇，竭尽全力远离“劳恩堡”

号。船上只留了两个人，其中包括大副，他们把船上最珍贵的物品抛下船，其中包括恩尼格玛加密机。接着，他们开始把文件扔进锅炉内烧着煤的焚化炉里。

7:12，"鞑靼人"号停止了射击，并以32节的速度向"劳恩堡"号疾驰过去。船上的两个人丝毫没有抵抗。"鞑靼人"号上已经下达了登艇的命令："登艇小分队在前甲板集结。"

登艇小分队的指挥是领航员休·威尔逊（T. Hugh P. Wilson）上尉。威尔逊绰号"蜘蛛"，他长着一双棕色的眼睛，眉毛很浓，人缘不错。他很乐意在海军服役。和其他的海军军官一样，威尔逊觉得自己和其他人是平等的，他们在等级制度中的位置保证了他们的地位。作为军官，他也非常绅士。"鞑靼人"号刚刚建成，威尔逊就加入了船组，随后1939年9月1日，他被提升为上尉。上尉在皇家海军中是初级军衔，意味着他可以在任何舰艇担任值班驾驶员。直到罗弗敦群岛突袭之前，威尔逊的大部分时间，都花在毫无乐趣的巡航上。他有时在温暖通风的海图室，有时在露天的舰桥休息。这些时候，他为自己的粗呢夹克加了一个粗呢的裙边，从此，每当他穿上这件夹克，就被同伴称为"团琪寡妇"[1]。斯基普维斯和第一上尉（舰艇副指挥）之所以选择威尔逊指挥登艇，很可能是因为他们希望，由一名真正符合条件的军官担任指挥，也可能是因为他是船上资历第二老的成员。

"鞑靼人"号已经追上了"劳恩堡"号。海上微微泛起浪花；太阳已经落得很低，透过薄雾散发出光芒；远处的冰山闪着阵阵白光；刚才的炮火声依旧回荡在英国人耳边……威尔逊从前甲板向下望去，只见登艇小分队的一些成员已经在凯利的率领下翻过围栏，跳上了"劳恩堡"号。"来吧，威尔逊，"他对自己说道，"你可是这次任务的首领。"这样想着，他也纵身翻进了德国气象船。

然而，由于海浪的颠簸，威尔逊没有看准距离，结果左脚卡在了鱼舱

[1] 译注：团琪寡妇（Widow Twankey），传统的阿拉丁哑剧中的角色。阿拉丁的故事取材于《一千零一夜》。

处，小腿往后一弯，靴子被撕裂了，脚向后一滑。他忍着疼痛，向上爬到了海图室，从那里指挥着登艇。

登艇小分队中有人检查了海水阀，看到阀门紧闭。除了甲板上的两个人外，整条船上再无他人。凯利仔细检查了一遍，发现“劳恩堡”号毫发无伤。柴油机运转良好。其中一个船员告诉凯利，该柴油机本可以永久运转。发电机还在发电，所有的灯都亮着。他们还看到油纸包裹着的手枪，扔在乱七八糟的桌子上。锅炉的焚化炉里有一些烧焦的灰烬，但是在操舵室和海图室，满地都是还没烧毁的文件。登艇的船员不得不踩在文件上。

“鞑靼人”号船员刚登上“劳恩堡”号，英国舰队的其他 3 艘舰艇也围了上来。“朱庇特”号派了 1 艘小船，载着政府密码学校的阿隆 · 培根登上了气象船。看到地上散落着这么多文件，培根不由地对威尔逊说道：“我的天呐，老兄！瞧瞧这些文件，快捡起来！”

“什么？”威尔逊答道，“你是说这些垃圾？”

培根要地上这些“废纸”，全部都要。所以威尔逊下了命令，让凯利带人把所有带字的纸张都收拾起来。水手们个个不解地问威尔逊：“你要这些废纸到底有什么用？”彼时威尔逊正坐在海图室的凳子上，有人向他报告冰箱里发现的食物，以及桶里储藏的海豹皮。凯利告诉大家不要碰任何点灯开关，以防止敌人埋伏下诡雷。搜寻了 1 个小时之后，他们搜到了装满 13 个大邮袋的物品。其中既有文件，也有一些希特勒及雷德尔[1]的照片。凯利从格瓦尔德船长单间里拿出一盏台灯。一些小型武器、无线电设备以及 3 台小型甲板炮连同炮弹一起被拆了下来。所有捕获的物品都被搬到了“鞑靼人”号上。

伯勒少将决定，放弃这艘捕鱼船，不将它带回英国。他不想动用一艘驱逐舰来为它护航。而且，他也害怕，一旦有德国飞机发现这艘船旁边有驱逐舰，或者发现捕鱼船不在常规航线上，那么捕获的宝贝很有可能瞬间失去价值。“劳恩堡”号的船员落水时，被“贝多因人”号第一时间救

[1] 译注：此处应指德国海军元帅埃里希 · 雷德尔（Erich Johann Albert Raeder，1876—1960）。

起，关进了英国军舰的底层。他们也不可能知道自己的船只命运如何。培根告诉伯勒，他们把全船上下彻底搜了一遍，他对这个结果非常满意。因此，伯勒命下令将德国气象船击沉。“鞑靼人”号派鱼雷兵携带沉船炸药登上“劳恩堡”号，然而炸药却没有爆炸。这下可让他们的对手枪炮手们看了笑话。后者大声嘲笑着自己同船的战友。接下来到了他们表现的时候。从与德国船距离 500 码（约 457 米）的地方，凯利的枪炮手们从 B 炮塔猛发了 4 枚半穿甲弹，猛地击中了船的吃水线。晚上 9:00，不幸的“劳恩堡”号葬入了 1000 英寻（约 1828 米）的深海海底。格瓦尔德船长被救起后，被关进“鞑靼人”号螺旋桨上面的单间。凯利给了他火，他点燃了一支烟，似乎很享受的样子。

培根把那些大邮袋装的战利品拿到了斯基普维斯舰长的单间。这里比他住的应急舱要宽敞得多，紧急情况时还能用作手术室。在那里，他筛选了一番文件和纸片。各种图表、命令以及枪炮的说明堆积如小山，从中，培根终于找到了他梦寐以求的几件宝贝：海军恩尼格玛 7 月的密钥表；两份插线板连接表——一份 7 月 1—15 日有效，另一份 16—31 日有效；以及一份加密机内部设置表。

2 天之后，“鞑靼人”号和其他几艘英国舰艇抵达斯卡帕湾。培根被带到“敦鲁斯城堡”号（Dunluce Castle）上。“敦鲁斯城堡”号本是一艘客船，行驶了 40 年，然后被改造成补给舰。如果渡船从彭特兰湾去往苏格兰瑟索的铁路运转点，需要航行 1 个小时，因此渡船通常都会在“敦鲁斯城堡”号这里停靠。培根把筛选出的珍贵文件装入一个帆布包，从这艘补给舰踏上了前往罗塞斯的旅程。罗塞斯是爱丁堡附近的主要海军基地，培根用那里的保密电话机把他的收获告诉了布莱奇利园的密码分析学家，并告诉他们自己的归期。接着，他登上了一辆夜班火车。

辛斯利和海军处的密码分析学家开始一起研究。7 月 2 日，星期三，培根背着帆布包，一早踏进了布莱奇利园。他把包裹放在桌子上，打开，说“就是这些”。所有人都围了上来，不到 5 分钟，密码分析学家们就把文件拿到了隔壁的 8 号棚屋。这些文件能够帮助密码分析学家们解开 7 月份的德国密电，并迅速派上用场。有了这些密钥，密码破译的时间立即大幅缩短。7 月 1 日，当德国气象船“慕尼黑”号提供的密钥表过期之后，他们需要大约 40 个小时才能完成破译；而到了 2 号下午，破译的时间立即缩短为不到 3 小时。看到密码顺利破译，辛斯利非常高兴。然而，他不允许自己沉浸于这种沾沾自喜之中。因为他还有更重要的事要做。

第十五章
伟人来访

-1-

英国人从 U–110 潜艇以及两艘气象船上缴获了众多文件。这虽然提升了密码破译的速度，然而并未让英国在大西洋海战中直接受益。1941 年 6 月，当破译时间缩短为 3—4 小时的时候，英国被击沉的船只吨位几乎和 5 月一样多。而在 5 月，密码破译的时间周期是 3—4 天。7 月和 8 月（没有密钥表）的对比也是如此。实际上，在密码破译速度较快的 6—7 月，英国沉船的总吨位数与 5、8 两个月的总量完全相同。这组对比说明，在对付 U 型潜艇方面，情报并非绝杀之计。这背后一定还有其他因素。7—8 月被击沉的船只的总吨位数降到 5—6 月的三分之一，然而其原因与布莱奇利园无关，而是因为护航舰的数量有所增加，而且护航舰队一直护送商船船队横跨了整个大西洋。随着经验的积累，护航的效果也显著提高，船队成员独立行驶的最低速度也从 13 节提到了 15 节。与此同时，英国还增加了空中护航。从德国方面来看，由于一些潜艇被调去阻止前往苏联的船只，北大西洋的 U 型潜艇比此前有所减少，留在北大西洋的艇员大多经验不足。另外，希特勒也小心翼翼地避免与美国战舰交锋。

当然，虽然破译的情报对北大西洋战场暂时没有起到关键作用，但情报的潜力应是巨大的。随着德国潜艇数量的膨胀，“狼群”战术可能会运用得更加频繁。而掌握密电可以指引船队远离“狼群”。因此，辛斯利和8号棚屋的工作人员们依然不懈地努力着。

日积月累，他们的付出逐渐得到了回报。通过对德国海军通信过程的仔细研究，再借助从U–110潜艇捕获的简要无线电信号本，8号棚屋的密码分析学家得以更加高效地提取并测试字母框。除此之外，不同密码之间越来越多的“亲吻”漏洞——尤其是造船厂代码与气象密码的重叠，也能够帮助密码学家。

同时，布莱奇利园的人手越来越充裕，加密机数量也都有所增加。他们的工作条件大大改善了。截止到6月底，“炸弹”机已经增至8台。8月第一周过后，8号棚屋就掌握了德国本土海军的密钥。最初，密码分析学家们还不能即时破解德国密电。不过到了8月中旬，他们已经可以破解当日的密电了。绝大多数密电都可以在36小时内被破译。

-2-

布莱奇利园的成功得到了上级的关注，高层的来访让工作人员们更加喜悦。8月9日，英国第一海务大臣、海军上将达德利·庞德（Dudley Pound）爵士首先到访；1个月后，丘吉尔首相，英国的伟人，也来到布莱奇利园。

长期以来，丘吉尔一直密切关注着密码破译的进展。早在1914年10月，俄国外交人员把“马格德堡”号的密码本带到英国后，正是将其交到了丘吉尔手中；他也亲眼见证了密码本带给皇家海军的第一次成功。1924年11月，保守党倒台后，丘吉尔出任财政大臣。他一上任，就恳求外交大臣允许他查看截获的电报。“我研究这些信息已经相当长一段时间，而且我的研究很可能比任何一位内阁大臣都仔细，”他写道，“……我把密电看作一种非常重要的工具，可以帮助我们在公共政策方面做出正确的判断。它比我们国家从任何来源得到的任何信息都重要。”1940 年 9 月，也就是丘吉尔就任首相 4 个月后，他命令部下“每天把截获的所有恩尼格玛密电”给他过目。这是很难做到的，但是到了 1941 年夏天，工作人员每天都会挑选几十份重要密电，连同密码分析的进展，一起送到丘吉尔桌前。这些文件装在一个浅色的公文箱里，以便与其他深色的公文箱区分开。除了丘吉尔，谁都没有这个浅色公文箱的钥匙。他把钥匙挂在自己的钥匙环上，非常谨慎，不让别人接触到这些文件。有一次，丘吉尔写道：“看到有如此多的人一同研究外国密电，我感到非常震惊。”于是他命令对人数进行限制。送到丘吉尔手上的密电，最初代号“伯尼法斯”(BONIFACE)。不过后来，全部恩尼格玛破译的文件都改用代号“超级情报”（ULTRA）标记。鉴于有如此多的人通晓内情，丘吉尔使用密电的信息时分外小心。他在与参谋长的日常会议上和大家讨论这些情报，根据密电的内容给在外作战的野战司令们发电，让破译的密电在战争中最大限度地发挥作用。

1941 年 9 月 6 日，星期六，在开车去朋友的乡间别墅度周末的途中，丘吉尔顺路来到布莱奇利园。级别较高的三四十名工作人员围着首相。大家坐在草地上，而丘吉尔站在 6 号棚屋旁边一个树墩上，开玩笑似的眨着眼，用他那无可比拟的语气对大家说：“大家看起来都对这里的事情一无所知。”首相的保密意识很强，而且他也心存感激。他称赞布莱奇利园的工作人员，说他们好比是下了金蛋，却从不四处叫唤着炫耀的鹅。他列出了几个事例，来说明他们的密码怎样帮助了英国，着重强调他们的贡献非常伟大。随后，丘吉尔参观了几个棚屋。在海军处，人们向他介绍了阿兰·图灵。后者非常紧张。人们还展示了造船厂代码和恩尼格玛发生重合的情况。

戈登·韦尔什曼接到指示，准备了一篇 5 分钟左右的汇报。报告开头是：“我想讲 3 点。”谁知刚讲完第二点，布莱奇利园的第二负责人爱德华·特拉维斯中校就打断他道，“韦尔什曼，可以了。”丘吉尔眨着眼睛，对演讲者说：“我想你还有第三点要讲，韦尔什曼。”韦尔什曼又把约翰·赫里韦尔介绍给丘吉尔，说他是恩尼格玛的破译者之一。赫里韦尔欣喜若狂。

丘吉尔到访的消息很快就传开了。没有在场的人们听说，首相认为他们的工作“非常伟大”。这话着实振奋人心。不过，幸好他们没有听到丘吉尔对斯图尔特·孟席斯爵士的评论（孟席斯爵士是英国秘密情报局局长，也是政府密码学校校长）。看到不少不修边幅的工作人员，首相对孟席斯说道：“我知道，我曾让你不遗余力地寻找人才，不要拘泥于常规，但没想到你真的这么顺从！”

除了振奋人心，丘吉尔此次来访还有更重要的作用。4 月，也就是丘吉尔来访前几个月，或许是为了防止德国其他部队窃听潜艇密电，纳粹海军将本土水域的 U 型潜艇密钥做了调整。对 8 号棚屋来说，这也不是件麻烦事。然而到了 10 月，德国为潜艇专设了一套代码网，代号“特里同”(TRITON)。英国的破解密电速度因此稍微慢了一些。他们需要破解新的密钥设置，因此也就需要 8 号棚屋在打孔卡片上花费更多时间，让他们不得不减少夜班休息人员。这样一来，海军破译密电的时间每天至少增加了 12 小时。然而，困难这还不止这些：园内缺少女性工作人员操作；北非空军的密电也缺乏人手来破解。此时的空军密电主要是德国将军埃尔温·隆美尔（Erwin Rommel）对空军部队的作战命令、补给计划以及战术政策等。对于正在组织反抗的英国空军来说，这些至关重要。而且，没有人能帮他们解决这些困难。

因此，趁丘吉尔到访的机遇，10 月中旬，6 号棚屋（负责破译陆军和空军密电）的实际负责人韦尔什曼召集了 3 位中层领导，商量有没有可能越过丹尼斯顿的上级，直接向首相丘吉尔报告。这几位中层干部是 8 号棚屋负责人阿兰·图灵、图灵的副手休·亚历山大，以及韦尔什曼的副手斯图尔特·米尔纳－巴瑞。米尔纳－巴瑞年纪较大，是亚历山大的国际象棋密友。最初，他们在米尔纳－巴瑞和亚历山大居住的马尔顿舒尔德俱乐部见面讨论。不过后来的大多数时候，他们都会在 6 号棚屋内商讨计划。韦尔什曼花了大量时间撰写了几份有力的备忘录。韦尔什曼将之称为“裹脚布”。之后，韦尔什曼起草了给丘吉尔的信。

信件是这样开头的：“尊敬的首相，几周前，非常让我们荣幸的是，您到访了我们的工作地。而我们相信，这是因为您认为我们的工作十分重要。”信中明确表示，关于他们遇到的问题，丹尼斯顿的副手特拉维斯不应该受到指责。因为特拉维斯一直尽可能地满足他们对“炸弹”机的需求，并已经竭尽全力。

> 然而我们认为，应该让您知道，现在我们的工作遇到了阻碍，有时候甚至无法进行。其中的主要原因，就是我们缺乏足够的人手。而我们之所以直接写信给您，是因为近几个月来，我们已经竭尽所能、试过所有正常渠道来提出诉求，但是，没有您过问，任何事情都不会有进展，我们已经几近绝望。当然，长期来看，这个问题是会得到解决的，不过在那之前，我们又会白白浪费数月的宝贵时间。鉴于我们对人手的需求不断增加，我们不知道这种要求能否得到满足。希望似乎很渺茫……由于我们是一个小部门，各种琐碎的要求数不胜数，我们很难让有关的上级部门真正了解到，这里的工作是多么重要，迅速解决眼前的问题又是多么紧迫，就更不用说回应我们的要求了。

信中详细说明，人手不足造成的工作停滞主要体现在3个方面：海军恩尼格玛密钥的破解；纳粹空军在非洲所使用密钥的破解；“炸弹”机的操作。4位密码分析学家在信中还说：“我们完全是自己主动写的这封信的。”暗示丹尼斯顿无法解决这个问题。最后，他们表示：“为了能高质量地完成工作，请迅速对我们的诉求给予回应。问题虽小，但对我们的工作至关重要。”

落款时间是1941年10月21日——特拉法加战役（Battle of Trafalgar）纪念日。丘吉尔不可能忘记这个日子，那是纳尔逊大败法国舰队的日子。正是这场海战的胜利，使英格兰免遭拿破仑的入侵。另外，为了防止层层上报导致信件被扣押，他们决定亲自去交给丘吉尔。

这个重任落在了米尔纳－巴瑞身上。21日当天，他乘火车去了伦敦。连他自己都不敢相信自己居然能做这样一件事。他让出租车司机开到唐宁街10号——首相官邸。米尔纳－巴瑞按下门铃，通报了自己的职业。有人把他领进屋里，让他等一会儿。很快，从里面走出一个人，个子不高，但很精悍——这是丘吉尔的首席私人秘书。米尔纳－巴瑞解释道，自己来自秘密机构，有一封非常重要的信函，需要亲自送到首相的手中。由于秘书完全不知道政府密码学校，对来自布莱奇利园的“超级情报”也一无所知。米尔纳－巴瑞自然也不能说，所以秘书告诉他，除非提前预约，否则任何人都无法见到首相。不过，米尔纳－巴瑞坚持道，他要说的事至关重要，而且不能对无权知晓的人员透露。他既没有外交人员的证件，也没办法证明自己是从事秘密工作的。不过，他巧妙地提到了丘吉尔莅临布莱奇利园一事，表明当时自己在场。秘书是知道这件事的，这才打破了当时的僵局。于是，丘吉尔的首席私人秘书答应米尔纳－巴瑞，会把这封信原封不动地交到首相本人手里。

第二天，丘吉尔就给帝国防务委员会（Committee of Imperial Defence，CID）的秘书发了一封公文：“今日办妥。要对他们的需求给予高度重视。完成之后向我汇报。”结果，不到1个月，孟席斯就报告丘吉尔，布莱奇利园的需求很快得到了满足。虽然他批评了韦尔什曼越级上报的行为，不过经过此事，他还是专设了一名独立调查员，来监督布莱奇利园的行政管理。

密码分析学家的这封信揭露了管理上的压力。布莱奇利园的规模迅速扩大。战争初期，其工作人员为200人左右，但到了1942年初，这个数字上涨到1500人，增加了6倍多。这个小小的的密码分析机构的管理本来十分松散，充满创造力，迅速的扩张带来了一系列意想不到的问题。首先是后勤服务不能匹配——住宿、交通，以及食品都无法满足要求。此外，他们还需要一个强硬派头领，与英国各情报机构争取优先地位和人员配置。有几次权力斗争已经被外部机构解决了，然而，一个更严重的新问题又摆在了人们面前——陆军、海军或者政府密码学校，到底谁该对密电的破译和评估进行控制。在密码分析学家的信到达丘吉尔手中后，这个问题变得十分关键。（海军部通过在作战情报中心与海军处中间设置密切联络员，解决了这一问题。）

布莱奇利园的不少工作人员指责管理的混乱。阿拉斯泰尔·丹尼斯顿性格软弱，很难争取到布莱奇利园所需要的资源。他可能更擅长防守，而不是进攻。假如有部下向他要求 20 台"炸弹"机，他会告诉部下："嗯，我只能给你 1 台，最多 2 台。"政府密码学校的一位副校长——奈杰尔·德·格雷（Nigel de Grey），以及弗兰克·伯奇等人也认为丹尼斯顿没办法解决问题。当初丹尼斯顿刚上任时，布莱奇利园只有几个怪才而已。丹尼斯顿只需要保护他们不受政府官僚规则，甚至是那时乡村精神的束缚，就足够了。然而，那个时代已经过去了。他已经不适合领导布莱奇利园。

孟席斯安排的独立调查员也得出了同样的结论。1942 年 2 月，布莱奇利园的领导层进行了重组，丹尼斯顿被晾在了一边。虽然他的头衔依然是副校长，但是现在，这里由新任的副校长管理。丹尼斯顿心情低落，他搬出了布莱奇利园，搬到伦敦伯克利大街的一栋办公楼，身份变为副校长"C"，负责商业和外交电报。他曾经的副手特拉维斯现在成了布莱奇利园的副校长"S"，负责陆军密码。特拉维斯是谈判巨人，是个难缠的家伙。他的脸总是发红，有人说就像是"午餐肉上雕刻出来的"。他从一战时就开始研究密码，是从研究部门成长起来的。如果有密码分析学家向特拉维斯要 20 台"炸弹"机，他会答应帮他弄到，而且说到做到。现在，布莱奇利园有了一位新的领导，带领他们进入大批量破译的新时代。

-3-

这一年还发生了一些其他变化，不过变动幅度不大。精力充沛的国际象棋冠军休·亚历山大从图灵手中接过了越来越多的工作，逐渐成为 8 号棚屋的负责人。他的管理艺术和技术是图灵所欠缺的。他更关注细节，而且善于与人打交道。有一次，他想换掉一个小组的女性组长，可他没有直接这么做。他把原来的 3 个轮班小组重新整合，分成复杂的 5 个小组，并增加了 2 位女性组长。但过了一段时间，他又以新模式运行不畅为由，又调整回最初的 3 个小组，巧妙地换掉了那位组长。图灵就没有这么精明。他感觉到自己的领导力越来越弱，还是承认亚历山大确实更擅长这个。1942 年晚期，图灵在美国期间，8 号棚屋的成员们都收到了一张表，让他们选出一位负责人。“我想会是我。”亚历山大说。不出所料，他此后就一直顺利地控制着海军恩尼格玛的破译。

-4-

从“慕尼黑”号截获的简要气象代码本，让布莱奇利园掌握了气象电报的“亲吻”规律。10 号棚屋做了必要的前期准备工作。该小组的负责人是乔治 · 麦克维蒂（George C. McVittie）。他曾是一位数学家，后来改做气象工作。麦克维蒂身材瘦高，头发浓密，声音很尖；虽然非常专业，但不太注意形象。他总是心情愉悦，从没有低落的时候，而且对手下很好。麦克维蒂学什么都学得很快。他和 10 号棚屋的 10 来位成员一起攻克了德国气象密码，以便掌握欧洲内部及其周围的气象信息。英国空军和海军都有可能用到这些信息。

10 号棚屋负责的密码体系中，有一种纳粹海军气象代码，它不同于简要气象代码。各监测点，包括海上舰船，搜集的气象信息，以这种代码加密后发到某个中心，再发送至德国诺尔代希的海事无线电站“DAN”。在诺尔代希，有一栋大楼，左右占地很广，排列着很多窗户，是专供欧洲各国海军部队使用的。收到信息之后，这里的无线电广播会在频率 1500 千赫上把它们播出来。这种代码以国际气象密码为基础，按照特定的顺序罗列风向、降水、气压、气温等指标。这一串指标每 3 个分为 1 组，每组都用 3 位代码组进行替换。每个替代组合都可以在密码表上查到。为了加以区别，德军同时使用 5 套密码表代表不同类型的信息（例如地面观测、船只观测等），并且每天更换5次。1941年2月，10号棚屋最早破解了这种海军气象代码。这种纳粹海军密码的破译，加上从德国船只上捕获的简要气象代码，为8号棚屋破译恩尼格玛提供了便利。有了这两种密码，8号棚屋的工作就犹如桥牌中的交叉吃张。

德国海军最高司令部命令U型潜艇也要发送气象报告。同时其还要求，发送报告时，U型潜艇也要像气象船一样，用简要气象代码把气象信息转化为字母，再用恩尼格玛进行二次加密。加密后的气象信息从潜艇发回德国本土，无论哪个无线电站收到信号，都要向潜艇确认收到。接着，无线电站还原恩尼格玛的加密，再将信息发送到中央气象站。气象站会把简要气象代码彻底转换为明文气象信息。对于有价值的信息，气象站会再用一种德国气象密码加密，转发给德军各舰。

英国人总能拦截到这些转发的气象信息，也能拦截潜艇发回本土的恩尼格玛密电。鉴于10号棚屋早已破译了德国气象密码，因此很容易重现气象报告的本来面貌。如此一来，U型潜艇发送报告的明文版和密码版，就全部呈现在英国人眼前了。

利用从"慕尼黑"号得来的简要气象代码，10号棚屋的工作人员可以模仿潜艇加密的动作：把气象信息转化为字母，也就是恩尼格玛加密前的版本。对8号棚屋来说，代码本可以作为破译恩尼格玛的"字母框"。那么，现在主要的问题，就是从众多截获的恩尼格玛密电中辨别出，哪些是被德国气象站转发过的。而10号棚屋的天才们经常能够辨别出来。其中最出名的，是一位长头发、大胡子的密码分析学家，名叫菲利普·阿切尔（Philip E. Archer）。阿切尔总能最先辨别出这样的密电，时间一长，8号棚屋的海军密码分析学家就把气象电报中的"亲吻"现象戏称为"阿切尔"。

每当布莱奇利园破译了U型潜艇密电，并送到作战情报中心，那里的潜艇追踪室就会在大西洋海图上，把有关潜艇的位置用大头针标记出来。如果连续截获到有关的密电，值班员就会根据最新动向移动大头针。有时，潜艇会聚集在一起，形成"狼群"；而有时又相当分散，各自巡航；有时也会朝同一方向航行，形成松散的组合。追踪室的值班人员总是将潜艇的位置与英国运输船队的位置标在同一海图，不停地相互对照。因为无论什么时候，通常都有船队往返于大西洋运输线，自东向西，自西向东两个方向各有八九艘商船。

美国不仅为英国提供货物，还为驶往英国的船队提供护航。每天，英国海军部会对德国潜艇在北大西洋上的位置进行评估，并将评估结果发送给美国海军部。评估根据主要来自海上观测、无线电测向、交战及鱼雷发射等情况。当然，还有一个不能明说的根据，就是 U 型潜艇自己汇报方位的密电。同时，英国海军部也会根据这些信息为即将出发的商船船队规划路线，再将其发送到华盛顿。例如，1941 年 10 月，HX 155 船队将从加拿大新斯科舍省的哈利法克斯出发。在出发前的 1 周，即 10 月 8 日，英国海军部就将建议航线发到了华盛顿。

航线实际上是几个经纬度坐标点的组合，每个点用 1 个字母来标记。船队应按照这些坐标点的指引，穿过大西洋。到了大西洋深处，英、美两国的护航舰队要进行交接，因此航线上也要指定一个交接点，用字母“P”表示。交接的时间以格林尼治标准时间为准，用字母“Z”表示。英国的信中写道：“为 HX 155 设定的航线为：(1) D（北纬 47 度，西经 51 度）；E（北纬 54 度，西经 38 度）；F（北纬 58 度 50 分，西经 30 度）；(2) 格林尼治标准时间 10 月 25 日 10:00 护航舰队交接；(3) 交接地点：P（北纬 58 度 50 分，西经 22 度 40 分）；(4) Q（北纬 58 度 50 分，西经 20 度）；R（北纬 59 度 50 分，西经 7 度）。”美国海军部收到航线后，仅过了几个小时，就回复表示同意。

10 月 12 日，美国海军部派五艘驱逐舰组成 417 特遣队（Task Unit 417），并给他们下达了命令：“为 10 月 16 日出发的 HX 155 船队护航。在西经 55 度 50 分或以西与船队汇合，海军部作战部长办公室（Operations Division，Navy Department，缩写为 Opnav）会指定航线。”同时，海军部要求商船船队以 8.8 节的航速行驶。10 月 16 日，星期四，HX 155 船队的 54 艘船从哈利法克斯港出发，随后排成 11 列纵队，每列 4—6 艘船。每艘船的货物不尽相同，“巴斯城”号（City of Bath）上装载的是金属铜和一些普通货物，驶往苏格兰的艾维湾；"玛格丽塔·钱德里"号（Margarita Chandris）满载谷物粮食，也驶往艾维湾；"不列颠化学家"号（British Chemist）载着燃油，驶向苏格兰的克莱德河。超过一半的船上都装运了不同类型的油，有的是汽油，有的是航空汽油，还有些其他燃油。

星期六，午夜00:55。417特遣队的5艘驱逐舰从加拿大纽芬兰的阿根廷市出发。就在2个月前，美国总统富兰克林·罗斯福和英国首相丘吉尔曾在这里会面，并签署了《大西洋宪章》（*The Atlantic Charter*），宣布了反法西斯的崇高信念。当天早上9:30。领头的驱逐舰发现商船船队在船头左舷方向。这会儿，海上云淡风轻，海浪自西向东，吹得船只轻轻晃动。驱逐舰很快加入了船队，向着正东，驶入大西洋。

到了午夜，船队微微向北偏了一点，继续航行。4个小时后，船队继续向北偏转，一直转向东北方向。周日整整一天，船队都没有调整方向，径直驶过第一个指定地点——"D"点。

此刻，在英国，潜艇追踪室的负责人罗杰·韦恩（Rodger Winn）和他手下的工作人员继续翻阅布莱奇利园海军处破译的密电，从中找到有关潜艇位置的信息。测向站也会把测到的信号传输方向送来。负责测向的彼得·坎普（Peter Kemp）测到信号方向后，先在自己的图表上将其标注出来，再通知值班军官在总海图上标注。（坎普经验非常丰富，只要看一眼测向方位，就能准确地判断出信号发射器的位置。）韦恩整合好所有得到的信息，大致判断出潜艇所在的位置。

HX 155出发的当天，也就是星期四，英国在给美国海军的报告中判断，在北大西洋中部偏东海域，有7艘德国潜艇，位置大致在北纬53—57度，西经22—28度之间。从格陵兰岛南部的费尔韦尔角向东南方向延伸约300英里（约483公里），可能有4艘潜艇，大致排列成一条直线，但间隔距离较远。到了第二天，英国报告的潜艇数量变成了八九艘，活动范围向北、向西均有所延伸。事实的确如此：从加拿大新斯科舍省悉尼市出发的SC 48船队，就不幸在这片海域遭到了鱼雷袭击，有8艘舰船被击中。其实，韦恩等人已经发现了附近的一个潜艇集群，SC 48船队在韦恩的指引下，小心翼翼地绕过了这些潜艇。不幸的是，他们刚躲过潜艇集群，又被刚到附近巡航的潜艇撞了个正着。这次事件中，美国海军驱逐舰“科尔尼”号（Kearney）也不幸遇袭。

这次遭遇让护航舰队更加心惊胆战。星期日凌晨3:10，“班布里奇”号驱逐舰（U.S.S. Bainbridge）收到报告，称在舰的左舷方向观察到亮光、探照灯，似乎还伴有火炮声。“班布里奇”号上下顿时非常紧张，立即宣布进入作战状态。结果，警报是假的，大家虚惊一场。10分钟后，战斗状态解除，船队继续向东北方向航行。当天英国的潜艇报告仅提到，U型潜艇“可能”还在那片海域，而第二天的报告则证明了韦恩的预言。报告称，“英国海军部推测，U型潜艇最近在格陵兰岛东南海域活动，袭击SC 48的潜艇可能会重新布阵，有可能向西推进。”

受这份报告的影响，英国海军部建议HX 155船队更改航线，绕开“E”点，改走“H”点（北纬50度，西经46度30分）和“J”点（北纬57度30分，西经40度）。新航线位于“E”点以西约165英里（约266公里），远离“狼群”。然而，船队直到星期一（10月20日）中午才更改航向。按照韦恩的推断，如果德国潜艇真的在费尔韦尔角的东南海域排列开来，那么船队势必离敌人越来越近。不过，潜艇追踪室人员警告的，是多艘潜艇聚集在一起的战术。鉴于这里的潜艇只有4艘，相互之间的距离长达75英里（约121公里），远远超出了13英里（约20.9公里）的可视范围，因此，HX 155船队面临的危险可能并没有预测的那么大。

星期一这天，潜艇的报告这样写的：“56艘潜艇正在从北纬55—75度、西经15度以西向西推进。北大西洋上的潜艇（很可能是指之前的4艘）继续向西。”报告中还特别锁定了一艘潜艇的位置：北纬55度，西经42度——正好位于修正后的航线上。于是，又有电报传来：“HX 155远离可疑地带，建议抛弃H点，调整下一个目标为北纬56度，西经42度30分，再驶向J点。”和最初设定的航线相比，新的航线向西偏移了不少。到了星期二，船队转向正北，以8.8节航速继续航行。那天，天空阴云密布，大风从船队右侧吹过。星期三凌晨的潜艇报告称“10艘德国潜艇聚集在北纬 54—56 度，西经 26—37 度之间"，亦即北大西洋东部中央偏西的位置。SC 48 船队多艘舰船就在此遭袭。

经过这次线路调整，HX 155 计划逐渐向东转，驶往英国。这时，417 特遣队收到美国海军部的电报，要求"船队在未来的 48 小时以最大速度行进"。当他们转向东北，进入潜艇密集的海域时，船队以 10 节的速度快速穿过多事之地。接下来的 2 天，船队连续右转几次，到了星期五，终于开始向正东方行驶。一路有惊无险。星期六，大雾开始散去。几个小时之后，船队抵达冰岛以南的指定交接地点。英国护航舰队接过了护航任务，美国舰队调头返回。现在，HX 155 一路躲过了 U 型潜艇的追杀，距离英伦诸岛已经越来越近了。11 月 3 日，英国海军部致电美国海军部："HX 155 船队已按计划交接。全部船只悉数抵达，完好无损。""玛格丽塔 · 钱德里"号运载的粮食、"库尔伯格"号（Coulberg）的糖、"不列颠化学家"号的燃油，以及其他船上的钢材、铜矿、汽油、烟草，所有货物全部顺利运到了英伦三岛。这一切，还要感谢那些幕后英雄——8 号棚屋的科学家们。

第十六章

堵住密码漏洞

-1-

邓尼茨要想控制好“狼群”战，必须先保证通信，这点至关重要。目前来看，潜艇之间的通信非常顺畅。但他们之间的通信必须严格保密，这是邓尼茨所放心不下的。

1940—1943 年，邓尼茨的指挥部设在法国布列塔尼地区的 3 个夏季避暑别墅内。具体的位置，在布列塔尼南部海港洛里昂郊区的科内瓦尔。所有的通信在汉斯 · 梅克尔（Hans Meckel）中校高效率的指挥下被汇总到一个通风不畅的地下防空洞。

给海上的 U 型潜艇发送密电，首先要邓尼茨或副官把内容写出来，经值班军官交给传令官，印上时间，再交到无线电通信值班员手里，由值班员进行加密并发送。二战期间，赫尔穆特 · 库纳（Helmut Kühne）上尉几乎一直担任报务主任，长期和无线电报员一起在防空洞值班。通常说来，每个班有 15—20 名无线电报员。

库纳把要发送的内容交给无线电报员，用恩尼格玛进行加密。无线电报员一般既负责发送和接收密电，也负责加密信息。但是，库纳会将无线电报的收发工作分配给善于辨听摩尔斯电码的人，而让善于操作键盘的人负责恩尼格玛加密。鉴于加密机内部设置的权限仅限于军官内部，而加密机是每两天更换一次内部设置，因此，每隔一天的午夜之前，负责设置的军官会重新设置好所有的加密机，仅留一台保持不变，以便破解接收延迟的密电。到了二战后期，更改设置的时间改到了每隔一天的正午。

军官完成内部设置后，通信兵将插线板的接头插好，加密机就准备就绪了。负责加密的通信兵要构建本次的信息密钥。经过复杂的调试，发报员需要把转子转到密钥的位置，然后开始在键盘上敲击明文字母。这时，还要有一名通信兵在旁边，记下加密之后亮起的字母。抄写时，他要把所有的密文字母分隔开，每组 4 个字母。开头的 2 组包含了指示字母，共 8 个字母，要在密电结尾时重复一遍。最后，密电还要加上表示日期和时间的数字、字母组的数量（末尾重复的 2 组不计入总数），以及序列号。

加密完的密电还不能直接发送，要交由另一名通信兵检验。他必须利用密电中的指示字母确定本条密电的密钥，并像 U 型潜艇的通信兵一样解密电文。如果解密后得到的不是明文原文，就证明加密过程有误，必须改正。只有经验证能够解密密文时，密电才可以最终发送出去。

通信兵还需要判断潜艇所在的位置，判断该潜艇是否正在袭击敌人的船队，以便掌握潜艇所处的通信网络。U 型潜艇指挥部将通信网络按地域分成几块，其中包括美洲 A（北部）、美洲 B（南部）、非洲 1、非洲 2、爱尔兰，等等。潜艇袭击船队的区域也分为两块，一块以狩猎女神狄安娜命名，另一块以狩猎神胡贝特斯命名。每个地理区域内都选出了 3 个最易于接收信号的频率，分别用于白天、晚上和黄昏时段的通信。而胡贝特斯区内有 6 个频率，分别用于不同的时段。例如 4601 千赫的使用时段为午夜至早晨 7:00；7645 千赫用于上午 9:00—11:00；12950 千赫用于下午 1:00—8:00。有时候，某个"狼群"还有自己的通信频率。

发送密电时，科内瓦尔的通信兵要选择合适的频率，将无线电转入相应频率，然后输入摩尔斯电码的点和横线。信号电波会通过电线传输到洛里昂的无线电信号塔，再从信号塔向外发射。不光海上的U型潜艇，当时已经废弃的法国殖民部信号站也能接收到这些电波。这座信号站建在巴黎东南部的圣阿西兹，距离巴黎仅几英里，有更强的信号发射能力。因此，在收到密电信号后，信号站会再发一遍，使海上的潜艇有机会再收到信号，并且是更清晰的信号。随后，在发送后的2小时、6小时、12小时和24小时，信号站都会将电报重复发送一遍。非常重要的密电，还会在48小时后再重复一遍。U型潜艇指挥部平均每天发送20—30封密电，每次发电都要按照上述流程操作。因此，从传令官拿到要发送的电文，到密电发出，平均需要15—30分钟。

在U型潜艇上，每时每刻都有1名通信员在岗，密切关注着耳机里无线电波的哔哔声，关注着总部的命令。通常来说，潜艇浮在水面上时，可以随时收到信号；潜望深度时，大多数时候也能接收到信号，有时即使在40英尺（约13米）以下，仍可以接收。只要接收到信息，通信员都要记录下来，不论其与自己的潜艇有没有关系。通过密电内的序列号，就能判断有没有未收到的电报。有的通信员能做到一封不漏，也有些人一次巡航漏掉60多封。漏收的原因，有可能是通信员的疏忽，也有可能是潜艇长期潜伏在水下无法接收信号，最终的原因将由艇长来决定。如果是通信员自己疏忽，那么他就可能被捕入狱。

值班通信员一旦听到“哔哔”声，首先要把开头的几个字母默记下来，同时收起无关的书本、把留声机声音关小、拿出信笺，用4个一组的形式记录好刚才听到的字母，然后再继续记录下面的内容。完毕后，他也要重复加密的动作，找到本条密电的密钥，接着调整加密机，开始解密。解密后，通信员把电文交给艇长。如果密电是发给自己的，那么就执行命令；如果不是给自己的，就只是了解下其他潜艇的最新动向。

需要回电时，艇长就要起草电文内容，再由通信员加密后发出。“U”型潜艇发出的电文，有以下5种：

1. 船队接触报告。这类信息通常要先用简要无线电信号密码加密，再进行恩尼格玛加密。为了清除其他次要信息的干扰，潜艇在发送电报前会先用摩尔斯电码发出“滴、滴、嗒、滴、滴”[1]。根据发音，德国人称之为“阿尔法信号”，而英国人称之为“E 小节”（E–bar）。

2. 1—6 组字母的简短密电。海上舰艇收到指挥部询问，回复 U 型潜艇位置、燃油情况等时，用的就是简短密电。这种简讯也要先用简要无线电信号密码加密，再进行恩尼格玛加密。密电发送前，先以摩尔斯电码“嗒、滴、滴、滴、嗒”（代表字母组“bt”）开头，根据发音，德国人称之为“贝塔信号”，而英国称之为“B 小节”。

3. 气象报告。首先用简要气象代码加密，再用恩尼格玛加密。

4. 其他信息，例如与补给艇预约碰头。用恩尼格玛加密。

5. 无线电加密对话。指挥部和某一潜艇通信时，有时会特设一个密码。每发一封密电，都要使用对方来电中留下的密码。对于连续通信而言，这种方式比新建密钥更加迅速。

科内瓦尔的总部收到潜艇的信息后，会重复播放一遍。一方面是为了确认收到，另一方面，也是为了确保其他潜艇能够收到。解密小组由库纳领导。因为潜艇通信员发报前或是来不及对恩尼格玛进行反向验证，或是懒得验证，许多从潜艇发回指挥部的信息无法破解。而且，从海上发出的信号很难听清。相反，指挥部发给潜艇的信息则很少出现难以解密的现象。为了理出头绪，库纳专门组建了“疑难小组”，其成员有各式人物，却唯独没有密码破译人员。

-2-

根据海军的说法，恩尼格玛是“纳粹海军的主要加密工具”。所有秘

[1] 译注："滴、滴、嗒、滴、滴"，即摩尔斯电码中的“点、点、划、点、点”。根据摩尔斯电码与字母的对照表，“点、点、划、点”表示“f”，而“点”表示“e”。根据德语的发音，“f”和“e”两个字母组合的发音接近“alpha”，因此称“阿尔法信号”。

密通信都必须用恩尼格玛加密，“除非有明确规定必须使用其他方式”。德军普遍认为，无论从加密速度还是保密效果来说，恩尼格玛都优于其他加密系统。1941 年的一份陆军报告写道：“凡需要迅速报告敌方信息的舰船，都应装载一台恩尼格玛，这绝对是非常必要的。其他加密系统都太过笨重。”更重要的是，其他的加密系统——例如简要无线电信号密码本，以及简要气象代码本——也要依赖于恩尼格玛的再次加密，以确保安全。

德国海战的核心是潜艇进攻，而潜艇进攻的关键是全盘控制。鉴于所有的秘密通信都要靠恩尼格玛来保护，德国海军一直在想方设法保证恩尼格玛的安全。例如，海军规定，在发送密电之前，潜艇必须先行解密验证一遍，以防出现错误。一旦出现错误，就要重发。而同一条明文被加密两次，就会给破译留下线索。如果说密码是一副坚硬的铠甲，那么重复密码就是铠甲上的裂缝。

海军随时监控着通信往来。监督站点一旦发现有错误危及密码安全，不管其有没有被敌人利用，都会立即通报相关指挥部。例如 1941 年，德舰 NS 25 正处于挪威沿岸，船上通信员——四等兵威廉·莱姆克（Wilhelm Lemcke）发出密电“QOB”，请求相关气象报告。这是当时标准的缩写。但是，这可能让敌人知道，接下来将有气象报告。而气象报告的格式是统一的，会为破译恩尼格玛提供字母框。因此监督站告知，这种问题“不可回复”，并且“严重违规”。发送这条电报的莱姆克被通报，被罚监禁三天，并送到挪威德占区的斯塔万格接受训练。当然，指挥部也有失误的时候。4 月 26 日晚 8:29，挪威斯塔万格的指挥中心同时给西岸舰队司令（Admiral West Coast）和“塞弗克”号（Seefalke）发送了一条恩尼格玛密电。舰队司令知道，“塞弗克”号上没有恩尼格玛加密机，只能使用造船厂代码。因此，解密恩尼格玛后，舰队司令用造船厂代码重新加密。8:56，新密电被发到了“塞弗克”号上。分别用简单的和复杂的密码系统加密同一信息，这样的“亲吻”漏洞无疑是密码的大忌。

德国海军还采取措施，尽可能防止加密机和加密文件落入敌手。凡是容易暴露——比如要进入敌人近海或浅滩作业——的船只，都要尽可能地少带重要文件。1939 年 10 月 14 日，上尉君特 · 普里恩（Gunther Prien）指挥 U–47 潜艇穿过层层封锁，溜进戒备森严的斯卡帕湾，奇袭英国港口，击沉了“皇家橡树”号战列舰。这无疑是整个二战中最大胆的一次冒险。由于害怕暴露，U–47 出海时没有携带任何恩尼格玛设备和文件资料，整个过程只依靠纸笔加密。再如，1939 年 12 月，面对 3 艘英国巡洋舰的堵截，“格拉夫斯佩海军上将”号（Admiral Graf Spee）从乌拉圭首都蒙得维的亚港出发，遭遇英国 3 艘巡洋舰拦截，双方相距仅不足 3 英里（约 4.8 公里）。为了不使战舰落入敌手，“格拉夫斯佩海军上将”号在附近的浅海自沉，随船携带的恩尼格玛加密机，则和德国公使一起留在了岸上。

当舰船失联时，如果德国海军认为英国可能打捞或发现海上漂浮的秘密文件，德国海军部就会要求相关人员做出详细报告。1941 年 5 月 8 日，德国“猎人–173”潜艇在挪威西海岸被炸。那里的水深不足 50 米，艇内物品很可能被敌人打捞。潜艇指挥官详细汇报了潜艇销毁密码文件的情况：遇袭时，恩尼格玛使用手册、造船厂代码，以及一些加密表都在使用中；艇上还配有一台加密机、4—5 月的普通级和军官级密钥，以及紧急情况下寻找密钥变更的提示词。报告还说明，水雷爆炸的位置正好位于潜艇的无线电室下方，无线电室发生剧烈爆炸并起火，全部文件均被烧毁；通信兵科赫（Koch）砸坏了恩尼格玛加密机。密码文件不会漂落水中。显然，这份报告的宗旨，就是说明此次事故不会造成泄密的危险。其他的事故报告也均如此。

最重要的是，一旦海军部认为恩尼格玛的密码安全受到了威胁，就一定会展开调查。在这当中，上校路德维格 · 施图梅尔（Ludwig Stummel）经手了很多案例。施图梅尔是职业信号官，脚有点跛，一只眼睛是玻璃义眼。他一战时就加入了德国海军，到这时已经是海军通信处（Naval Communications Service）的总参谋长了。他曾疯狂地支持纳粹主义，同时也是虔诚的天主教徒。纳粹政权的扩张侵蚀着他的信仰，让他对纳粹主义的热情日益减退。施图梅尔要求自己的部下严格遵守规矩，坚决不能容忍手下做事马马虎虎。只要有充分的证据，他就会下令采取纠正措施。

1940 年初发生的几件事，促使施图梅尔展开了首次调查。首先，在德国西北部海岸的黑尔戈兰湾外，805 号巡逻船因不明原因失踪。其次，当年 2 月，U–33 潜艇在苏格兰的克莱德河口被击沉。沉船地方水位非常浅，英国人很有可能潜入水中打捞。随后，仅仅过了 4 天，“阿尔特马克”号（Altmark）补给舰被困在了挪威峡湾的中立水域，英国海军强行登船进行搜查。“阿尔特马克”号曾为“格拉夫斯佩海军上将”号提供补给，船上载有英国海军战俘。英国登船检查后，高呼着“海军在此！”解救了英国战俘。

分别调查了以上几个事件之后，施图梅尔并没有找到确凿证据。但是出于防范，德国海军仍然决定更换气象密电、伪装电报的指示字母，并将军官级密电的指示字母降级为普通级。这样一来，德国通信兵通过解密，即可知道变更后的指示字母，而敌人则无法将做过改变的区分出来，更谈不上破译了。经过密码学专家们几个星期的研究，施图梅尔得出的结论还算令人欣慰：

• 恩尼格玛系统的结构复杂，即使零散部件落入敌手，也不至于危及整个密码系统的安全。

• 水溶性墨水能够保护最重要的文件。

• 要想破译密码，唯一途径是通过叠加法。这种可能性可以排除，施图梅尔骄傲地表示，因为密钥的更新速度非常频繁，敌人截获的密电远远达不到能够破译的数量。

4 月份，施图梅尔调查了 8 艘在挪威某峡湾边缘被英国击沉的德国舰船，最终得出结论：密码泄露的情况是不可能出现的。6 月 17 日，邓尼茨来电：德国潜艇通过无线电监测，获得了英国船队集合点的情报，并已经派潜艇出动。不料，英国临时改变了集合点。难道英国人从 U–13 潜艇缴获了代码文件？

这次，施图梅尔的上司——海军通信处处长艾伯哈德 · 马顿斯

（Eberhard Maertens）上将替他解了围。敌人要想阅读U型潜艇的密电，必须同时满足以下4个条件：（1）U型潜艇的艇员遭到被俘的威胁，没有打乱恩尼格玛加密机转子、字母环以及插线板的设置；（2）水溶性墨水遇水不溶，没能销毁秘密内容；（3）敌人能测出现行加密机设置以及更改后的密钥——因为经过几次危险事件，海军已经更改了密钥；（4）敌人不仅能够破译恩尼格玛密电，还能挑出那些指挥潜艇赶赴集合点的通信。马顿斯汇报称，以上任何一种情形，都是不太可能出现的，更不要说同时出现了。

-3-

1941年发生的事情，让德国人的担心达到了极点，导致他们展开了两次大调查。

第一次是在"俾斯麦"号被击沉之后。1941年5月，"俾斯麦"号战列舰和"欧根亲王"号（Prinz Eugen）重型巡洋舰接到命令，要尽可能地多消灭英国船队。这次行动时间长达3个月，为了给2艘船实施补给，海军战争司令部特别指派了5艘油轮和2艘补给舰进入广阔的大西洋，在预先安排好的地点待命。除此之外，还有2艘侦察船负责寻找目标，为其他船只预警。"俾斯麦"号遇险时，这些舰船全部都在海上。"欧根亲王"号侥幸逃脱。

在这期间，布莱奇利园一直可以"读懂"德国密电，只是速度上晚两三天而已。5月底，英国人发现了这些辅助舰船的位置，准备开始行动。29日，海军部命令一艘巡洋舰在北纬57—59度、西经46—48度海域搜索德国补给舰。果然，6月3日，巡洋舰在北纬59度、西经47度发现"贝尔辰"号（Belchen）。该巡洋舰果断采取行动，将其击沉。另一处，"埃索·汉堡"号刚给"欧根亲王"号加过油，准备去为"埃格兰"号（Egerland）补给舰输送鱼雷。这期间有条发给"埃索·汉堡"号（Esso Hamburg）的电报被英国截获。6月4日晚，"埃索·汉堡"号在非洲和南美大陆中间的海域被英国“伦敦”号巡洋舰击沉；第二天凌晨，就在同样的地点，“埃格兰”号也被击沉。其他地方还有几艘德国舰艇遭到英国战列舰的袭击。见此情景，英国海军部命令各舰放过德国“戈达尼亚”号（Gedania）油轮和“贡森海姆”号（Gonzenheim）侦查舰。他们担心，如果这 2 艘舰艇再遇险情，必将起德国海军的怀疑。几天来，英国的打击如此精准，而且袭击的地点相当分散，肯定会让德国海军怀疑自己的密码安全——这么多舰艇连续遇袭，绝不是简单的偶遇。然而，事情就是这么巧——“戈达尼亚”号和“贡森海姆”号恰好碰上了几艘英国舰艇，不知是没有收到命令，还是出于其他原因，“戈达尼亚”号和“贡森海姆”号最终还是没有躲过英国袭击，2 艘舰艇全部沉没。

总之，截至 6 月 21 日，德国海军战争司令部指派的 5 艘油轮、2 艘补给舰以及 1 艘侦查舰或葬身海底，或被英军俘虏，而且有 5 艘是在连续的 3 天被毁的。

英国人担心的事终于还是发生了。这一次损失来得太快、范围太大，引起了德国海军的担忧。海军战争司令部总司令库尔特·弗里克（Kurt Fricke）上将决定彻查。他提出多种设想来解释这些几乎不可能发生的损失。例如，英军发现这些舰船纯属巧合，尤其是比斯开湾西侧舰船十分密集，很容易被发现；也可能有间谍背叛了组织，不过指挥部不断命令补给舰更改航向，被间谍出卖的可能性微乎其微；或者由于通信信号频繁，英国有可能通过不断的测向，来定位补给舰；法国间谍也有可能偷听了海军的电话；再或者，也许英国的雷达监测范围比德国的更广；另一种可能，那就是敌人破译了自己的加密通信。

弗里克绞尽脑汁，研究这些可能性。不过，他已经先入为主，认为即使敌人获得了恩尼格玛以及所有的转子，也不可能破译密电，除非有足够多的明密文相互对照，或者能得到每天的密钥列表及指示字母。这些重要文件全部落入敌手了吗？他排除了间谍行为，所有的文件相似度极高，有的是“每天更换，有的是每月更换，遇到特殊情况，更换的频率还会更快。整个系统极其复杂，即便是受过专门训练的人，也并不能轻松将其区分开来"。

销毁保密文件的命令简单明了，每个船员都受过训练。以往历次事故发生时，船员们为保证安全，都按规定销毁了资料。最关键的文件都是水溶墨水印制的，也是单独存放的。指示字母表放在无线电室，而密钥表由军官单独保管。要想破译密电，必须同时拿到两份文件，缺一不可。除非英国战舰悄无声息地跟踪了德国船只，并派登艇小分队登上潜艇，否则不可能同时获得这两份文件。这一点不仅理论推测不可能，对每艘船的调查也没有发现任何蛛丝马迹。最终，弗里克的调查也没有得出明确结果，只说"保密文件不太可能落入敌手"。每一起沉船事件的调查也都是这一结论：船只或者像"贝尔辰"号油轮，在炮火的猛轰之下沉没，秘密文件和加密机都已葬身海底；或像"贡森海姆"号，其船员有充足的时间销毁材料；又或者像"埃索·汉堡"号，不可能遭遇敌人登艇。

那么，如果敌人没有缴获密码文件，纯粹靠分析，强行破译的可能性有多大？弗里克称："经过再三研究，仔细检查，所有的密码学家一致认为，（敌人通过破译）读懂（德国海军密码）是不可能的。"最后，弗里克得出结论，这几艘船的沉没并无"明显的、不可置疑的"原因。弗里克更愿意相信，这几次事件的发生纯属巧合。

弗里克没有得出确切的结论，但德国海军部还是采取了一些措施，来保护密码的安全。所有要打印的命令、海图上的标记，都要使用水溶性墨水。所有与行动相关的无线电报均被列为绝密级。而且，由于英军有可能在海上发现德国秘密文件，因此可能在同一密钥的有效期内破译密电，6月22日，德军启用了新的提示词普尔修斯（Perseus）。8月，邓尼茨不再称呼潜艇编号，改称艇长的名字。

以前，海军简要无线电信号密码本规定用经纬度来指定集合点，现在，这一方式可能已经为敌人知晓。邓尼茨决定用方格海图上的代码来掩饰各舰船的真实位置。

纳粹海军的方格海图把海洋分成方格，每个方格边长486海里（约900公里），自西自东，按字母顺序，用两个字母作为代号。例如，"CA"

表示美国东海岸的一个方格，北起新罕布什尔州的朴茨茅斯，南至北卡罗莱纳州的开普菲尔；西边划入内陆（没什么意义），东至缅因州东北角所在的经度。而“CA”东邻的方格用“CB”表示，位置相当于新斯科舍省南部的大西洋水域。CC、CD、CE、CF 方格依次向东延伸。“CG”就到了葡萄牙、西班牙和北非附近，包括了直布罗陀海峡。C 行以南为 D 行，有几个方格不太规则。

方格的范围太大，因此横竖又分为 9 行 9 列 81 个小方格，小方格边长约 54 海里（约 100 公里），用 2 位数字表示。照此再分割 2 次之后，变成了边长 6 英里（约 9.7 公里）的更小的方格，用 4 位数字表示。这样，依靠 2 个字母和 4 位数字，舰船就可以比较精确的定位了。举个例子，在方格海图上，AK 2799 表示北纬 57 度 21 分、西经 32 度，也就是北大西洋中部的某一点，德军潜艇可能正在这里等候着过往的英国船队。这种表示法还节省了加密和发报时间。

因为方格海图是整个海军通用的，而且有些高级别司令部还掌握着 U 型潜艇的恩尼格玛密钥，这些人可以随时知道潜艇动向。邓尼茨不放心，为了保护潜艇的安全，他又进一步采取了措施：除了几个指定单位外，禁止任何人在地图上标注潜艇位置；更重要的是，邓尼茨还要求，不得直接用海图上的字母表示位置，尤其在北大西洋部分，表示位置的 2 个字母要定期替换，替换规则只有潜艇及指挥官知道。实际上，邓尼茨使用的是双字母替代表的“B”表。海军恩尼格玛的指示字母，也是按照这套系统进行替换的。“B”表是一个 26 行、26 列的表格，最上方和最左侧分别有 26 个字母，其余部分是双字母组合。为了给方格海图加密，邓尼茨做了一些改动。他按潜艇活动的规律，选出 26 个潜艇最常出没的地方（表示太平洋的就不考虑了）。密码操作员把这 26 组字母一一标在“B”表的最上方，顺序由潜艇指挥部决定，相当于“B”表的最上方多出了一行。这样，通信员在加密时，就可以用该列的任意一组字母来替换方格海图的双字母。例如，AL 可以变成 KS，也可以变成 LK、OM，或者其他 23 种组合里的任何一种。

1941 年 9 月 10 日，邓尼茨把这一命令用军官级密钥加密，发到了各潜艇上。整条命令分 6 个部分，共 504 组密码（每组 4 个字母），立即生效。11 月底，德国海军又一次修改位置标注方法，海图表越来越复杂。邓尼茨还随之增加了替换难度，替换表也从一个变成了好几个。12 月 28 日，邓尼茨用姓名加地址的方式，给每张图表起了名字。例如"Gdttfried Becker，Bluecherplatz 30"，这其中最重要的，是最后的数字。它是用来替代方格海图里的数字的。"30"表示在海图的实际数字上加 3000。因此，如果实际位置是 6268，那么在潜艇的通信里，这一位置就变成了 9268。方法虽然复杂，但是操作员似乎很谨慎，很少出错。有艘潜艇就因为错误报告位置，遭到严厉批评。因为按照他们的报告，潜艇正在安第斯山脉中间活动！

10 月 5 日，也就是在方格海图不断变化期间，最高司令部下达命令，更改密钥设置，把潜艇通信和其他本土水域的通信区别开来。新的密钥网以"特里同"的名字命名。特里同是希腊神话里半人半鱼的海神，可以吹响海螺传递消息。这样一来，不仅接触 U 型潜艇密电的人数减少，而且潜艇的密电也很少再用普通的当日密钥加密了。这样就大大降低了被监听的概率，使敌人无法通过叠加法来破译密电；也降低了出现错误的概率，让敌人无法乘虚而入。

-4-

弗里克的调查刚过去 4 个月，又发生了一连串事件，再次引发了德国海军大调查。其中一次，是英国海军部宣布，1941 年 8 月底，英军缴获了一艘几乎无损的潜艇——U–570。这艘倒霉的潜艇在冰岛南部浮上水面时，恰好遇上一架英国巡逻机从头顶经过。飞机一发现潜艇，立即投下 4 枚深水炸弹。炸弹在潜艇两边爆炸，潜艇受到巨大的震颤，内部不少机器被炸坏。海水涌进舱内，艇长知道，这下完了。艇员从指挥塔爬出来时，英国飞机为了防止潜艇开炮，继续向潜艇开火。艇员举起白旗，飞机警戒地在他们头顶上盘旋。最终，一艘英国驱逐舰赶来，拖走了这艘潜艇。

10 月 18 日，针对潜艇被俘引发的安全问题，马顿斯公开发表了他的分析结果，称“敌人目前不可能读懂我们的密码”。矛盾的是，在他报告的第二页，他又说，如果加密机和全部密钥文件完好无损地落入敌手，他们也有可能读懂密电。接着，他又提出，U–570 的艇员有充足的时间浸湿密码文件，因此敌人不太可能获得全部资料。最后，他得出一个模糊的结论，那就是英国人并没有破译恩尼格玛密电。就算他们破译了，11 月 1 日启用的新密钥又会重建起一道安全的防线。

这个时候，邓尼茨隐约感觉到，有一种趋势从根本上影响了他的战术。他怀疑，实施“狼群”战术，还不如潜艇单独作战时发现船队的频率高。据他推测，英国人选择让船队避开了“狼群”。而且，德国海军发现，英国运输船队越来越难定位。然而，施图梅尔给邓尼茨的回应称，所有这一切都不能证明英国破译了脆弱的德国密电。英军强大的海上侦查能力才是其躲过潜艇的关键。英国还调动了空中力量，对运输航线、U 型潜艇的出没路线进行侦查。潜艇可能无法察觉空中雷达的搜索；测向也是不可忽略的因素。除此之外，间谍活动、口风不严，或该上锁的秘密文件、地图没有锁起来，都有可能留有隐患。唯一可以排除的就是：

> 关于敌人目前能否破译我们的密电一事……经过全面的分析，所有专家，尤其是海军监听处、陆军最高司令部最资深的专家一致认为，恩尼格玛目前依然是军事通信系统内最难破译、保密系数最高的加密方法。

施图梅尔的这番回应可能咨询过通信官埃诺 · 卢坎（Henno Lucan）上校。1930 年，卢坎曾对恩尼格玛提出过非常重要的改进建议。20 世纪 20 年代，陆军部密码处选择了恩尼格玛，而陆军司令部的专家当时就曾在密码处的下设部门工作过。该部门测试了不同的德国加密系统。负责人数学教授卡尔·施泰因（Karl Stein）博士分析了恩尼格玛的加密理论，计算了保密的极限，因此给海军监听处的实际调查做了补充。马顿斯总结了施图梅尔的报告，在给邓尼茨的信中说道，"虽然面临极大的压力，包括损失潜艇的危险，但是我们最坚固的保密系统依然屹立不倒。"

德国密码学家们都不是傻子，以往的经验表明，密码系统被破坏的原因多半是操作人员犯懒、犯错，或者是敌人在交战中缴获了秘密文件。他们没有忘记"马格德堡"号事件。在他们看来，恩尼格玛的设计能有效防止以上两项问题发生，同时也绝不可能被外国密码学家破译。

假如密码操作员选择的转子设置和机器加密后的字母表有重叠，为了避免给敌人以可乘之机，德军预先制定了密钥表。对于德国密码而言，加密机、机器设置表、指示字母表、双字母替代表这 4 个部分共同组成了密码的防火墙。德军也建立了紧急情况的应对系统，即使敌人缴获了其中 3 个部分，也可以迅速更改设置，使敌人束手无策（德国人是这样以为的）。德国密码学家称，假设英国人缴获了加密机，还同时捕获了机器设置表和指示字母表，要想猜出每条密电的指示字母，仍然像大海捞针一样。因为双字母替代表就是为了给指示字母表再加一道锁。同样，即使英国人缴获了指示字母表和双字母替代表，他们也猜不出用的是哪个转子、什么样的顺序，也猜不出转子的起始字母，以及插线板如何连接。只有同时获得了机器设置表和双字母替代表，才能重现指示字母，进而破译密电。即使这样，德国人还有最后的防线——提示词系统。这套系统可以让操作员迅速改变转子顺序和设置，使被捕获的机器设置失效。另外，德军会经常更换替代表；机器设置每月更换一次。在德国人看来，这么多的安全措施基本可以消除加密机被俘引发的危险，也可以避免密码操作员的失误了。

在德国密码学家看来，如果敌人试图靠字母频率来破译恩尼格玛，那未免太可笑了——明文和密文根本不是简单的对应关系，毫无规律可循，可能性趋近无限；而且每条密电都非常精简，不可能从这里找出任何线索。如果说还有什么办法的话，那就是通过其他途径发现某条密电对应的明文。可这谈何容易？他们不仅要进行无限次的测试，还要受到插线板的干扰，寻找对应关系无异于大海捞针。当然，万一真的有密电被破译，敌人就有可能推测出转子顺序，从而破译其他密电。为了防止这种情况，很多时候，德军都会先用简要无线电信号密码加密一次，再用恩尼格玛加密。这样，即使敌人猜出了转子顺序，也不会知道转子的起始位置。

总而言之，不管从理论上还是从实践上，德国密码学家都认为，他们的密码系统已经接近完美，绝对能够保证通信安全。敌人就算破译了某条密电，也高兴不了多久。因为德军可以很快换上全新的密钥系统，或者利用提示词迅速创建新密钥，轻而易举地让敌人白费工夫。因此，他们向邓尼茨保证，他对U型潜艇的领导绝对安全。

-5-

虽然如此，德国密码学家也没有沉迷于荣耀的光环里。他们正在改进加密机，简化加密员的操作，以减少失误。长期以来，按键盘可是个体力活：每一次都需要相当于2公斤多的压力，才能按下一个键。这是因为转子之间的摩擦力太大导致的。现在，密码学家们所做的改进之一，就是减轻按动键盘需要的压力。转子之间的摩擦力很难调整，需要大幅改动加密机的内部构造。不过，他们可以通过其他方式，把压力减到1.8公斤左右，让人觉得“操作时明显轻松了”。另一个改动，是换上大的显示屏，更清楚地显示加密后的字母，方便记录。此外，他们还给加密机安装了打字机，能把加密后的字母直接打出来，就节省了记录的步骤，避免了记错。海军部第一次尝试的结果，是一台大约50公斤的机器，命名为“MS”。它有两个键盘，造价5000马克（1991年约12000美元）。可惜这次尝试没能成功。随后，他们尝试把恩尼格玛连接到电子打字机上，经过一步步改变，先后生产出MZSB、MZSE、MZSS几个型号。然而，随着战争的拖延，金属材料日益匮乏。因此某些零件只能用塑料代替。手动调节转子的指轮也是塑料做的，这要求材料有很强的耐受性。虽然加密机构造简单、重量大，但是制造时必须非常精确。因为细微的变化日积月累，键盘、打字机就会出现误差。结果，700多台安装了打字机的恩尼格玛没有一台令人满意。现在，孔茨基与克鲁格公司，以及奥林匹亚打字机公司接手了改进加密机的工作。1944年秋，带打字机的恩尼格玛开始投入使用。

随着通信越来越密切，纳粹海军还要降低加密机的故障率，并制造更多加密机。最初，加密机制造商只有海姆塞特与里克一家公司。这家公司显然已经开足马力，然而依然不能满足海军对机器的需求。因此，德国海军与奥林匹亚公司签订了合约。奥林匹亚公司的车间位于柏林西南部的埃尔福特。1943年6月23日，奥林匹亚公司交付了第一批20台基础款恩尼格玛。到12月，该公司每月已经可以制造75台加密机。

由于通信量激增，密码学家还要想办法避免由此引发的风险，这点尤为重要。1939年，德方平均每天发送电报192条；到了1942年，日平均发送量猛增5倍，达到1200条；而到1943年，发送量几乎又要翻番。密码专家意识到，这么频繁地发送密电，一定会给敌人创造破译的机会。有一次，有密码分析学家说道："从密码分析的角度来看，每日电报发送数量已经超过了上限。"

要降低风险，有一个办法——编制新的密钥网，减少使用相同转子设置的电报数量。（同一密钥网中，所有机器的设置是相同的，不过要每天更换。）例如，"特里同"密钥网就是专为大西洋U型潜艇编制的密钥表。整个1942年，德国海军新增了多个密钥网："海王星"（NEPTUN）用于主力战舰之间的通信；"美杜莎"（MEDUSA）则为地中海舰队专用。截至1943年1月1日，纳粹海军使用的密钥网已经多达11个。随着通信量的增加，海军还在不断编制新的密钥网。

面对如此大量的通信，还有一个办法可以降低风险——增加转子。从1940年开始，德国海军就在研制4个转子的恩尼格玛。增加1个转子无疑能够大大增加敌人测试的数量，降低密钥重叠的风险，不给敌人可乘之机。然而，要想把所有的恩尼格玛升级为 4 个转子，首先需要解决两个实际困难。其一，增加 1 个转子势必会增加加密机的体积。部分零件需要重新设计、生产。但是，在很多船上，恩尼格玛的位置是固定的，没有一点多余的空当。所以，大一号的加密机根本没办法安装。其二，一旦改为 4 个转子，将如何与使用旧加密机的单位沟通？

对此，海军部想出了办法：新增的转子要薄，而且旧机器上的反射器（也就是不旋转、仅用于反射电流的那个半转子）也要换成薄的。2 个转子就放在一起。加密时，新的薄转子并不转动，因为它安装在最左侧，那里原本没有牵引转动的装置。不过操作员可以把它调到任意字母位置，用以组成一个新的密钥。这让密钥数量一下子变成了原来的 26 倍。而且，新的转子和新的反射器组合起来，使 2 个新转子内部线路与旧的反射器一致，这样就可以与未更换加密机的单位进行通信。从解决兼容性问题，到生产、测试和分发新机器，海军部总共花了一年多的时间。1942 年 2 月 1 日，新一代恩尼格玛——代号 M4，终于在“特里同”密钥网首先投入使用。这可谓德国密码在整个二战中最为重大的突破。

-6-

M4 投入使用后，盟军护航船队躲避 U 型潜艇的概率有所降低，德国海军在大西洋中部击沉的舰船数量则开始增加。邓尼茨可能猜到，此前的恩尼格玛已经被盟军破译。不过，由于美军的一些低级错误，掩盖了邓尼茨对英国密码分析的怀疑。1941 年 12 月 11 日，美国正式宣战，希特勒可以肆意袭击美国舰船了。于是，邓尼茨派船袭击“富饶的”美国东海岸。那里，货船、油轮、捕鱼船以及驳船毫无顾忌地沿东海岸来回行驶，美国丝毫没有吸取英国在两次世界大战中用鲜血换来的沉痛教训。商船全都灯火通明，生怕在这旅游旺季丢了生意。这当然是邓尼茨的潜艇最愿意看到的场景：有时，他们一次可以击沉数十艘船只，而自己几乎毫发无伤；甚至都不等船出海，岸上的人群就可以看到船只遭袭的场景。就这样，德国潜艇享受了连续 6 个月的“欢乐时光”。直到盟国采取了护航措施，才打压了 U 型潜艇的嚣张气焰。

M4 启用后，英国丧失了破译 U 型潜艇密电的能力，导致被击沉的舰船数量大增。这很容易引起德军的怀疑。然而，美国东海岸的成功遮住了邓尼茨的双眼。1942 年后期，当德国潜艇重回大西洋时，他依然没有怀疑英国，而是把成功归结到另一个原因：德国成功破译了盟国密电。

-7-

纳粹海军不仅要编制密码，还要破译敌人的密码。德国海军监听处的英语组有 900 多人，由威廉 · 特拉诺（Wilhelm Tranow）领导。特拉诺个子很高，身材笔挺。他曾是一名通信兵，后来被调来检验恩尼格玛的严密性。他的个性非常突出，讲话总是很吸引人，而且精力十分充沛，连走路都好像要跳起来似的。最可贵的是，特拉诺既能把技术工作做得十分完美，又能高效地管理好手下的人。这在整个官僚系统内都不多见。有人说：“如果德国情报系统有一个人能打开二战胜利之门，此人一定是威廉 · 特拉诺。”一战期间，特拉诺就破译了英国皇家海军的密码。到了 1935 年，他又在破译英国密电上取得了重大突破。

特拉诺和助手已经破译了英国海军应用最广泛的密码——由 5 位字符组成的海军密码（以下简称 5 位密码）。然而面对更高级、更重要的海军代码（Naval Cipher），他们依然眉头紧蹙。虽然称之为“代码”，但是这种密码实际上仍是以单词（而非字母）为基础来加密的。那是一种由 4 个字符组成的密码组，经过了双重加密来确保安全。双重加密的方法，是在四位密码组的基础上，从 5000 个数字的数字密码表里，任选一组数字加上。1935 年秋，英国一支海军中队在红海巡航，盯着意大利对阿比西尼亚的入侵。加密员不小心把 5 位密码进行了双重加密。已经掌握了 5 位密码的特拉诺很容易就破解了数字密码表。这样，他就可以把双重加密的过程从 5 位密码表中剥离出来。此外，特拉诺对英国舰船的名号、动向了如指掌，这对破译双重密码有很大帮助。直到开战，英国依然沿用这套密码体系。

德国海军监听处位于柏林提尔皮茨弗大街 72—76 号，这是一栋砂岩结构的 4 层大楼。海军监听处当时共有 500 人，一部分人在总部工作，其他人分布在 16 个监听站。截至 1940 年 4 月，在所有拦截的英国海军代码中，有三分之一至一半可以被破译。破译的海军代码被命名为法兰克福。8 月 20 日，英国全面升级了海军 5 位密码和海军代码，监听处的破译量受到影响。1941 年 6 月，英国又换上了第三版海军代码，主要用于英国皇家海军和美国海军的通信。其中不少密电都与运输船队、掉队船只和 U 型潜艇位置有关。

要想掀开双重加密的面纱，首先要至少找到两条用数字密码部分有重叠的密电。而这在英国密电中一点都不算罕见。任意 100 条密电中，有时两条密电不仅有重叠，甚至有可能数字表的起始位置都是一模一样的，这种现象出现的概率超过 50%。特拉诺的 6 台制表机准备了许多能发现重叠数字的列表。他们和英国密码分析学家一样，也巧妙地利用了英国密电中的字母框。例如，驻纽芬兰的海军高级军官每天都会在同一时间用电报发送北大西洋运输船队的综合报告，而且报告的开头总是一成不变，“SNO 哈利法克斯（分隔字母）电报分为（数字）部分（句号）情况……”。8 号棚屋早该发现这个隐患。

有了这样的漏洞，德国海军监听处逐渐掌握了英国第三版海军代码。现在，德国海军监听处已经扩大到 5000 人，其中 1100 人在柏林。1942 年，德国已经可以破译大部分第三版海军代码，截至 12 月，80% 都可以破译。这段时间里，邓尼茨对 U 型潜艇的所有命令几乎全部依据破译来的信息。例如，海军监听处于 10 月 30 日提交一份报告，称 SC 107 护航船队目前位于纽芬兰开普雷斯以东，并将沿 45 度方向行驶。就在这时，一艘潜艇发现了船队。邓尼茨立即令潜艇进行拦截。后来，邓尼茨在一封赞扬海军监听处的信中写道：“盟军运输线上的无线电侦察报告来得及时，让我们能迅速集结潜艇，在发现潜艇后最初的几个小时里可以相互联络。"这次，德国潜艇击沉了 15 艘蒸汽船。虽然不是每次进攻都能取得惊人的效果，但是德国密码破译确实在潜艇进攻行动中立下了汗马功劳。邓尼茨也承认，作战情报的一半都来自海军监听处。

12 月 15 日，英国开始对系统指示字母进行加密。德国不再像之前那样容易得手了。不过，特拉诺从其他部门调集人手，用 3 倍于之前的人力攻克难关，终于再次破解了英国难题。到 1943 年 2 月，德国海军监听处又可以破译大量英国密电了。有时，英国下达一条作战指令，德国甚至能在行动开始前 10—20 个小时之前就掌握密电内容。破译的密电帮助邓尼茨排兵布阵，而事实证明，这些战斗也是整个二战船队中最激烈的几场护航战斗。3 月，德国海军仅用 3 天就击沉了 SC 122 和 HX 229 船队的数十艘舰船。英国海军部几乎绝望了，德国差不多完全切断了英美之间的运输大动脉。直到 6 月，英国再次更换了密码，德国海军的进攻才有所消减。

-8-

总之，这一系列的成功与失败转移了邓尼茨的视线，盟军破译德国密电上的命运起伏没有引起邓尼茨太多的注意。不过他知道，保密对于德国海军行动至关重要。每次密码安全受到威胁，都会引起一番调查。1942 年 3 月，两艘德国辅助巡洋舰的损失再度引发了弗里克将军对作战安全的调查。这两艘巡洋舰均伪装成了商船，准备在海上伺机侵扰盟国船队。弗里克对证据进行了分析，认为通信当中没有泄露消息。他还说，从盟军船队的动向来看，他们也不像是截获了发给巡洋舰的密电。同样，当驶往特隆赫姆（Trondheim）的"提尔皮茨"号（Tirpitz）战列舰、"沙恩霍斯特"号、"格奈泽瑙"号以及"欧根亲王"号在英格兰海峡与多佛海峡遇袭时，德国海军监听处拦截的英国密电都未露出半点蛛丝马迹。没有任何线索证明英国的信息来源于对德国密码的破译。来源有可能是无线电测向，或者空中侦察。弗里克说，同英国密码系统比起来，恩尼格玛系统先进60倍。因此，他再次得出结论，破译恩尼格玛绝对是“难以想象”的。在M4的时代，弗里克暂时是正确的。

第十七章

1942 年：空白期

-1-

1941 年中期，透过种种蛛丝马迹，布莱奇利园海军处意识到，德军即将用 4 个转子的新型加密机取代 3 个转子的机型，供大西洋上的 U 型潜艇使用。从缴获的 U–570 上可以看到，在机盖上显示转子密钥的格子由原来的 3 个变成了 4 个；破译后的德军密电也提到了新的加密机，说什么新机器的使用有错误。的确，1941 年 12 月，新加密机还没有正式投入使用，英国就拦截了这样的信息。随后，德军又用 3 个转子的加密机发送了同样的信息，再度被英国人拦截。两条新旧密电的对比，帮助英国解开了第四个转子的内部线路之谜。

这些迹象让英国密码分析学家陷入了不安。眼下的工作量已经让人应接不暇了，而增加一个转子，意味着他们的工作量将变成现在的 26 倍！这一焦虑绝不是空穴来风。1942 年 2 月 1 日，新的恩尼格玛投入使用，8 号棚屋就好像顿时陷入了一片黑暗——北大西洋无论是巡航的、战斗中的，还是准备战斗的潜艇，其与指挥部的往来电报已经完全无法破译了。M4 投入使用的第一周，潜艇追踪室在报告中承认：“现在已无法看出大西洋上的排兵布阵。”情况越来越晦暗难明。

不过，情况也不像破解恩尼格玛之前那么差。在 1941 年中期之前——也就是英国还没有俘虏“慕尼黑”号和 U–110 潜艇时，情况比如今更艰难。毕竟，像空中侦察等其他情报的来源发挥的作用越来越大。在过去的半年里，追踪室阅读了大量潜艇交战时的电报，也积累了不少经验。这些破译的电报往往能透露一些细节，例如潜艇出入巡航海域的速度、不同型号潜艇的续航能力等。不过，在这段黑暗的时期，对本土水域、地中海海域使用的恩尼格玛，以及造船厂代码，英国还是可以破译的，甚至数量可以达到每月 14000 多封。这些电报提到了新潜艇的建造、准备、船员在波罗的海训练的情况，也提到了潜艇对主力舰队的补充，以及离开本港的时间。从这些密电中，英国潜艇追踪室可以掌握 U 型潜艇舰队的力量，并能知道正在海上的潜艇数。除此之外，无线电指纹技术[1]也帮了他们大忙。拦截到电报后，有经验的操作员可以根据每台机器独特的发送方式，辨识出敌人不同的信号发射器。他们有一台叫作“蒂娜”（TINA）的设备，它可以记录无线电信号发射的特征，还能在一条长纸带上将其展示出来。这样，英国人就可以辨别出不同的通信兵。虽然这种方法并不能做到完全正确，但是至少可以帮助英军区分，到底哪些 U 型潜艇是准备战斗的，而哪些只是用于补给或布雷的。潜艇追踪室负责人罗杰 · 韦恩实行“推定视为有效”的原则。也就是说：追踪室的最佳估值应被视为事实，除非有证据表明该推断是错误的。

-2-

M4 启用之后的这段黑暗时期里，无线电追踪室要想定位大西洋上的 U 型潜艇，很大程度上要依赖无线电测向。温彻斯特和斯卡伯勒各有一个电报拦截室，房间很大。每当监听员听到战舰或 U 型潜艇向自己监

[1] 译注：无线电指纹技术（radio fingerprinting），每台无线电设备都有自己独特的传输特征。无线电指纹技术就是通过鉴别并记录这种特征，来识别一台无线电设备。

听的陆上无线电站发送电报时，他要大声喊出电台频率，声音越大越好。在房间的另一头，控制员听到频率，就要通过陆上通信线，告知英国无线电测向站。

英国共设有 8 个无线电测向站，广泛分布从于苏格兰设得兰群岛到英格兰最南端。每个测向站都有附属的监听岗哨及下级控制中心。苏格兰威克无线电测向站的控制中心位于鲍尔村外，是一栋 H 形的建筑，其中还包括宿舍。监听工作是在凯斯内斯郡的荒原上完成的，那里有 5 间 10 平方英尺（约 0.93 平方米）的小木棚。其中 2 间由文职人员使用，2 间由海军女兵预备役（Women's Reserve Naval Service，Wrens）使用，另外一间作为备用。这几间木棚很偏僻，周围没有大路，工作人员只能尽量开车到最近的地方，然后步行 1—2 英里（约 1.6—3.2 公里）穿过沼泽地，才能来到木棚。冬天，有水手帮他们铲雪，而大多数时候，他们穿过的地方都是危险的羊肠小道。如果天气不好，女兵们就待在木棚里，在双层架床上休息，渴了就把雪融化了当水喝；饿了就用水壶热几盒罐头。不过，尽管路途艰辛，她们也更希望回到宿舍，免得休息时在监听员高喊频率时惊醒。但即使面对这些艰难，女兵们没有一人退缩。她们觉得自己正在帮助海上的男人们，为能做这份工作感到非常骄傲。

每个监听员都要同时收听 3 条电话线路：1 条直接使用扩音器，另外 2 条分别连着耳机的左右两边。当女兵听到斯卡伯勒或其他监听站喊出某个频率时，她们就立即把桌上的无线电接收器转到对应的频率。战争初期，她们要通过转扭来旋转天线，将信号降到最弱，而与此呈 90 度的方向，就是信号来源方向。后来，她们配备了 9 英寸（约 229 毫米）的阴极射线管[1]在天空自动搜索信号。一旦发现信号最强的方位，阴极射线管中心的一点就会向两端发射电子束。发射管的一端是一块嵌在金属环内的可移动玻璃板，金属环上刻有度数，玻璃板内则嵌有一根电线。操作员旋转玻璃板，使玻璃板内的电线处于电子束上方。如果把管内的光标和光线重

[1] 译注：阴极射线管（Cathode-ray tube），一种将信号转变成图像的电子束管。

叠，有一半消失了，这就说明只有一个方向，例如西南，而不是西南和东北。以上操作必须迅速完成，因为来自潜艇的信号通常只出现几秒钟。有时候，女兵们甚至直到电报发到最后一个字母才测出信号方向。

操作员记录下无线电的方向。通过内部通信系统，告知鲍尔村的控制中心；鲍尔村再把测向结果告知潜艇追踪室的无线电测向部门。在那里，人们汇集各方的测向结果，并用细线和大头针在地图上标注出来。

-3-

1942 年，恩尼格玛升级后将近 1 年的时间里，8 号棚屋的密码分析学家仅破译了 3 天的“特里同”密钥，分别是 2 月 23 日、24 日和 3 月 14 日。没有了“超级情报”文件，后果可想而知。1941 年后半年，英军按破译的恩尼格玛密电指导盟军舰船避开“狼群”。U 型潜艇发现其的概率不过十分之一。1942 年下半年，北大西洋上的 U 型潜艇并没有增加多少。然而，在那段时间，英军只能依靠无线电测向引导舰船，结果平均每 3 艘舰船就有一艘遭遇“狼群”。结果，1941 年下半年，英军在北大西洋上被击沉的舰船总吨位约为 60 万吨；而到 1942 年，则达到 260 万吨，是前 1 年的 4 倍还多。也就是说，在半年的时间里，有将近 500 艘舰船葬身大海。每一次有舰船被击沉，都意味着有人冻死在冰冷刺骨的大洋深处；意味着更多的女人失去了丈夫；孩子失去了父亲；幼童缺少食物；士兵缺乏弹药；飞机燃油不足。越是装备不足，惨痛的日子就会持续得越久。

对于这些，8 号棚屋的密码分析学家非常清楚。但是，他们无法找到有效的字母框。没有字母框，就没办法测试出密钥。更糟糕的是，此前使用的 3 个转子的“炸弹”机不足以应对 4 个转子的恩尼格玛。2 月和 3 月的几次破译，是因为同一条信息也用其他加密方式进行了加密。密码分析学家使用 6 台 3 转子的“炸弹”机，分别花费 17 天才完成破译。他们设计了对抗 M4 的高速“炸弹”机，并且投入了生产。但是，英军高层担心，随着德军 U 型潜艇的不断增加，而英军又无法搜集到情报，舰船被击沉的速度可能会超过新船建造的速度。现存的舰船运力有限，可能连基本的生活、生产配给都无法维持，更不要说运送军队、补给和武器弹药了。这将如何同希特勒战斗到底?

所以一方面，英国想方设法加快新船的建造速度，尽可能地保护现有船只；另一方面，最高司令部越来越焦躁地等待着布莱奇利园的最新进展。1942 年 11 月 22 日，用英国式的克制语气，作战情报中心命令布莱奇利园对 4 转子的恩尼格玛"稍微多用一点心"。平静的说辞掩盖不了他们的焦躁：在对 U 型潜艇的战斗中，"布莱奇利园目前没有任何明显的贡献。但关键是，与其他战斗不同，没有布莱奇利园，他们一定会输掉这场战斗"。然而，作战情报中心不知道的是，布莱奇利园很快就可以有所贡献了。

第十八章

乔治十字勋章

-1-

1941 年 9 月，希特勒下令派 6 艘 U 型潜艇前往地中海。盟国派遣的舰船正在通过地中海，向北非运送物资。这些 U 型潜艇的目的，就是为了击沉它们，减轻隆美尔的负担。邓尼茨提出反对。他追求的是潜艇战最根本的目标——切断英国的海上补给线。然而，希特勒说服了邓尼茨：占领北非就可以封锁苏伊士运河，使英国舰船不得不绕行好望角。这样一来，英国实际上要耽误三四百万吨的货物运输。11 月，邓尼茨又派去 4 艘 U 型潜艇。这些潜艇的的确确起了很大作用：1941 年，隆美尔几乎被逼回了原点，不过到 1942 年 1 月，他已经充分做好准备，可以再次进攻。最终，邓尼茨总共派了 15 艘 U 型潜艇潜伏在地中海，而且每艘上都安排了经验丰富的老兵。在希特勒眼中，地中海就是“将战争进行到底的关键区域”。

这些潜艇当中，有一些战绩不错，其中一艘就是 U–559。这是一艘标准的 VIIC 型潜艇，由汉堡的布洛姆 – 福斯造船厂建造。自从 1941 年 2 月下水以来，艇长一直是汉斯 · 海德曼（Hans Heidtmann）上尉。他来自吕贝克。身材结实，留着胡须，头发偏红色，平时说话不多。中世纪汉萨同盟时期，这里是波罗的海的港口。而海德曼也是典型的德国北方人性格：一丝不苟，井井有条，一本正经。他们第一次出海巡航，被派往格陵兰岛东部。他们虽然没有遭遇敌船，但不幸撞上了冰山，撞坏了潜望镜。第二次出海同样喜忧参半：在西班牙西北部，U–599 击沉了 8000 吨级的英国货轮——"阿尔瓦"号（Alva），却遭到 3 艘英国驱逐舰的攻击。海德曼和他的艇员们很快就尝到了战争的滋味：在他们颤颤巍巍地下沉到 600 英尺（约 183 米）深处时，180 枚深水炸弹在潜艇附近爆炸。24 小时之后，进攻者显然已经走远了。这时他们才浮出水面，返回法国西部的圣纳泽尔港。

U–559 和其他几艘潜艇一样，被调往地中海。顺着洋流的强大作用力，U–559 经过直布罗陀海峡，进入地中海。起初，潜艇停泊在希腊的萨拉米港口。刚到这里的年轻艇员们都听说了传言和笑话。传言是，因为殷勤的希腊姑娘，U 型潜艇水手中有 25% 染上了性病。很多年轻人因为自己的过失死去了。笑话是，有人相信，在萨拉米岛上，艇员们吃的萨拉米香肠[1]是用驴肉做成的。为了好玩，他们在 U–559 的指挥塔上画了一只白色的驴。这是典型的德国式幽默。

每一次巡航，他们都过着"昼伏夜出"的日子。潜艇在夜幕降临时浮出水面，而当天空显露出第一缕微光，就要下潜。海德曼和船员们搜寻着猎物。1941 年 11 月 27 日，在北非利比亚的拜尔迪耶海岸，U–559 用鱼雷击中了一艘澳大利亚小型的战舰——"帕拉马塔"号（Parramatta）。12 月 23 日午夜刚过，他们观察到，西边出现明显的巡洋舰倒影。一场 24 小时的激战拉开了序幕。潜艇先是接连发射了 4 枚鱼雷，然而没有命中。随后，敌人的信号失踪了，它潜到水下，被轰炸机击中，被迫浮出水面。水面上有护卫队护卫着 2 艘货轮，等看到 2 艘船并排时，U–559 立即发射 3 枚鱼雷。1 枚鱼雷沉没了，另外 2 枚从水面浮过，击中了第二艘货轮的中部，立即将船击沉。海德曼和手下本想把另外一艘也击沉。然而，该船的

[1] 译注：萨拉米香肠（Salami），即一种意式蒜味肠，和萨拉米岛（Salamis）同音。

3 艘护卫舰护卫森严，进攻根本无法进行。他们瞄准其中一艘驱逐舰，发射了一枚鱼雷。驱逐舰灵巧地躲掉了，调转方向，朝奔潜艇而来。潜艇只得下潜。他们先是听到轻微的震颤，后来又听到一阵巨响，潜艇跟着来回晃动。他们悄悄向西北方向移动，却听到西边传来微弱的螺旋桨的声音，接着又听见 7 枚深水炸弹在稍远处爆炸的声音，似乎离他们还有段距离。深夜 11:40，他们终于可以浮出水面，呼吸一下略带咸味的新鲜空气。希特勒曾希望在利比亚海岸边掐断英国输往托布鲁克的补给。3 天后，就在同一海域，U–559 击沉了 1 艘波兰蒸汽船。这一行动为海德曼赢得了骑士勋章（Knight's Cross），以及邓尼茨的称赞。后者说他“行动果断，执行力强”。

1942 年 9 月 29 日下午 4:00，U–559 从意大利西西里岛的墨西拿港（Messina）出发。这是它第十次出海执行任务了，此次的目的地是方格海图 CP 3468 区域。这是地中海东部的一片水域，就在土耳其南边，靠近叙利亚的拉塔基亚港。出海 3 天后，U 型潜艇指挥部通过无线电向海德曼下达了行动指示 ：“在巴勒斯坦和埃及沿海自由搜寻。搜寻重点 ：从亚历山大港、塞得港到贝鲁特、海法及雅法的运输线。”接下来的几天，指挥部又发来了一条特工报告 ：停泊在海法的一艘英国巡洋舰分队正准备起航，还列出了贝鲁特港的舰船编号。此外，有间谍透露，2 艘英国蒸汽船将于 10 月 10 日从塞得港出发，前往土耳其的伊斯肯德伦港。这恰好离海德曼的行动区域不远。10 月 17 日，邓尼茨命令海德曼向南搜寻，来到海法以西。随后又向西移，深入地中海。一架德军飞机报告，在海德曼西南方向几百英里外发现运输船队，其中有 3 艘运输船，还有几艘护卫舰。然而，无论怎么移动，他们都没有发现目标。飞机的侦察报告也没有给潜艇带来任何猎物。因此，10 月 29 日晚些时候，邓尼茨命令潜艇在可能的时候报告气象信息 ；然后指示海德曼，一旦油料和武器用尽，就返回墨西拿港。30 日凌晨。U–559 用简要气象代码发回了邓尼茨要求的气象报告。

-2-

30 日，将近破晓时分，一架“桑德兰”水上飞机报告了雷达信号，地中海南部“可能有一艘潜艇”，大致位于苏伊士运河最北端的塞得港，与巴拉斯坦的特拉维夫[1]中间。于是，英国派 4 艘驱逐舰展开搜索，其中包括皇家海军“贝塔德”号（H.M.S. Petard）。

“贝塔德”号是在纽卡斯尔建造的。1941 年 3 月，一个雨天，“贝塔德”号首次下水，进入泰恩河。它是 8 艘 P 级（“P”代表“Pakenham”）驱逐舰中的一艘，船头非常帅气，类似拖网捕鱼船，船身只有一座烟囱。它的最高时速可达 32 节，高速航行时仍有很强的机动性，海面条件再恶劣，稳定性也很好。“贝塔德”号上武器精良，虽然只有 4 门 4 英寸（约 101.6 毫米）的主炮，但是舰上配有 8 个鱼雷管，100 枚深水炸弹，以及 2 座深水炸弹发射器。9 名军官每人都有自己的隔间，而其他 211 名船员睡在吊床上。

“贝塔德”号上最强势的人物莫过于舰长、英国皇家海军军官马克·桑顿（Mark Thornton）少校了。桑顿少校之前曾在另一艘驱逐舰服役，并因击沉一艘潜艇而荣获杰出服务十字勋章（Distinguished Service Cross）。他身材中等，健壮有力；方形脑袋，有着浓密的灰色头发；脸上有伤，像拳击手似的。这一切让很多人看了觉得害怕。受命成为舰长时，他承诺一定要把战利品带回来，以证明造船厂的努力没有白费。说到消灭国王的敌人时，桑顿说得非常凶残，让人不免摇头，同情他手下的船员们。他的愤怒似乎随时能喷泻而出。在斯卡帕湾，有时候他会从军官食堂一下子跳起来，用拳头把后舱壁砸得隆隆响，还大喊“我要马上和敌人战斗！”早前 1940 年敦刻尔克大撤退时，他船上很多缺乏经验的船员因为晕船、紧张、缺乏睡眠而表现欠佳，所以担任“贝塔德”号的舰长后，他下定决心，不能允许船员被重大事件压倒。他对船员进行严酷无情的训练，让他们变得

[1] 译注：特拉维夫（Tel Aviv），1947 年以色列建国时，特拉维夫被划归以色列，成为以色列首都。

坚毅。有一次，船员们刚刚结束一天的紧张劳作，回到港口，他就发布了假警报："贝塔德"号遭鱼雷击中。船员们竞相跑到战斗岗位时，他还不住地用冰冷地海水浇他们。渐渐地，在他的严厉训练下，船员们变成了"受过全面训练的战斗机器"。

桑顿的副指挥官是安东尼·法松（Antony Fasson），这是一名来自边境地区的苏格兰人。法松是一位经验丰富的军官，虽然对手下有严格的纪律要求，但是非常容易相处。船员们即便被他惩罚，也不会感到委屈。下级军官把他看作亲切和蔼的伙伴；那些无法达到舰长标准的人，也会觉得法松善解人意。桑顿也觉得他是一位难得的领导者。

1942 年夏，"贝塔德"号接到命令，要穿过苏伊士运河，开往好望角，加入第 12 驱逐舰舰队。那一次漫长的航行中，桑顿和法松花了数小时的时间，在船长的隔间里讨论地中海的情况。桑顿对此非常了解。最终他们达成一致意见，下决心捕获 U 型潜艇上的秘密文件。后来桑顿说："其他驱逐舰可能会选择击沉潜艇，而我们可以俘虏一艘。"他还不知道 U–110 的功绩。所以他训练了一支登艇队，交由法松带队。法松穿上运动鞋和整套登艇装备。法松和桑顿深信，他们一定会遇上机会，因此已经从每一个角度讨论了登艇的细节。

9 月 22 日，U–559 还停泊在墨西拿港口，随着水波晃动；而"贝塔德"号停在塞得港，舰的前后都系在港口的浮标上，位置几乎平行于苏伊士运河的设计者——费迪南·德·雷赛布（Ferdinand de Lesseps）的塑像。接下来的一个星期，"贝塔德"号一直在进行反潜艇训练、巡航，还完成了一次突袭，来调查高速海面接触。最后，该袭击以"贝塔德"号击退 3 架"容克–88"轰炸机而告终。在塞得港，阻止船员们去妓院以及规定范围外的酒吧可不是件容易的事。在海法，堆在港口的动物皮毛散发出刺鼻的恶臭，船上的人度过了"恶心得难以忘却的一夜"。"贝塔德"号在亚历山大港逗留了 7 天。10 月 23 日夜，船上有人看见大炮的火光突然点亮了西南方的夜空——阿拉曼战役打响了！桑顿又一次疯狂地用拳头敲打后舱壁，恨不得马上跟敌人大战一场。随后，在"贝塔德"号和其他舰船开往海法时，海上飞机报告发现了德国 U 型潜艇。上级命令他们立即展开搜索。

-3-

30 日。正午刚过，4 艘驱逐舰抵达了 U 型潜艇可能出没的地点，开始搜索。那天阳光不错，有一点微风，海面平静。"帕肯汉"号（Pakenham）首先探测到声呐信号，而"贝塔德"号则首先发动进攻。12:57，"贝塔德"号投掷了 5 枚深水炸弹，设定了 250、350、500 英尺等几个不同的爆炸深度。爆炸后，船员看到水面漂起了油，还听到了漏气的声音，然而潜艇并没有出现。停了一会儿，"德尔弗顿"号（Dulverton）投下 10 枚深水炸弹。就在"贝塔德"号准备再次进攻时，它和其他船只都听到了巨大的爆破声，显然就在"贝塔德"号下面。但是，水中依然没有波澜。这其中的原因没有人知道。"贝塔德"号又扔下 10 枚深水炸弹。这一次，声呐操作员报告，水下有噪音。声呐信号持续了 55 分钟，然而，这声音并不是潜艇发出的。也许，噪音是因为水下不同的密度和温度引起的，又受到尼罗河淡水的推动。

搜索已经持续了几个钟头，驱逐舰时不时地发起一阵阵攻击。U–559 潜艇上，船员们自然非常害怕，然而没有人惊慌失措。海德曼神态镇静，这点让他的手下十分敬佩。他不时重复着"警报！"语气非常镇定，和其他艇长那种惊慌的、拉着长声的大声呼喊简直是大相径庭。随着在水下时间的延长，潜艇里的空气越来越差：不能洗澡的气味、长时间的烟味、厕所和垃圾的气味、混合着柴油气味和烟气，再加上食物的气味……空气越来越污浊。

进攻的驱逐舰在其他两艘舰船的协助下，用声呐进行交叉定位。桑顿的第六感似乎非常敏锐：失去信号时，桑顿就操控"贝塔德"号退回目标上方，逐渐改变航向和速度。舰船上的气氛非常紧张。甲板上的人员密切在海上搜索潜望镜的踪影，以及鱼雷发射后的轨迹。一旦能看到一些东西，他们就要做好准备，等待水下爆炸的巨响。

夜幕降临，风声渐起，云雾遮住了天空。船尾的鱼雷兵向桑顿提出他的想法：他觉得潜艇应该已经潜到了 500 英尺（约 125 米）以下——超过了皇家海军深水炸弹爆破的最大深度。但是，如果在深水炸弹的发射槽里填上肥皂，就可以在前期减弱水的阻力，从而增加爆炸深度。桑顿同意了他的想法。6:42，10 枚装着肥皂的深水炸弹从“贝塔德”号上射出[1]。等待爆炸的时间确实比以往要长一些；然后，他们看到水面上溅起碎片，听到潜艇外壳受到重击，发出“砰”的一声。这一招果然奏效：潜艇动了动，声呐再次探测到了信号。在接下来的 3 个小时 15 分钟里，“贝塔德”号又照此法发动了 3 次进攻。

时钟刚过晚上 10:00，桑顿向“德尔弗顿”号发出信号，表明了进攻的意图。“德尔弗顿”号回复了距离和测向的信息。这和“贝塔德”号掌握的信息相吻合。舰上的官兵觉得，这次搜寻胜利在望了，潜艇一定就在附近。10:17，“贝塔德”号再次投下深水炸弹。水下响起沉重的爆炸声，水面喷起水柱。但除了船的噪声、海水声，水下再没有任何声音。此时，桑顿唯一想看到的，就是 U 型潜艇被炸弹击中，浮出水面。

水下的潜艇里，艇员们一共听到 288 次深水炸弹爆炸的声音。最近的几枚把右舷的艇首部位和艇壳炸成了碎片。空气让人窒息，就好像氧气耗尽了似的。海德曼下令上浮。

“贝塔德”号顶着海风，摸黑前进。一名炮兵、舰桥上的水手以及舰炮指挥小组突然同时闻到了柴油的气味；片刻，声呐操作员大喊，听到潜艇炸毁油箱的声音。根据声呐操作组的探测，他们把舰炮对准了船首左舷。一双双眼睛紧盯着，似乎要把这黑暗刺穿。10:40，黑暗的水面上泛起一片白浪；左舷的信号灯发现一座指挥塔；过了一会儿，英军一盏 36 英寸（约 91.4 厘米）的探照灯把浮上来的潜艇照了个正着，潜艇的指挥塔上还画着一只白色的驴。有人从里面钻出来，匍匐了几步，就顺着湿滑的甲板掉进了海里。

---

[1] 编注：将肥皂放入深水炸弹定深孔内，以此减慢海水进入引信室的速度，使深水炸弹能在爆炸之前沉入更深的地方。

桑顿下令开火，机关炮应声响起，一架“厄利康”高射炮（Oerlikon）也跟着开火。这么近的距离，4 英寸（约 101.6 毫米）的火炮没办法架起来。于是桑顿命令后退，让潜艇能够进入主炮的射程范围。一轮猛击之后，指挥塔的基座被炸毁。“贝塔德”号射了 114 枚机关炮、79 枚厄利康高射炮弹，其中大部分都击中了潜艇。很快，他们发现，潜艇停住了。德军已经弃艇，再炸将不利于施救。法松拉响停火的铃声；桑顿命令登艇队准备好。

这时，“贝塔德”号已经停下，潜艇就停在它的左舷，处于下风向。艇首在炮弹的重击下已经下沉。法松在船尾的右舷，正准备放下右侧的小船。桑顿对舰炮控制官戈登 · 康奈尔（G. Gordon Connell）中尉大喊，让他下水游到潜艇那边。就在康奈尔准备扯开军服的时候，一级水手科林 · 格雷瑟尔（Colin Grazier）跟了上来，要和他一起游到潜艇上。恰在这时，法松出现在他们面前。他让康奈尔控制小船，将小船绕过驱逐舰，划到潜艇旁边；而他自己脱下军服，准备下水。不一会儿，他和格雷瑟尔就赤身裸体地跳进海里，向潜艇游过去。同时，15 岁的食堂小助手——汤米 · 布朗（Tommy Brown）也趁着食堂管理员没注意，跳进了水里。他为参军谎报了年龄。一会儿，康奈尔控制的小船来到了潜艇近前。他把船拴到潜艇上。

小船遭到德军的阻拦，不少水手一直抓着小船不放。

潜艇的情况非常危险。海浪不停地冲击着甲板，缆索和无线电天线几乎全部被炸飞。指挥塔顶端一片凌乱；基座上是驱逐舰主炮炸开的口子；中间有二三十个直径约 1 英寸（约 25.4 毫米）的弹孔，被海水来回拍打着。两侧的艇壳均已被炸破。探照灯炫目的灯光一直照着 U 型潜艇。落水的德国水军纷纷呼救。探照灯外的黑暗中，“贝塔德”号的几艘姊妹舰依然在探测其他 U 型潜艇的信号。

法松和格雷瑟尔靠近潜艇，爬进潜艇的控制室。灯光依然亮着，他们能看到有两个身影。法松高喊，潜艇前部已经被炸穿。然后，他用机关枪砸开了艇长室的柜橱，在一扇门后面发现了几把钥匙。用钥匙打开抽屉，法松从里面拿出一些文件——显然是些秘密文件。

汤米·布朗也已经钻下潜艇，帮助法松和格雷瑟尔。他从梯子爬下来时，海水穿过 4 英寸（约 101.6 毫米）的炮孔，拍打着他的后背。现在，他要拿着这些珍贵的秘密文件爬出指挥塔，送到小船上。指挥塔顶部还有一位名叫拉克鲁瓦（K. Lacroix）的水手，他正用绳子把几个册子吊上来。布朗又再次进入潜艇内部运送文件。尽管潜艇漏水，海浪也在不断冲刷，布朗还是想方设法不让文件沾水。由于海水不断地渗进潜艇，等到布朗第三次进入舱内的时候，舱内的水已有 2 英尺（约 0.6 米）深。

回到潜艇控制室，法松正试图从防水隔板上拆一个盒子，盒子里的一些装置——可能是无线电，或者雷达装置。盒子上有线和隔板相连。水越漫越深了。在舱外，水已经开始漫过船尾的炮台。布朗告诉法松上尉，甲板上的人正在喊他们上去。法松让布朗再拿一摞文件上去。这个年轻的小伙子带着文件，爬上梯子，交给了船上的战友。与此同时，法松和格雷瑟尔已经成功卸下了装设备的盒子，准备系上绳子吊上去。水手向上拉的时候，法松大叫，说他们拉得太快了。他说这个盒子看起来非常珍贵，让他们一定要小心。

这时，海水已经没过了后甲板。康奈尔警告布朗不要再下去了，叫法松和格雷瑟尔马上上来。布朗看到两人还在指挥塔底部，就大喊“最好赶快上来！”喊了两遍，两人才刚要向上爬。不料，潜艇突然一下子沉入水中，谁也没有心理准备。海水迅速涌进指挥塔。布朗跳进水里，拉克鲁瓦还在指挥塔上，要爬上最后两级梯子，还得划开涌进来的海水，努力摆脱强大的吸力。终于，他和布朗被康奈尔的小船救了起来。然而法松和格雷瑟尔没能从汹涌而入的海水中挣扎出来，不幸和潜艇一起沉入海底。

-4-

小船载着从潜艇里搜出的珍贵文件，回到了“贝塔德”号旁边。人们匆匆把小船吊上来。“德尔弗顿”号的探照灯已经熄灭，两舰飞速驶离此地，以免被附近的其他 U 型潜艇袭击。“贝塔德”号上，消灭敌人的快感很快就被无以言表的巨大悲伤所取代，因为船员们很快发现，他们已经失去了一位才能卓越、备受爱戴的军官，还失去了一位宝贵的水手。“贝塔德”号来到海法，在那里把船上的珍贵文件交给了几位海军情报官员。桑顿果然信守承诺，给纽卡斯尔造船厂的工人送去了一件战利品——U 型潜艇水手的救生衣。至于法松和格雷瑟尔，由于他们没有与敌人面对面对峙，因此无法获得英国最高荣誉——维多利亚十字勋章（Victoria Cross）。不过，为了嘉奖他们的英勇，海军部决定追授他们乔治十字勋章（George Cross）[1]——荣誉级别仅次于维多利亚十字勋章。

政府密码学校对 U 型潜艇恩尼格玛的研究一度陷入停滞，而法松和格雷瑟尔用生命换来的这些文件中，有两份对政府密码学校的帮助最大。一个是现行的简要无线电信号密码本，另一个是第二版的简要气象代码本。后者的帮助来得更直接。这些文件几经辗转，过了 3 个多星期，直到 11 月 24 日才被送到布莱奇利园。有了简要气象代码本，8 号棚屋就可以把 10 号棚屋破译的气象信息重新加密，变成恩尼格玛加密之前的模样。这就为破译恩尼格玛提供了字母框。然而，第二版简要气象代码本与第一版不同的是，上面没有列出可以直接使用的 26 组指示字母。密码分析学家认为，新的简要气象代码把恩尼格玛的 4 个转子都用上了。下一步，就要在“炸弹”机上进行漫长的测试了。

1942 年 12 月 13 日，星期日，8 号棚屋找到了宝贝。10 号棚屋的阿切尔送来的一个气象密电字母框引导他们找到了一个密钥。这个密钥的第四个转子被调到了无意义的位置上，因此事实上和 3 个转子的加密机相似。而海岸气象站只配备了 3 个转子的加密机。值夜班的肖恩 · 威利正在食堂吃早餐，有人跑过来告诉他：“找出来了！”威利扔下早餐，跑回 8 号棚屋。看到确实没错，他打电话报告了一位上级领导，接着就去通知 6 号棚屋和 8 号棚屋分别对应的军方部门。约翰 · 门罗（John Monroe）在

[1] 编注：乔治十字勋章是英国颁给平民和军人的勋章，由英王乔治六世在 1940 年设立，表扬“最伟大的英勇行为或在极端危险的情况下所表现出的杰出勇气”。

值夜班，威利兴奋地叫道："找到了，在零号位置。能再给我6台'炸弹'吗？"虽然当时布莱有利共有49台"炸弹"机，然而这还远不能满足破译的需求。在门罗看来，重新分配破译机就像议会通过法案一样复杂。不过，考虑到这件事的重要性，也考虑到职权的限制，他答应威利可以用到白班的同事来接班。实际上8号棚屋用了更长时间。

密码分析学家得知，对于普通的U型潜艇密电而言，4个转子的前3个和当天的气象密码的指示字母相同。因此只要找到当天的气象密电的指示字母，剩下的第四个转子无非就只有26种可能性。最多测试26次就可以完全找到当天的4字母密钥。这对8号棚屋几乎没有难度。就在那个星期日的晚些时候，由4个字母组成的U型潜艇恩尼格玛密钥开始浮出水面。布莱奇利园的密码分析学家给它起了个名字："鲨鱼"（SHARK）。

当天下午，8号棚屋还通过电话，向潜艇追踪室报告了这一最新进展。电话是韦恩的助手，准上尉帕特里克·比斯利（Patrick Beesly）接的。这个消息让他兴奋不已。1个小时过后，第一条破译的密电被打印出来：揭露了15艘U型潜艇的位置。截获的密电如潮水一般等待破译，直到第二天凌晨才全部破译完。比斯利对着密电揭露的错综复杂信息，琢磨着潜艇的位置。这个夜晚，大家筋疲力尽，但是又非常兴奋。这样过了几个星期，情况逐渐明朗起来。破译的信息再次发挥作用，为盟军的运输船队指引路线、躲避危险。1943年1—2月，被击沉的船只数量比前2个月下降了一半。回顾以往，无论是"马格德堡"号、U–33、U–110、"克雷伯恩"号，还是气象船，破译成功的珍贵文件往往来源于敌人自己的战舰。

第十九章
美国加入

-1-

布莱奇利园很大一部分的价值，体现在破译德国海军密电上。而海军密电的拦截站主要有两个：其一位于北海岸边斯卡伯勒附近的悬崖峭壁上；另一个，则位于英国南部中心地带的温彻斯特附近。拦截操作员，或者叫监听员，有一部分是皇家海军的水兵；还有很大一部分来自海军女兵预备役。

爱丽丝·阿克森（Alice Axon）就是海军女兵预备役的监听员。她同时也肩负着无线电测向工作。爱丽丝十几岁，是一位拘谨、正直的姑娘。她来自伦敦东部的格雷夫森德（Gravesend），从小就对信号知识感兴趣。她参加幼年女童子军（Brownie）的时候，学会了旗语；后来参加海上大龄女童子军（Sea Ranger）时，又学会了摩尔斯电码。17 岁那年，瘦小的爱丽丝志愿加入了海军女兵预备役，想要成为无线电操作员。她接受了两次为期 3 个月无线电训练，第一次在伦敦，第二次是全国性的。两次训练中，爱丽丝都是班里的第一名。训练班里，有一点让她和同学感到很是奇怪：她们只学习如何接收摩尔斯电码，学习每分钟接收 25 词，但是从没有学习过如何发送电码。

后来，她们被分配到温彻斯特附近的拦截站，这才解开了她们的疑惑。这一拦截站在皇家海军一座滨海的小楼里，名字像是船名：皇家海军“弗拉尔顿”号（H.M.S. Flowerdown）。主楼能容纳 75 人进行监听拦截，所有监听员的座位全部面向大房间尽头的控制员。这里的工作昼夜不停，所有人都要轮班工作。监听员们都住在一排排平房里。

每个监听员都戴着耳机，面前的高台上摆着无线电收音机。她们需要通过耳机监听着无线电收音机中传来的哔哔声，而且要记录下这个频率的所有信号。例如爱丽丝·阿克森，她主要监听的是诺尔代希的“DAN”信号站使用的频率。这个信号站会通常会发送气象报告。其次，她还要监听“LLA–bar”信号站的频率。不过，她并不知道这个信号站的地理位置。有些电台总是在固定的时间发报；还有一些并不规律，只在需要的时候发报。监听不到电报的时候，很多女孩就会织毛衣。

不过，只要一收到信号，监听员们就要立即开始记录。他们有一沓拦截表，最上面放着一支铅笔。每次记录，他们都要写在最上面的一页纸上，并且不能进行复写。记录的内容包括时间、频率、信号强度、收报人、发报人，然后在拦截表的小方格里记录下听到的密码组。记录的时候，监听员要非常仔细，只能写他们确定听到的字母，其余没有听到的要空出来，禁止猜词。因为记录错误比不记录更可怕。德军发送的密电用词非常严谨，非常格式化。这总让爱丽丝联想到正步走。电报结束后，他们要把这张拦截表撕下来，高举起来。有时候，他们一手举着记录完的表格，另一只手又要记录新的内容。控制员会过来取走拦截表，然后用电传打字机发送给密码破译人员。

-2-

1942 年 12 月 13 日，英国破译了北大西洋 U 型潜艇的“鲨鱼”密钥后，又取得了其他突破。但不是所有的密钥都能破解的：1943 年 1 月，英国连续 10 天没有破解任何密钥。2 月 10—17 日也依然如此。除了这两段时间外，1943 年初，英国对“鲨鱼”的破译几乎从未超过 72 个小时，而且常常不超过 24 小时就可以完成。这对海军的行动有巨大帮助。

不过，一场灾难也在等待着他们。在往来的通信中可以得知，德军准备更换简要气象代码。而英军刚刚从 U–559 潜艇上得来了第二版的简要气象代码本，一旦德军真的更换了，8 号棚屋将再次耗费很长时间。海军参谋部副总参谋长正在华盛顿访问，第一海务大臣给他写信称，“U 型潜艇特殊情报遭遇严重挫折。3 月 10 日之后，也许我们每个月能破译密钥的天数都不会超过五六天，而且还会有延迟，不能当日破译。两三个月之后，形势应有改观。”

第一海务大臣过于悲观了。德军更新了气象密码后，8 号棚屋开始使用简要无线电信号密码本来寻找字母框。简要无线电信号密码本也是从 U–559 潜艇缴获的。那段时间，潜艇与运输船队的战斗不断，U 型潜艇频繁利用简要无线电信号密码本发报。这为 8 号棚屋提供了机会。而且，这种密电同气象密码一样，使用的也是 3 个转子的模式。这就节省了“炸弹”的破解时间。8 号棚屋要识别出发报的 U 型潜艇，再将字母框与密电相互匹配。识别 U 型潜艇的方式，主要靠测向、无线电指纹技术、“蒂娜”对信号发射器的识别，再加上对潜艇和艇长行为方式的掌握和判断。就这样，从 3 月 10 日到 6 月底的 112 天里，8 号棚屋有 90 天都成功找到了 4 个转子的“鲨鱼”密钥。

然而，到了 7 月 1 日，又一个难题摆在了他们面前：德军增加了 1 个新的 4 号转子，代号“伽玛”(gamma)，与原有的 4 号转子代号“贝塔”(beta)，2 个交替使用（不过，至今人们没有发现过“阿尔法”的存在）。所幸 8 号棚屋只用了几天时间，就破解了这一加密机的内部线路构造。密码分析学家还得知，德军只在每个月的月初选择当月使用哪一个 4 号转子。掌握了这个规律，8 号棚屋的任务量大大减轻了：他们就只需要在每月第一次破解密钥时增加一项工作——测试 4 号转子，就可以了。

随着运输船队和潜艇的冲突逐渐减少，简要无线电信号也随之减少了。8 号棚屋开始搜索普通文本中的“亲吻”漏洞。例如，有一些一般命令既要以 3 个转子的恩尼格玛加密发送给水面部队和海岸信号站，又要经过 M4 加密发送给 U 型潜艇。这样就出现了相同文本的密电。这种文本提供的字母框效力更长久，也更加可靠。当然，在“炸弹”机进行测试时，这要比简要无线电信号密码花费更长时间。

-3-

布莱奇利园的第一台“炸弹”机，代号“阿涅斯”(AGNES)，是直接安装在园内空地上的。但 11 月 20—21 日晚，布莱奇利园遭到一次严重的空袭。炸弹直接摧毁了一台电话交换机，还炸毁了一位打字员的房屋。爆炸的地点距离 4 号棚屋仅有几步之遥，4 号棚屋勉强逃过一劫。为了尽可能避免遭到空袭，后来的“炸弹”就安装在了其他地方。在布莱奇利园东北约 3 英里（约 4.8 公里）外的瓦文登庄园，他们专门修建了低矮的砖平房。到 1941 年春，英国密码破译学家们总共只有 8 台“炸弹”机，而到了这年的年底也只有 12 台。在机器缺乏的年月，6 号棚屋和 8 号棚屋必须共用这些“炸弹”机。机器的分配一直都是个难题，不过两个棚屋很少因此起争执——只有 6 号棚屋急需破译纳粹非洲军团的空军密码，压力巨大时，才会发生争执。两个小屋之所以能相处得比较和谐，原因之一，就是这两个小屋的二把手：6 号棚屋的斯图尔特 · 米尔纳 – 巴瑞和 8 号棚屋的休 · 亚历山大是好朋友。除此之外，还有一个很重要原因：那就是米尔纳 – 巴瑞相信，大西洋海战一旦失败，将意味着整个战争的失败。事实的确如此。因此，他经常瞒着给他施压的人，把破译机让给 8 号棚屋海军处的密码分析学家们。

英国制表机公司逐渐加快了“炸弹”机的生产效率。该公司的主厂区在莱奇沃思小镇的伊格尼尔德路，位于伦敦以北 30 英里。“炸弹”就是在这里生产的。第一台“炸弹”机用了 5 个星期才组装好。接着他们开始成批生产，每批 6 台，平均每个星期就可以生产 1 台。“炸弹”机的大小相当于3台柜橱立着摞起来。生产好后，机器被装上普通的卡车，运到布莱奇利园附近的克劳利山庄和盖赫斯特庄园。这两个地点对外宣称都是住宅。还有一些被运往白金汉郡的阿德斯托克村。为了保密，运输的车辆都没有安排特殊护卫。到1942年8月，政府密码学校总共有了30台“炸弹”机，并且在伦敦西北郊斯坦摩尔附近的伦敦路，修建了一个破译机站。这里有两排并列的砖结构平房，每一排都被分割成几个大房间。每个房间内分别有10台“炸弹”机，分成两排，靠墙边放置；还有一片办公区。房间里充斥着机油、金属和水泥的气味。这样的安排非常合理，因此，他们又在5英里（约8公里）外的伊斯特科特（Eastcote）建了一座类似的破译机站，并从乡村运来一些破译机。机站具体的位置介于伊斯特克特路和莱姆格鲁夫之间。到了1943年3月，同时运转的“炸弹”机已达60台；而到战争结束时，总共有200台。

“炸弹”机体积庞大：高约6—8英尺（约1.8—2.4米），宽约10—12英尺（约3—3.7米），厚度约3英尺（约0.9米）。每一台机器都有自己的名字。阿德斯托克村的机器是以战斗机类型命名的，例如“喷火”(SPITFIRE)；斯坦摩尔和伊斯特科特的加密机则是以英国、英联邦和盟国的城市命名的。破译机的正面是一排排转轮，相当于恩尼格玛的转子。这些转轮厚1.5英寸（约3.8厘米），直径5英寸（约12.7厘米）。转轮中间有一个很大的数字，围绕转轮侧面一圈，是26个字母。

海军女兵预备役人员负责操作这些“炸弹”机。根据字母框和提取出来的字母循环圈，布莱奇利园为她们提供了设置说明。女兵需按照设置说明，把转子依次安装好，转到对应的起始位置，接上机器背面的连接线，打开机器。然后，她们可以卷起袖子，脱掉外套，解开领带，开始工作了。在机器的呼呼运转声中，她们一边聊天，一边盯着机器运转。

在这些女兵中，有一位名叫戴安娜·佩恩（Diane Payne）。她加入女兵预备役时，一度渴望海上的生活，还梦想着嫁给水手。应招的时候，她被问起是否能够保密，她回答说，因为从来没有尝试过，她真的不知道。这个回答虽并不能让人满意，不过她还是得到了这份特殊的工作。经过基础培训，戴安娜和其他女兵们一起被带到了布莱奇利园的棚屋。有人告诉她们，这份工作要求倒班，没什么升迁希望，而且需要完全保密。佩恩和几乎所有女兵出于爱国热情，不假思索都留了下来。由于不能谈论自己的工作，周围有一些亲友觉得她的这份战争工作非常失败。还有一名操作“炸弹”机的女兵，是一位苏格兰姑娘，名叫玛乔莉·米切尔（Marjory Mitchell）。和所有超过 18 岁的姑娘一样，她也被召集来为战争服务。而她之所以被派来操作“炸弹”机，是因为她曾在瑞士学习，掌握了 4 门语言。不过，这些能力与她最终的工作内容并没什么直接关联。那些来自牛津剑桥的密码分析学家们都未曾接受过背景调查，而玛乔莉却受到了严格的审查。警察去了她生活过的弗雷泽堡（Fraserborough）和阿伯丁（Aberdeen），向她的朋友和邻居询问她是否和德国有任何关联。1942 年，她在斯坦摩尔签署了《官方保密法》（*Official Secrets Act*），然后就被分配到了“D”值班组（D Watch）。这个组里有 50 名年轻女性，她们每天要 3 班倒。所以，玛乔莉第一周的工作时间为上午 8:00—下午 4:00；第二周为下午 4:00—午夜 0:00；第三周为 0:00—早上 8:00，如此循环往复。每周结束后，她可以休息 2 天。

倒班的工作并没有让女兵们觉得无聊。有时候，她们也会违反规定，在早上 8:00 下班后偷偷溜到伦敦市中心去。不过，工作的时候，最终留下来操作“炸弹”的 2000 名女兵们都非常认真。布莱奇利园会时不时地告诉她们一些振奋人心的消息：例如她们的努力帮助英军击沉了德国 U 型潜艇；或者成功引领英国运输船队逃离了危险等。正如戴安娜·佩恩所说：“我们感到了沉甸甸的责任，我们的任何一个错误，浪费的任何一点时间，都有可能导致生命损失。”有一天，在和几个亲戚朋友喝下午茶时，和佩恩一起工作的一名女兵突然脸色苍白：她想到自己值班时可能犯了一个错误。她和佩恩找来一张纸片进行验证，所幸是虚惊一场，她并没有弄错。为了不泄露秘密，她们在水槽里烧掉了刚才的纸片。有些人因为精神紧张，表现出胃部不适、体力不支、总做噩梦，或者工作时暴躁发狂等症状；还有些人觉得这是份无趣的工作。玛乔莉和其他人则并不觉得沉闷。这就是她要做的工作，并不让人厌恶。有其他女孩子的陪伴，她乐在其中。

“炸弹”机经常出故障。“D”值班组的每班岗上，平均每8台机器就有1台会出故障。机器背面插线板上的焊接头最容易出故障，经常松动；钢丝刷的触点也需要经常注意。英国皇家空军会派人拆开机器来修理，充满勇气面对迷宫一般的线路和齿轮装置。当机器运转良好时，最上面一排的转子旋转得最快；第二排要等第一排转动一圈，也就是26个字母后，才转动一次；而最底下的一排就好像不动似的。每当电路系统发现可能匹配密钥的位置，就会停下来。最上面一排转子所处的位置会显示在指示器上，然后慢下速度，直到停下。中间一排和最下面的一排则会直接停住。这时，女兵就记录下所有转子的位置，同时记录下当前的排列顺序，报告给8号棚屋。密码分析学家会负责检验，此时的设置和顺序究竟真的是密钥，还是只是一系列巧合。他们会把这种巧合称为“合理的矛盾”。不过，因为“炸弹”机的使用时间实在太宝贵了，她们宁愿在等待结果的同时重新启动破译机，继续测试。如果测试的结果表明是巧合，那么她们会继续测试；但如果是真的密钥，她们再停下来。测试一个转子的排列组合大约需要15分钟。因此，指导手册上表示，一个字母框可能有15360种转子顺序，如果把它们全部测试一遍，算上更换转子和破译机暂停的时间，总共需要100—150天。女兵们不懂这些，但是当测试出正确的密钥，她们的心情也是一样的激动。

-4-

8号棚屋里有个架子，上面摆放着英国改装过的恩尼格玛机。每当“炸弹”机成功测出U型潜艇的密钥，8号棚屋的6个女助手就开始用这些机器破译拦截的德军密电。她们把破译后的德文写在粘着胶带的纸条上，然后贴在大张的白纸上。

信差负责把这些破译的文本送到4号棚屋。4号棚屋和其他所有棚屋一样，也扩大了规模，搬到一个砖结构的大楼里。不过，依然和 8 号棚屋是分开的。在一个双倍大的房间里，翻译们就在长桌旁工作。信差把破译后的德语电文拿到第二个值班员面前。值班员要把这些电文按轻重缓急进行分拣——这个工作责任非常重大，然后分配给值班的四五名翻译。德文电文通常只有一两行，翻译们会单拿一张纸，把英文译文手写出来。不过，电文内大量的缩略语经常困扰着他们。其中一位名叫伦纳德·福斯特的翻译觉得，他们已经成缩略语的专家了。另外，还有一个小组专门负责弄清楚德军新设备的技术术语，例如新型水雷、鱼雷，然后编成专用的词典，方便翻译查找。

翻译完成后，在纸片上签好自己名字的缩写，交给值班的组长。组长检查之后，挑出需要送到作战情报中心的电文。有一位年纪轻轻就谢顶的值班组长——欧内斯特·埃廷斯豪森（A. A. Ernest E. Ettinghausen）曾说，值班组长的主要责任就是要按优先次序，快速、准确地整理好材料。他无须时时提醒下属战争的紧迫性，他们自己就能感觉得到。如果他们不知道，那么他会告诉他们："节约 1 个小时……就是为运输船队多赢得了 1 小时的时间……而这 1 个小时能让德国潜艇靠近护航船队 6 英里（约 9.6 公里）。"一旦有非常重要的消息送到作战情报中心，埃廷斯豪森总会直接打电话提醒他们。电话转接服务人员会把消息转到作战情报中心，给代号"I D8 G"，也就是海军情报处第 8 组的布莱奇利园联络官。布莱奇利园的电传打字机通常打印 6 份消息，送到 4 号棚屋的各处，例如负责 U 型潜艇技术的人员。作战情报中心也同样会打印 6 份，送到需要相关情报的人员手中，其中包括丹宁和韦恩。

这些破译的情报会给 4 号棚屋的辛斯利送去一份。他坐在巴掌大的办公室里，浏览每一份破译的密电。鉴于密电内容都十分简短，而且非常格式化，看一份只需要几秒钟，因此辛斯利每天能浏览几百份密电。他要从这些千篇一律的内容中发现变化，从中找出德军未来行动的蛛丝马迹。有一次，一艘 U 型潜艇收到密电，却不是在平时惯用的频率上。于是他意识到，这应该是一条特殊命令。而另一条密电命令一艘 U 型潜艇到一个不常见的地点集合。还有一条密电显示，这一群不太平常的U型潜艇被命名为“戈本”（GOEBEN）——这是一战时期一艘德国战列巡洋舰的代号，它在地中海取得过辉煌战绩。把这几个线索联系起来，辛斯利渐渐弄清楚：1941年，这些U型潜艇将从大西洋被调往地中海。事实果然如此。

1942年年底，美国陆军派代表团来到英国，帮助布莱奇利园的密码分析学家。美国派来的3个单位——6811、6812和6813信号安全特遣队（Signal Security Detachment）分别帮助英国处理电报拦截、“炸弹”机操作以及密码分析。其中6812分队有200人，由莫蒂默·斯图尔特（Mortimer Stewart）上校指挥。斯图尔特上尉是德克萨斯州人，以前曾在美国国际商用机器公司（IBM）工作。他们最初去的是斯坦摩尔，后来被调往伦敦北郊瑞斯里普（Ruislip）的“炸弹”机安置处。其工作区域被称为“美国”（UNITED STATES），负责的12台破译机全部以美国城市命名——斯图尔特的故乡休斯敦也在这些名字之列。美国士兵们非常乐意和英国海军女兵预备役一起工作。一名中尉吃惊地发现，在斯坦摩尔的一栋楼里“有很多神奇的机器，还有很多迷人的女士。机器是英国制表机公司制造的，而这些女士则是上帝创造的”。英国女兵也有人有同感：一位身材高挑、深色头发的女兵第一眼就爱上了皮肤黝黑的罗尔夫·克里斯琴森（Rolf Christiensen）上尉。这让他的几个同伴羡慕不已。

斯图尔特有一些下属也在美国国际商用机器公司工作过。他们习惯于记录机器运行情况，这让“炸弹”机的制造者多克·基恩（Doc Keen）非常高兴。他可以借助美国士兵的反馈改进机器。有一点让斯图尔特非常自豪，他的分队破解密钥的速度是英国女兵的两三倍。这并不是因为他们让机器转得更快，而是他们更换设置的速度比女兵快得多。6812分队一抵达英国，马上就投入了破译工作，并且继续为他们的首要目标努力地奋斗着。

-5-

在破译海军恩尼格玛方面，美国的地位逐渐和英国持平。事实上，在特遣队到达布莱奇利园之前，两个国家就已经协同合作了很长时间。虽然英、美两军的密码分析人员早在第一次世界大战期间就有所联系，但是到了 1940 年，两军才开始共享科技信息，合作也比以往要亲密得多。“紫密”（PURPLE）加密机是日本外交系统使用最广泛的加密机，美国同意把他们复制的一台送到英国；而作为交换，英国要向美国提供恩尼格玛的密码分析情况。为此，美国派出四名军官护送“紫密”到布莱奇利园，然后在那里学习恩尼格玛如何运行。这 4 人中，有 2 位陆军预备役军官，1 位是数学密码破译学家亚伯拉罕 · 辛科夫（Abraham Sinkov）；另 1 位是在“紫密”研究中取得过重大突破的利奥 · 罗森（Leo Rosen）。还有 2 位精于通信情报的海军军官：普雷斯科特 · 科里尔（Prescott Currier）上尉和罗伯特 · 威克斯（Robert Weeks）上尉。因为担心飞机不够安全，所以一行人选择乘英国最新的战舰——“英王乔治五世”号（King George V）前往英国。新任英国驻美国大使正是乘这艘战舰来的。

1941 年 1 月 24 日，星期五，英国战舰停泊在安纳波利斯罗兹（Annapolis Roads）。同一天，政府旅行车从华盛顿赶到安纳波利斯，送来了 4 位美国密码专家，同时还运来了 4 个大木箱。木箱大小约为 2 × 2 × 3 英尺（约 0.6 × 0.6 × 0.9 米），里面装的正是“紫密”加密机以及相关说明文件。冒着持续不断的倾盆大雨，这些木箱被人工推到一艘运送船只的交通舱上，和 4 位专家一起被送到“英王乔治五世”号上。罗森坐在一艘敞篷船上，监督吊货网把木箱吊上战舰，而后装载到下层的保险库里。第二天一早，“英王乔治五世”号出发了。

虽然接到几次电话，要求战舰进入战斗状态，不过横跨大西洋的旅程总体还算平静。军官室里，英国皇家海军军官时不时地请美国人解释《纽约客》或者《时尚先生》杂志里的卡通漫画。2 月 6 日下午 2:32，战舰顶着暴风雪抵达了英国斯卡帕湾。美国军官和那些木箱被转运到一艘巡洋舰上，继续前往泰晤士河河口。顺英国东海岸航行的途中，他们亲眼目睹战争的面貌——浅滩上堆着一艘又一艘被击沉的船只，桅杆和烟囱还依稀可见。不仅如此，他们还亲身感受了一次轰炸机的轰炸。炸弹在水下爆炸，强烈的冲击力把船轻微地掀了一下，就好像被一只手推了一把。甲板上，装"紫密"的大箱子立刻布满了机枪的跳弹，所幸倒是没有被炸坏。

船到岸后，当时布莱奇利园的2号人物特拉维斯中校亲自迎接了美国军官们。特拉维斯负责安排大木箱，美国军官们乘车去往布莱奇利园。抵达庄园时已是晚上。巨大的庄园里漆黑一片，厚重的窗帘把窗户遮得严严实实，不露出一丝光亮。人们带领美国军官从正门进入：前厅依然漆黑，走廊上也只有微弱的光。他们穿过走廊，来到丹尼斯顿的办公室。在那里，丹尼斯顿和高级军官围成半圆，站在丹尼斯顿的桌边。有人把美国军官依次介绍给在场的每一个人。这是个值得纪念的时刻，标志着两国之间富有成效的合作再次开启。简单地寒暄过后，有人送美国人去了申利庄园（Shenley Park）——一位石油巨头的乡间别墅。第二天早上，他们享用了一顿丰盛的英式早餐，就好像完全没有实行配给制一样。

接下来的5个星期里，美国军官们不光在布莱奇利园交流，还参观了测向网络、海军部通信中心、作战情报中心、斯卡伯勒和弗拉尔顿的拦截站，以及多佛城堡[1]地下指挥中心的雷达设备。在布莱奇利园，罗森和辛科夫一方面向英国同行介绍了"紫密"加密机；另一方面也学习了"炸弹"机，以及恩尼格玛分析的细节，做了大量的笔记。英国方面没有什么破译的成果可以展示，因为直到2月底，8号棚屋只破译了11天的海军恩尼格玛通信，而从"克雷伯思"号上找到的文件，直到美国人临走前四五天才送到布莱奇利园。不过，英国人着重讲述了他们探索机器设置的努力，并把他们还原的所有密钥都给了美国军官们。虽然英国人始终没有向美国赠送恩尼格玛，但是他们给了威克斯一个纸质的模型。

[1] 译注：多佛城堡（Dover Castle），一座位于英国东南部海港城市多佛的古堡。多佛是英国距离欧洲大陆最近的地方，多佛城堡在二战期间曾是英国的秘密指挥中心。

辛科夫和罗森在官方报告中写道："我们可以就见到的任何情况提问，没有被设置禁区。只要是我们认为对美国有帮助的文件，他们都提供了复印件。"

-6-

到日本偷袭珍珠港时，美国海军已经投入了 20% 的拦截力量和 3% 的密码分析力量，来研究德国和意大利的海军系统（其余力量全部用于研究日本海军和外交的密码与代码）。1941 年春，4 位美国军官离开布莱奇利园。之后，从 5 月起，两国已经开始共享无线电测向信号。然而，此后 1 年的时间里，英国都没有派人回访美国海军密码分析人员，美国也没有再派人来英国。1942 年 4 月，美国已经参战，两国的通信情报专家在华盛顿召开了一次会议。这次会议决定，两国将以远程通信、访问以及驻派永久性联络员的形式加强合作。韦恩因为从剑桥大学毕业后，曾在耶鲁大学和哈佛大学分别待过 1 年，说服美国建立了一个和英国布莱奇利园类似的系统。紧接着，1942 年秋，美国海军预备役的约瑟夫·伊修斯（Joseph Eachus）上尉被派往英国。

伊修斯是中西部人，身材高大。他从伊利诺伊大学获得了数学博士学位，在美国海军学习过通信加密课程。"珍珠港事件"爆发后，伊修斯被招入海军。而且第一天就被送到海军部大楼的一个大房间里。房间有些嘈杂，每个人都非常忙碌：有人在练习摩尔斯电码，自己给自己发电报；有人正在练习日语，自己和自己对话；还有人正打电话给房间内的另一台电话找自己——线路还是经过阿拉斯加的。当有人给伊修斯解释了这一切是怎么回事时，他说："我会喜欢上这儿！"这里就是美国海军通信情报处，简称"OP–20–G"。其中 OP 代表它隶属于海军作战部长办公室的一个部分；20 是通信处的编号；G 代表通信情报。每当需要派人去英国时，都有可能派他去，因为他到这里的时间不长，还没有什么重要工作。

几个月来，伊修斯一直都是布莱奇利园里唯一的美国人。他学习英国的密码分析方法，向美国海军通信情报处汇报，并帮助英国破译密电。1943 年春，他回到美国短暂停留，发现海军通信情报处已经搬到了华盛顿西北部内布拉斯加大道 3801 号的维农山高级中学——曾经的一所女子学校。在这里，海军通信情报处“OP–20–GY(A)”组（最后两位字母中，Y 代表密码分析学家；A 代表大西洋）的密码分析学家可以接收分散在东海岸的各个拦截站拦截的电报。

密码破译员工作的地方被称作“密室”。实际上，那是 2 号楼底层的 3 间小屋。其中一间由女性负责，每班岗都有 4 位。她们要将拦截的电报进行分类。无论是德国 U 型潜艇的电报，还是 U 型潜艇指挥部发送的电报，都有可能在美国东海岸拦截到。另一间小屋安装着电传打字机和加密机，用于与拦截站、英国密码学校通信；还放着美国海军的 U 型潜艇作战图。第三个小屋是密码分析学家分析恩尼格玛密电的地方。在预备役中校、耶鲁大学数学家霍华德 · 恩斯特罗姆（Howard Engstrom）的领导下，他们从德军某些一成不变的发报模式中找到了字母框。例如电报的开头语，或者比斯开湾的每日气象报告——这是英国拦截后送到华盛顿的。正如一位密码分析学家所说：“毕竟每天用同一种方式表述同样的事情，要更为容易。”

除此之外，字母框还有其他的来源。有一次，一位情报官给恩斯特罗姆的便签上面这样写道：

> 12 月 15 日，“苏伊士之星”号（Star of Suez）在北纬 1 度，西经 29 度 30 分附近被鱼雷击沉。12 月 17 日，德国无线电广播播报了这一消息。我们没有破译出任何有关沉船的信息，在此巡航的 U 型潜艇应为 U–134，艇长鲁道夫 · 申德尔……12 月 17 日 00:19（事发地时间 23:01）。无线电测向监听到一段 63 组字母信号，位置锁定为北纬 3 度 45 分，西经 29 度。这是最有可能报告“苏伊士之星”号沉没的密电。不过，德国在同一次无线电广播中还提到了“东威尔士”号（East Wales）沉没的消息，沉船

地点位于北纬 0 度 24 分，西经 31 度 27 分，时间是 16 日 20:25。因此，这组信号也有可能是报告“东威尔士”号沉没的。如果这条密电确实是报告沉船的，那么相关舰船、潜艇的名号、巡航路线——特立尼达岛（Trinidad）到开普敦（Capetown），以及特立尼达岛到德班（Durban）、艇长的名字申德尔，都可以成为分析 16 号往来密电的字母框。

从后来得到的消息来看，密码学家这次推测的字母框应该没起什么作用。因为击沉这两艘船的是另一艘德国潜艇。不过，如果一个字母框不起作用，密码分析学家会尝试其他假设。

美国密码破译员同 8 号棚屋保持着密切的合作。英国将美国拦截不到的电报发送给美国，两国共同寻找字母框，按日划分工作。如果英国人找到了字母框，他们就把字母框附在截获的电文之前，发给美国密码破译人员。美国密码分析人员以此用来构建破译用的目录。如果美国人发现了密钥，也会发送到布莱奇利园，让英国人用来破译截获的密电。两个国家密码破译机构的沟通，主要依靠的是无线电和有线电话。有线电话的线路穿过位于纽约洛克菲勒中心的英国安全协调处（British Security Coordination）。为了保证安全，两国使用了组合式代码机（Combined Cipher Machine）。组合式代码机并不是一台单独的机器，而是分别由英国和美国使用的一组机器。英国这边是一台 X 型代码机，上面装有适配器，方便破译从美国机器上发来的密码；而美国使用的机器是电子代码机（Electric Cipher Machine，ECM），上面同样安装了适配器，以破解 X 型代码机的密电。

华盛顿的密码破译员编制的目录通过气动导管连接到高速“炸弹”机上。维农山高级中学占地 35 英亩（约 14 公顷），里面新建了一栋大楼，高速“炸弹”机就安装在大楼的一层和二层。美国使用的高速“炸弹”机，是由俄亥俄州代顿市的国家现金出纳机公司（National Cash Register Company）制造的，专门用于对付 4 个转子的恩尼格玛。每台高速“炸弹”机相当于 6 台英国版的 3 个转子“炸弹”机，运转速度也比英国的“炸弹”快得多。高速“炸弹”高约7英尺（约2.1米），长宽分别为10英尺（约3米）和2英尺（约0.6米）；重达2.5吨。正面是灰色的金属材质，上有两排黑色的磁盘，磁盘一周刻着数字00—25。每个磁盘中心有一个可旋转的黄铜指针。两排磁盘的下面是四排转轮，每排8个，相当于恩尼格玛的转子。由于机器的电子管、继电器、驱动电机、离合器、制动器、备用电机以及电损耗都会产生巨大的热量，因此无论冬夏，每10英尺（约3米）就需要一台大型空调。自从安装完成，高速“炸弹”机就要夜以继日地运转，24小时不停。负责操作机器的是美国海军的女兵辅助单位——志愿应急服务女兵队（Women Accepted for Volunteer Emergency Service，WAVES），相当于英国的海军女兵预备役。受过训练的技工会负责机器的安装、维护和修理工作。后者主要是修理坏掉的换向器碳刷，每台机器都有上百个。

每当女兵队员收到目录，就要开始设定机器，在高速“炸弹”机上破译密钥。如果字母框是错的，或者恩尼格玛在密电加密的过程中出现了转子的转动，那么高速“炸弹”机最快只需要10—15分钟就能测试完成；有时候用时也会稍长。但是，如果一个字母框是正确的，那么就会触动机器，提示操作人员形成了一个电器通路。由于机器转得太快，几乎都来不及激活记忆电路。记忆电路的主要目的是记下当时的位置，进而断掉电源、给驱动轴制动，然后使转子转回当时的位置。打印机会打印出转子的位置，然后“炸弹”重新启动。当然，转子内部线路的巧合也会导致电器通路。所以，记下位置后“炸弹”会继续测试，直到形成新的通路，或者转子位置测试完成，自动停止。

形成通路的位置——被称为“故事”（story），会通过气动导管传回密码分析学家那里。密码分析学家收到后，会在一台仿制的恩尼格玛的手动装置上测试，看哪一个转子位置可以将密电破译为德语明文。在詹姆斯·彭德格拉斯（James T. Pendergrass）上尉看来，攻克一个密码是相当振奋人心的。密码分析学家们都觉得，“没有什么能比生命更重要的了”，指的就是破译德国人绞尽脑汁加密的通信信息，因为它们往往关系着自己同胞的生死。因此很多密码分析学家都觉得这份工作令人振奋。

破解的密钥被送到志愿应急服务女兵队。运用这些密钥，女兵队员在类似恩尼格玛的机器上将截获的密电变为明文。明文通常是一长串字母。有助理把写了明文字母的纸送到楼上的翻译室，放到一个带线的篮子里。翻译（通常每个时间段都有两人执勤）将这一长串字母分割成词句，再翻译成英语。有一个翻译，也是志愿应急服务女兵队的一员，名叫厄米妮·巴特尔梅兹（Erminnie Bartelmez），是位德语博士。她身材娇小，性格内向，但是精力非常充沛。德军有时会在电报中告诉潜艇艇员，他的家人在空袭中丧生。虽然是敌人，但是每当翻译到这样的电报，她总会感到悲伤。拦截的电报数量时多时少，因此在空闲的时候，女兵们要么翻阅之前的翻译，检查是否有误；要么闲聊，或者编织。助理会把翻译员们手写的英文用打字机打出来，送到值班军官手上。值班军官会将其再送至二楼的情报部门。

二楼的办公室比较大，一面是窗户，另一面是阳台。在这里工作的是许多速记员，随处扔着一些复印机。破译的密电就在这里转变成情报。美国海军通信情报处的相关部门——“OP–20–GI–2 (A)”和英国作战情报中心一样，单独设立了德国 U 型潜艇的档案。这些档案被做成 5×8 英寸（约 12.7×20.3 厘米）的卡片，堆在敞开口的文件盒里，放在三四个大宽架子上，方便取阅。卡片的内容是破译过的密电，用复印机复印在上面，墨水是当时典型的紫色墨水。根据密电主题，同一封密电可能会印在 2—8 份卡片上，归在不同类别下。分类方式有好几种，主文件是依据时间顺序的；同时也有根据 U 型潜艇代号、U 型潜艇位置报告、任务内容、新设备、气象报告、状态报告等方式对截获的密电进行归类。虽然这些文件最主要的用途，是帮助翻译员和值班军官回答美国潜艇追踪室提出的关于 U 型潜艇的问题，但是，密码分析学家有时候也会从中挑选字母框。有一位高级值班军官、预备役上尉叫奈特·麦克马汉（Kinght McMahan），他是哲学博士，管理 U 型潜艇档案是他工作的一部分。一次，麦克马汉恰好找到了密码分析学家所需的字母框，过了一小会儿，他们就笑容满面地来到他的办公室。

了解了战争的真实情况，麦克马汉震惊万分。他最初只是个学者，对沉船或秘密战争的残酷毫不知情。他觉得现实世界太残酷。透过拦截到的信息，他脑海里浮现出商船水手在北大西洋的海水里挣扎的画面。这些电报鞭策看他，让他更加努力地工作。

值班军官需要阅读当天送来的拦截密电，确保密电上透露的信息都已经标注在显示 U 型潜艇和盟军船队位置的太西洋地图上；他们要标注相应的说明；还要时常与潜艇追踪室通电话，因为潜艇追踪室的值班人员需要掌握一些信息，例如某一艘 U 型潜艇的去向、所剩燃油等等。值班军官整理汇总情报的过程中，需要每日报告诸如西班牙、葡萄牙等一些中立国家的船只动向。不过，情报分析的报告主要是由哈佛大学逻辑学家、海军预备役上尉威拉德·冯·奥曼·奎因（Willard Van Orman Quine）完成的。奎因能投入这份工作，是因为一位科学史学家告诉奎因，哈佛大学的一位天文学家也在从事密码分析工作。奎因和他见了面，然后报名参加了海军密码破译的相关课程。每日 U 型潜艇总结就是由奎因完成的。每一页纸的上方都印着"超级绝密"（Top Secret Ultra）的红章。

1943 年中期，美国和英国的密码分析学家已经相当了解德国海军的通信组织方式，寻找字母框的准确率几乎达到百分之百。而且，他们现在也有了足够多的高速"炸弹"机，以供试验多个字母框。从 8 月开始，他们终于可以连续，并且迅速地破译德国海军的恩尼格玛了，直到战争结束，一直没有出现什么间断。这一成就是那些优秀而不为人知的人们用辛勤努力换来的，也是靠海上官兵的英勇取得的，是有史以来情报领域最伟大、最持久的一次丰功伟绩。

-7-

奎恩的 U 型潜艇位置报告，以及每一份破译、翻译、注释过的拦截电报都被送到了华盛顿海军主楼三层第七配房的一个秘密小组手上。有时这些是放入双层加密信封，由一名军官亲自送过去；有时候使用加密的电传打字机。这幢海军主楼位于宪法大街上，靠近林肯纪念堂。主楼不高，但是横向延伸很长。它是一战期间为了增设临时办公室而修建的。

1942 年 12 月 27 日，为了处理拦截的密电，一个特殊的单位——"密室"（Secret Room）成立了。"密室"隶属于美国舰队总司令、海军上将欧内斯特·金（Ernest. J. King）领导的一个 30 人的战斗情报处（Combat Intelligence Section）。（金的另一重身份是海军作战总司令，负责一个规模更大的、处理长期战略性事务的海军情报办公室。）战斗情报处及其处长的代号为"F–2"，下属的大西洋支队代号为"F–21"；太平洋支队为"F–22"。"F–21"的负责人是少言寡语的肯尼斯·诺尔斯（Kenneth A. Knowles）。诺尔斯长得像个大男孩。1927 年从安纳波利斯的学校毕业时，他在所有 579 名同学中排名第 16。他一度因为近视从海军退伍。但是大战爆发后，他又重新被招入伍。1943 年 5 月 20 日，金创建了第十舰队作为行政机构（第十舰队实际上并没有舰艇）。为了执行反潜作战，金任命诺尔斯的支队作为第十舰队的情报人员，兼任整个美国海军舰队的情报人员。

"F–21"的潜艇追踪室本身是个保密单位，是唯一可以通往"密室"的地方。"密室"的代号为"F–211"，一直是上着锁的。只有"密室"的 3 名工作人员、诺尔斯和一位补给军官有钥匙。除了这 5 个人，"密室"不允许任何人进入，只有几位上级领导获得特殊批准后来过这里。"密室"的负责人是一位纽约律师，也是一位预备役上尉，名叫约翰·帕森斯（John E. Parsons）。拦截的电报送到"密室"后，帕森斯和他的助手们把收到的信息先列在当日的 U 型潜艇位置一览表上，再标注到墙上的地图上。在他们的墙上共有 3 幅大地图，标注潜艇位置的北大西洋地图有 12 英尺（约 3.7 米）宽，上面用大头针把 U 型潜艇的位置标记出来。同时，上面还要注明潜艇的双字母代号、艇长的名字、处于该位置的日期，以及彩色的标签。其中潜艇的代号是英国海军部指定的。彩色的标签用于区分潜艇的类型，例如加油艇、布雷艇、货运艇，或是战斗艇。另一幅地图用于标注比斯开湾 5 个基地的 U 型潜艇情况，使用特殊频率发报的 U 型潜艇（有利于锁定接收邓尼茨电报的 U 型潜艇）；上月 U 型潜艇被击沉的位置；以及“OP–20–GI–22(A)”特别研究的结果。后者包括例如：由于空袭的作用，某一区域被邓尼茨视为特殊危险区。此外，“密室”还存有 U 型潜艇相关的卡片文档；舰船和 U 型潜艇遇袭记录；艇长名单；U 型潜艇出发及返回档案、燃油情况、被摧毁的 U 型潜艇和舰队；U 型潜艇的进攻任务等。所有这些信息都是从拦截的电报中提炼出来的。

“密室”搜集的情报以各种方式输送到外界。包括金在内的一些人会查看图表，向作报告的军官提一些问题。每隔 10—14 天，帕森斯的助手们就要总结一份报告说明潜艇行动的趋势，以及新的战术和装备。这些报告将交到与“F–211”有联系的军官手上。关于 U 型潜艇身份识别、哪些潜艇参与了进攻等类似的信息将被送到英国海军部。“密室”的成员也会将信息传送给密码分析学家：如果是较短的信息就使用特殊电话，较复杂的信息则使用便签。

作为大西洋作战情报的负责人，诺尔斯大概是“密室”报告的最主要用户了。他的支队将帕森斯的“超级情报”与来自诸如测向、战俘供述、盟军商船和战舰的战斗报告、空中侦察以及其他来源的情报结合起来，以推断 U 型潜艇每日的位置。无论何时，潜艇追踪室总有 1 名军官和 3 名士兵执勤。到最后，志愿应急服务女兵队几乎取代了所有男兵，只有 2 名男兵因为身体原因不适合海上任务而留了下来（亨利 · 史密斯 – 赫顿 [Henri H. Smith-Hutton] 上尉于 1943—1944 年担任战斗情报处处长。他一直认为，女兵在绘图室的工作比之前的男兵更好，因为被换掉的那些男兵“不如这些精挑细选出来的女兵聪明”）。每日 U 型潜艇位置估测的报告很有可能是诺尔斯亲自执笔的，或者至少是他签字同意的。报告中包含了对潜艇行动方向的预测。美国舰队总司令签字后，这些报告将被送到作战部队。

诺尔斯提供的详细信息传到第十舰队的舰队与路线处（Convoy and Routing Section），简称“F0”。这个机构相当于英国海军部贸易部门的船队动向处，负责指导商船船队穿过 U 型潜艇集中的水域。

40 英尺（约 12 米）宽的北大西洋海图占据了舰队与路线处的一面墙。他们不断地用大头针修改着潜艇的位置。该部门一直不知道，有关潜艇位置的情报来源于密码破译。上级只说是靠测向获得的。虽然有人猜到如此。一旦这里的军官发现盟军的船队将要遇上 U 型潜艇，就马上通知船队转向，避免潜艇袭击的风险。

在接到过转向通知并且转向的船队中，其中一艘船代号为“SC 127”。

第二十章
SC 127 船队

-1-

1943 年 4 月 16 日，星期五。几十艘船从加拿大新斯科舍省繁忙的哈利法克斯港出发，花了好几个小时才穿过 10 英里（约 16 公里）的海峡，准备进入大西洋。这段水道非常狭窄，右舷是红砂岩的悬崖峭壁，左舷是白色花岗岩山丘。直到进入宽阔的大西洋上，船队才排成惯例队形，头排隔得很宽。这就是 SC 127 船队。

这个船队的 54 艘船，再加上后来从圣约翰港加入的 3 艘，都是向英国运送货物的。它们不仅是为英国的战争经济运送物资，还要为最终进攻西欧做好准备。“豪威城堡”号（Fort Howe）、“比科蒂”号（Picotee）以及“比利时水手”号（Belgian Sailor）上都装载了坦克和粮食谷物；“凯尔哈文”号（Keilhaven）和“密莫萨”号（Mimosa）装满了钢材和木材；船队中至少 9 艘船装载了炸药。其余的船只有的载有燃油，有的载有润滑油，或者是糖、磷酸盐等物资。而船队总指挥所在的“富兰克林帝国”号（Empire Franklin）只运了一些普通的货物。大部分商船的目的地是苏格兰北部的艾维湾，也有少数去往格拉斯哥、贝尔法斯特、利物浦、曼彻斯特或者伦敦。

大西洋无疑是一个战场，而德国似乎有很大的胜算。而船队即将进入此处。1942 年，盟军被德国击沉的舰船吨位已经超过了新建造的规模。日常游弋在大西洋和北冰洋上的 U 型潜艇数量，1943 年 1 月时有 92 艘，而到 4 月，就增加到了 111 艘。盟军每个月被击沉的舰船都在成倍增加：1 月沉船 29 艘；2 月达到 50 艘；3 月达到 95 艘。的确，商船船队在二战史上最激烈的一次战斗就发生在 3 月：45 艘 U 型潜艇蜂拥而上，围攻 SC 122 和 HX 229 船队，数十艘舰船葬身海底。

战争进行到这个时候，虽然英国不至于弹尽粮绝，工厂也不至于停工，但是物资仍然严重短缺。由于前一年的消耗巨大，英国的货物和食品储备仍没有恢复。1 月，英国的进口量降到了整个二战的最低谷。1943 年，牛肉、小牛肉的进口量急剧下滑到 31 万吨——只有战前每年平均进口量的一半。配给制还在继续：每人每周只能领取 2 盎司（约 56.7 克）的茶叶，4 盎司（约 113 克）的培根和火腿。奶酪的供给量在 1942 年是 8 盎司（约 226 克），还算慷慨，而自 2 月开始也减半了。

当时的英国，小麦严重依赖进口，食品部（Ministry of Food）决定想办法减少小麦的进口量。1939 年，英国小麦的总产量为 166.8 万吨，而进口量达 851.9 万吨。食品部认为应该提高面粉从小麦中的提取率，从平时的 70%—75% 提高到 90%—95%，然后再掺一些大麦和燕麦，虽然这样做出来的面包发黑、不如平时做出来的好吃，也不容易消化。而要想得到大麦，只能靠减少啤酒产量、每周两天关停酒吧。负责此事的委员会无一例外全部退缩了。最终，委员会和酿酒商达成协议，将酿酒过程中 10% 的大麦换成燕麦和干土豆碎块。计划实施后，小麦的进口数量减少了 28 万吨。这就是英国政府为了节省运力而不得不面对的窘境。

与此同时，卡萨布兰卡会议 [1] 上，罗斯福和丘吉尔商讨了下一步进攻

[1] 译注：卡萨布兰卡会议（Casablanca conference），指 1943 年 1 月 14—24 日在摩洛哥的卡萨布兰卡举行的会议。会议中讨论了二战后期非洲、地中海、太平洋战局和尔后对德意日轴心国作战问题。

计划，宣布将对U型潜艇作战作为首要任务。不过，这次会议带来的喜悦之情很快就从各国军事将领们的心中消失了。他们发现，船队的运输情况比他们预估的要差得多。他们之前由于不了解具体的情况，有些过于乐观了。对于进攻北非而言，英国陆军部算错了车辆的数量，也就算错了运输船上给每个人预留的位置。而且，参与这次行动的部队人数一直在增加。由于敌人的海上力量出奇强大，因此兵力调遣也不得不一拖再拖。本来盟军认为，每个月应该派30艘船的货物来维持对北非的进攻，然而，2月的实际需求为92艘，3月75艘，4月38艘。同时，土耳其也要求盟军兑现承诺的15万吨粮食谷物，否则就要对宿敌俄罗斯实施空袭。卡萨布兰卡会议上，盟军提出了对日作战的宏伟计划。然而由于位置非常紧张，这个计划根本无法实现。英国还在为每一艘驶往印度和中东的商船讨价还价。饥饿的阴影笼罩着锡兰，劳工甚至为了寻找食物离开橡胶厂。东非也同样如此，英国担心，因为食物紧缺，东方舰队（Eastern Fleet）在蒙巴萨的主要修理基地可能瘫痪。最终在英国统治的印度，共计150万人死于饥荒及相关疾病。

所有这些现象给货运造成了相当大的压力。如果运输得不到保证，那么，用帝国总参谋长的话说，"会严重遏制一切进攻行动"。虽然两国的密码分析学家并不清楚这些细节，但他们必定能感觉到，拯救尽可能多的盟军舰船是当务之急。

-2-

以"SC"为编号的舰队全部从新斯科舍省布雷顿角岛的悉尼港出发。SC 127船队也不例外。这是一支慢速船队，平均速度到不了10节。而快速船队通常可以达到10节的速度。不过，由于任何一支船队的航行速度都不能超过船队中最慢的一艘船，所以慢速船队的速度通常只有7节，快速船队的也不过9节。SC 127的平均速度约为7.5节。

从纬度上比较，英伦诸岛在加拿大新斯科舍省以北约几百英里处。因此船队必定有一段航线是向北行驶的。SC 127的路线直到出发前9天才确定，要求船队先到达“F”点——北纬 46 度 30 分，西经 46 度 02 分，相当于哈利法克斯向东平移一段距离，纬度稍稍偏北。抵达“F”点后，船队向北转，行驶较长一段时间后到达“G”点，也就是格陵兰岛东南角向外延伸几百英里的位置。接着，船队将向东来个急转弯，然后向正东行驶，直到跨过爱尔兰北部。如果情报显示航线上有潜艇，将视情况调整航向。事实上，航线制定出来之后仅仅过了 2 天，海军部就在哈利法克斯附近增加了几个点，引导船队先向南绕一点，再向北行驶。

船队的航线是由中校理查德 · 霍尔（Richard Hall）领导的动向处负责制定和修改的，主要目的是躲避 U 型潜艇的“狼群”战术。动向处制定航线的依据，很大程度上来源于韦恩的潜艇追踪室整理的报告，而潜艇追踪室的报告又严重依赖于英国 8 号棚屋和美国海军通信情报处（OP–20–G）。4 月 16 日船队出海时，密码分析实际上已经落后了 3 天。然而由于缺乏其他更准确的情报来源，两国的潜艇追踪部门仍继续根据破译的密电来整理 U 型潜艇位置报告。美国 4 月 16 日的报告列出了 20—25 艘 U 型潜艇，位置在北纬 47—53 度、西经 44—37 度的范围内。而 4 月 7 日为 SC 127 规划的航线恰好要经过这一范围。霍尔必须考虑到这一点。

进入广阔的海面，SC 127 排成了 13 纵列的队形，每列仅 4—5 艘船。与多行少列的队形比起来，多列少行可以降低 U 型潜艇的命中率。SC 127 的商船数量之所以是 54 艘，是从战术研究中得来的。这是一个新的研究领域，将数学和科学应用到了军事问题当中。例如，通过分析空中力量对潜艇的打击可以发现，由于深水炸弹爆炸的位置过深，很多潜艇是可以躲避空袭的。更改了设置之后，击中目标的比例很快就上升了。英国海军部的作战研究小组还计算出，船只数量如果增加 1 倍，只需要增加三分之一的护航力量，就能达到相同的效果。换句话说，假设一个 24 艘商船的船队需要约 6 艘护航舰，那么一支 48 艘商船的船队只需要 8 艘护航舰就能起到同样的作用。在两支船队中，护航舰都可以间隔 2 英里（约 3.2 公里）。

SC 127 的护航战舰共有 5 艘。出发时间为当天下午 1:00。领头的加拿大皇家海军舰艇"邓达斯"号（Dundas）沿西经122度方向在船队的左舷护航。U型潜艇现在不仅敢在加拿大海岸进攻商船，而且已经胆大到直接进入加拿大境内的圣劳伦斯湾偷袭。因此从船队一出发，就必须有舰队护航。船队的总指挥官是一名皇家海军后备军官，名叫凡·邓·东克（W. van den Donker）。他同时是"富兰克林帝国"号商船的船长。这一天，天空湛蓝，风平浪静，SC 127船队满载着珍贵的货物，向东南偏东方向起航，驶向英国。从船的右舷吹来阵阵微风，能见度只有六七英里，气压正在上升。

-3-

在柏林，希特勒的手下越来越清楚地认识到，纳粹德国要想取得战争的胜利，还需要付出更大的努力。斯大林格勒的惨败促使宣传部长约瑟夫·戈培尔在柏林体育宫发表演说。面对下面鼓掌、高呼的人群，他问："你们想要全面战争吗？"人们响亮地答道"想！"新上任的军备部长施佩尔[1]加强了战争装备的生产。德国当局一致认为，应该在欧洲大陆消灭劣等人，因此对犹太人实施了最后的处决。1月30日，邓尼茨被任命为纳粹海军总司令，兼任U型潜艇部队司令。而且，德国此时可供调遣的U型潜艇已经超过400艘。邓尼茨命令他们像狼群一样包围敌人。4月11日，也就是SC 127出发的5天之前，邓尼茨向希特勒汇报，他的目标就是让盟军流血，要让盟军建造新船的速度赶不上船只沉没的速度。

在SC 127之前，大西洋上大概有6支船队正在向两个方向行驶。为了击沉商船，4月16日，邓尼茨在哈利法克斯的纬度（44度38分）以北部署了63艘U型潜艇。指挥部关注的船队之一，就是在SC 127之前出发的SC 126。德国海军监听处在给U型潜艇指挥部的报告中称，4天前，SC 126位于开普雷斯东南600英里（约966公里）处。开普雷斯位

[1] 译注：此处原文为阿尔弗雷德·施佩尔（Alfred Speer）。经查阅资料，疑为阿尔伯特·施佩尔（Albert Speer）。

于加拿大纽芬兰最南端。他们推定，船队应该已经穿过了代号“山雀”（TITMOUSE）的 U 型潜艇巡逻线。不过，潜艇在水面的航速通常是高于商船船队的：U 型潜艇 24 小时可航行 320 英里（约 515 公里），而船队平均只能行驶出 240 英里（约 386 公里）。邓尼茨认为有可能追上商船，因此他指挥“狼群”整体向东北转移，形成一条从西北到东南、长达 650 英里（约 1046 公里）的新巡逻线。然而第二天，邓尼茨就放弃了希望，认为 SC 126 已经趁着浓重的大雾逃出了“狼群”的封锁。

U 型潜艇指挥部已经摸清了商船船队的出没规律。他们知道，船队会想方设法绕开 U 型潜艇集中的区域。4 月 17 日，海上的能见度有所提高，邓尼茨增派了几艘 U 型潜艇加入“山雀”的队伍。另外，他推断，下一个从新斯科舍省出发的船队一定会向北行驶，以躲避 U 型潜艇。因此，他命令 U 型潜艇再次组成新的巡逻线。新的巡逻线位置更靠西，为的就是在商船沿拉布拉多海岸行驶时就发起进攻。

但是到了第二天，两艘不属于“山雀”巡逻线的 U 型潜艇在南边发现了两支船队。这离巡逻线的位置太远了，“山雀”没有发现它们。尽管观察到南边有船队，U 型潜艇指挥部依然相信下一支船队会选北边的航线。北边也有潜艇报告发现了商船，增加了指挥部的信心。通过无线电情报，德军迅速认定，这是从纽约出发的 HX 234 船队。

就在 U 型潜艇指挥部前思后想之时，SC 127 正以 7 节的航速行驶在指定的路线上。船队从哈利法克斯先向东南，再向东，穿过了 C、D、E 3 个点。18 日，星期天下午 6:00。船队靠近 E 点时，开始沿 66 度，也就是向东北偏东方向行驶。气压正逐渐下降，天空云层密布。不过海面上依然平静，没有什么风浪。盟军的密码分析学家破译了 U 型潜艇指挥部发出的一条长密电。密电是 17 日发出的，共有两部分内容，命令 26 艘潜艇在 19 日早上 8 点组成一道巡航线，代号“山雀”。电报中按顺序列出了潜艇的位置。虽然密电中只提到了潜艇艇长的名字，但是英国密码分析学家已经知道他们所代表的潜艇。德国在方格海图上用 5 个点表示出了巡航线的方位。虽然 5 个点都被加密，密码分析学家也已经破解了海图中双字母和 4

个字符的真正含义。例如，他们知道，"VD 0798"（也就是巡航线的西北端点）代表方格海图的"AJ 5798"，也就是北纬 53 度 45 分，西经 46 度 15 分；也知道"BU 8641"（巡航线东南端）实际上是"BC 3641"即北纬 49 度 45 分，西经 39 度 55 分。密电中还透露，两艘潜艇之间的间距为 15 英里（约 24 公里），在巡航时"除非有重要的战术报告"，否则必须保持无线电静默。此外，电报中提出："到那时"，也就是巡逻线形成的时候，"将有一支向东北行驶的船队出现"。这对盟军也是一个预警。

4 月 18 日，星期天，晚上 9:55。破译、翻译并整理后的密电第一部分，被值班军官送到美国舰队总部的大西洋情报处"F–21"。8 个小时以后，也就是第二天清晨 5:50，第二部分也被送了过去。星期一稍晚的时候，美国舰队总司令发表了对 19 日潜艇位置的预测。其中援引舰队相遇、袭击以及测向报告为信息来源，对密码分析只字未提。事实上，这份推测的依据大部分来源于对恩尼格玛的破译。不过，总司令故意模糊了密码破译人员提供的精确位置，一方面是为了隐瞒情报的来源；另一方面，U 型潜艇是移动的，有可能已经不在密电中提到的位置，也有可能潜艇搞错了自己的位置；还有一个原因，那就是舰队总司令不想看到船队和护航舰队因为不在危险海域而放松警惕。

这份推测共分 6 段，其中第三段是关于北大西洋的："根据无线电测向，预计有 20—30 艘潜艇在北纬 49—54 度、西经 38—48 度这个长方形区域内巡航。"显然，这个情报是从 17 日的密电中得来的。这个长方形的对角线恰恰就是 U 型潜艇的巡航线。其中还胡说了个 U 型潜艇数量。除此之外，这一段还详细描述了其他 U 型潜艇的位置。

星期一整天，SC 127 一直沿东北方向行驶。天空有些阴沉，不过还算平静。上午，一架"卡特里娜"式水上飞机来到船队上方巡航，受到了船队的欢迎。

就在这时，华盛顿和布莱奇利园的密码分析学家遭到了意外的困难：一个字母框都没有找到，导致他们整理不出有用的目录，也就无法破解德国海军当天的恩尼格玛的密钥。这样一来，19 日整天的密电都没办法破译。结果，20 日（星期二）美国舰队总司令的 U 型潜艇报告只是重复了前一天的关键信息：U 型潜艇集中的长方形区域没有变化，只是明确了其中的 U 型潜艇数量为 25 艘。其他的细节基本相同。例如，19 日的报告中提到“在北纬 24—60 度范围内有 4 艘（潜艇）”；而 20 日的说法变成“根据多方位的无线电测向，在北纬 59 度附近 150 英里（约 241 公里）范围内约有 4 艘（潜艇）”。第十舰队的船队与路线处收到报告后，做了详细的分析。

然而此时，德国海军的密码破译工作似乎更胜盟军一筹。星期二，德国破译的一条密电显示：星期六行驶在开普雷斯以南的 HX 234 船队接到命令，要求船队向北急转弯。这么做的目的很可能是为了绕开 U 型潜艇密集的区域。因此，U 型潜艇指挥部当天立即命令“山雀”巡逻线再次改变位置，向北并稍向西移动，在 HX 234 新的航线上截住她。

德国海军监听处还破译了一封有关 SC 127 的密电。这一船队正平稳地航行在大西洋西部的海面上。船队方向：东北偏东，海上风平浪静。星期二，上午 9:55。英国护航舰队从加拿大军舰手中接过护航任务，船队继续向东北偏东方向行驶。德国密码破译人员判断，船队将在星期二下午 5:00 经过开普雷斯东南方向。U 型潜艇指挥部表示：“既然船队的路线如此偏南，那么这一次它可能会继续沿既定路线向东行驶，而不会像其他舰队一样再改变路线。”因此，指挥部从“山雀”巡逻线上调出 4 艘 U 型潜艇，组成一条南北向的短巡逻线，东边的 U 型潜艇随时可以调来支援。这样的布局说明，德军推测 SC 127 船队会从巡逻线的南边绕过。德国人知道，盟军已经掌握了巡航线的位置。

-4-

4 月 20 日，星期二。希特勒正在庆祝他的 54 岁生日。这几日，他在萨尔茨堡的克莱施姆城堡（Klessheim）会见了他的几位同盟者——轴心国的元首。前线没有什么值得注意的事件。仅在突尼斯有一小块栖身之地的非洲集团军群发起反攻突围，意图使英军措手不及；在空中，英国空军出动304架飞机，空袭了波罗的海港口城市什切青（Stettin）；在遥远的东边，苏联轰炸了提尔西特（Tilsit）；在华沙，犹太社区的英勇起义已经持续了2天。在德国，人们在卡廷森林发现了1万多具波兰军官的尸首，他们是遭苏联杀害的。德国到处都在谈论这个话题。有人说，一旦苏联赢得了胜利，德国人将遭到同样的下场；还有人说，德国杀的犹太人和波兰人远比这多得多，无权对别人指手画脚。面对此种形势，德军坦言，德国在空中显得脆弱无力；突尼斯的德军将很快进行一场敦刻尔克式的大撤退。有人希望希特勒多在公开场合露面，至少要在报纸上、新闻短片上露面，告诉人们他还没有愁白了头。尽管德国人感受到了绝望，但是他们并没有停止工作：枪炮、飞机和U型潜艇的产量不但没有下降，反而有所上升。

这会儿，美国的棒球季又拉开了序幕。由于罗斯福总统的缺席，这一季开球的名人是人力委员会主席保罗·麦克纳特（Paul McNutt）。罗斯福此时正在墨西哥城的蒙特雷会见该国总统。两国元首发誓要打败轴心国，在全世界宣扬睦邻政策。人们把卡其色和蓝色的颜料画在身上，看华盛顿参议员队以7:5的比分击败了费城运动家队。纽约市市长费欧雷罗·拉瓜迪亚（Fiorello La Guardia）宣布，已经对625家扰乱食品价格上限、违反配给规定的食品零售商店发出了传票。一艘轮船在墨西哥湾沉没，船上只有8个人和1只猫幸存，救生筏把他们送到了佛罗里达的港口坦帕。

此时此刻，无论在华盛顿的第十舰队船队与路线处；还是在柏林的U型潜艇指挥部参谋室，海军军官们都在聚精会神地研究着北大西洋宽广的海图。这场面就像是以茫茫大海为棋盘，在下一场事关生死的国际象棋。他们必须倾其全力，要比对手想得更快、更远；要小心移动自己的舰船，尽可能地击沉敌船，保护自己。4月20日，凭借运气也好，算计也罢，华盛顿的海军军官终于在这场脑力角逐中战胜了德国。这其中也包括SC 127的负责人之一、棕色头发的罗洛·诺加德（Rollo N. Norgaard）少校。在大西洋中西部，"山雀"已经做好了准备，U型潜艇指挥部正等着盟军的船队上钩。美国军官并没有让 SC 127 从南边绕过，而是从西边和北边绕过了这道防线，这大大出乎了 U 型潜艇指挥部的意料。格林尼治标准时间 15:39。华盛顿向 SC 127 的护航舰队发出了一条密电的第一部分；5 分钟后，又发出了第二部分。

此时，船队正沿东北偏东方向行驶，目标 F 点。他们要从那里向东北转弯，驶向 G 点。然而，这样恰恰会将船队送入 U 型潜艇的圈套。密电指挥船队放弃原路线，转向新设定的 WL 点（北纬 50 度，西经 50 度）；然后转向正北，驶向 WM 点（北纬 55 度，西经 50 度），再向东北偏东，到达格陵兰岛的最南端——费尔韦尔角东南以东处的 WN 点。新航线将带领船队绕过 U 型潜艇，让对方在船队路线的东边和南边空等一场。事实上，船队收到密电时已经过了 50 度经线。为了确保到达新地点，船队不得不倒退一段距离。格林尼治标准时间 18:50，船队总指挥凡 · 邓 · 东克调整了航向。无疑，船队与路线处在这场“棋局”中走出了重要的一步。

另一边，U 型潜艇仍继续在南边搜索着船队的踪影。4 月 21 日，星期三。U 型潜艇指挥部命令“山雀”中抽调出来的 4 艘，加上刚被油船 U–487 加满油的十几艘 U 型潜艇组成一个新的“狼群”，代号“啄木鸟”（WOODPECKER）。“啄木鸟”须在第二天正午之前自北向南排成一条 300 英里（约 483 公里）的巡航带。他们设想，船队经过的时间可能会比“啄木鸟”就位早几个小时，不过即便船队提前出现，水面上的 U 型潜艇也很容易就能发现他们。为防止盟军提前知道“啄木鸟”的部署而改变航向，指挥部命令各 U 型潜艇保持无线电静默，直到发现船队踪影。

就在“啄木鸟”就位的过程中，“山雀”巡逻线最北边的一艘潜艇 U–306 发现了从纽约出发的 HX 234。星期四，凌晨 1:55。U–306 发射鱼雷，击中了 1 艘 10000 吨级的丹麦货船“亚美利加”号（Amerika）。很快，7 艘 U 型潜艇聚集过来，其他的 U 型潜艇也陆续聚集。最终，HX 234 共遭到 21 艘 U 型潜艇的围攻。这恰好分散了 U 型潜艇对 SC 127 的注意力。事实上，SC 127 的新航线恰好穿过“山雀”巡航线的中心。

然而，SC 127 的航程也并不是一帆风顺的。星期三早晨，船队第五列的第三艘商船报告，在第五列和第六列中间发现了潜望镜。护航舰队总指挥认为“接触报告非常可疑”。在连续发射了14枚深水炸弹之后，他宣布这次是一次假警报。紧接着，船队在按照新的指示向西北方向倒退时，遇上了浮冰。有一艘护航舰认为，船队可以从浮冰中间穿过，而护航舰队队长却走了另一个方向，进入了死胡同。最终，他不得不请求凡·邓·东克向正东转弯，绕过浮冰。船队只得在浮冰中间4—6英里（约6.4—9.7公里）的空隙里调转船头。护航舰队和商船的船长凭借超高的技术，终于转向成功。

但是，护航舰队队长、皇家海军预备役军官布里奇曼（C. E. Bridgeman）少校非常清楚，向东行驶就意味着船队又在朝着危险区域迈进了，而这正是新航线所要避免的。华盛顿命令他们向北行驶，而不是向东。为了尽可能地向北航行，他决定使船队转向东北。布里奇曼少校觉得，明亮的月光和清晰的视野可以帮助他们降低浮冰的风险。因此，向东航行了几个小时后，他命令船队转向。他派一艘护航舰在最前面探测冰区。护航舰在一座冰山旁边停住了，这里光线幽暗。于是船队缓慢地列队通过。夜里，冰山和周围残碎的冰山逐渐变得稀疏了。到22日，星期二的清晨，布里奇曼觉得可以回到西北方向上了，船队很快调整了方向。

到这时，盟军已经恢复了对U型潜艇密电的破译，但是还不能跟上密电更新的速度。20—21日的密电直到22日才送到诺尔斯的潜艇追踪室。不过，对于诺加德和其他几位参与修改SC 127航线的军官而言，其中可能有一条令他们感到满足：U型潜艇指挥部在密电中告诉“啄木鸟”，4月22日一个向东行驶的船队可能在方格海图上BC 69的区域行驶，应该会从“啄木鸟”潜艇巡航线的中间穿过，将非常有利于“狼群”出击。不过，那是SC 127原来的路线，现在他们已经改变了方向。破译的电报表明，船队与路线处命令船队向北转移是非常明智的。

德国密电中的内容在美国舰队总司令的U型潜艇位置报告中有所体现。21日的报告推测，大西洋中西部U型潜艇密集的长方形范围缩小，其中的U型潜艇数量也有所减少。同时，报告中提到在纽芬兰和格陵兰

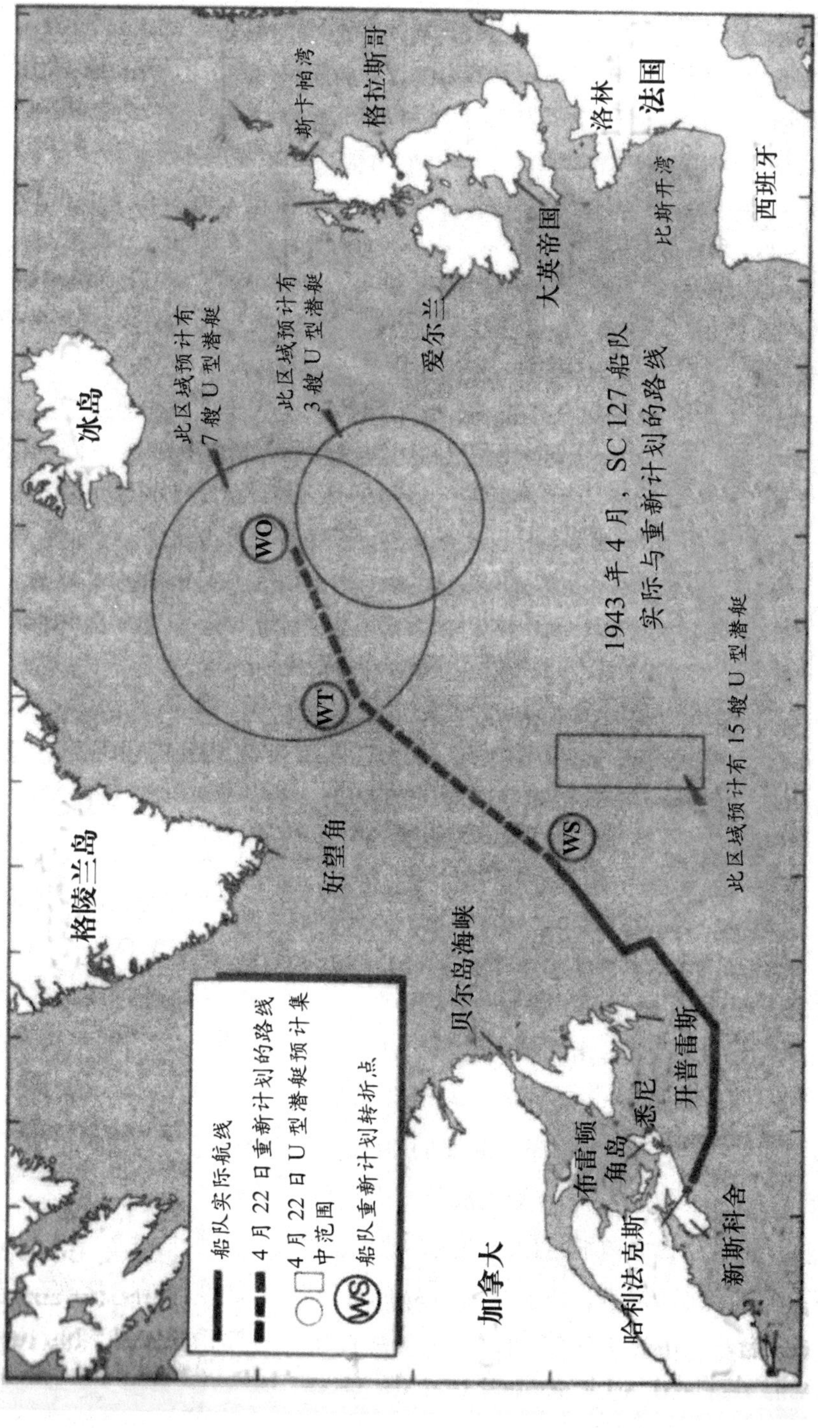
1943 年 4 月，SC 127 船队
实际与重新计划的路线
冰岛
格陵兰岛
此区域预计有
7 艘 U 型潜艇
此区域预计有
3 艘 U 型潜艇
此区域预计有 15 艘 U 型潜艇
WO
WT
WS
爱尔兰
斯卡帕湾
格拉斯哥
大英帝国
洛林
法国
比斯开湾
西班牙
好望角
贝尔岛海峡
开普雷斯
悉尼
布雷顿
角岛
哈利法克斯
新斯科舍
加拿大
船队实际航线
4 月 22 日重新计划的路线
4 月 22 日 U 型潜艇预计集
中范围
船队重新计划转折点

岛中间增加了两个新的U型潜艇密集区："根据多方位的无线电测向，在北纬56度、西经46度附近150英里（约241公里）范围内有10艘潜艇，有可能已经盯上了HX 234和ON 178。在北纬54度、西经50度附近150英里（约241公里）范围内，数艘潜艇可能已经盯上了ONS 3。"这10艘都是"山雀"巡航线上的U型潜艇，此前的推测报告中，这10艘从来没有单独组成过巡航单位。推测报告中提到的另一个U型潜艇密集区，恰好就在SC 127的新航线上，其中心区域位于指定的WM点以南，两者相距仅60英里（约97公里）。

决不能眼看着SC 127进入危险地区，可其他路线同样隐藏着风险。星期四，船队与路线处发现，长方形区域内的一些U型潜艇"很可能正在向北方和西北方移动"。因此，他们再次修改了SC 127的航线。这一次，他们命令船队向南，从这几艘潜艇以及"山雀"的背后穿过。而这个时候，后者正在围攻HX 234船队。船队与路线处命令SC 127放弃WL、WM和WN三个点，"立即改向北纬50度31分、西经44度02分（WS点），尔后转向北纬56度58分、西经34度57分（WT点），最后驶向WO点"。WS点位于此前提到的大长方形区域内，不过那一天的U型潜艇推测报告并未提到这一区域，这里的U型潜艇已经不见了。WT位于WS东北方向，而且恰好处在一个圆形的U型潜艇密集区边缘。这一圆形区域面积相当于新墨西哥州，其中可能有7艘U型潜艇正在向西或西南方向移动。不过，和船队接触的风险比较低，他们可以冒个险。WO位于WT的东北偏东方向，也在这个圆形区域内。

在德国U型潜艇指挥部，猫鼠游戏还在继续。指挥部命令"啄木鸟"保持在"山雀"以南。不过后来看到船队没有在预定时间出现，指挥部认为，船队应该是选择了一条更靠北的路线。为了确保捕获到船队，指挥部派到达作战区域的U型潜艇组成了一个新的"狼群"，代号"黑鸟"。这11艘要在星期日之前抵达预定的战斗地点，排成一道西北偏北—东南偏南的巡航线，向西推进。不过，SC 127的新路线比U型潜艇指挥部预定的位置更靠北。虽然4月23日（耶稣受难日）的U型潜艇推测报告中也提到了新发现的潜艇，“北纬 56 度、西经 27 度附近 200 英里（约 322 公里）范围内有四艘潜艇正向西移动”，但是 SC 127 并没有因为“黑鸟”巡航线而调整航向。

之所以没有调整航线，很大的原因在于，其中有十几艘 U 型潜艇已经赶去夹击 HX 234，并击沉了盟军的商船。23 日当天，U–306 的鱼雷击中了一艘 7000 吨级的美国货船；过了仅 1 个小时，U–954 又将一艘 5000 吨级的英国船只送进了 1500 英寻（约 2743 米）深的海底坟墓。

在此之后，美国舰队总司令仍在根据战场形势不断调整船队位置。例如在星期六，WT 点被替换为东北偏北方向上的 WP 点。到了复活节星期天，船队已经驶入了英国控制的海域。位于利物浦的西部海域总司令指示护航舰队，“一旦发现被跟踪”，立即上报。西部海域总司令没有收到报告，看起来护航舰队确信船队没有遭到跟踪。U 型潜艇指挥部似乎也不再对 SC 127 穷追不舍了。从指挥部对“黑鸟”巡航线和巡航方向的部署来看，“黑鸟”目前不太可能再追上 SC 127 了。当然，4 月 26 日，星期一，船队驶过费尔韦尔角东南点、开始向冰岛进发时，英国西部海域司令部两次对航线进行了微调。

就在同一天的早晨，一架“解放者”式战斗机前来为船队保驾护航。北大西洋中部，格陵兰岛附近可谓是一片恐怖的黑洞，当时的飞机还无法在其附近予以保护。到了星期二，“解放者”式战斗机和一架“卡特尼娜”远程轰炸机为船队提供了全天护航。

也是星期二这天，两封关于 SC 127 的密电送到了 U 型潜艇总部。电报都是 1 周前发出的，其中包含 20、21 日两天船队所处的位置，以及指定的航行方向。指挥部发现，“船队很早就向北掉头了，很可能是他们觉察到前方有潜艇聚集，故意绕开了”。

星期三，SC 127 的护航舰队收到一个声呐定位，很有可能来自一艘潜艇；舰队搜寻了附近区域，并没有任何发现。星期四，船队中 5 艘目的地为冰岛的商船离开了船队，其中包括唯一一艘经常掉队的商船。这艘船总是落后四五英里，船员都抱怨是煤的原因。护航舰队给西部海域司令部发送的电报中称："目前无需认为 SC 127 面临严重的潜艇威胁。"星期三和星期四，空中护航一刻不离地保护着船队。5 月 1 日，星期六，早晨 6:00。前往艾维湾的 17 艘商船离开船队。第二天下午 6:00。其余船只抵达苏格兰。不久，美国的船队和路线处收到了来自英国海军部的电报："全部抵达。"这为 SC 127 横跨大西洋的壮举画上了圆满的句号。

第二十一章
新探测设备

-1-

SC 127 穿过 U 型潜艇的围追堵截，抵达目的地的时候，正是英国在大西洋海战中最困难的时刻。大西洋上 U 型潜艇密布，英国第一海务大臣十分担心："我们不能只想着躲避 U 型潜艇狼群，应该杀出一条血路来。"在德国，海军监听处正处在巅峰时期，每天可以及时破译 5%—10% 的密电，帮助邓尼茨更加明智地排兵布阵。有时候，提早获得的消息能让他有充足的时间调整 U 型潜艇位置，使"狼群"的中间对着盟军船队。这样左右两翼的潜艇都可以赶来围攻船队。

不过，德国的弱点已经开始显现出来。盟军已经加强了防御，使用更多军舰和飞机为船队护航，U 型潜艇就再没有前几年那么嚣张大胆了。邓尼茨的训话越来越刺耳：他曾说，面对敌人靠近而不进攻的，都"不是真正的 U 型潜艇兵"。进攻的成功率也在下降。打击商船最成功的时候是在 1943 年 3 月，那个月，U 型潜艇击沉的商船数达到盟军新造船只数量的两倍。而 4 月的战绩就没那么漂亮了：德国虽然击沉了 12 艘盟军商船，自己却也损失了 7 艘 U 型潜艇。到了 5 月就更糟糕了。

邓尼茨在自己的战争日记中写道："5月的大西洋上，每击沉10000吨级盟军商船就要损失1艘U型潜艇。然而，就在不久之前，1艘U型潜艇可以换来10万吨左右。"他把这样的损失看成是"不可忍受的"。5月24日，他从商船的北大西洋航线上抽调出7艘U型潜艇，安排到南边，因为他认为南边的"空中危险较弱"。西到美国，东到直布罗陀海峡，南边都是U型潜艇可以行动的海域。虽然这条航线是美军为北非部队运送补给的必经之路，但是即便这些船只被击沉，也不会对英国造成致命性打击，同样不会阻止盟军突袭欧洲堡垒[1]。邓尼茨的这一举动,标志着德国在大西洋海战上的重大失败。

-2-

1943年1—2月，盟军船队多次成功躲避了U型潜艇的拦截，这让邓尼茨再次对代码的安全性产生了怀疑。1月份有两个半星期，横扫大西洋的U型潜艇都没有发现驶往英国的船队。这是自美国参战以来，整个大西洋上单日的商船损失首次低于1艘。2月，几乎没有船队从U型潜艇巡航线附近通过，即使偶尔有，也是巡航线最末端的一两艘U型潜艇发现的。这就说明船队是故意绕过了"狼群"。还有一件事也让邓尼茨起了疑心：正当U–459在为一艘意大利U型潜艇加油时，盟军驱逐舰突然出现了。引起邓尼茨怀疑的是，此次加油地点在圣保罗暗礁以东300英里（约483公里）处，传统上被认为是南、北大西洋的分界点。这片海域非常偏僻，距离任何一个驱逐舰基地都很远，也不是常用的商船航线。而且，德国海军监听处破译了盟军关于U型潜艇位置的报告，报告的内容让邓尼茨更加怀疑自己的密电已被破译。例如4月18日，盟军关于U型潜艇位置的报告中提到，美国怀疑在北纬48—54度、西经38—45度这一长方形区域内有20艘U型潜艇。这个判断显然非常正确，因为"山雀"巡航线上的18

[1] 译注：欧洲堡垒（Festung Europa [Fortress Europe]），指欧洲大陆上被纳粹德国占领、用于进攻英国的地区。

艘U型潜艇恰恰就在这片长方形区域内。

邓尼茨要求海军通信处处长马顿斯展开调查。1941年，马顿斯曾对恩尼格玛的安全性问题进行过一次调查。这一次，马顿斯依然认为恩尼格玛不会出现问题。他说，英国人自己已经在报告里说明，盟军对潜艇位置的判断来自无线电测向。从法国抵抗运动的无线电站缴获的文件来看，法国抵抗运动为盟军提供了U型潜艇的离港时间，大致方向是向北大西洋或是南大西洋。这可以让盟军比较准确地预测潜艇的动向。而且，英国并不怎么清楚代号为“海豚”(DOLPHIN）和“猎鹰”(FALCON）的“狼群”。如果其情报来源是密码分析，那么他们应该知道得非常清楚。最糟糕的情况，就是盟军从缴获的文件中发现了一两个关键词，而不可能掌握了整个加密规则。也许就是这些关键词给了盟军线索，让他们猜出了几条密电。德军海战参谋部总参谋长也承认，盟军有可能缴获了一些文件。他同意马顿斯的计划，新设一个独立的区域密钥网。

2月2日，一架英国轰炸机在鹿特丹被击落。德军在轰炸机上发现一种新型雷达。这一偶然发现恰巧为马顿斯的观点提供了佐证。这种新型雷达应用了空腔谐振磁控管。这是一种铜质的部件，内部有8个圆柱形的孔，围着中心轴平行排列。这些孔让雷达的波段从原来的150厘米大幅降低到9.7厘米。因为波长以厘米计算，这一雷达被称为厘米波长雷达。新型雷达有两个优势：第一，它可以在雷达屏幕上勾勒出海岸线、大楼等物体，这是以前的雷达做不到的。第二，U型潜艇上安装的雷达警报接收机只能对较长的波长做出回应，因此根本探测不到新型雷达。有了厘米波长雷达，英国飞机就可以在U型潜艇毫无察觉的情况下，远距离定位浮上水面的U型潜艇，然后出其不意地袭击潜艇。英国皇家空军海岸司令部已经下手，奇袭了穿过比斯开湾的U型潜艇。虽然没有证据表明盟军在大西洋海战中使用了厘米波长雷达，但是，其使用这一强大的新型武器的可能性是无法排除的。

所以，邓尼茨接受了马顿斯的观点——纳粹海军的加密体系依然安全无恙，一定是其他方面出现了漏洞。“除了两三次可疑的情况，”他在自己的战争日记中写道，“看起来，敌人对我方U型潜艇位置的判断主要来源于广泛使用的机载雷达，据此测绘出的潜艇位置帮助敌人及时有效地改变了商船的航向。”SC 127能绕开“狼群”的包围圈，最有可能的原因就是“敌人有一套相当先进的定位装置，可以装载到飞机上，而不为潜艇察觉”。

然而，无论怎样，有关盟军破译德国海军的恩尼格玛的怀疑，依然不能完全消除。邓尼茨想试着相信马顿斯的说法，消除疑虑，但是，总有一些情况让他不能安心。4月27日，当SC 127还在艰难地横跨大西洋时，德国海军监听处破译了一封盟军关于U型潜艇位置的密电。密电中提到，在北纬50度、西经34度附近150英里（约241公里）范围内有5艘U型潜艇。“我方在附近进行过几次再补给，”邓尼茨写道，“可那片区域已经连续几天没有无线电信号，而盟军恰恰怀疑这里有潜艇，这不得不令人怀疑。”

过了几天，邓尼茨找了另一个借口，解除了马顿斯的职务，派他去基尔经营造船厂。接手的是马顿斯的总参谋长施图梅尔，邓尼茨还为施图梅尔晋升了海军少将军衔。不过施图梅尔依然认为：“经过再一次的彻底调查，恩尼格玛至今依然是坚不可摧的。”邓尼茨显然相信了他的结论。6月，他在会见日本大使时称，U型潜艇受损主要是因为盟军使用了新的测向系统。

尽管如此，1944年，施图梅尔准备采取措施，强化纳粹海军密码的安全性。他继续细化了海军密码系统的密钥网，分成尽可能多的小范围密钥网，减少使用通用密钥的密电数量。随着德国无线电报数量不断增加，20世纪30年代，恩尼格玛的密钥网只有一个，而到了1943年，它们已经分割为独立的本土密钥网、国外密钥网、后来增加的U型潜艇专用密钥网，以及其他密钥网。1943年，德国平均每天发送的无线电数量已达到2563条。现在，施图梅尔提议给每一艘U型潜艇设置专用密钥。

“D”日[1]（1944年6月6日）过后没几天，一些潜艇就收到了专用密

[1] 译注：D日，即盟军诺曼底登陆的日期。

钥。到 11 月，专用密钥大规模投入使用。截至 1945 年 2 月，U 型潜艇指挥部的作战通信几乎全部使用了专用密钥。当月，邓尼茨向希特勒汇报称，盟军对“狼群”一切了解均来源于雷达探测和叛徒出卖。那时，施图梅尔也已经被别人取代，但是，他提出的专用密钥证实了恩尼格玛的安全性：英国政府密码学校只破解过 3 个密钥，有效时间非常短。1944 年 11 月—1945 年 4 月，但盟军在北大西洋和北海上被击沉船只的数量持续增加。这恐怕不是单纯的巧合。要破解这些专用密钥，英国需要更多的人手、更多的“炸弹”机。但是政府密码学校有信心。一旦德国最终投降，英国就再也不用测试密钥了。

-3-

早在德国投降之前的很长一段时间，德国海军监听处就不能提供大量情报了。邓尼茨非常忧虑，海军情报有一半是来源于海军监听处的。而他曾长期从那里获取情报。实际上，在加密时漏洞频出的并不只有德国，英国也是一样。北非奇袭的成功让英国海军部坚信，自己的密码系统非常安全。德国将军弗里克曾说，英国舰船的行动并不代表英国已经破译了德国密电。英国此时的心态和弗里克的一模一样。1940 年夏天之后，英国政府密码学校在破译别的高级意大利密码时遇到了重重阻力，但是对于除海军恩尼格玛以外的其他密码，破译进展得越来越顺畅。这也让他们对自己的复式加密法多了一分信心（虽然英国早在战前就破译过类似的密码）；这和纳粹海军的想法如出一辙：德军也曾认为，既然自己破译不了美国海军的加密机，那么敌人对自己的恩尼格玛应该也一样束手无策。

英国人的自信是错误的。1942 年 12 月，他们从一份破译的恩尼格玛密电中得知，德国人已经破译了英国海军 3 号代码，也就是用于部署北大西洋船队的主要加密系统。1943 年 3 月，在华盛顿，海军通信情报处的麦克马汉（McMahan）上尉看到了一份截获的德国密电。其中取消了邓尼茨几个小时前下达的命令，并令 U 型潜艇彻底更改路线。麦克马汉认为，邓尼茨之所以做出这样的反应只有一个原因，那就是盟军命令船队更改航向的密电被德国破译了。他立刻赶到市中心的海军主楼，找到船队与路线处。一番艰难的解释之后，麦克马汉终于看到了船队与路线处要求船队更改航向的那封密电。正是麦克马汉的发现让人们把所有分散的细节都拼凑到一起，让盟军意识到，德国已经掌握了他们的通信内容。

同年 6 月，海军 5 号代码取代了 3 号和 4 号，德国海军监听处再也不能顺利破译英国密电了。面对每天大量的通信，早在 1940 年，复式加密法（长减法器系统）的安全性就引起了英国的担忧。1941 年，政府密码学校设计了一个替代方案——模板减法器。然而，经过漫长的试验过程，英国政府直到 1942 年 3 月才决定使用新系统。新设备的设计和生产，以及表格的印制又拖到年底才完成。1943 年中期，这一新系统才在英军中装配完毕，到了 1944 年 1 月 1 日才在美国海军装配完毕。不能不说，英国对密码的轻视程度比德国更甚。1943 年 6 月中旬起，德国海军监听处终于不能再窃取英美两国的重要情报了。1944 年 5 月，希特勒问德国海军密码破译人员能破译哪些英国密码系统。密码破译人员不得不承认，虽然他们能破译一些次重要的密码系统，也能破译掉队的商船密电，然而，"英国两个主要密码系统已经无法破译，一个（主力战舰密码系统）是到 1944 年初停止的；另一个（商船密码系统）到 1943 年 6 月初停止。"

-4-

虽然不情愿，但德国密码破译人员的坦白透露了盟军在密码领域的胜利。1943 年 8 月，英美两国可以破译最新的恩尼格玛密电了。1944 年 6 月 4 日，一支美国特遣队俘虏了 U–505，从艇内缴获了一份用来加密方格海图的地址簿。自此，盟军终于可以像德军一样轻松地找到方格海图上的位置了。

然而，即使破译了德国密电，也不能保证船队一定能成功躲避 U 型潜艇。1943 年 1—2 月，盟军对恩尼格玛的破译几乎没有间断过；而 3 月份，他们曾经连续几天没有破译 1 封密电。1、2 月份损失的商船数量远低于 3 月。但是，1942 年 8—9 月，在“超级情报”空白期，三分之二的船队躲过了 U 型潜艇的侦察；而 1943 年的前 5 个月，英国居然已经可以连续破译恩尼格玛，躲过 U 型潜艇的比例只有不到一半。船队的损失还与其他多种因素有关，例如巡航的 U 型潜艇数量、盟军的甚远程飞机数量、厘米波长雷达的应用、舰载测向装置的使用、运筹部署、护航航母情况，以及护航战舰的数量等。但是，当“超级情报”与盟军的上述优势相互配合，尤其是邓尼茨 5 月 24 日从北大西洋撤走了一些潜艇之后，盟军船队取得了前所未有的成功。1943 年 9 月 21 日，丘吉尔在对英联邦的演说中称，在即将过去的第三个季度，在北大西洋上，没有一艘商船遭到敌人袭击。众议院顿时响起了一片欢呼。

第二十二章

“奶牛”——补给潜艇

-1-

1942 年 1 月，U 型潜艇大战已经延伸到了美国海岸，一个问题摆在了邓尼茨眼前。虽然纽约、弗吉尼亚和佛罗里达海岸“猎物”丰富，然而往返于这些地方要比往返于纽芬兰和新斯科舍的时间更长，占用了宝贵的作战时间。为了尽可能地延长潜艇的战斗时间，邓尼茨派特殊的补给潜艇对海上的 U 型潜艇进行多次补给。补给潜艇的个头比标准的 VII 型作战艇大一倍，像奶牛一样，能携带 400 吨燃油和 50 吨补给，配有 1 个车间。船上有 1 名医生，还有一些候补艇员，以便接替作战艇上生病或受伤的艇员。1942 年 3 月，第一艘补给潜艇投入使用时，U 型潜艇的巡航平均时间为 41 天，进行一次补给后，平均时长可达 62 天，如果进行 2 次补给，最高可以延长到 81 天。即使在高纬度作战，补给对提高效率也是相当重要的。根据经验，潜艇一般会先在作战海域巡航 3—5 个星期，才能找到拦截船队的有利位置。这就意味着潜艇需要两次补给才有可能成功。截至到 1943 年 5 月，补给潜艇已经完成了 390 次补给。

盟军逐渐意识到，击沉一艘补给潜艇将影响到多艘作战 U 型潜艇。但是，盟军还无法策划进攻，因为1942年，恩尼格玛的破译还处于一段空白期，无法破译补给潜艇和作战潜艇的集合地点。而且，U型潜艇指挥部总会特意将集合地点设在偏远的地方，既要远离商船航线，又要在盟军飞机的航行范围之外。补给潜艇还必须保持无线电静默。指挥部的指令会先用特殊的军官级密钥进行加密，然后再用通用密钥加密一次；集合的地点也要使用加密过的方格海图来定位。1943年，盟军的密码破译恢复正常后，袭击补给潜艇的计划变成了可能。破译的密电会透露补给的时间和集合地点；即使得不到具体的时间地点，英国作战情报中心也可以根据补给潜艇的出发时间、行驶方向和惯用的补给地点，来指导舰船和战机前往补给潜艇可能出没的地点。

但是，3个因素保证了德军补给潜艇的暂时安全：其一，盟军的飞机无法抵达集合地点；其二，水面力量因为某种原因必须留在船队周围；其三，英国绝不会贸然前往偏僻孤立的地点发动进攻，以免德军发现自己的加密系统已被破译。1941年，英国围攻“俾斯麦”号补给舰后，还掌握了另外2艘德国船只的位置。为了不引起德军的怀疑，英国海军本来计划放过这2艘船，结果阴错阳差，这2艘德国船还是被英军击沉了。这一度让英国非常担心。英国之所以拒绝前往某些海域，就因为这次事件。另外，德国破解的一些密电内容可以追溯到恩尼格玛的破译。曾有4次，英国发出的密电逐字逐句摘抄了恩尼格玛原文。而且1943年3月，一连几天无法破译密电让英国陷入了深深的恐惧。这些更坚定了英国放弃某些地点的决心。

从英国截获的一份德国密电中看，纳粹海军已经开始怀疑在某些区域出现的英国战舰。它们在那些区域巡航，只要船队没有延误，必将遇上向北非运送补给的德国船队。第一海务大臣严厉斥责了地中海舰队总司令，丘吉尔放话，必须要隐瞒从恩尼格玛密电中汇集的情报，也就是前文提到的“超级情报”文件，如此重要的文件，只能“用于非常重大的场合，或者必须经过全面伪装才可以使用”。与此同时，第一海务大臣还以个人名义致信美国舰队总司令欧内斯特·金（Ernest King）上将，强调："'超级情报'是无价之宝，我们不能用它去冒险。"第二个月，美国提议利用U型潜艇恩尼格玛提供的信息，到指定地点攻击补给潜艇。因为"如果现在不用'超级情报'信息，我敢肯定，商船的损失将增长50%—100%"。然而，英国仍坚持不轻易使用。

不过到了5月下旬，邓尼茨从北大西洋调走了几艘U型潜艇之后，这一风险有所下降。几个星期之后的一件事表明，在确保不被德军发现的前提下，小心地利用恩尼格玛，可以让盟军新增的进攻力量发挥更大的作用。新增的进攻力量，就是美国小型"护航"航空母舰上的特遣部队。这样，航母就可以运载飞机前往补给地点，实施空中打击。6月12日，根据从恩尼格玛和测向两方面获得的情报，航空母舰"博格"号（Bogue）派出几架飞机。正午刚过，飞机就发现了一艘1700吨级、经过改装的布雷艇——U–118。它正平稳地浮在水面上，盟军一番猛烈轰炸，潜艇立即下沉，当它再浮上来时，飞机很快将其击沉。这艘潜艇的沉没迫使U型潜艇指挥部召回一些潜艇，并命令一些正在驶向目标海域的潜艇推迟进攻。从后来截获的恩尼格玛密电可以看出，这打乱了德军的作战计划。而且，这也让盟军意识到了打击补给潜艇的重大意义。而为了应急，U–488补给潜艇连续为22艘U型潜艇进行补给。这个例子也从负面刺激了盟军。此后，美国极力敦促用恩尼格玛密电信息攻击补给潜艇。英国此前一直害怕失去"超级情报"。而到了这时，这种担心也有所缓解，因为飞机巡航发现目标，可以很好地掩盖密码破译这一真实的情报来源。现在，英国终于同意了美国的提议，用恩尼格玛帮助航母主动寻找敌人。盟军终于不再是被动地反抗"狼群"，也不再是靠飞机偶然发现潜艇，而是主动寻找潜艇、打击潜艇。这是二战开战以来的头一次。破译的恩尼格玛从盾牌变成了一把利剑。

-2-

盟军准备进攻的猎物之一，是U–118的姊妹潜艇U–117。U–117和它的50多名艇员已经执行过3次巡航任务。1943年7月22日，潜艇在汉斯－维尔纳·诺依曼（Hans-Werner Neumann）少校的指挥下，从法国出发。7 月下旬，邓尼茨总共派出了 5 艘补给艇，其中 3 艘在 7 月底经过比斯开湾时被击沉，第四艘在法罗群岛西部被摧毁。仅存的 U–117 顿时压力骤增，有一些作战潜艇必须得到补给，否则将无法返回德国。

U–66 就是其中之一。U–66 已经执行过 9 次巡航了，经验非常丰富。西到美国的哈特拉斯角（Cape Hatteras），东到到地中海，巡航的区域相当广泛。U–66 曾在非洲西北部海岸搞破坏，号称击沉了总吨重 20 万吨的敌船。U–66 为它的两任指挥官带来了骑士十字勋章和铁十字勋章。这一次，它在海上的巡航达到了 3 个月的极限，期间击沉了两艘美国油船。7 月 27 日，U 型潜艇指挥部发出密电，命令 U–66 到 CD 50 区域与 U–117 集合，补充燃油和补给。CD 50 大致位于华盛顿特区和葡萄牙首都里斯本中间。

盟军拦截了这条密电。还没来得及破译，就有一条新的密电率先被破译，其中规定集合时间为 8 月 3 日晚上 8:00。集合地点为“大方格中的 6755 方格，位于另一个方格以西”。方格海图也是经过加密的，但是密码分析学家推测“另一个方格”指的是 CE。因此，U–66 的补给地点为大方格 CD 内的 6755，也就是北纬 37 度 57 分、西经 38 度 30 分。这个位置大致在华盛顿特区以东，巴西北部的突出部以北。

1943 年 8 月 1 日，东部战争时间下午 1:05，在华盛顿特区的内布拉斯加大道，美国海军密码破译人员通过电传打字机将一条破译后的密电发送到 F–21，也就是美国舰队司令部海军战斗情报处的大西洋分支。潜艇追踪室就设在这里。

这封密电是大约 12 个小时之前发出的。在这 12 个小时里，恩斯特罗姆中校带领“密室”的小伙子们迅速完成破译，交给翻译与评估人员，在艇长的名字后面补充 U 型潜艇的代号，以及方格海图所指的经纬度。这些补充的部分用双括号标注出来，以表示这些不是原文内容。密电内容的第一部分指示两艘潜艇不要进行补给，直接返回港口；第二部分提到了 U–117 引起了人们的注意：“诺依曼（(117)）驶往方格海图 67（(有可能是指 CD 67，也就是北纬 37 度 57 分，西经 38 度 30 分)）。”

15 分钟之后，电传打字机传来了另一条破译的密电。这封密电的发出时间比上一封晚 10 个小时，密电中指示 U–66 的艇长弗雷德里希 · 马克沃斯（Friedrich Markworth）上尉："8 月 3 日，下午 15:20，马克沃斯((66)) 可到'6755 方格'((应为 CD 6755，即北纬 37 度 57 分，西经 38 度 30 分)) 从诺依曼 ((117)) 处获取补给……执行完毕后，马克沃斯给出肯定答复，诺依曼原地待命。"

密电送到"F–21"之后第二天，美国舰队总司令的参谋部通过无线电将这些信息发送到可能需要的海上作战单位。8 月 2 日的 U 型潜艇位置报告中也提到了这一消息："几艘（潜艇）位于（北纬）38 度、（西经）38 度 30 分附近。"其中并没有提到情报来源。第二天的报告中再次重复了这个消息，并且加上了信息来源："从无线电测向得知，（北纬）38 度、（西经）38 度 30 分附近有几艘（潜艇）可能在为作战潜艇补给。"

报告的接收人之一，是为船队提供支持的美国海军战斗特遣队 2114（Combat Task Group 21.14）。特遣队的成员包括护航的"卡德"号（Card）航母和三艘老式驱逐舰，负责指挥的是阿诺德 ·（巴斯特）· 伊斯贝尔上校（Arnold J. [Buster] Isbell）。潜艇位置报告为他指示了打击潜艇的方向。他知道，补给中的潜艇是非常脆弱的：两艘潜艇要在水面上缓慢地并行一段时间，用一根油管连在一起。其中一艘价值巨大——那就是他的猎物。按照报告，伊斯贝尔立即赶往潜艇的集合地点，飞机在头顶和两侧巡航。

-3-

8 月 3 日下午的晚些时候，"卡德"号距离指定地点还有大约 150 英里（约 241 公里）。舰队的两名飞行员正在例行巡航，在海面上搜索潜艇。这两名飞行员中，一位是预备役上尉（中级军官）理查德 · 科米尔（Richard L. Cormier），他驾驶着格鲁门 TBF–1"复仇者"鱼雷轰炸机；一位是预备役少尉阿恩 · 保尔森（Arne S. Paulson），他驾驶着僚机，这是一架格鲁门 F4F–4"野猫"战斗机。两架飞机正在 5000 英尺（约 1524 米）的高度向西南方向行驶，天空晴朗。这时，科米尔从望远镜看到，在自己左前方约 11 英里（约 17.7 公里）处，一艘灰白相间的潜艇浮了上来。潜艇现在已经完全浮上水面，航行的速度非常缓慢，水面上几乎没有一点儿水波。这正是 U–66。

在科米尔的指挥下，保尔森对潜艇来了一轮低空扫射：他开足马力，全速俯冲，下降到 100 英尺（约 30.5 米）时，朝潜艇猛冲过去，距离潜艇 500 码（约 457 米）时开始扫射。他看到子弹打到潜艇指挥塔上，打掉一层铁锈。指挥塔上一个人都没有看见。坐在 U 型潜艇甲板上抽烟的机械师中弹，左右两条大腿都被炸伤。接着，科米尔也朝潜艇冲了过来，投掷深水炸弹，可惜炸弹没能成功发射。他盘旋了一圈，准备第二次进攻；保尔森也开始了第二轮扫射。这一次，他遭到了潜艇防空炮的反攻，大约有 6—8 人在潜艇甲板上。不过防空炮射偏了。这一回合，第二值班员不幸身亡，指挥塔上的人员受到惊吓，立即拉响下潜警报。在这危险时分，马克沃斯勇敢地爬上指挥塔，指挥下潜，确保所有人员都在岗位上。这件事情再次证明，他不愧是骑士十字勋章的获得者。

卡米尔驾驶鱼雷轰炸机从水面略过，赶上潜艇。他再次按下电动投弹器，拉起应急投放装置。这一次，深水炸弹和音响鱼雷[1]全部投掷成功。飞机爬升转弯，几秒钟的功夫，卡米尔就看见潜艇右舷 25 英尺（约 7.7 米）处，指挥塔前方炸起了水波。水波向潜艇左舷推开，似乎要从下面把潜艇抬起来，翻向左侧。紧接着，水面突然涌起一个 100 英尺（约 30.5 米）高的水柱，模糊了潜艇的踪影。等水柱平息，潜艇再次出现时，已经向右偏了。保尔森趁机继续进攻。他看见指挥塔上大约有 6 个人，有的已经不知所措。他的炮弹炸死了 1 名水手，那人当时已经身负重伤，但还在继续朝飞机开炮。此外，还有 1 人胸部中弹、6 人受了轻伤。潜艇上再也没有人回击。科米尔的扫射击中了马克沃斯的腹部，伤情很是严重。随后，潜艇艇员们发现，飞机的炸弹已经用光，现在可以安全下潜了。第一值班员发出了下潜的

---

[1] 译注：音响鱼雷（Acoustic Torpedo），可以根据特定的声音自己导向目标的一种鱼雷。

命令。他们顾不上移动那些军官和水手的遗体，开始下潜。一开始非常缓慢，随后越来越快，潜艇倾斜 50 度角，沉入水中。就在潜艇即将完全进入水中的时候，保尔森又发起了最后的攻势，朝艇尾底部开了火。

科米尔投下浮标，在 U 型潜艇沉没的地点上空盘旋观察了 45 分钟。科米尔和“卡德”号航母派出的其他飞行员都没有发现任何残骸、漏油，也没有发现气泡。飞行中队的指挥宣布，U 型潜艇已经沉没。不过他错了。虽然艇上有两人死亡、数人受伤，艇长也腹部中弹，虽然压载舱和油箱都已经开始泄漏，但是 U–66 还是顽强逃脱了。

然而，U–66 没能遇上 U–117，只能拖着伤勉强向东，返回德国。船上只剩下两天的补给，燃油很快就要耗尽了。第二天，午夜刚过，U–66 浮出了水面。水手的遗体被大浪冲进了水里，第二值班员的遗体还在机关炮台上，已经腐烂得惨不忍睹。受伤的艇员因伤情过重而死。他们的遗体被埋葬在了大海里。

与此同时，战斗情报处大西洋支队的 U 型潜艇报告连续向“卡德”号航母特遣部队发了多封电报，告诉巴斯特 · 伊斯贝尔附近有加油及作战潜艇。例如，8 月 6 日，“经过 052330、052350 的无线电测向，北纬 39 度 15 分，西经 37 度 30 分很可能有补给潜艇，很可能向东北移动。”下午 2:00。航母驶向这一海域。

-4-

就在同一天，U–66 提议当天下午与 U–117 会面，地点约在 8 月 1 日指定的位置以北 54 英里（约 87 公里），以东 12 英里（约 19 公里）处。几个小时以后，邓尼茨勉强同意。盟军密码分析学家应该不会那么快破译，而且这次集合是保密的。但是透过“超级情报”，第十舰队对 U 型潜艇的会面情形有所了解。而且他们知道，7 月 30 日的密电要求 U–117 在北纬 38 度 50 分、西经 37 度 20 分附近 100 英里（约 161 公里）处待命。这个位置正是 8 月 1 日的密电中指定的集合地点。因此，“卡德”号航母确实有必要在附近海域继续搜寻。

星期五，近正午时分，U–117 和 U–66 潜艇终于会面了。天黑之后，U–66 搬运了一些补给，医生给马克沃斯处理了伤口。因为不能在黑暗中加油，两艘潜艇不得不耐心地等到天亮。天色刚亮，U–66 开始加油。恰巧同时——星期六，早上 6:49。“卡德”号航母再次派出“复仇者”鱼雷轰炸机和“野猫”战斗机。轰炸 U–66 时，出动的正是这一组合。不过，刚刚巡航 1 个小时，“野猫”战斗机就因为引擎故障被迫返回航母。只剩下“复仇者”继续例行巡航。“复仇者”的驾驶员，是预备役上尉（中级军官）阿斯伯利 · 萨兰格（Asbury H. Sallenger）。上午 9:46。“复仇者”正在 4500 英尺（约 1372 米）的高度向西北偏西飞行，天空非常晴朗。这时，萨兰格发现在他的机头右前方 15 英里（约 24.1 公里）处有一片巨大的白色目标。他的第一反应是一艘商船，不过他很快意识到，这是两艘紧挨着的潜艇，表面漆成了白色。两艘潜艇完全在水面上，异常缓慢地向西南移动，前后都没有一点浪花。加油正在进行。

萨兰格迅速通过无线电联系了 82 英里（约 132 公里）外的“卡德”号，准备发动进攻。离他更近的一艘潜艇比另一艘稍微错后一点。萨兰格看准了目标，在阳光的照耀下，以 220 节的速度朝潜艇左舷尾部猛冲过去。“就是它！”萨兰格告诉机组人员。U–66 一看见飞机，两个柴油引擎全部开足马力，全速前进。飞机和潜艇相距 400 码（约 366 米）时，两艘潜艇上的 20 毫米机枪同时开火。天空顿时被白色的烟雾笼罩，萨兰格钻进烟雾里，在距离潜艇 125 英尺（约 38 米）时，扔下 2 枚深水炸弹，夹击 U–117，爆炸深度为 25 英尺（约 7.7 米）。3 秒钟之后，炸弹在潜艇右舷激起两股水柱，一股冲出 10 英尺（约 3 米），另一股 20 英尺（约 6 米），直接切断了加油管。萨兰格一个左转，爬升。一股火苗从潜艇尾部窜出，浓浓的灰烟滚滚而出。“复仇者”的枪炮兵、三等兵小詹姆斯 · 欧哈根（James H. O’Hagan）用 50 毫米口径的机枪扫射了甲板，然后对准指挥塔上的机枪。他看到那里有 20 多人。无线电兵拍了照片，用于日后战术上的改进。

U–117 开始左摇右晃，就好像操舵装置坏了似的。船尾开始漏油，随着潜艇向前移动，水面上泛起了一层浮油。U–66 紧随其后，似乎是要帮助它。又过了 15 分钟，完好无损的 U–66 开始下潜。显然，它至少是要先保住自己。下潜中的潜艇防御性不强，很容易遭到进攻。萨兰格目睹了这一切，他从 6500 英尺（约 1981 米）俯冲下来，准备进攻。飞机水平飞行的时速可达 130 节，上升时则为 200 节。就在这个过程中，U–117 朝飞机发射了防空炮。欧哈根毫不犹豫地给予回击。U–66 消失了大约 40 秒后，趁它还没有完全潜入水底，位于潜艇右舷 50 码（约 45.8 米）的"复仇者"瞄准旋转的水涡，从 150 码（约 128 米）的高度投下一枚音响鱼雷。由于阳光太强，欧哈根和机组人员都没有看到爆炸的结果。U–66 又逃脱了。

弹药用尽后，萨兰格拉升到 6400 英尺（约 1951 米），寻找其他的飞机。正当萨兰格在空中盘旋之时，受损的 U–117 试图下潜。萨兰格一度认为它消失了，但是它很快又浮了上来。上午 10:33，也就是萨兰格第二次进攻之后 20 多分钟，"卡德"号派出的两架"复仇者"和两架"野猫"来到了指定地点。其中一艘战机对目标区域低空扫射了一圈。它先在 2 英里（约 3.2 公里）外试射了一阵，但是子弹射程太短，只得等待飞机进入射程。在这期间，潜艇指挥塔上的 20 毫米口径的机枪不停地闪着火光，它瞄准了火光闪动的地方，却没有看见一个枪炮手。显然，他们隐蔽的非常好。它猛冲下来，转到另一个方向发起进攻，然而防空炮依然不停地朝它袭来，火力强劲。在前面领航的"复仇者"只能迂回前行。查尔斯 · 斯塔普勒（Charles R. Stapler）上尉驾驶飞机。他一个俯身，低空投掷了两枚深水炸弹，爆炸深度 185 英尺（约 56.4 米）。炸弹恰好落在指挥塔正前方、潜艇左舷的甲板上。巨大的爆炸让潜艇一下子浸入水中。斯塔普勒拉高，继续用机枪射击潜艇。刚才先发动袭击的那架战机继续发动进攻，另一架"野猫"紧随其后；接着，另一架"复仇者"也从潜艇尾部发起了攻势：在距离潜艇 20—25 英尺（约 6—7 米）时，战机朝潜艇右舷投掷了两枚深水炸弹。炸弹溅起的水浪顿时淹没了潜艇。战机俯冲下来，继续扫射。终于，防空炮停止了射击。

正当两架“复仇者”战机在空中盘旋时，受伤的 U–117 向右舷偏转，明显是想下潜。潜艇尾部先勉强潜入水里，接着其他部分也沉了下去。“复仇者”于是动用音响鱼雷。但是潜艇的艇首和指挥塔很快又从水里钻了出来，于是“复仇者”暂停了进攻。潜艇现在几乎一动不动，挣扎着浮上水面，大量燃油倾泻出来。五分钟后，U–117 终于低头了，不再挣扎。潜艇尾部开始下沉，艇首略微升高。很快，指挥塔滑进了水里，接着是艇首，紧接着，水面上就看不见它的身影了。两架“复仇者”战斗机再次使出音响鱼雷。斯塔普勒在漏油处前方 200 英尺（约 61 米）、潜艇沉没点的右舷 100 英尺（约 30.5 米）处投下一枚。10 秒钟之后，另一架“复仇者”从潜艇沉没点左舷前方 400 英尺（约 122 米）处又投下一枚。不远处，U–66 潜艇的艇员在水下听到轰炸声，有的尖叫起来，有的努力克制着情绪。

“复仇者”战机继续在附近盘旋。在潜艇沉没的地方，燃油泄漏处的直径已经有 200 英尺（约 61 米），而且漏油的面积还在不断扩大。第二架“复仇者”战机的无线电通信员报告，在前方右舷发现冲击波。U–66 潜艇的艇员们也听到一阵持续的爆破声，不久，他们又听到一阵声响，船员们觉得这应该是船沉没的声音。在空中，飞行员看到一片浅蓝色的水域，好像是由水下发出的小气泡造成的，持续了好几分钟。其他方面没有什么异常。11:26，“卡德”号航母召回了 4 架飞机，派出另外 3 架“复仇者”舰载鱼雷轰炸机。然而这 3 架战机同样没能搜到潜艇。伊斯贝尔宣称，一艘潜艇“肯定已经被击沉”，另一艘“可能被击沉”。然而，他只说对了一半：U–66 逃脱了，而 U–117 也完成了最后一次下潜。在 8 月 6 日发给伊斯贝尔的 U 型潜艇位置报告中，盟军曾警告某个位置“可能有补给潜艇”，而 U–117 下潜的位置，恰好就在这个地点以北 17 英里（约 27 公里）、以西 40 英里（约 64 公里）处。要在这在茫茫大洋上找到它，真正如大海捞针一般。

-5-

星期天一大早，U–66 就给指挥部发了报告。然而报告对他们听到的爆炸声只字未提。指挥部认为 U–117 成功脱险，因此重新安排两艘 U 型潜艇于正午再次集合。指挥部发现，由于另外一艘补给潜艇已被击沉，所有在南边巡航的潜艇都断了补给。现在，海上 14 艘作战潜艇只能全部依赖 U–117 了。不过星期三，U–66 报告，自己已在集合地点空等了两天，仍不见 U–117 的踪迹；指挥部命令该艇报告位置，也杳无音讯。最终，指挥部断定，U–117 在战斗中被击沉。面对严峻的补给难题，U 型潜艇指挥部被迫想出了一套复杂的办法：让一部分潜艇把燃油转移给另一些潜艇，然后以尽可能省油的方式回港。U–66 最终做到了。邓尼茨抱怨，失去了补给潜艇迫使他提前终止在大西洋中部的作战计划。

-6-

6—8 月，美国航母在"超级情报"的帮助下击沉了 5 艘补给艇和油船。英国没有再坚持使用恩尼格玛情报的种种限制。10 月 2 日，英国海军询问美国海军是否可以派特遣队前往亚速海北部，阻止在那里补给的 U 型潜艇。美国海军飞机在那里发现了 4 艘浮在水面上的潜艇，并且击沉了补给艇 U–460。过了仅不到 1 周，英国又提出了类似的请求。美国舰艇再次出击，击沉了作战艇 U–220。回想这年春天，邓尼茨总共还有 10 艘补给潜艇；而到了 10 月底，幸存的仅有 1 艘。这给 U 型潜艇行动带来了相当严重的影响。鉴于补给潜艇进行补给太过危险，邓尼茨决定放弃。U 型潜艇不得不提早终止了作战计划。德国海军原本打算深入大西洋，在没有盟军空军保护的水域袭击商船，现在这个计划彻底泡汤了。11 月，邓尼茨放弃了船队航线上的战斗。

然而，第二个月，潜艇又回来了。如果潜艇的一条巡航线没有发现商船，邓尼茨就把这些潜艇拆分成几组，每组 3 艘，继续搜索目标。即便如此，潜艇依然没有捕获几艘商船。1943 年 12 月中旬—1944 年 1 月中旬，U 型潜艇的巡航线附近共有 10 支船队通过，但他们一个都没有发现，唯一的战果就是击沉了 1 艘商船。2 月底，邓尼茨又组成了一个“狼群”——“普鲁士”。这也许是最后一个值得一提的“狼群”了：“普鲁士”共有 16 艘潜艇，他们击沉了 2 艘英国小型战舰，自己却损失了 7 艘 U 型潜艇。3 月 22 日，邓尼茨再次将“狼群”撤回。1944 年的头 3 个月，盟军通过大西洋的商船共计 3360 艘，有 3 艘被 U 型潜艇击沉。然而，这是以 36 艘 U 型潜艇的沉没为代价的。邓尼茨坚持沿用他的“奇迹武器”——音响鱼雷和潜艇换气装置。后者是一个通向水面的真空管，可以让潜艇在水下使用柴油作为动力，提高潜行速度、增加潜行距离。但事实上，邓尼茨已经把攻击的重点放在了英伦诸岛附近海域，防止盟军对西欧的进攻。

这个时候，已经不必再依靠“超级情报”了。大西洋上孤零零的几艘 U 型潜艇对盟军没有任何威胁。有时候，盟军一个船队有数百艘商船，浩浩荡荡地在广阔的大洋上前行，一眼望不到边。船队由飞机和大海保护着，把物资和人力源源不断地运往英国，像一把利剑，插进史上前所未有的邪恶政权的心脏。在“超级情报”的帮助下，大西洋海战已经取得了胜利。

第二十三章
估　算

-1-

除了原子弹外，“超级情报”的存在是整个二战中最重要的秘密。这件事的保密程度仅低于原子弹，以及某些重要进攻的日期及地点——例如诺曼底登陆。丘吉尔一直担心有人知道“超级情报”的存在。军中一切规章制度都严厉禁止依据“超级情报”采取行动，若要使用“超级情报”中的信息，必须有其他情报来源作为掩护，例如空中侦察。如此重视“超级情报”的安全，是因为它实在太重要了。在整个人类历史长河中，再没有什么情报能够超越“超级情报”。它精准、可信、丰富、连贯、级别高、持续时间长、可以快速得手，而且相比于间谍、刺探、空中侦察、审问战俘等其他情报方式，“超级情报”包含更多来自司令部信息。因此，它比以往任何时候都更能满足情报的终极目的。这其中包括两个方面：一个是心理上的；另一个是物质上的。它能提高指挥的精确性，还能放大自己的优势。

从指挥的精确性来说，“超级情报”大大减少了对敌人判断的不确定性。正如一位学者所言：“‘超级情报’，在军队和政界的高层人员中制造出一种心理环境，影响了人们做决策。掌握敌人的动向的感觉是非常欣慰的。如果经常关注这个人的想法、习惯和行事方式，那么随着时间的推移，这一潜移默化的影响就会渐渐显露。掌握了敌人的情况，指定计划时就少了几分推测，多了一些把握；少了几分沉重，多了一些鼓舞。”它的影响很微妙，却具有重大的实际意义。

“超级情报”从多个方面壮大了盟军在海上的优势。它指引盟军的护航航母和战斗机直奔猎物，减少了漫长的搜索过程。大西洋上有一片水域，面积相当于密西西比河以西的美国。在 1943 年 7—8 月的 60 天时间里，平均每天有 14 艘潜艇游弋在这片区域内。这段时间里，美国的特遣队总共发起了 40 次进攻，击沉潜艇 13 艘。由于每次发现潜艇时，特遣队搜索的海域不过相当于德克萨斯州的大小。如果不是“超级情报”的指引，美国势必要派出更多的特遣队才能得到相同的战绩。同样，如果“超级情报”能在密电发出的 5 天内揭晓 U 型潜艇位置，那么击沉 U 型潜艇的概率就是没有情报时的 3 倍。总之，“超级情报”使盟军的反潜作战更有针对性，大大提升了作战效率。

从防御方面来说，削弱了敌人就是增强了自己的实力。指引商船船队绕过“狼群”，让 U 型潜艇找不到目标，就相当于增加了护航舰队，保护了盟军的舰船。如果没有“超级情报”，这些舰船很可能就被“狼群”干掉了。“超级情报”保护船队的效果虽然无法像进攻行动一样精准地量化，但是我们仍然可以列举一些成果。

当海军的“超级情报”能够及时更新时，U 型潜艇发现的船队只有破译空白时期的三分之二；作战区域被击沉的商船数量仅为空白时期的六分之一。根据有“超级情报”和没有“超级情报”时期对不同方面的比较，破译恩尼格玛在 1941 年下半年里拯救了 150 万—200 万吨舰船；而在 1943 年的前五个月拯救了 65 万吨。

那么，是“超级情报”帮助盟军赢得了这场战争吗？

有的作家认为是的。但即使作为夸张的表达，这也是无稽之谈。无论有没有“超级情报”，盟军都会赢得战争的胜利，虽然付出的代价更高。

有些历史学家坚持认为，“没有‘超级情报’……盟军不可能赢得大西洋海战的胜利。”这个观点也太过夸张。还有人认为“超级情报”是影响大西洋海战最重要的影响因素。这个观点也同样有所夸大，因为最重要的影响因素是美国造船厂惊人的造船量——新船的数量之多，建造速度之快，即使邓尼茨所有的U型潜艇全部出动，也注定徒劳无功。另外，空中护航的作用也在“超级情报”之上，正是因为飞机的护航，U型潜艇不得不蛰伏在水下，无法驶出全速追上船队。

那么，“超级情报”到底起到了怎样的作用呢？能不能至少估计一下，破译恩尼格玛让二战缩短了多少个月？

所有的答案都只能是假设，任何战争活动都可以进行类似的推算。即便如此，推算出一个数字多少可以给人一些启发。如果不是“超级情报”帮助了船队，盟军可能就要从太平洋抽调力量，保证西西里岛登陆、意大利登陆的时间，更要保证诺曼底登陆的时间。从新造舰船的数量和物资运输的问题可以推算，如果不是“超级情报”，盟军的这些进攻行动至少可能延迟3个月。尤其值得注意的是，如果按照这种假设，那么诺曼底登陆的时间就会由1944年6月推迟到当年秋季，甚至1945年春季。在这段时间里，希特勒的V型武器势必会造成更大的破坏；这期间新建造的潜艇将给大西洋的货物运输带来更大的阻碍，让盟军以更大的代价为苏联提供补给。盟军的进攻时间也会被拖后，而且进攻的强度也会大大减弱。欧洲战场的战事可能会拉长一年。若要从太平洋抽调力量和补给物资给欧洲，整个战役可能会到1947年才结束。因此，从单次事件来看，可以说“超级情报”让二战提早结束了2年，节省了数十亿美元，拯救了数百万人的生命。

然而，任何一件事情都不是孤立存在的。即使英国8号棚屋和美国海军通信情报处没有取得任何进展，即使战争因为密码分析学家的无力而拖延了3个月，甚至更长时间，也会有另一种力量来控制局面，那就是原子弹。假设1945年夏天，德国继续负隅顽抗，那么恐怕世界上的第一颗原子弹的爆炸地点就不是广岛，而是柏林了。到那时，战争也一定会结束，无论密码分析人员做了什么，或者没做什么。

-2-

回顾德国海军使用恩尼格玛的过程，不难发现一个问题：既然担心恩尼格玛被破译，为什么不换一种加密机呢？仔细思考一番，答案也很简单——没有其他加密机。那他们应该另准备一套吗？从后人的视角来看，可以说：应该。然而，当时有几个原因阻止了这项准备。恩尼格玛应用了转子原理，因而此种加密机具有当时最安全实用的加密系统。任何其他机器都无法与之匹敌。当然，德国也可以采用类似于英国和美国的设备，这种加密机同时使用 5 个甚至 10 个转子，移动也更为复杂。而恩尼格玛的转子像里程表似的，移动比较规律。之所以不更换加密系统，主要有两个原因。

第一，他们不愿意正视恩尼格玛可被破译这个现实。恩尼格玛确实是一套相当精密的机器，也有周全的保密措施，消除机器丢失、加密错误、被分析带来的危险。德国通信安全专家看不出来任何漏洞。他们当然知道可以通过字母框来测试密钥，但是他们坚信，恩尼格玛的密钥数量巨大，变化繁多，绝对不可能靠逐一测试来测出密钥。德国专家们万万没有想到，盟军有几十台高速运转的破译机。相比之下，德国自己的密码分析原理就原始得多了。虽然人们普遍认为恩尼格玛是无懈可击的，可负责加密机安全性的密码分析学家威廉·特拉诺一向客观，没有倾向性（而且他曾一度要求废弃恩尼格玛，使用纸笔加密和复式加密法）。但是，一向支持恩尼格玛的军官们却不愿意面对这个事实。在此之前，他们曾一再向邓尼茨和希特勒宣称恩尼格玛是坚不可摧的，现在要推翻这个说法、更换另一套密码系统，可不是一件容易的事。最后，因为始终没有确凿的证据，所以德国人一直不承认恩尼格玛已经被敌人破译。他们从来没有想到，敌人能从气象船上获取密码文件。为了适应越来越密集的通信，德国人确实做了一些调整。在他们看来，这样就可以确保加密机的安全了，没有必要进行更换。事实上，在整个二战过程中，德国人甚至从来都没有改变过转子的内部线路。

德军没有更换加密机的第二个原因，是他们已经在恩尼格玛上花了太多钱。德军已经大批量购买了加密机，广泛分发到各个单位，广泛传授了这种机器的使用方法。如果要更换新的加密机，就要设计新的机械装置、测试试验板模型、制造几千台新机器、安装到舰船（有些舰船还在执行长期巡航）和海岸无线电信号站、培训相关人员；还要同时在所有部门同时开始使用，期间免不了要出现各种各样的意外，然后势必招致海军将领的愤怒——这一连串的问题简直是无法想象的。

所以，德国人还是选择了继续使用恩尼格玛。但是还有一点：为什么盟军的密码破译比德军更胜一筹?

最重要的原因，可能是因为盟军首先是处于防守地位，正如战前的波兰一样。防守一方必须要有情报。德国军事理论学家克劳塞维茨（Clausewitz）认为，防守的典型特征是"准备应对打击"。只有当军队确信敌人准备实施打击，才会准备应对。而且只有掌握了一些信息，才能确信敌人准备出击。然而，进攻正好相反，是"自己本身可以完成的"，克劳塞维茨曾说。进攻部队甚至不需要知道敌人在哪里，他们只需要按照自己的意愿前进，直到遇上敌人。主动进攻的国家会将更多的精力投入到兵力、坦克、舰船、飞机和枪炮上，而不会过多地考虑情报。而密码破译正是情报的表现形式之一。

当一个国家认为自己正面临着敌人的入侵，那么它会想方设法去了解敌人的意图。20世纪20年代，波兰人正因为害怕德国报复，威胁波兰的国家安全，才会有巨大的动力去破译恩尼格玛。它为密码破译奠定了基础。或许也正是这份爱国情怀，促使雷耶夫斯基加倍努力，找出了恩尼格玛的破译之道。想当年，法国密码分析学家贝特兰曾承认，法国一直对恩尼格玛束手无策，波兰人兰格为了缓解尴尬，礼貌地表示"您没有我们这么强的动力"。兰格这么说，正是因为波兰正处于防守的位置。

同样，迫于防守的压力，盟军在密码破译方面比处于进攻态势的德军投入了更多的人力。在波兰，分析了密码分析未来的发展趋势后，波兰密码局决定雇用数学家；在英国，剑桥大学的在校学生和毕业生无疑是整个国家的精英人才，而政府密码学校挑选的都是精英中的精英；在美国应召入伍的士兵中，只有智商测试最高的人才有资格从事密码工作。然而德国似乎没有这么严格的选拔机制。依靠闪电战攻城略地、屡屡得手的德国人似乎还没有意识到密码破译的紧迫性。到了二战后期，仅有一两次例外，德国才招募了一些数学家从事密码分析工作。所以，虽然德国密码分析部门也是人才济济，但是整体表现却不及盟军。

英国和德国在密码分析上的区别，与其最高领导人的行事风格也密不可分。丘吉尔总是迫切想要看到拦截的密电，他一直鼓励英国密码分析学家继续多出成果。希特勒虽然也看拦截的电报，但是他从来没有亲自去过任何一个密码分析部门，从未向密码分析学家们表示过感谢，也没有对破译的成果表示出任何特殊的兴趣。两位领导人之所以态度截然不同，一是因为两国的直接需求不同：长期以来，丘吉尔除了情报，很少有其他的信息来源；而希特勒正在攻占欧洲。另一个原因是两人的出身背景不同：丘吉尔与密电破译打交道已经有几十年了；而希特勒此前从未有过接触。还有一个原因，就是两国的长期政策不同。英国一直在维持权利大国之间的权力平衡，这需要防御能力，或者说反应能力，必须依靠情报才能成功。德国是依靠战略进攻来解决边界问题和严重的国内矛盾。这是无法依靠情报的，也就导致德国元首不会像英国首相那么关注密码破译。

盟军密码分析能够优于德国，还有一个基本因素——依法治国。事实证明，依法治国比独裁更有效率。英美两国最高司令已经在某些客观标准上达成一致，可以将密码破译工作集中处理，再合理地分配工作，不需要争个高低。在布莱奇利园，密码破译工作全部集中在这里，各个棚屋可以分享新学到的知识、共同使用“炸弹”机，一起找到“亲吻”的字母框。在华盛顿，尽管陆军和海军存在意见分歧，但是在密码破译的问题上仍然可以分工合作。然而在德国，七大密码破译机构仍然是各自为政。原因之一在于这七大机构所属的部门——包括陆军、武装最高司令部以及外交部等，都希望自己做出成绩，讨好希特勒。这正是希特勒所希望的，因为这样一来，所有的权力都将汇集到他自己手上。这样的安排严重分散了密码分析的力量，阻碍了几个机构之间的相互合作，每个机构的力量都非常薄弱。从这方面而言，英美的议会制政体更加合理，不会出现类似德国的问题。

除此之外，还有两个次要原因，也使盟军能够超越德国。第一，德国非常广泛地使用了单一的密码系统，因此盟军可以集中更多的人力去攻克它；而且拦截密电全部来自同一套加密系统，更增加了密码破译的概率。密钥破译之后，他们可以有更高的成就感。而德国却需要破译不同国家的、不同类型的密码。第二，盟军掌握着制海权，可以从敌人的舰船上捕获文件。而德国截获的皇家海军密码文件是非常有限的。

-3-

二战中的一天，4 号棚屋的一位翻译——莱昂纳多 · 福斯特（Leonard Forster）的餐桌上出现了一罐猪肉罐头。"你看，"妻子说，"这是美国来的新东西。"福斯特看着罐头，心头涌上强烈的自豪感。食品能从美国运到英国，也有他的一份功劳。

"超级情报"帮助盟军把食物送到了数百万英国人的餐桌上。这是整个 20 世纪情报界最伟大的成就之一。虽然"超级情报"所破解的是一种人为的秘密，而不是自然界的某种规律，但这依然是一个伟大的壮举。恩尼格玛的破译，丝毫不亚于那些诺贝尔奖成果。而且，这项壮举同所有诺贝尔奖的成果一样，造福了人类。

"超级情报"让人们更早地享受到了和平，缩短了父亲和孩子们分离的时间、丈夫与妻子分离的时间。"超级情报"挽救了无数人——不仅挽救了商船及护航舰队上的官兵、前线的战士；在大后方遭到敌人轰炸城市里，"超级情报"还挽救了无数男人、女人和小孩。拯救生命，就是"超级情报"带来的最大的礼物。它挽救的不仅仅是英国人、美国人，还包括德国人。全世界都应感激布莱奇利园的密码破译人员；他们的胜利维护了至高无上的人类价值。

附录

德国海军的恩尼格玛

使用海军的恩尼格玛进行加密是一个复杂的过程，由多个步骤组成。需要用到的密码文件包括：指示字母册（指示字母，即3个任意字母的任意组合，该册子用以区分不同的密钥网）；当月每天所用的机器设置列表；双字母替代表；等等。

首先，要准备好所谓的“内部设置”。这一步只能由军官来完成，步骤如下：

1. 按照机器设置表，从8个转子中选出当天特定的3个。

2. 按照机器设置表，将各转子的字母环调到当天特定的位置，用卡子固定住。

3. 按照机器设定表指定的顺序，将3个转子依次安装到转轴上，再安装到加密机上。

其次，通信兵进行外部准备：

1. 调整转子位置，直到机器设置表规定的3个字母显示在机器盖上的小窗中。

2. 按照机器设置表，将插线板的连接线两头分别插入指定插孔，连接规定的2个字母。

再次，通信兵准备好此次发信的密钥：

1. 从指示字母册中找到特定的密钥网。

2. 在指示字母册的目录上，找到该密钥所在的那些纵列。

3. 从其中一纵列中随机选取1组指示字母。

4. 在加密表第一行的"密码本加密栏"（之所以称为密码本加密，是因为有几年，德军要先按通用无线电密码本加密一遍，再使用恩尼格玛进行机器加密）最后3个格，填入指示字母。

5. 在该行的第一格随意填1个字母。

6. 从指示字母册中任选1个字母组。

7. 将这个字母组填入密码本加密栏第二行的前3个方格内。

8. 在该栏的第四个方格任意写下1个字母。

9. 选定双字母替代表。

10. 把第一行和第二行的首字母进行组合。

11. 从双字母替代表中，找到这2个字母的替代字母组。

12. 将替代字母横向填入无线电密码栏第一行的前两格。

13. 重复步骤10、11、12，将密码本加密栏前两行的剩余3组字母进行两两组合并以双字母替代，填入无线电密码栏。

14. 在恩尼格玛加密机键盘上输入从指示字母册中选取的、未经加密的原始字母组，经恩尼格玛加密后，将点亮的字母组填入加密表最上方（这组字母就是本次发信的转子设置）。

15. 将机器的转子调整到上述位置。

下图：海军的恩尼格玛加密表。密码操作员在右边的一列（即图表中的"含义"[Bedeutung]一列）写入明文。第一个单词是表示优先级的提示词（Wespe），然后是正文："*Leipzig an Flotte. Köln Standort Norderney Leuchtturm...*"然后通信员就按照上述步骤，选定指示字母并进行加密，最后将明文加密。

	时间组 1053								本次密钥
	加密组总数 35								8 月 3 日有效
		无线电加密栏			密码本加密栏				含　义
起始指示字母组	1	b1m		o2g	x 1	h 2	y 3	u 4	从指示字母册中选定的指示字母
	2	p3y		u4d	v	f	n	k	本次发信字母组（实际上是随机选取的字母组）

		无线电加密栏				密码本加密栏				含　义
通过恩尼格玛加密	3	f	j	i	a	w	e	s	p	Weſpe
	4	t	z	w	r	e	l	e	i	
	5	l	h	s	c	p	z	i	g	Leipzig
	6	q	f	d	x	a	n	a	n	an
	7	n	o	a	p	f	l	o	t	Flotte
	8	a	s	w	l	e	y	k	o	
	9	r	p	g	i	l	m	x	s	Köln
	10	e	m	k	n	t	a	n	d	Standort
	11	w	a	k	k	o	r	t	n	
	12	y	z	r	z	o	r	d	e	Norderney
	13	e	v	i	b	r	n	e	y	
	14	c	m	k	e	l	c	t	r	Leuchtturm
	15	s	k	e	a	m	i	n	e	in
	16	l	q	u	d	i	n	s	s	1
	17	y	f	v	x	e	c	s	n	6
	18	p	m	b	o	u	l	g	r	0
	19	o	m	g	l	a	d	d	r	Grad
	20	q	s	o	h	e	i	[illegible]	m	3 sm
	21	y	r	h	q	a	b	x	g	ab
	22	r	q	d	e	e	h	m	i	gehe mit
	23	h	j	f	u	t	t	t	t	T
	24	n	o	x	m	e	i	n	s	1
	25	d	p	k	l	f	u	n	f	5
	26	s	b	i	j	d	r	e	i	3
	27	g	x	t	g	n	a	c	h	nach □
	28	f	u	c	n	u	n	e	u	9
	29	p	h	z	t	n	f	u	n	5
	30	t	o	w	v	f	f	u	n	5
	31	u	d	j	b	f	e	i	n	1
	32	v	c	y	b	s	l	i	n	links
	33	j	i	n	g	k	o	b	n	oben
结尾指示字母组	34	b	m	o	g	—	—	—	—	
	35	p	y	u	d	—	—	—	—	

	121	122	123	124	125	126	127	128
1	JAO	QGH	KAK	VXX	OJW	DML	HYH	UDY
2	PIZ	EVK	RMO	ZNO	WUZ	KIA	JTI	DXS
3	MNN	BNN	OIQ	DAL	LGA	ANO	CSU	QBO
4	TUR	SIZ	XVE	IIA	QYY	GHP	POD	KRA
5	VQA	WQD	USA	RQW	MMR	NJC	LIF	GTI
6	AWW	DKI	CND	XJE	AFT	BGB	SXR	MFF
7	FKD	HXG	ZUU	GMZ	EXV	FOZ	YZZ	XAD
8	YLC	NUY	FTF	UTD	STJ	QWD	ERW	BPT
9	RZQ	GDJ	IKH	PYY	NCG	WRR	VFX	JER
10	DOK	AAS	WPJ	YSG	VHH	TSE	NEA	SWH
11	LFM	JYR	EQC	NVC	ZOX	IYI	AMC	YQQ

指示字母册的某一页截图。任意 3 个字母随机组合，表示转子位置，构成了加密机密钥的一部分。在册子的解密部分，这些字母组按字母顺序排列，旁边标注了其所在的行列。

Tafel E. Verschlüsseln.

——— Zweiter Buchstabe des Buchstabenpaares →

	a	b	c	d	e	f	g	h	i	j	k	l	m	
a	bq	ap	gg	pt	dh	sk	lx	wi	fm	ry	eb	og	go	a
b	ip	ga	na	ka	qa	cm	yd	fa	as	nk	ŭy	sd	ao	b
c	ŭi	im	ea	vt	ia	yi	kn	ra	ko	ws	dn	kx	oq	c
d	fj	ce	rn	ta	ay	in	et	qq	tc	bv	wŭ	xt	lg	d
e	qh	yw	fs	mo	ox	lv	yv	nq	gp	xb	mp	vk	xc	e
f	eo	kg	wb	jŭ	ŭa	cy	ma	wt	va	hd	zc	do	fb	f
g	le	aq	pŭ	nw	nb	tb	bk	ek	nc	aa	op	wz	ca	g

双字母加密表（部分），用于将恩尼格玛密钥的某些部分加密。

Datum	Innere Einstellung Walzenl.	Ringstellg.	Ausseneinstellung f.Admiralsverkehr 0000-1159	1200-2359
1.10.	I III II	H L D Z	R H K O	L Y E F
2.10.	I II III	I Y M A	H B L Q	R W A Z
3.10.	III I II	W V L T	Z X Q P	W H X X
4.10.	I III II	I T R U	U T E Y	R Q C P
5.10.	I II III	Q W K T	K N W V	X Y D Z
6.10.	III II I	G W Y I	T P F I	B A H L
7.10.	II III I	P H Z Y	K L T M	T V N W
8.10.	II I III	T X R S	R I K H	Y C R E
9.10.	III I II	D S T P	Y P S P	E A F X
10.10.	III II I	U M K G	S V Q V	A R F R
11.10.	II I III	H Z P Q	K O T K	V U Z K
12.10.	II III I	Y S P K	X R X U	X C A R
13.10.	II I III	T C S C	K A Z B	Z T Q F
14.10.	I III II	Y H Y H	N O F K	R L E E
15.10.	I II III	R X M N	K G U P	S Y D S

商用恩尼格玛的部分密钥。德军曾在西班牙内战中使用这种密码。如图所示，根据“内部设置”的规定，3个可移动转子（用罗马数字I、II、III表示）的位置每天都要更换。每个转子（3个可移动转子和1个固定的反射器）的字母环也同样如此。

而“外部设置”将一天分成两个时段：0:00—11:59；12:00—23:59。发信时根据时间设定转子的起始位置。

Zuteilungsliste für Kenngruppen

zum K. Buch — M. Dv. Nr. 98.

Teil B.

Schlüsselkenngruppe	Verfahrenkenngruppe	
	Schlüssel M	R.H.B.
Spalte 1—30 M Neptun (M Nep) 31—80 Schiffssonderschlüssel*) (MS) 81—140 M Triton (M Tri)	Spalte 1—733 Allgemein	Spalte 1—290 Offizier 291—733 Allgemein

指示字母册的目录。例如：本册第81—140行（本图左侧）所列出的指示字母是大西洋U型潜艇专用的“特里同”密钥网；同理，其他行列的密钥也指定密钥网。

按照以上步骤设定好加密机，操作员就将明文字母抄入加密表的密码本加密栏。单词之间不空格、不加标点，以字母“x”或“y”表示一句话结束。单词中经常出现的字母组合，如“ch”、“ck”等，全部用字母“q”代替。表示优先级的单词也会被替换，例如用“wespe”表示“SSD”(非常非常紧急)。一切准备就绪，这时，密码操作员会叫来一个同事，在他输入明文时，这位同事将加密机上点亮的字母记录下来，填入加密表的无线电密码栏。这就是要发送的密电。为了避免误发，操作员要在密码本加密栏划一个大大的叉。在发送正文之前，他要先将指示字母加密并写在密电开头。收信人接到密电后，则需先解密指示字母，而后将转子设定到指示字母显示的位置。这样，当他输入密电，显示板上就会依次显示出明文字母。

恩尼格玛加密系统的复杂程度，由此可见一斑。因此，它的安全性也无可匹敌。

除了一般的信息，德军有两类电报需要先用代码进行简化，再用恩尼格玛加密：其一，U型潜艇发现敌舰的报告，以及其他U型潜艇的报告，须在加密前用简要无线电信号密码本加密，将明文缩短为4个字母；其二，使用简要气象代码，将每1种气象情况对应成1个字母。在1941年版的简要气象代码表中，根据表3，大气气压在971.1—973.0百帕范围内，用字母“N”表示；气压在973.1—975.0百帕范围时，则用字母“M”表示。根据表6，卷云覆盖范围在1/10—5/10时，用“E”表示。德军舰艇上的监测员正是用这种方式将所处位置的气象条件变成一个个字母，按照特定的顺序组合起来。例如，一个海面监测员位于北纬68度，西经20度（冰岛西北部），气象条件为：气压972百帕，气温零下5摄氏度，西北风6级（风速为40—50公里/时的强风），卷云3/10，能见度5海里（约9.26公里）。根据简要气象代码表，他会将上述信息转换为“MZNFPED”（根据上文的说法，译者认为信息应该转换为“NZNFPED”——译者）。发送时，再在最后附上2个字母的舰艇代码。

I. Operationsabsichten.

a) Angriff.

aaaa	Beabsichtige gemeldete Feindstreitkräfte anzugreifen
aabb	Beabsichtige gemeldete Feindstreitkräfte anzugreifen in □ ...
aacc	Beabsichtige gemeldete Feindstreitkräfte anzugreifen am ... um ... Uhr
aaee	Beabsichtige Durchführung Unternehmung wie vorgesehen
aaff	Beabsichtige Durchführung Unternehmung mit vollem Einsatz
aagg	Beabsichtige Durchführung Unternehmung unter Vermeidung vollen Einsatzes
aahh	Beabsichtige Unternehmung auszudehnen nach □ ...
aaii	Beabsichtige Unternehmung auszudehnen nach Seegebiet ...
aajj	....
aakk	....

1941年版简要无线电信号密码本的内页截图。图中所示的是进攻计划代码，每4个字母代替一句话。例如“aabb”表示“准备进攻方格海图内的敌军……”经过这层转化，不仅缩短了密电长度，而且进一步提高了密码安全系数。

T

Tafel 11.

T = Lufttemperatur in ganzen Celsius-Graden.

+ 28°[1]) C = a	+ 15° C = n	+ 3° C = a	− 10° C = n
+ 27° = b	+ 14° = o	+ 2° = b	− 11° = o
+ 26° = c	+ 13° = p	+ 1° = c	− 12° = p
+ 25° = d	+ 12° = q	0° = d	− 13° = q
+ 24° = e	+ 11° = r	− 1° = e	− 14° = r
+ 23° = f	+ 10° = s	− 2° = f	− 15° = s
+ 22° = g	+ 9° = t	− 3° = g	− 16° = t
+ 21° = h	+ 8° = u	− 4° = h	− 17° = u
+ 20° = i	+ 7° = v	− 5° = i	− 18° = v
+ 19° = j	+ 6° = w	− 6° = j	− 19° = w
+ 18° = k	+ 5° = y	− 7° = k	− 20° = y
+ 17° = l	+ 4° = z	− 8° = l	− 21°[2]) = z
+ 16° = m		− 9° = m	

Temperatur wegen Schadens am Meßgerät nicht meßbar: x

[1]) oder mehr.

[2]) oder weniger.

Anmerkung: Bis 0,4° nach unten, von 0,5° an nach oben abrunden.

Beispiele: Abgelesene Temperatur + 7,4° = + 7° = v

„ „ + 7,5° = + 8° = u

1942年版的简要气象代码表内页截图。该表是从德军U–599号潜艇上缴获的。这本代码表中的每个图表都用一个字母来代替某种气象情况。如图所示，表11是气温对照表。21摄氏度被替换为“h”。同理，表12列出了气温与水温的不同表示方法；表12A列出了检测时间的表示方法。

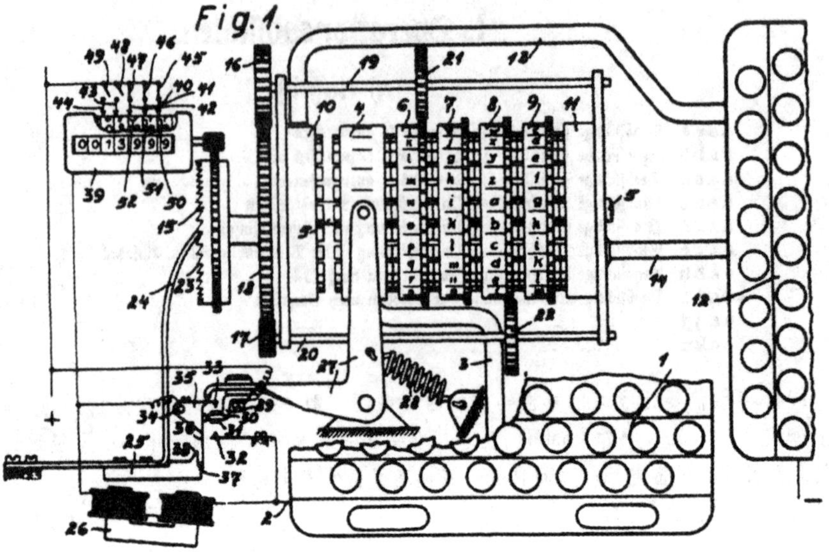

亚瑟·谢尔比乌斯在美国为恩尼格玛机申请专利时所画的机器构造图。图 1 展示了打字机键盘（图中标号 1）、输入盘（4）、转子（6、7、8、9），以及显示板（12）。这里还有一个纸带穿孔器。当时的型号没有反射器，电流仅穿过转子 1 次。

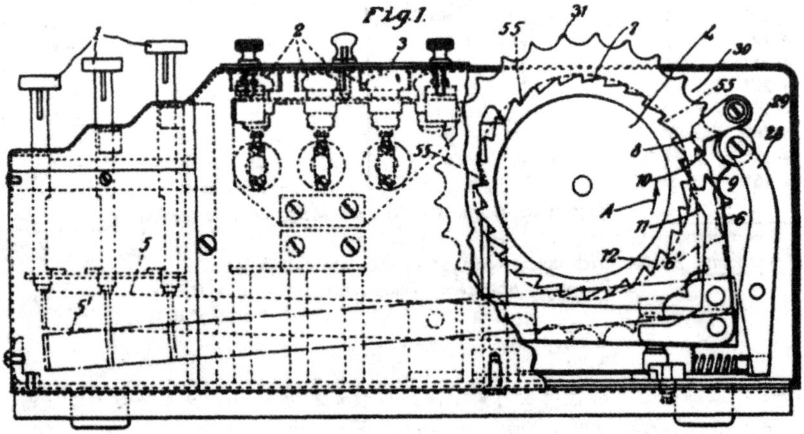

恩尼格玛机结构侧视图。此图是威利·科恩获得专利的图纸。他为转子的字母环增加了凹槽，以便能在不同的字母位置推动旁边的转子转动。

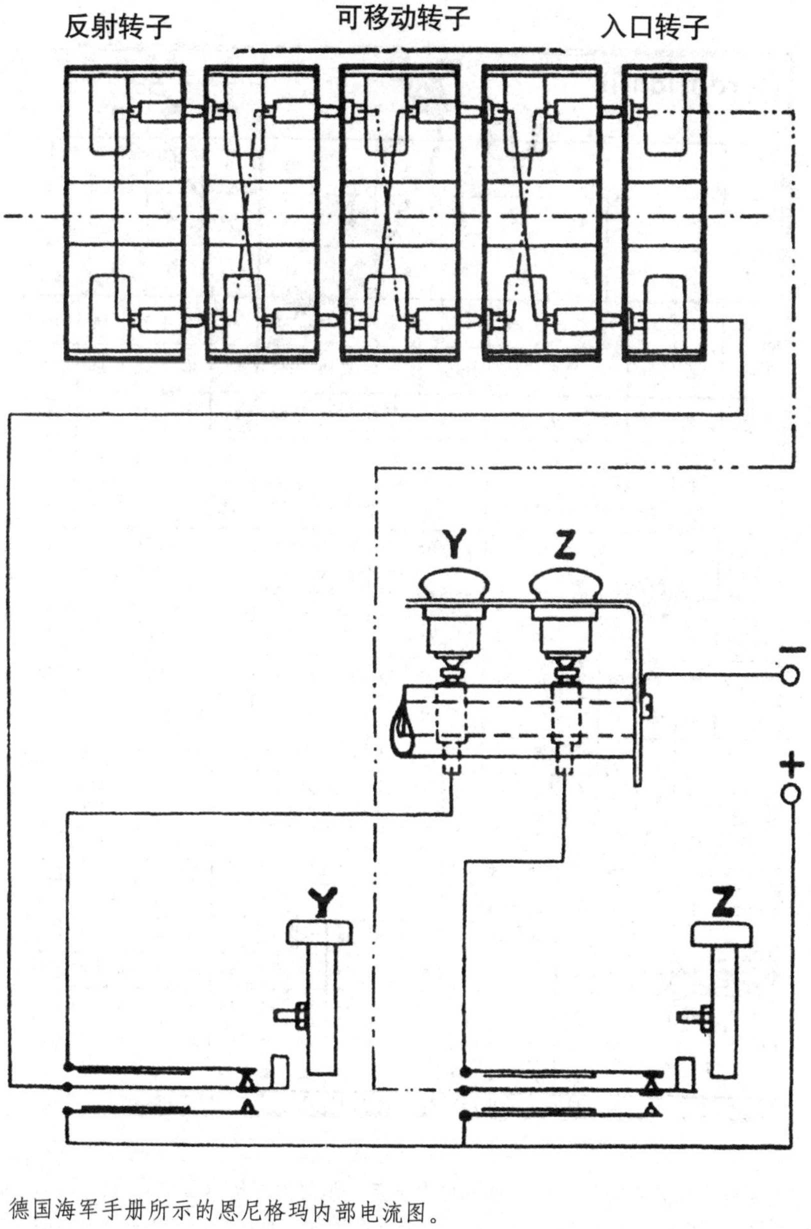

德国海军手册所示的恩尼格玛内部电流图。

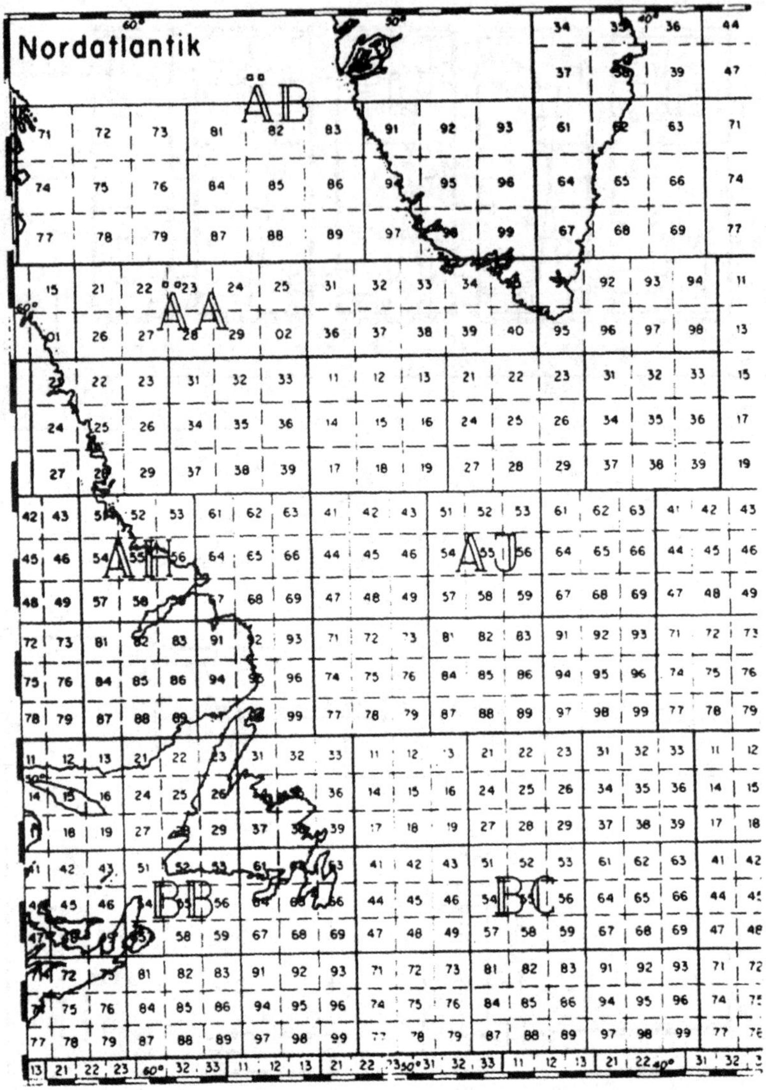

德国海军以方格海图来表示世界海洋位置。此图为方格海图中北大西洋的一部分。每个方格大小相近，用一对字母表示。每个方格又进一步切割成更小的方块，以 2 个数字表示。每个小方块还可以切割为更小的格子，再用数字表示，以便更加精确地定位。

参考文献

书籍与文章

Allason, Rupert [Nigel West]. *The Sigint Secrets: The Signals Intelligence War, 1900 to Today, Including the Persecution of Gordon Welchman*. New York: Morrow, 1988.

Andrew, Christopher. "F. H. Hinsley and the Cambridge Moles: Two Patterns of Intelligence Recruitment." In *Diplomacy and Intelligence During the Second World War: Essays in Honour of F. H. Hinsley*, ed. Richard Langhorne, pp. 22–40. Cambridge: Cambridge University Press, 1985.

———. *Secret Service: The Making of the British Intelligence Community*. London: Heinemann, 1985.

Andrew, Christopher, and Jeremy Noakes, eds. *Intelligence and International Relations 1900–1945*. Exeter Studies in History, 15. Exeter: University of Exeter, 1987.

Arnold, Philip M. "A German Code Book." *Cryptologia* 3 (October 1979), 243–45.

Atha, Robert I. "Bombe! I Could Hardly Believe It!" *Cryptologia* 9 (October 1985), 332–36.

Bauer, [Hermann]. *Das Unterseeboot: Seine Bedeutung als Teil eine Flotte—Seine Stellung im Völkerrecht—Seine Kriegsverwendung—Seine Zukunft*. Berlin: Mittler & Sohn, 1931.

Beesly, Patrick. "Das Operational Intelligence Centre der britischen Admiralität und die Schlacht im Atlantik." In Rohwer and Jäckel, pp. 133–47.

———. *Room 40: British Naval Intelligence 1914–18*. London: Hamish Hamilton, 1982.

———. "Special Intelligence and the Battle of the Atlantic: The British View." In Love, ed., pp. 413–19.

———. *Very Special Admiral: The Life of Admiral J. H. Godfrey, CB*. London: Hamish Hamilton, 1980.

———. *Very Special Intelligence: The Story of the Admirality's Operational Intelligence Centre, 1939–1945*. London: Hamish Hamilton, 1971.

———. "Who Was the Third Man at Pyry?" *Cryptologia* 11 (April 1987), 78–80.

Behrens, C[atherine] B. A. *Merchant Shipping and the Demands of War.* History of the Second World War: United Kingdom Civil Series. London: Her Majesty's Stationery Office, 1955.

Bertrand, Gustave. *Enigma, ou la plus grande énigme de la guerre 1939–1945.* Paris: Plon, 1973.

Blackett, P. M. S. "Operational Research: Recollections of Problems Studied, 1940–1945." In *Brassey's Annual: The Armed Forces Year-Book, 1953,* pp. 88–106. London: Clowes, n.d.

Bloch, Gilbert, *Enigma avant Ultra (1930–1940).* Texte définitif. Paris: privately printed, 1988. C. A. Deavours translated an earlier version as "Enigma Before Ultra," *Cryptologia* 11 (July 1987), 142–55, and (October 1987), 227–34.

Böddeker, Gunter. *Die Boote im Netz: Der dramatische Bericht über Karl Dönitz und das Schicksal der deutschen U-Boot-Waffe.* Bergisch Gladbach: Gustav Lubbe, 1981.

Bonatz, Heinz. *Die Deutsche Marine-Funkaufklärung 1914–1945.* Beiträge zur Wehrforschung, XX/XXI (Arbeitskreis für Wehrforschung). Darmstadt: Wehr and Wissen, 1970.

———. *Seekrieg im Äther: Die Leistungen der Marine-Funkaufklärung 1939–1945.* Arbeitskreis für Wehrforschung und Bibliothek für Zeitgeschichte. Herford: Mittler, 1981.

Branicki, Oscar. "Wetterdienstunternehmungen während des Zweiten Weltkrieges." *Truppenpraxis* 27 (August 1983), 594–97.

"Breaking Enigma." *After the Battle* no. 37 (1982), 1–8.

Brennecke, Jochen. *Die Wende im U-Boot-Krieg: Ursachen und Folgen 1939–1943.* Herford: Koehler, 1984.

Brice, Martin H. *The Tribals: Biography of a Destroyer Class.* Shepperton, Surrey: Ian Allan, 1971.

Brown, Anthony Cave. *"C": The Secret Life of Sir Stewart Graham Menzies, Spymaster to Winston Churchill.* New York: Macmillan, 1987.

Calvocoressi, Peter. *Top Secret Ultra.* New York: Pantheon, 1980.

Churchill, Randolph, then Martin Gilbert. *Winston S. Churchill.* 8 vols. plus documentary vols. Boston: Houghton Mifflin, 1966–1988. Vol. 6, *Finest Hour, 1939–1941* (1983); vol. 7, *Road to Victory, 1941–1945* (1986).

Clarke, William F. "Government Code and Cypher School." I: "Its Foundation and Development with Special Reference to Its Naval Side," *Cryptologia* 11 (October 1987), 219–26; II: "The Years Between," *Cryptologia* 12 (January 1988), 52–58; III: "Bletchley Park 1941–1945" (April 1988), 90–97.

Clössner. "Die Meteorologie im Weltkriege." *Velhagen & Klasings Monatsheft* 32 (February 1918), 154–63.

Connell, G. G. *Fighting Destroyer: The Story of HMS Petard.* London: William Kimber, 1976.

[Curzon of Kedleston, Marquess.] "The Government Code and Cypher School:

A Memorandum by Lord Curzon," ed. Keith Jeffrey. *Intelligence and National Security* 1 (September 1986), 454–58.

Deavours, C. A. "The Black Chamber: How the British Broke Enigma." *Cryptologia* 4 (July 1980), 129–32.

———. "The Black Chamber: La Méthode des Bâtons." *Cryptologia* 4 (October 1980), 240–47.

———. *Breakthrough '32: The Polish Solution of the Enigma.* Laguna Hills, Calif.: Aegean Park Press, 1988.

Deavours, Cipher A., and Louis Kruh. *Machine Cryptography and Modern Cryptanalysis.* Dedham, Mass.: Artech House, 1985.

———. "The Turing Bombe: Was It Enough?" *Cryptologia* 14 (October 1990), 331–49.

Deavours, Cipher A., and James Reeds. "The Enigma. Part I: Historical Perspectives." *Cryptologia* 1 (October 1977), 381–91. (No Part II was published.)

Denning, Norman. "Erfolge und Misserfolge bei der Nutzung von Aufklärungs-erkenntnissen: Beispiele aus meiner Erfahrung." In Rohwer and Jäckel, pp. 265–99.

Denniston, A. G. "The Government Code and Cypher School Between the Wars." *Intelligence and National Security* 1 (January 1986), 48–70.

Denniston, R[obin] A. "The Professional Career of A. G. Denniston." In *British and American Approaches to Intelligence,* ed. K. G. Robertson, pp. 104–29. London: Macmillan, 1987.

Dönitz, Karl. *Zehn Jahre und Zwanzig Tage.* Frankfurt am Main: Bernard &: Graefe, 1957. English translation: *Memoirs: Ten Years and Twenty Days,* trans. R. H. Stevens. Cleveland: World, 1959.

Douglas, W. A. B., and Jürgen Rohwer. " 'The Most Thankless Task' Revisited: Convoys, Escorts, and Radio Intelligence in the Western Atlantic, 1941–1943." In *The RCN in Retrospect, 1910–1968,* ed. James A. Boutilier, pp. 187–234. Vancouver: University of British Columbia Press, 1982.

Erskine, Ralph. "Naval Enigma: The Breaking of Heimisch and Triton." *Intelligence and National Security* 3 (January 1988), 162–83.

———. "Naval Enigma: A Missing Link." *International Journal of Intelligence and Counterintelligence* 3 (Winter 1989), 493–508.

———. "U-Boats, Homing Signals and HFDF." *Intelligence and National Security* 2 (April 1987), 324–30.

———. ed. "From the Archives: GC and CS Mobilizes 'Men of the Professor Type.' " *Cryptologia* 10 (January 1986), 50–59.

———. ed. "U-Boat HF WT Signalling." *Cryptologia* 12 (April 1988), 98–106.

Erskine, Ralph, and Gilbert Bloch. "Enigma: The Dropping of the Double Encipherment." *Cryptologia* 10 (July 1986), 134–41.

Erskine, Ralph, and Frode Weierud. "Naval Enigma: M4 and Its Rotors." *Cryptologia* 11 (October 1987), 235–44.

Farago, Ladislas. *The Tenth Fleet.* New York: Ivan Obolensky, 1962.

Ferris, John. "Whitehall's Black Chamber: British Cryptology and the Government Code and Cypher School, 1919–1929." *Intelligence and National Security* 2 (January 1987), 54–91.

Filby, P. William. "Bletchley Park and Berkeley Street." *Intelligence and National Security* 3 (April 1988), 272–84.

Fischer, Gerald J. *A Statistical Summary of Shipbuilding Under the U.S. Maritime Commission During World War II.* Historical Reports of War Administration: United States Maritime Commission, no. 2. N.p., 1949.

Fitzgerald, Penelope. *The Knox Brothers.* New York: Coward, McCann & Geoghegan, 1977.

Gaj, Krzysztof. *Szyfr Enigmy: Metody Złamania.* Warsaw: Wydawnictwa Komunikacji i Lacznosci, 1989. Portions translated by Christopher Kasparek.

Garlinski, Jozef. *The Enigma War.* New York: Scribner's, 1979.

[Germany] Marine-Archiv. *Der Krieg zur See,* ed. E. v. Mantey. Berlin: Mittler, 1929–1964. Subseries *Der Krieg in der Nordsee,* vols. 2 (1922), 3 (1923), 4 (1924), by O. Groos; vol. 7 (1964) by Walter Gladisch. Subseries *Der Krieg in der Ostsee,* vol. 1 (1922) by Rudolph Firle.

[Germany] Oberkommando der Kriegsmarine. *Lagevorträge des Oberbefehlshabers der Kriegsmarine vor Hitler.* Arbeitskreis für Wehrforschung. Ed. Gerhard Wagner. Munich: Lehmann, 1972.

Giessler, Helmuth. *Der Marine-Nachrichten- und -Ortungsdienst: Technische Entwicklung und Kriegserfahrungen.* Wissenschaftliche Berichte (Arbeitskreis für Wehrforschung), 10. Munich: Lehmann, 1971.

Gilbert, Martin. See Churchill, Randolph.

Good, I. J. "Early Work on Computers at Bletchley." NPL Report Com Sci 82, September 1976. N.p.: National Physical Laboratory, Division of Computer Science, 1976.

[Great Britain] Central Statistical Office. *Statistical Digest of the War.* London: His Majesty's Stationery Office, 1951.

[Great Britain: Ministry of Food.] *How Britain Was Fed in War Time: Food Control, 1939–1945.* London: His Majesty's Stationery Office, 1946.

Gröner, Erich. *Die deutschen Kriegsschiffe 1815–1945.* 2 vols. Munich: Lehmann, 1966–1968.

Hackmann, Willem. *Seek & Strike: Sonar, Anti-Submarine Warfare and the Royal Navy, 1914–1954.* London: Her Majesty's Stationery Office, 1984.

Hall, H[essel] Duncan. *North American Supply.* History of the Second World War: United Kingdom Civil Series. London: Her Majesty's Stationery Office, 1955.

Hall, H[essel] Duncan, and C. C. Wrigley. *Studies of Overseas Supply.* History of the Second World War: United Kingdom Civil Series. London: Her Majesty's Stationery Office, 1956.

Hammant, Thomas. "The *Magdeburg* Incident: Russian Intercept and Cryptanalytic Efforts in World War I." *Cryptologia* 8 (April 1984), 18–21.

Hammond, R[ichard] J[ames]. *Food*. History of the Second World War: United Kingdom Civil Series. 3 vols. London: His Majesty's Stationery Office, 1951–1962.

Hepp, Leo. "Die Chiffriermaschine 'ENIGMA.'" *F-Flagge* (1978), 13–23.

[Hessler, Günter.] Ministry of Defence (Navy). *German Naval History: The U-Boat War in the Atlantic, 1939–1945*. Facsimile ed., introduction by Andrew J. Withers. 3 vols. in 1. London: Her Majesty's Stationery Office, 1989.

Hiley, Nicholas. "The Strategic Origins of Room 40." *Intelligence and National Security* 2 (April 1987), 245–73.

Hillgruber, Andreas, and Gerhard Hümmelchen. *Chronik des Zweiten Weltkrieges*. Arbeitskreis für Wehrforschung. Frankfurt am Main: Bernard & Graefe, 1966.

Hinsley, F. H., with E. E. Thomas, C. F. G. Ransom, and R. C. Knight. *British Intelligence in the Second World War: Its Influence on Strategy and Operations*. 3 vols. in 4 parts. Cambridge: Cambridge University Press, 1979–1988.

Hirschfeld, Wolfgang. *Feindfahrten: Das Logbuch eines U-Boot-Funkers*. Munich: Heyne, 1982.

Hodges, Andrew. *Alan Turing: The Enigma*. New York: Simon and Schuster, 1983.

Hodges, Peter. *Tribal Class Destroyers: Royal Navy and Commonwealth*. London: Almark, 1971.

Holzapfel, Rupert. "Deutsche Polarforschung 1939/45." *Polarforschung* 3 (1951–55), 85–97.

Howarth, Patrick. *Intelligence Chief Extraordinary: The Life of the Ninth Duke of Portland*. London: Bodley Head, 1986.

Jeffery, Keith, and Alan Sharp. "Lord Curzon and Secret Intelligence." In Andrew and Noakes, 103–26.

Jeschke, Hubert. *U-Boottaktik: Zur deutschen U-boottaktik 1900–1945*. Einzelschriften zur militärischen Geschichte des Zweiten Weltkrieges, 9. Freiburg: Rombach, 1972.

Kahn, David. *The Codebreakers: The Story of Secret Writing*. New York: Macmillan, 1967.

———. *Hitler's Spies: German Military Intelligence in World War II*. New York: Macmillan, 1978.

Kennedy, Ludovic. *Sub-Lieutenant: A Personal Record of the War at Sea*. London: Batsford, 1942.

[Kennedy, Malcolm D.] "From Broadway House to Bletchley Park: The Diary of Captain Malcolm Kennedy, 1934–1946," ed. John Ferris. *Intelligence and National Security* 4 (July 1989), 421–50.

Kleikamp, [Gustav]. *Der Einfluss der Funkaufklärung auf die Seekriegsführung in der Nordsee, 1914–1918*. Kiel: Leitung der Führergehilfeausbildung der Marine, 1934.

Knowles, Kenneth A. "Ultra and the Battle of the Atlantic: The American View." In Love, ed., pp. 444–49.

Korbel, Josef. *Poland Between East and West: Soviet and German Diplomacy Toward Poland, 1919–1933*. Princeton: Princeton University Press, 1963.

Kozaczuk, Wladyslaw. *Enigma: How the German Cipher Machine Was Broken, and How It Was Read by the Allies in World War II*. Ed. and trans. Christopher Kasparek. Frederick, Md.: University Publications of America, 1984.

Kruh, Louis. "Why Was Safford Pessimistic about Breaking the German Enigma Cipher Machine in 1942?" *Cryptologia* 14 (July 1990), 253–57.

Lenton, H. T. *German Submarines*. Navies of the Second World War. 2 vols. Garden City, N.Y.: Doubleday, 1965.

Levine, Jack. *United States Cryptographic Patents, 1861–1981*. Terre Haute, Ind.: Cryptologia, 1983.

Lewin, Ronald. *Ultra Goes to War: The First Account of World War II's Greatest Secret Based on Official Documents*. New York: McGraw-Hill, 1978.

Lewis, R. P. W. "The Use by the Meteorological Office of Decyphered German Meteorological Data During the Second World War." *The Meteorological Magazine* 114 (April 1983), 113–18.

Listowel, Judith, Countess of. *Crusader in the Secret War*. London: Christopher John, 1952.

Lloyd's Register of Shipping, July 1, 1939–June 30, 1940. London, 1939.

Love, Robert William, Jr., ed. *Changing Interpretations and New Sources in Naval History: Papers from the Third United States Naval Academy History Symposium*. New York: Garland, 1980.

Macintyre, Donald. *The Battle of the Atlantic*. New York: Macmillan, 1961.

MacLachlan, Donald. *Room 39: Naval Intelligence in Action, 1939–1945*. London: Weidenfeld and Nicolson, 1968.

Mäkelä, Jukka E. *Das Geheimnis der "Magdeburg"; Die Geschichte des Kleinen Kreuzers und die Bedeutung seiner Signalbuch im Ersten Weltkrieg*. Koblenz: Bernard & Graefe, 1984.

Mallmann Showell J[ak] P. *U-Boats Under the Swastika: An Introduction to German Submarines 1935–1945*. New York: Arco, 1974.

March, Edgar J. *British Destroyers: A History of Development, 1892–1953*. London: Seelkey Service, 1961.

Meckel, Hans. "Die Funkführung der deutschen U-Boote und die Rolle des xB-Dienstes (deutscher Marine-Funkentzifferungsdienst)." In Rohwer und Jäckel, pp. 121–32.

Middlebrook, Martin. *Convoy: The Battle for Convoys SC 122 and HX 229*. London: Allen Lane, 1976.

Milner-Barry, Stuart. "'Action This Day': The Letter from Bletchley Park Cryptanalysts to the Prime Minister, 21 October 1941." *Intelligence and National Security* 1 (May 1986), 272–76.

———. "C. H. O'D. Alexander—A Personal Memoir." In *The Best Games of C. H. O'D. Alexander*, ed. Harry Golombek and Bill Hertston, pp. 1–9. Oxford: Oxford University Press, 1976.

Mohr, Adrian. *Fischfang ist Not: Freuden und Leiden der deutschen Hochseefischerei*. Leipzig: Koehler & Amelang, 1926.

Monsarrat, Nicholas. *The Cruel Sea*. New York: Knopf, 1952.

Morison, Samuel Eliot. *History of United States Naval Operations in World War II*. 15 vols. Boston: Little, Brown, 1947–1962. Vol. 1, *The Battle of the Atlantic, September 1939–May 1943* (1947); vol. 10, *The Atlantic Battle Won, May 1943–May 1945* (1956).

Morris, Christopher. "Ultra's Poor Relations." *Intelligence and National Security* 1 (January 1986), 111–22.

Muggeridge, Malcolm. *Chronicles of Wasted Time. Chronicle 2: The Infernal Grove*. New York: Morrow, 1974.

Mulligan, Timothy. "The German Navy Evaluates Its Cryptographic Security, October 1941." *Military Affairs* 49 (April 1985), 75–79.

———, ed. *Records Relating to U-Boat Warfare, 1939–1945*. Guides to the Microfilmed Records of the German Navy, 1850–1945, 2. Washington: National Archives and Records Administration, 1985.

Navarre, Henri, et al. *Le Service de Renseignements 1871–1944*. Paris: Plon, 1978.

Padfield, Peter. *Dönitz: The Last Führer—Portrait of a Nazi War Leader*. London: Gollancz, 1984.

Paillole, Paul. *Notre Espion Chez Hitler*. Collection "Vécu." Paris: Laffont, 1985.

Parrish, Thomas. *The Ultra Americans: The U.S. Role in Breaking the Nazi Codes*. New York: Stein & Day, 1986.

Pate, Elbert W. "Weather and the War in Europe." *United States Naval Institute Proceedings* 68 (March 1942), 327–32.

Payne, Diana. "My Secret Life with Ultra." *After the Battle* no. 37 (1982), 9–16.

Payton-Smith, D[erek] J[oseph]. *Oil: A Study of War-time Policy and Administration*. History of the Second World War: United Kingdom Civil Series. London: Her Majesty's Stationery Office, 1971.

Price, Alfred. *Aircraft versus Submarine: The Evolution of the Anti-Submarine Aircraft, 1912–1980*. 2d ed. London: Jane's, 1980.

———. *Instruments of Darkness: The History of Electronic Warfare*. New ed. London: Macdonald and Jane's, 1977.

Quine, W. V. *The Time of My Life: An Autobiography*. Cambridge, Mass.: MIT Press, 1985.

Rejewski, Marian. "How Polish Mathematicians Deciphered the Enigma." *Annals of the History of Computing* 3 (July 1981), 213–34.
———. "The Mathematical Solution of the Enigma Cipher." In Kozaczuk, pp. 272–91.
———. "Remarks on Appendix 1 to *British Intelligence in the Second World War* by F. H. Hinsley." Trans. Christopher Kasparek. *Cryptologia* 6 (January 1982), 75–83.
———. "Summary of Our Methods for Reconstructing Enigma and Reconstructing Daily Keys, and of German Efforts to Frustrate Those Methods." In Kozaczuk, pp. 241–45.
Renauld, P. "La Machine à chiffrer 'Enigma.'" *Bulletin Trimestriel de l'Association des Amis de l'École supérieure de guerre* no. 78 (1978), 41–60.
Reuter, Frank. *Funkmess: Die Entwicklung und der Einsatz des* RADAR-*Verfahrs in Deutschland bis zum Ende des Zweiten Weltkrieges.* Wissenschaftliche Abhandlungen der Arbeitsgemeinschaft für Forschung des Landes Nordrhein-Westfalen, 42. Opladen: Westdeutscher Verlag, 1971.
Ribadeau-Dumas, L[ouis]. "Essai historique du chiffre. 4e partie (1919–1939)," *Bulletin de l'Association des Réservistes du chiffre* no. 3, n.s. (1975), 19–33; "5e partie (La Guerre 1939–1945)," *Bulletin* no. 4, n.s. (1976), 33–47.
———. "La Machine à chiffrer Enigma (suite)." *Bulletin Trimestriel de l'Association des Amis de l'École supérieure de guerre* no. 82 (1979), 33–37.
Rohwer, Jürgen. "Die Auswirkungen der deutschen und britischen Funkaufklärung auf die Geleitzugoperationen im Nordatlantik." In Rohwer and Jäckel, pp. 167–200.
———. *Axis Submarine Successes 1939–1945*. Introductory material trans. John A. Broadwin. Annapolis: Naval Institute Press, 1983.
———. *The Critical Convoy Battles of March 1943: The Battle for HX229/SC122*. London: Ian Allan, 1977.
———. "Der Einfluss der alliierten Funkaufklärung auf den Verlauf des zweiten Weltkrieges." *Vierteljahrshefte für Zeitgeschichte* 27 (1979), 325–69.
———. "Die Funkführung der deutschen U-Boote im zweiten Weltkrieg. I: Land-Peilung und Bordradar," *Wehrtechnik* (September 1969), 324–28; "II: Funkpeilung von Bord" (October 1969), 360–62, 364.
———. "The Operational Use of 'Ultra' in the Battle of the Atlantic." In Andrew and Noakes, pp. 275–92.
———. "Radio Intelligence in the Battle of the Atlantic." In *Clio Goes Spying: Eight Essays on the History of Intelligence*, ed. Wilhelm Agrell and Bo Huldt, pp. 85–107. Lund Studies in International History, 17. Malmö: Scandinavian University Books, 1983.
———. "La radiotélégraphie, auxiliaire du Commandement dans la guerre sous-marine." *Revue d'Histoire de la Deuxième Guerre Mondiale* 18 (January 1968), 41–66.

———. "'Special Intelligence' und die Geleitzugsteuerung im Herbst 1941." *Marine-Rundschau* 75 (November 1978), 711–19.

———. "Ultra and the Battle of the Atlantic: The German View." In Love, ed., 420–43.

———. "'Ultra,' xB-Dienst, und 'Magic.'" *Marine-Rundschau* 76 (October 1979), 637–48.

Rohwer, Jürgen, and G. Hümmelchen. *Chronology of the War at Sea, 1939–1945*. 2 vols. Trans. Derek Masters. New York: Arco, 1972–1974.

Rohwer, Jürgen, and Eberhard Jäckel, eds. *Die Funkaufklärung und ihre Rolle im Zweiten Weltkrieg*. Eine internationale Tagung in Bonn-Bad Godesberg und Stuttgart vom 15.–18. November 1978. Stuttgart: Motorbuch, 1979.

Roskill, S. W. *The Secret Surrender*. London: Collins, 1959.

———. *The War at Sea 1939–1945*. History of the Second World War: United Kingdom Military Series. 3 vols. in 4 parts. London: Her Majesty's Stationery Office, 1954–1961.

Safford, Laurance F. "A Brief History of Communications Intelligence in the United States." In *Listening to the Enemy: Key Documents on the Role of Communications Intelligence in the War with Japan*, ed. Ronald H. Spector, pp. 3–12. Wilmington, Del.: Scholarly Resources, 1988.

Schoenfeld, Max. "Winston Churchill as War Manager: The Battle of the Atlantic Committee, 1941." *Military Affairs* 52 (July 1988), 122–27.

Schofield, B[rian] B. "The Defeat of the U-Boats during World War II." *Journal of Contemporary History* 16 (January 1981), 119–29.

———. "Die Rolle der Trade Division der Admiralität und die Gründe für die Wende in der Schlacht im Atlantik im Frühjahr 1943." In Rohwer und Jäckel, pp. 152–66.

Sciezynski, Mieczyslaw. *Radjotelegrafja: Jako Zrodlo Wiadomosci o Nieprzyjacielu* [Radiotelegraphy as a Source of Intelligence on the Enemy]. Trans. in part by Christopher Kasparek. Przemysl: Army Corps District No. 10, 1928.

Stagg, J. M. *Forecast for Overlord: June 6, 1944*. New York: Norton, 1971.

Steinhardt, Jacinto. "The Role of Operations Research in the Navy." *United States Naval Institute Proceedings* 72 (May 1946), 649–55.

Stengers, Jean. "Enigma, the French, the Poles and the British, 1931–1940." In *The Missing Dimension: Governments and Intelligence Communities in the Twentieth Century*, ed. Christopher Andrew and David Dilks, pp. 126–37. London: Macmillan, 1984.

Syrett, David. "German Meteorological Intelligence from the Arctic and North Atlantic, 1940–1945." *Mariners Mirror* 71 (August 1985), 325–33.

Terraine, John. *Business in Great Waters: The U-Boat Wars 1916–1945*. London: Leo Cooper, 1989.

Tovey, Jack C. "Raid on Military and Economic Objectives in the Lofoten Islands." *Supplement to The London Gazette of Tuesday, the 22nd of June 1948* (June 23, 1948), 3683–692.

Trenkle, Fritz. *Die deutschen Funkpeil- und Horch-Verfahren bis 1945*. Frankfurt am Main: AEG-Telefunken-Aktiengesellschaft, 1982.

Türkel, Siegfried. *Chiffrieren mil Geräten und Maschinen: Eine Einführung in die Kryptographie*. Graz: Mosers, 1927.

van der Vat, Dan. *The Atlantic Campaign: The Great Struggle at Sea 1939–1945*. London: Hodder & Stoughton, 1988.

Waddington, D. H. *O.R. in World War 2: Operational Research Against the U-Boat*. London: Elek Science, 1973.

Walle, Heinrich. "Die Anwendung der Funktelegraphie beim Einsatz deutscher U-Boote im Ersten Weltkrieg." *Revue Internationale d'Histoire Militaire* no. 53 (1985), 111–39.

Wandycz, Piotr S. *France and Her Eastern Allies, 1919–1925: French-Czechoslovak-Polish Relations from the Paris Peace Conference to Locarno*. Minneapolis: University of Minnesota Press, 1962.

———. *The Twilight of French Eastern Alliances, 1926–1936: French-Czechoslovak-Polish Relations from Locarno to the Remilitarization of the Rhineland*. Princeton: Princeton University Press, 1988.

Wark, Wesley K. *The Ultimate Enemy: British Intelligence and Nazi Germany, 1933–1939*. Cornell Studies in Security Affairs. Ithaca: Cornell University Press, 1985.

Welchman, Gordon. *The Hut Six Story: Breaking the Enigma Codes*. New York: McGraw-Hill, 1982.

———. "From Polish Bomba to British Bombe: The Birth of Ultra." *Intelligence and National Security* 1 (January 1986), 71—110.

Wellings, Joseph H. *On His Majesty's Service: Observations of the British Home Fleet from the Diary, Reports, and Letters of Joseph H. Wellings, Assistant Naval Attaché, London 1940–41*, ed. John B. Hattendorf. Naval War College, Historical Monograph Series, No. 5. Newport: Naval War College Press, 1983.

Werther, Waldemar. "Die Entwicklung der deutschen Funkschlüsselmaschinen: Die 'Enigma.'" In Rohwer and Jäckel, pp. 50–65.

Wilson, H. J. "What Should We Do with a Captured Heinkel?" *MHQ: The Quarterly Journal of Military History* 2 (Summer 1990), 22–33.

Winton, John. *Carrier Glorious: The Life and Death of an Aircraft Carrier*. London: Leo Cooper in association with Seeker & Warburg, 1986.

———. *Ultra at Sea*. London: Leo Cooper, 1988.

Woytak, Richard. *On the Border of War and Peace: Polish Intelligence and Diplomacy in 1937–1939 and the Origins of the Ultra Secret*. East European Monographs, 49. Boulder, Colo.: East European Quarterly, 1979.

Y'Blood, William T. *Hunter-Killer: U.S. Escort Carriers in the Battle of the Atlantic*. Annapolis: Naval Institute Press, 1983.

Ziaja, Leon. "Kowalewski, Jan." Trans. Christopher Kasparek. *Polski Słownik Biograficzny* 14 (1968–69), 524–25.

未公开出版作品

Babbage, Dennis W. "Sillies." August 1982.

Behrens, C. E. "Evaluation of the Role of Decryption Intelligence in the Operational Phase of the Battle of the Atlantic." U.S. Navy OEG Report No. 68, 1952. SRH-368.

Colpys, G. E. "Admiralty Use of Special Intelligence in Naval Operations." In ADM 223/88.

Currier, Prescott. Untitled memoir of visit to Bletchley Park and British radio intelligence units. January 10, 1984.

Grant, Robert N. "Antisubmarine Warfare 1914–1918." Unpublished manuscript, 1987.

Habermehl, R. "Die Entwicklung des militärischen Wetterdienstes in Deutschland." Speech at Air Force Academy, Colorado, January 1961.

"History of German Met. Operations in the Arctic, 1940–1945." Naval Section, G.C.&C.S., July 17, 1945. In ADM 223/6.

Lundeberg, Philip L. "American Anti Submarine Operations in the Atlantic, May 1943–May 1945." In Naval Historical Center, Operational Archives.

Mayer, S. A. "The Breaking Up of the German Ciphering Machine 'Enigma' by the Cryptological Section in the 2nd Department of the Polish Armed Forces General Staff." May 31, 1974.

———. "Supplement to the Paper of 31.5.74: 'The Breaking Up of the German Ciphering Machine Enigma.'" December 4, 1974.

McVittie, G. C. Excerpt from memoirs and diary. 1979.

Morgan, C[harles]. "NID 9 and NID 17." In ADM 223/463.

Outerbridge, Richard. "The Role of 'Z' Intelligence in the Battle of the North Atlantic, May 1941–May 1943." Term paper, University of Toronto, Fall 1982.

Parker, Alexander. "The Impact of Special Intelligence on Atlantic Convoys SC 7, OG 65 and HX 239, October 1940 to May 1943." Senior thesis, Yale University, April 18, 1988.

"A Preliminary Analysis of the Role of Decryption Intelligence in the Operational Phase of the Battle of the Atlantic." U.S. Navy OEG [Operations Evaluation Group], Report No. 66. August 20, 1951. SRH-367.

[Rejewski, Marian.] "Enigma 1930–1940. Metodi i historia rozwiazania niemieckiego syfru maszynowego (w zarysie)" [The method and history of solving the German machine cipher (an outline)]. Portions trans. Alfred Piechowiak. n.d.

Russell, Jerry C. "Ultra and the Campaigns Against the U-Boats in World War II." U.S. Army War College, Carlisle Barracks, Pa. May 20, 1980. SRH-142.

Thornton, Mark. "U-559." n.d.

[U.S. Navy.] "Allied Communications Intelligence and the Battle of the Atlantic." 2 vols. SRH-007 and SRH-008.

采访

这些采访中，部分是面对面采访，部分是电话采访。还有些人在之前的书中接受了采访。

Amys, W. Robert, Hut 8 cryptanalyst.
Babbage, Dennis, Hut 6 cryptanalyst.
Baker-Cresswell, A. Joseph, captain of the *Bulldog*.
Balme, David, head of boarding party on the U-110.
Bartelmez, Erminnie, analyst in OP-20-G.
Batey, John Keith, and Batey, Mavis Lever, British cryptanalysts.
Beesly, Patrick, officer in Submarine Tracking Room.
Bertrand, Gustave, head of French cryptologic espionage.
Birnbaum, Z. William, Polish mathematician who knew Rejewski.
Braun, Kurt, crew member of the *Lauenburg*.
Buhr, Sophie de, and Gratz, Hinrich, daughter and grandson of captain of the *Lauenburg*.
Campaigne, Howard, American cryptanalyst at Bletchley Park.
Charton, Peter, crew member of the U-110.
Davidson, John C. F., World War I Royal Navy cryptographer, subordinate of Edward Travis.
Deavours, Cipher A., Enigma historian and mathematician.
Denning, Norman, head of German intelligence in Operational Intelligence Centre.
Doniach, Nakdimon Shabbethay, Hut 10 cryptanalyst.
Dönitz, Karl, commander of U-boats.
Dunderdale, Wilfred, Paris representative of British Secret Intelligence Service.
Eachus, Barbara, administrative assistant at Bletchley Park.
Eachus, Joseph, U.S. cryptanalytic liaison to Hut 8.
Ellison, Carl, student of rotors.
Emery, Valerie, daughter of Edward Travis; worked in captured naval documents section of Bletchley Park.
Ettinghausen, A.A.E.E., Hut 4 watch head.
Eytan, Walter, head of Hut 4 watches.
Filby, William, British weather and diplomatic cryptanalyst.
Forster, Leonard, Hut 4 translator.
Good, I. Jack, Hut 8 cryptanalyst.
Harper-Gow, Leonard M., Norwegian translator on Lofotens raid.
Herd, Marjory, bombe Wren.
Herivel, John, Hut 6 cryptanalyst.
Hinsley, F. Harry, Hut 4 analyst.
Hinsley, Hilary, Hut 8 cryptanalyst.
Howse, Philip P., Hut 10 cryptanalyst.
Jedrzejewicz, Waclaw, Polish intelligence officer in 1920s.

Kelly, Thomas R., chief gunner's mate on the *Tartar*.
Kemp, Peter, head of British radio direction-finding.
Kennedy, Ludovic, sub-lieutenant on the *Tartar*.
Klarman, Georg, crew member of the *Lauenburg*.
Krailsheimer, Alban John, British field cryptanalyst.
Kühne, Helmut, chief of U-Boat Command radio room.
Lisicki, Tadeusz, Polish signals officer.
Listowel, Judith, Countess of, author of book on Jan Kowalewski.
Low, Maurice G., physician aboard the *Somali*.
Masanek, Ernst, crew member of the U-33.
McMahan, Knight, OP-20-G analyst.
Meckel, Hans, head of U-boat communications.
Milner-Barry, Stuart, deputy head of Hut 6.
Mitchell, Alice, interceptor of German naval messages.
Monroe, John, Hut 6 cryptanalyst.
Morris, Christopher, Dockyard Cipher cryptanalyst.
Norgaard, Rollo N., U.S. naval convoy and routing officer.
Quine, Willard Van Orman, and Quine, Marjorie Boynton, head analyst and assistant in OP-20-G.
Pendergrass, James T., OP-20-G cryptanalyst.
Rebelein, Fritz, crew member of the *München*.
Rosen, Leo, accompanied PURPLE machine to Britain.
Rottmann, Heinz, officer on the U-33.
Schaerf, Henry M., Polish mathematician who knew Rejewski.
Scherer, Helmut, radioman on weather ship *Sachsen*.
Stewart, Mortimer, head of U.S. Army bombe unit at Bletchley Park.
Stuart-Menteth, Henry A., officer on the *Somali*.
Tischler, Rosamond, Gordon Welchman's daughter.
Tranow, Wilhelm, head cryptanalyst for the German navy.
Twinn, Peter, British cryptanalyst.
Warmington, Sir Marshall, boarded the *Krebs* and the *München*.
Welchman, Gordon, head of Hut 6.
White, David, U.S. naval direction finder.
Wiggeshof, Heinrich (Henry), radioman on the *München*.
Wilde, Heinz, radioman of the U-110.
Wilson, T. Hugh P., head of party boarding the *Lauenburg*.
Wylie, Shaun, Hut 8 cryptanalyst.
Zygalski, Henry, Polish cryptanalyst.

作者通信

Becker, Johannes, officer on U-33.
Budde, Wilhelm, German naval radio intelligence officer.

Connell, G. G., officer on the *Petard,* author *of Fighting Destroyer.*
Currier, Prescott H., accompanied PURPLE machine to Britain.
Dresky, Hans-Wilhelm von, nephew of captain of the U-33.
Erskine, Ralph, historian of naval Enigma.
Gewald, Carl-Heinz, son of *Lauenburg* captain.
Good, I. Jack, Hut 8 cryptanalyst.
Godt, Eberhardt, deputy to Admiral Dönitz.
Hawker, Pat, British radio interceptor.
Heimsoeth, Dr. Heinz, cousin of Arthur Scherbius, younger brother of Rudolph Heimsoeth.
Heimsoeth, Dr. Helmuth, son of Heinz Heimsoeth.
Hepp, Leo, German army signals officer.
Rejewski, Marian, solver of the Enigma.
Ribadeau-Dumas, Louis, French cryptologist.
Ridder, Karl-Heinz, crew member of the U-559.
Rohwer, Jürgen, naval historian.
Szameitat, Bernhard, crew member of the U-559.
Tyner, Clarence, owner of a commercial Enigma.
Weeks, Robert H., accompanied PURPLE machine to Britain.

纳粹德国加密手册与密钥

ARMY. HEERESDIENSTVORSCHRIFTEN (H.DV.) BERLIN

H.Dv.g.13. *Gebrauchsanleitung für die Schlüsselmaschine Enigma.* Vom 12.1.1937. Berlin: Reichsdrückerei, 1937.
H.Dv.g.14. *Schlüsselanleitung für die Schlüsselmaschine Enigma.* 8.VI. 1937. Berlin: Reichsdrückerei, 1937.

NAVY. MARINEDIENSTVORSCHRIFTEN (M.DV.) BERLIN

[No M.Dv. number]. *Der Funkschlüssel* C. 1926.
M.Dv.Nr.21. *Der Funkschlüssel C. (Vorschrift).* 1933.
M.Dv.Nr.32. *Der Funkschlüssel M. (Vorschrift).* 1934.
M.Dv.Nr.32/1. *Der Schlüssel M. Verfahren M Allgemein.* 1940.
M.Dv.Nr.32/2. *Der Schlüssel M. Verfahren M Offizier und M Stab.* 1941.
M.Dv.Nr.32/3. *Der Schlüssel M. Allgemeine Bestimmungen.* 1941.
M.Dv.Nr.42. *Schlüssel H. (Sonderschlüssel für Handelsschiffe).* Ausgabe 1938.
M.Dv.Nr.82. *Geheime Marinefunknamenliste.* Berlin, 1943.
M.Dv.Nr.96. *Kurzsignalheft 1941.* (Nachdruck vom 25.2.1944). Berlin, 1941; *Kurzsignalheft 1944, II: Buchgruppenheft.* Berlin, 1944; *Flottenkurzsignalheft—Kennwort: Feodor.* Berlin, 1940.
Zu M.Dv.96. *Kenngruppenheft Nr. 2 zum Kurzsignalheft 1941.* Berlin, 1941.
M.Dv.Nr.98. *Kenngruppenbuch.* Berlin, 1929, 1939, 1941.
[No separate M.Dv. number; belongs to M.Dv.98]. *Schlüsselheft für Kenngrup-*

pen—Kennwort: Sturm. Berlin, 1939; ——— *Kennwort: Glanz*. Berlin, 1939; *Zuteilungsliste für Kenngruppen—Kennwort: Forelle*. No date; ——— *Kennwort: Hering*. No date.

M.Dv.Nr.103. *Schlüsselheft Nr. 47 zum Werftschlüssel*. Berlin, 1941.

M.Dv.Nr.136. *Geheimer Wetter- und Seeschlüssel der Kriegsmarine. Teil 3: Wettermeldungen für Handelsschiffe*. (7. Ausgabe.) Berlin, 1941.

M.Dv.Nr. 150. *Signalbuch der Kriegsmarine*. Berlin, 1940.

M.Dv.Nr.212. *Geheimer Wetter- und Seeschlüssel der Kriegsmarine*. Berlin, 1938.

Zu M.Dv.Nr.212. *Wettertauschtafeln*. Berlin, 1938.

M.Dv.Nr.299. *U-Boots-Kurzsignalheft*. Berlin, 1940.

M.Dv.Nr.434. *Sammelmappe für Schlüsselmittel*. Berlin, 1939.

M.Dv.Nr.443. *Wetterkurzschlüssel*. (Ausgabe 1940.) Berlin, 1940; (2. Auflage.) Berlin, 1941; (3. Auflage.) Berlin, 1942.

M.Dv. Nr.929/1. *Reservehandverfahren Offizier*. Berlin, 1940.

M.Dv.949. *Bestimmungen zur Wahrung der Schlüsselsicherheit bei Verlusten von Schlüsselmitteln*. Berlin, 1943.

未经公开文件

The files listed here consist of ship's logs, reports of proceedings, memoranda, war diaries, and reminiscences.

PUBLIC RECORD OFFICE, LONDON

DEFE 3 [solved and translated intercepts of German naval messages; dates as given in notes or text].

DEFE 2/142; ADM 1/8637/55; ADM 1/11133; ADM 1/14256; ADM 53/113712; ADM 53/113713; ADM 53/113714; ADM 53/114202; ADM 53/114203; ADM 53/114500; ADM 53/114501; ADM 53/114161; ADM 53/114624; ADM 53/114797; ADM 137/4156; ADM 137/4374; ADM 137/4388; ADM 137/4500; ADM 199/123; ADM 199/430; ADM 199/447; ADM 199/476; ADM 199/626; ADM 199/1080; ADM 199/1082; ADM 199/1083; ADM 199/1084; ADM 199/1085; ADM 199/1086; ADM 199/1091; ADM 199/1101; ADM 199/1942; ADM 199/1963; ADM 199/2047; ADM 199/2053; ADM 199/2057; ADM 199/2203; ADM 199/2227; ADM 199/2228; ADM 199/2060; ADM 205/10; ADM 223/2; ADM 223/3; ADM 223/6; ADM 223/78; ADM 223/191; BJ 5/288.

MILITÄRARCHIV, FREIBURG-IM-BREISGAU

German naval files have a variety of signatures because the Militärarchiv is reclassifying them and because some were seen at the U.S. National Archives on microfilm, which retains the old PG numbers assigned by the

Admiralty after World War II ("PG" is said to stand for "pinched from the Germans").

Oberkommando der Kriegsmarine, 1. Seekriegsleitung, Kriegstagebuch.
Teil A. Dates as given in notes or text (cited as OKM, KTB).
Befehlshaber der Unterseeboote, Kriegstagebuch, dates as given in notes or text (cited as BdU, KTB).
Fasz. 5708 II 8–12; PG 15389; PG 30030; 30063; PG 30106; PG 30110; PG 30547; PG 30594; PG 30692; PG 30882; PG 33270; PG 34455F; PG 34456; PG 34466; PG 34529; PG 34530; PG 34534; PG 34814–PG 34837; PG 35185; PG 36742; PG 46635; PG 46656; PG 46676; PG 46853b; PG 46864; PG 46869; PG 46873; PG 46877; PG 46965; PG 46985; PG 47006; PG 47092; PG 47109; PG 47325; PG 47326; PG 47347; PG 47364; PG 48795; PG 48802; PG 48908; PG 49066; PG 64859; PG 78130; PG 80609; M/815/47218; M/815/47219; M/816/47264; M/816/47357; RM 7/85; RM 7/103–RM 7/108; RM 7/121; RM 7/127; RM 8/28; RM 8/47; RM 12 II/ 161; RM 20/306; RM 20/305; RM 47/v.259; RM 47/v.264; III M 1006/6; OKW 2228–OKW 2318; AOK [Armeeoberkommando] 2:19902/122; AOK 10:p1483/b; WK [Wehrkreis] VII/2530; WK XIII/69; WK XII/73; Sammlung Krug: MSg 109/2373.

NATIONAL ARCHIVES, WASHINGTON

Record group 24.
Deck log of U.S.S. *Card*, July 1–December 31, 1943.

Record group 457
SRGN 4 + number (solved and translated intercepts of German naval messages; dates or serial numbers as given in notes or text).
SRH-145; SRH-236; SRMN-030; SRMN-032; SRMN-033; SRMN-035; SRMN-038; SRMN-048; SRMN-049; SRMN-051; SRS-548.

OPERATIONAL ARCHIVES, NAVAL HISTORICAL CENTER, WASHINGTON

[Sebald, William J.] "The Reminiscences of Ambassador Wm. J. Sebald (Capt. USNR Ret.)." Annapolis: U.S. Naval Institute, 1979.
[Smedberg, William R., III.] "The Reminiscences of Vice Admiral William R. Smedberg, III, U.S. Navy (Retired)." Annapolis: U. S. Naval Institute, 1979.
[Smith-Hutton, Henri.] "The Reminiscences of Captain Henri Smith-Hutton, U.S. Navy (Retired)." Annapolis: U. S. Naval Institute, 1976.
Task Forces 21.13–21.15. Box 105.
Folder Task Group 21.13. Action Report. Hunter/Killer Group Operations, Report of. December 5, 1943.
Folder Task Group 21.14. Action Report. Hunter/Killer Group Operations, Report of. November 9, 1943.

Tenth Fleet Files. Convoy and Routing Section. Folders for Convoys HX 155, ON 179, SC 127, ONS 4.

World War II Action Report. Commander Destroyer Division 52 (Commander Task Unit 4.1.7). Escort of Convoys HX 155 and ON 31, October 18–November 15, 1941, November 24, 1941.

World War II *Action Report. Commander in Chief,* U.S. Atlantic Fleet. Hunter-Killer Group Operations. September 25, 1943.

NAVAL HISTORICAL BRANCH, LONDON

[Godfrey, John H.] "The Naval Memoirs of J. H. Godfrey." 8 vols., mimeographed. N.p., n.d.

Home Fleet Narrative. 1941.

BERLIN DOCUMENT CENTER

Hans-Thilo Schmidt, party no. 738736 (1.12.1931)

Rudolf Heimsoeth, party no. 3739694 (1.4.1936)

CHURCHILL COLLEGE, CAMBRIDGE

Clarke Papers: CLKE 2, 3.

Denniston Papers: DENN 1/2, 1/3, 1/4.

MacLachlan-Beesly Papers: MLBE 1/5, 1/13, 2/8, 2/11, 2/14, 2/30, 3/25, 5/1.

词汇表

Abwehr （德国）军事谍报局（阿勃维尔）

Addison Joe Baker-Cresswell 艾迪森 · 乔 · 贝克 – 克莱斯维尔

Admiral 海军上将

Admiral West Coast 西岸舰队司令

Aft 船尾

Afterdeck 后甲板

Air Ministry （英国）航空部

Alan Turing 阿兰 · 图灵

Alastair Denniston 阿拉斯泰尔 · 丹尼斯顿

Allen O. Long 艾伦 · 朗

Allgemeines funkspruchbuch（AFB Code） 通用无线电密码本

Asdic 声呐（潜艇探测器）

Asdic gear 水下探测器

Astern 在船尾，向后

Atlantic Charter 《大西洋宪章》

Auxiliary cruiser 辅助巡洋舰

Ballast tank 压载舱

Banburismus “班伯里模式”

Battle of the Atlantic　大西洋海战
B-Dienst　（德国）海军监听处
Bigram table　双字母替代表
Biuro Szyfrów（Cipher Bureau）　波兰密码局
Blechley Park　布莱奇利园
Blitzkrieg　（德国）闪电战
Book-group　密码本加密
Bow　船头
British Ministry of War Transport　英国战争运输部
British Security Coordination　英国安全协调处
Broadway Building　百老汇大楼

Call sign　电台呼号
Chains of letters　字母循环圈
Chart room/Chart house　海图室
Chief of Imperial General Staff　帝国总参谋长
Chiffrierstelle (Cipher Center)　德国陆军部密码处
Cipher key　密钥
Code wheel　编码盘
Combat Intelligence Section　战斗情报处
Combined Cipher Machine　组合式代码机
Cominch　美国舰队总司令
Convoy and Routing Section　舰队与路线处
Crib　字母框
Cryptanalyst　密码分析学家
Cue word　提示词

Depot ship　补给舰
Depth charge　深水炸弹
Depth indicator　深度指示器
Depth meter　深度计
Destroyer　驱逐舰

Deutsche Wehrmacht　德意志国防军
Direction-finder　（无线电）测向仪
Distinguished Service Cross　（英国）杰出服务十字勋章
Double transposition　双重置换

Electric Cipher Machine　（缩写为 ECM）电子代码机
Entscheidungsproblem　可判定性问题

First sea lord　第一海务大臣
Foreign Office　（英国）外交部
Forschungsamt　德国地下电话和无线电通信组织
Funkschlüssel C（Radio Cipher C）　无线电代码 C

Good Neighbor Policy　睦邻政策
Government Code and Cypher School（缩写为 G.C. & C.S.）　政府代码及加密学校
Great Western Railway　大西部铁路
Gridded chart　（德国海军）方格海图

Henryk Zygalski　亨里克 · 佐加尔斯基（波兰三杰之一）
Home Fleet　本土舰队
Home Waters　（德国）本土水域
Hut　（布莱奇利园的）棚屋
Hydrophone　水听器

Imperial German Navy code　（德国）帝国海军密码本
Indicator　（恩尼格玛）指示字母
Interlligence Service Knox（ISK）　诺克斯情报
International Meteorological Code　国际气象密码
International Radio Telegraph Code　国际无线电报密码

Jerzy Różycki　杰尔兹 · 罗佐基

Karl Dönitz　卡尔·邓尼茨
Knot　节（1 节 =1 海里 / 时）

Marian Rejewski　马里安·雷耶夫斯基

Naval Communications Service　（德国）海军通信处
Naval Group Command North　海军北方集团司令部
Naval Intelligence Division　海军情报处
Naval Section　（布莱奇利园的）海军处
Naval Staff College　海军参谋学院（格林威治）
Naval War Command　（德国）海军战争司令部

One-time pad　一次性密码本
OP-20-G　（美国）海军通信情报处
Operational Intelligence Centre（OIC）　作战情报中心
Operation Ruthless　“无情行动”
Order of Virtuti Militari　军事英勇战争勋章

Plans and Operation divisions　（英国海军部）计划与行动处
Plugboard　（恩尼格玛）插线板
Port　左舷
Prescott Currier　普雷斯科特·科里尔

Radio-book column　无线电密码栏
Radio circuit　无线电通信网络
Radio fingerprinting　无线电指纹技术
Radioman　通信兵
Radio shack　无线电室
Rear Admiral　海军少将
RED　“红色文件”
Royal Navy Volunteer Reserve（RNVR）皇家海军志愿后备队

Secret Intelligence Service （英国）秘密情报局（军情六处）

Shetlands 设得兰群岛

Short Signal Book 简要无线电信号密码本

Signalbuch der Kaiserlichen Marine（Signal code book） 德国海军信号密码本

Starboard 右舷

Steering room 操舵室

Sound-ranging system 声波测距系统

Sub-Lieutenant 海军中尉

Submarine Tracking Room 潜艇追踪室

Superencipherment 复式加密

Superimposition 叠加

Teleprinter 电传打字机

Teletypewriter 电传打字机

Test register 测试记录器

TRITON 特里同（密钥网）

U-boat 德国 U 型潜艇

Ultra 超级情报

U. S. Navy Reserve 美国海军预备役

Werftschlüssel（Dockyard Cipher） 造船厂代码

Wetterkurzschlüssel（Short Weather Cipher） 简要气象代码

Women Accepted for Volunteer Emergency Service，WAVES （美国海军）志愿应急服务女队

Women's Reserve Naval Service，Wrens （英国）海军女兵预备役

Zimmermann Telegram 齐默曼电报

Zygalski sheet 佐加尔斯基卡片